革命文献伪装本
图录题解 下

吴密 / 著

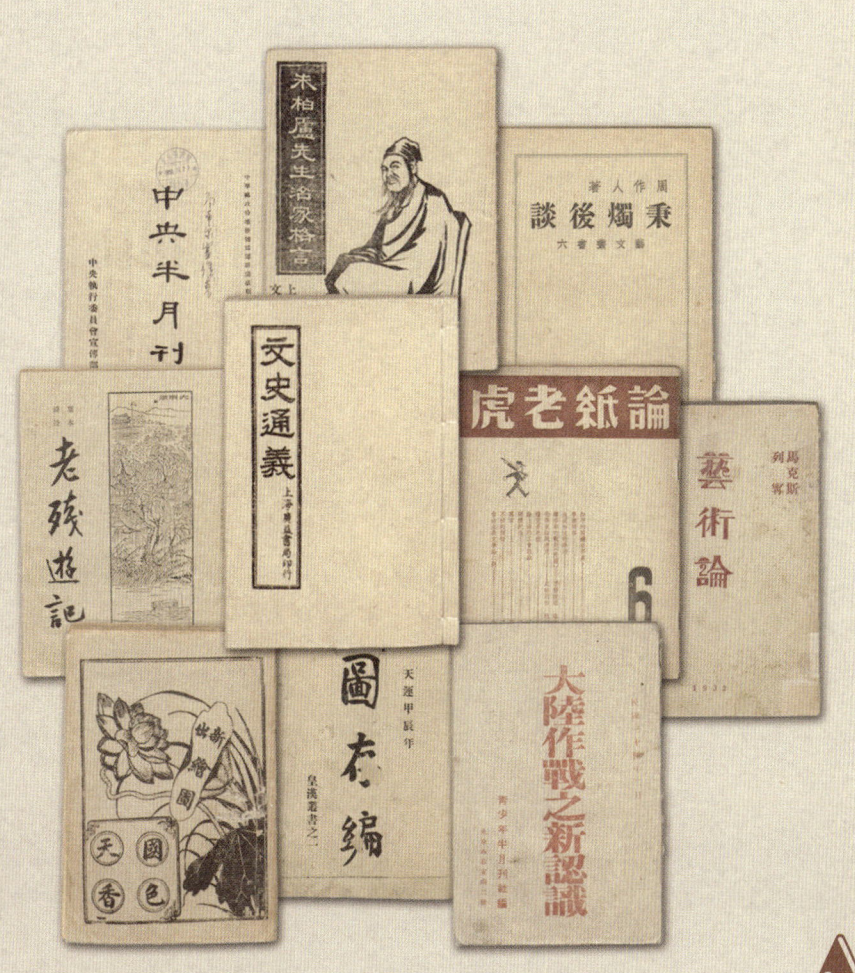

第四节　全国解放战争时期的革命文献伪装本
（1945年8月—1949年9月）

一、图书

（一）《东周列国志》

本书为《高树勋将军邯郸起义特辑》的伪装本。32开，正文57页，竖排铅印。封面为黄色，左半部题签框内竖向印有伪装题名《东周列国志》。在题名页中部，同样竖向印有伪装题名《东周列国志》。

本书按内容分为4辑，目录如下：

邯郸起义（任石）
第一辑
　　民主建国军誓词
　　民主建国军建军大会高总司令率全军宣誓就职
　　民主建国军高总司令率全体将士致全国反对内战力主和平民主团结通电
　　边府杨主席在民主建国军建军大会上的讲话
　　民主建国军总司令高树勋将军发表谈话
　　民主建国军第二军乔明礼军长谈话
　　大团圆
　　亲密的大家庭
　　贺电一束
　　民主建国军第一军范龙章军长谈话
第二辑
　　第十一战区副司令长官马法五将军发表谈话
　　刘伯承将军慰问马法五将军
　　杨主席慰问西北军
　　四十军、三十军官佐三百人通电呼吁和平反对内战并电高总司令

拥护三项主张
  三十军、四十军军官揭露国民党反动派制造内战的阴谋
  三十军、四十军军官痛诉何应钦排除异己罪行（郑远）
  三十军、四十军士兵控诉国民党强迫他们打内战
  国民党如此反动，竟逮捕高马两将军家属
  三十军、四十军伤病员感谢我军优待诊治
  记会见刘世荣李旭东两先生（郑远）
第三辑
  中共发言人答新华社记者，驳斥国民党所谓"守势"
  国民党发动内战铁证举例
   （一）胡宗南致高树勋将军电
   （二）蒋编《"剿匪"手本》介绍
   （三）"清剿"豫西我军计划
   （四）"围剿"豫西我军密令
   （五）傅作义颁发"反共"内战小册
   （六）派特务打进民主同盟
  再一次呼吁和平（《解放日报》）
第四辑
  国民党七万部队侵犯磁邯，冀南军民在自卫大捷，高副长官率新八军全部起义
  冀鲁豫军区发言人纵谈平汉自卫战
  晋冀鲁豫军区司令部公布平汉自卫战战果
  四万军民集会磁县城，要求和平反对内战
  杨主席在磁县大会上讲话全文

  本书篇首的《邯郸起义》一文简略介绍了起义的背景和过程，可视为本书的前言。第一辑主要收录了与民主建国军的建立相关的内容，毛泽东、朱德、刘伯承、邓小平及太行军区等来自各方面的贺电。第二辑主要收录了被俘的国民党第十一战区副司令长官马法五及治下三十军、四十军的相关内容和言论。马法五在谈话中表示，四十军全体官兵一致要求和平，反对国民党进行内战，

希望美国人民起来制止美军武装干涉中国内政。晋冀鲁豫军区司令员刘伯承和晋冀鲁豫边区政府主席杨秀峰分别进行了慰问，三十军和四十军被俘官兵则对我军优待诊治伤病员表达了感谢，对国民党内战阴谋给予了揭露。第三辑揭露了蒋介石为首的国民党发动内战的相关事实并再一次呼吁和平。第四辑记录了有关邯郸起义及我军平汉自卫战等内容。最后一页为华北新华书店发行的《阎锡山部一军官日记》及韬奋书店发行的《阎排长磁县收干儿》梗概广告页。

高树勋（1898—1972），字建侯，河北盐山人。1915年加入冯玉祥的第十六混成旅，参加过反对袁世凯的护国战争、讨伐张勋复辟的战争、反对军阀统治的北京政变和北伐战争，由于作战勇猛，屡获提升。抗日战争开始后，高树勋率部在敌后抗战。抗日战争胜利后不久，蒋介石一面与共产党玩弄和谈阴谋；一面加紧调兵遣将，部署内战。高树勋对蒋介石排斥异己、挑起内战的行动极为不满，在我军的悉心劝导和积极争取下，决定起义。1945年10月30日，高树勋率新八军和河北民军1万多人在马头镇（今属邯郸）正式宣布起义，以通电形式向全国发出了《停止内战团结建国的起义宣言》，声明脱离国民党阵营。11月10日，其部改编为民主建国军，高树勋任总司令。11月13日，高树勋由邓小平、薄一波介绍，经中共中央书记处批准，加入了中国共产党。

高树勋是抗日战争胜利后第一位率部起义的国民党高级将领，他的起义在当时具有十分重要的意义。1945年12月，毛泽东在为中共中央起草的党内指示《一九四六年解放区工作的方针》中提出"开展高树勋运动"，其中的一点就是"由我军对国民党军队进行公开的广大的政治宣传和政治攻势，以瓦解国民党内战军的战斗意志"。各地依照指示，设置专门机构，调派干部，专门从事此项工作，这是本书出版的主要背景。邯郸起义后，根据毛泽东提议，高树勋的起义部队在河北武安改编为民主建国军。在建军大会上，与会的《新华日报》太行版记者对建军实况做了报道，编印了《高树勋将军邯郸起义特辑》，1945年12月由华北新华书店出版发行。在国统区发行的伪装本目录和内文与华北新华书店出版发行的版本完全一致，仅在封面和扉页进行了伪装。

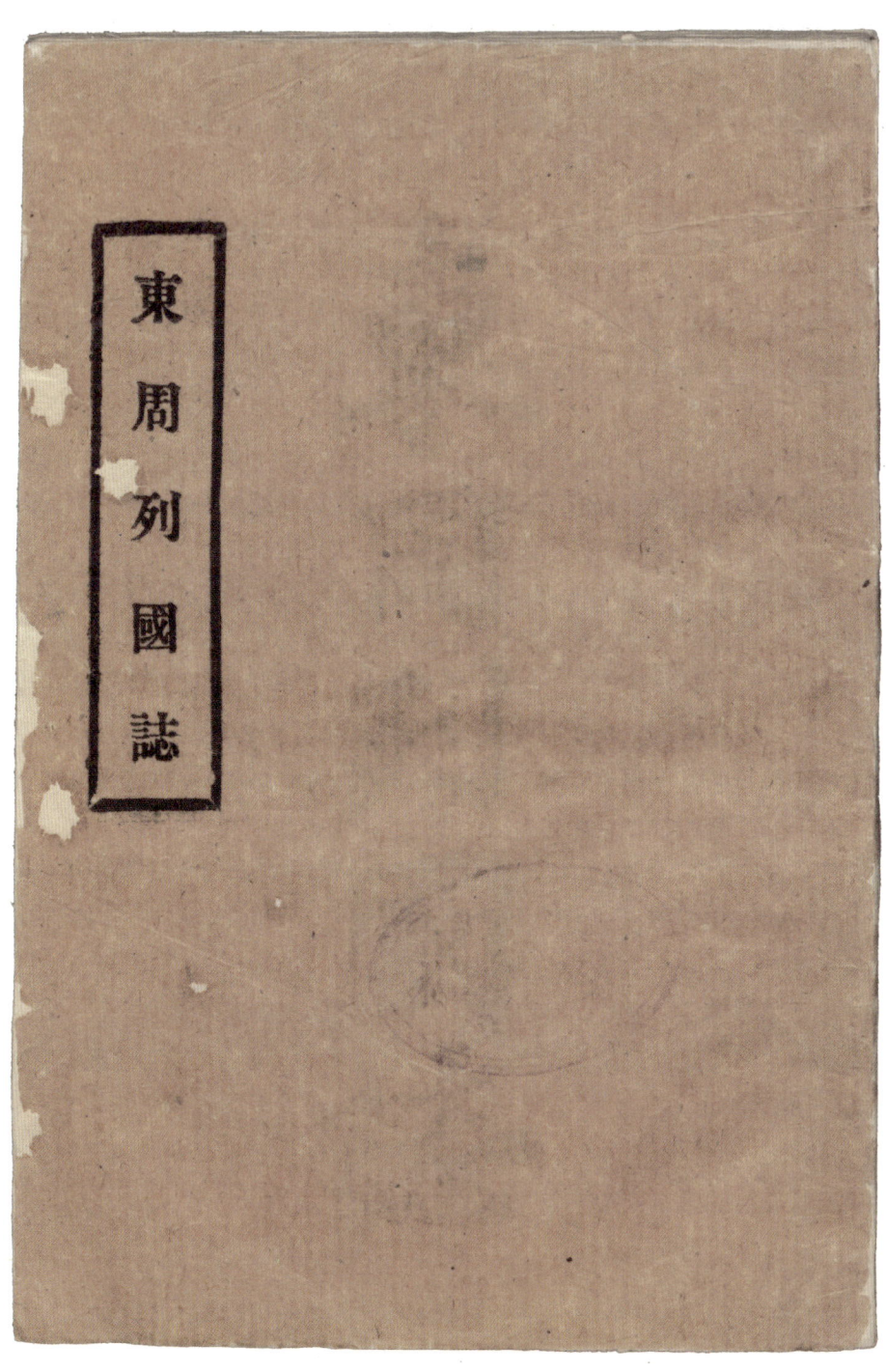

《东周列国志》封面

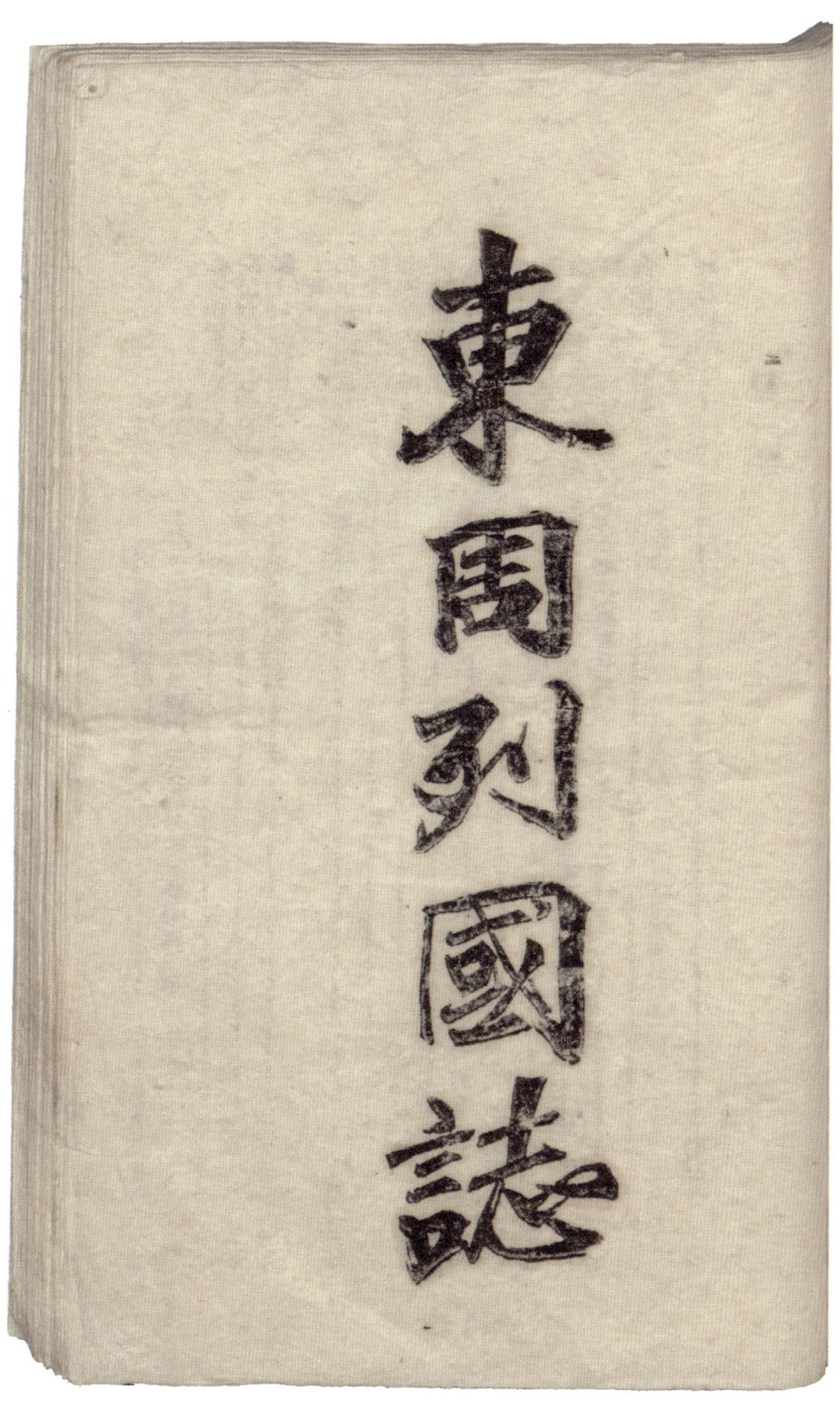

《东周列国志》题名页

目錄

任石（一）

第一輯

民主建國軍絮詞 .... (三)
民主建國軍大會高總司令舉全軍宣誓就職 .... (四)
民主建國軍高繩司令舉全體將士致全國反對內戰力主和平民主國絡通電 ... (五)
邊府楊主席在民主建國軍大會上的講話 .... (七)
民主建國軍總司令高胡勳將軍發表談話 .... (九)
民主建國軍第二軍簫明體軍長談話 .... (三)
民主建國軍第一實帶龍登軍長談話 .... (四)
大團圓 .... (五)
親密的大家庭 .... (七)
賀電一束 .... (八)

第二輯

第十一殷四師令長官馬法五將軍發表談話 .... (三)
劉伯承將軍慰問馬法五將軍 .... (五)
楊主席慰問西北軍 .... (五)
四十軍、三十軍官佐三百人通電附顧和平反對內戰並電高總司令擁護三項主張 .. (六)
三十軍、四十軍軍官揭露國民黨反勵派製造內戰的陰謀 .... (七)

《東周列國志》目錄第1頁

三十军、四十军军官痛诉何应钦排除异己罪行
三十军、四十军士兵控诉国民党强迫他们打内战
国民党竟如此反动，竟逮捕高马尔将军家属
三十军、四十军伤病员感谢我军优待诊治
記會見劉世荣李旭東兩先生 ………………… 鄭遠（二八）

第三輯

中共發言人答新華社記者、駁斥國民黨所謂「守势」
國民黨發動內戰鐵證舉例
（一）胡宗南致高樹勳將軍電 …………………………（三六）
（二）蔣編「剿匪手本」介紹 ……………………………（三七）
（三）清剿豫西我軍計劃 …………………………………（三八）
（四）潤剿豫西我軍密令 …………………………………（三九）
（五）偉作義頒發反共內戰小冊 ………………………（四一）
（六）派特務打進民主同盟 ……………………………（四三）
再一次呼籲和平 ……………………………… 解放日報（四四）

第四輯

國民黨七萬部隊侵犯磁鄲，冀南軍民在自衛大捷，高副長官率新八軍全部起義（四八）
冀魯豫軍區發言人縱談平漢自衛戰 ……………………（五〇）
晉冀魯豫軍區司令部公佈平漢自衛戰戰果 ……………（五三）
四萬軍民集會磁縣城，要求和平反對內戰 ……………（五四）
楊主席在磁縣大會上講話全文

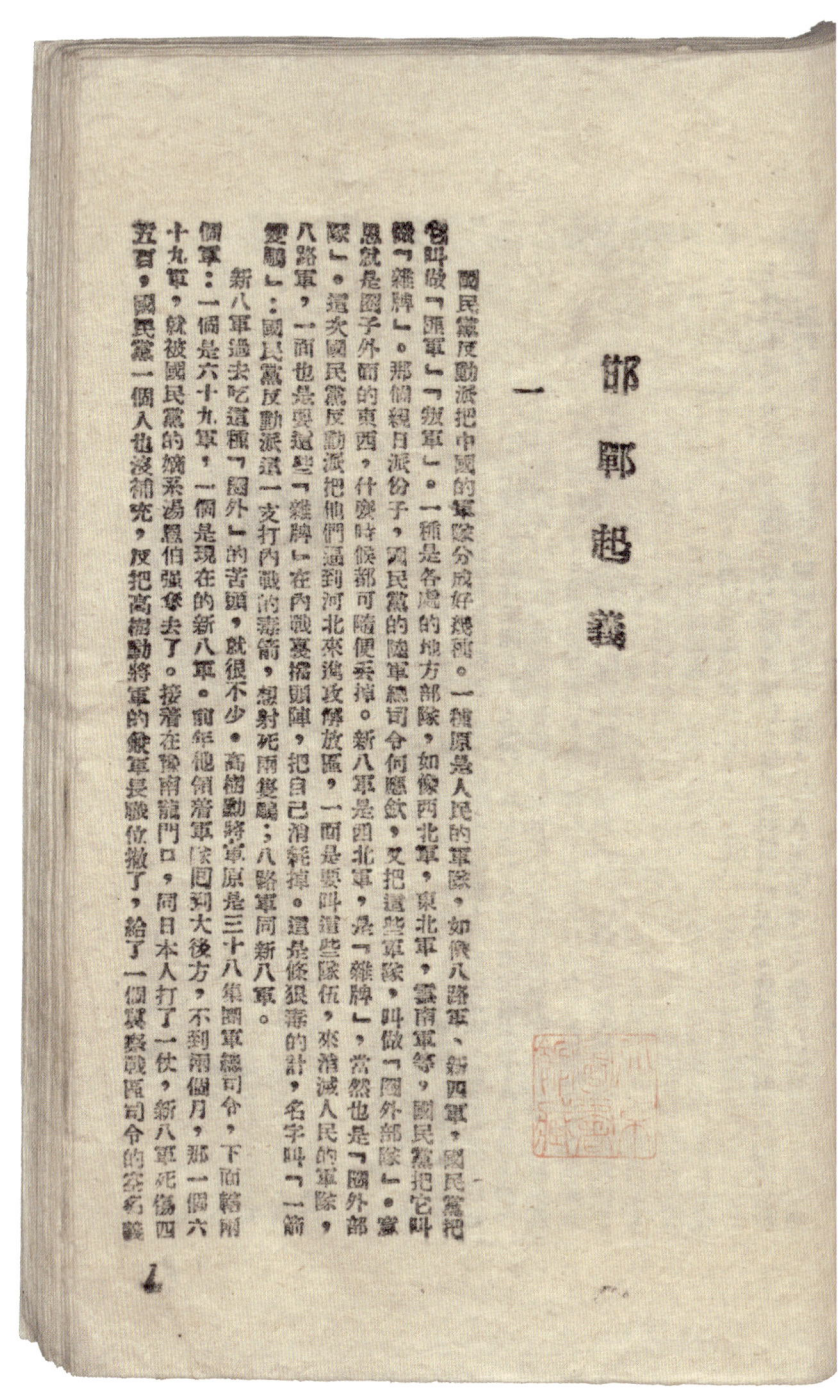

《东周列国志》正文第 1 页

詞。室內的新年日報是大家最心喜的禮物，新報一到，大家便搶上來。一位班長看到國民黨配合敵人濫炸解放區的消息，表示十分憤怒。他說：「國民黨還想把大好江山斷送了嗎？」對於國民黨使用美機濫炸解放區同胞，大家更堅決表示反對。閱覽室的板凳上，整日坐滿看報的人羣，他們在用心閱讀毛主席的「論聯合政府」和朱總司令的「論解放區戰場」。有的高興的唸了出來，有的則與八路同志熱烈的討論。八路同志更耐心的為他們解答各種疑難。親密的戰友之誼，整日洋溢在軍人俱樂部的各個角落。一位弟兄說：「這真是一座親密的大家庭」。

為歡迎民主建國軍全體將士，軍區政治部、六專署、武安縣政府等特組織了擁護民主建國軍大會籌委會。該會宣傳部，建設了軍人俱樂部、前去讀報、看書、下棋、唱歌的，自享至晚，絡繹不絕。並集中了先鋒、前綫等劇團，邀請了邯鄲的同樂班等，整日演唱精彩節目，作為大會的前奏，大會()塵正在趕修，慰勞品正在集中。

賀電二束

毛主席朱總司令賀電

慶侯將軍吾兄勛鑒：聞吾兄率部起義，反對內戰，主張和平，凡屬血氣之士，莫不閱聲擁護，特電馳賀，即頌戎棊！

毛澤東、朱德戌冬。

劉師長鄧政委等賀電

慶侯將軍吾兄勛鑒：路電敬悉，淦傷河畔貴軍高舉義旗，反對內戰，主張和平，聯袂之餘，曷勝欣慰。做寇賴其同努力，並囑龍通了專輪電賀，並致兄弟之敬禮！普冀將魯豫軍區劉伯承、鄧小

（二）《孙中山先生论地方自治》

本书为抗日战争胜利后中共时评文献汇编的伪装本。32开，正文97页，毛装，竖排铅印。封面为浅黄色，居中竖向印有伪装题名《孙中山先生论地方自治》，左下角印有"正申书局"。

本书汇集了《解放日报》《晋察冀日报》的社论、述评、短评，以及新华社电讯稿，共计24篇。封面之后是目录页。目录如下：

一，苏联对日宣战后毛主席发表声明

二，中国共产党中央委员会对于目前时局的宣言

三，新时期中路标

四，对日战争结束后的远东大局

五，严惩战争罪犯

六，向东北同胞致敬纪念"九一八"十四周年

七，聂荣臻同志报告目前时局与任务

八，用国法制裁汉奸特务和战犯

九，没有民主就不可能有和平建设

十，革命要有韧性

十一，查办何应钦阎锡山何思源

十二，要在全国人民前面做出更好的榜样

十三，苏共中央委员会颁布纪念十月革命节口号

十四，延安各界纪念十月革命节筹备会发布纪念十月革命节口号

十五，延安各界纪念十月革命节致全国各界电

十六，远东持久的和平基础

十七，纪念十月革命庆祝中苏同盟

十八，建设和平民主团结的察哈尔

十九，中国人民公意的表现

二十，秋收与减租

二十一，减租与生产

二十二，庆祝蒙古人民共和国独立

二十三，介绍外蒙古人民共和国

二十四，孙中山先生论地方自治

本书第一篇《苏联对日宣战后毛主席发表声明》即 1945 年 8 月 9 日毛泽东发表的《对日寇的最后一战》，声明要求中国共产党领导下的抗日武装力量进行全国大反攻，同时提醒全国人民必须注意制止内战危险，努力促成民主联合政府的建立；最后一篇是 1945 年 11 月 22 日的《解放日报》社论《孙中山先生论地方自治》。本书以《孙中山先生论地方自治》作为伪装题名，使人难以看出其政治倾向。同时，封面上的伪托出版者"正申书局"，极易被看成国民党中宣部设立的，也是当时最大的官办出版发行机构正中书局，具有很强的伪装色彩。本书未署出版时间，从所收文章推测，其出版时间当在 1945 年底或 1946 年初。

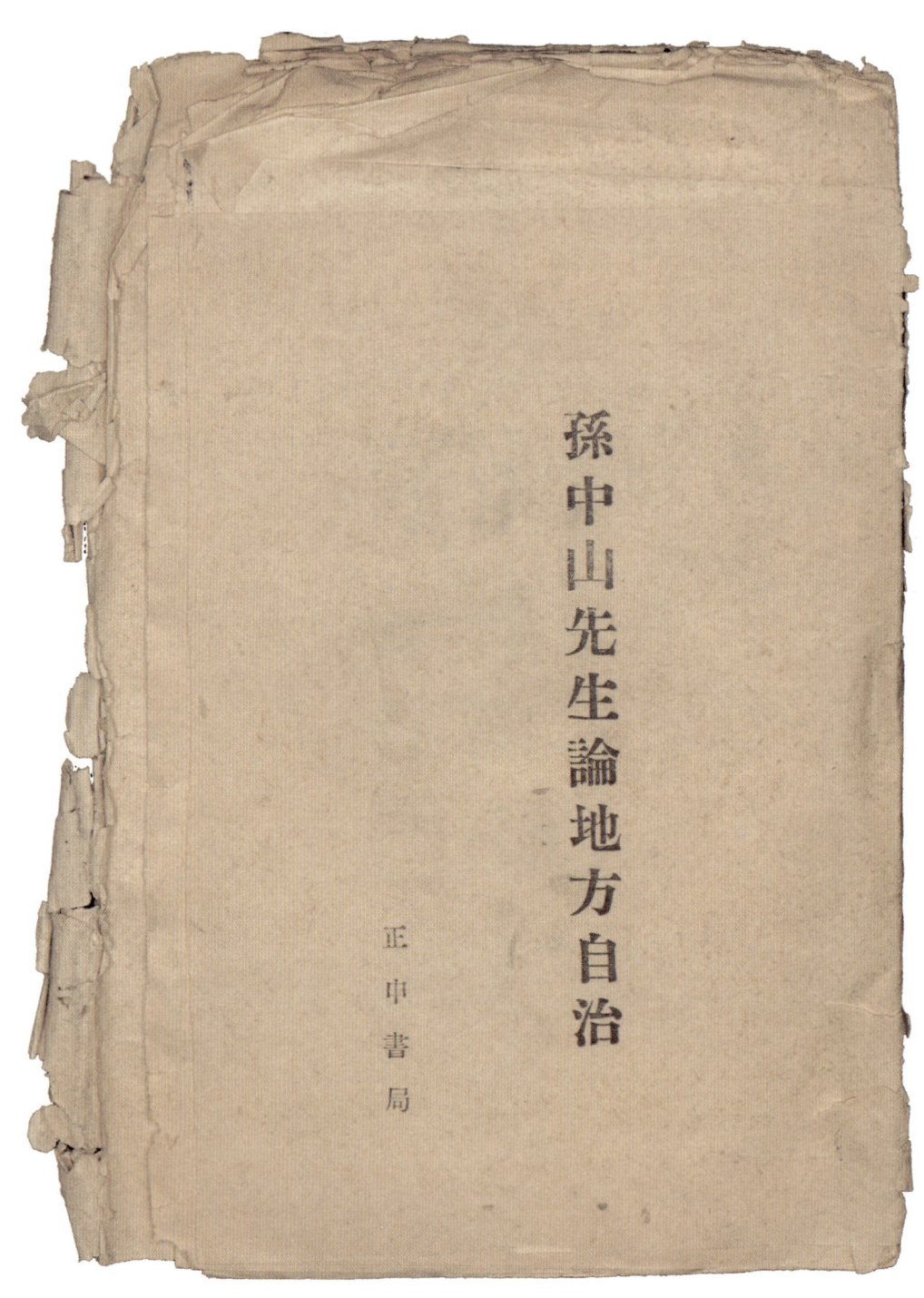

《孙中山先生论地方自治》封面

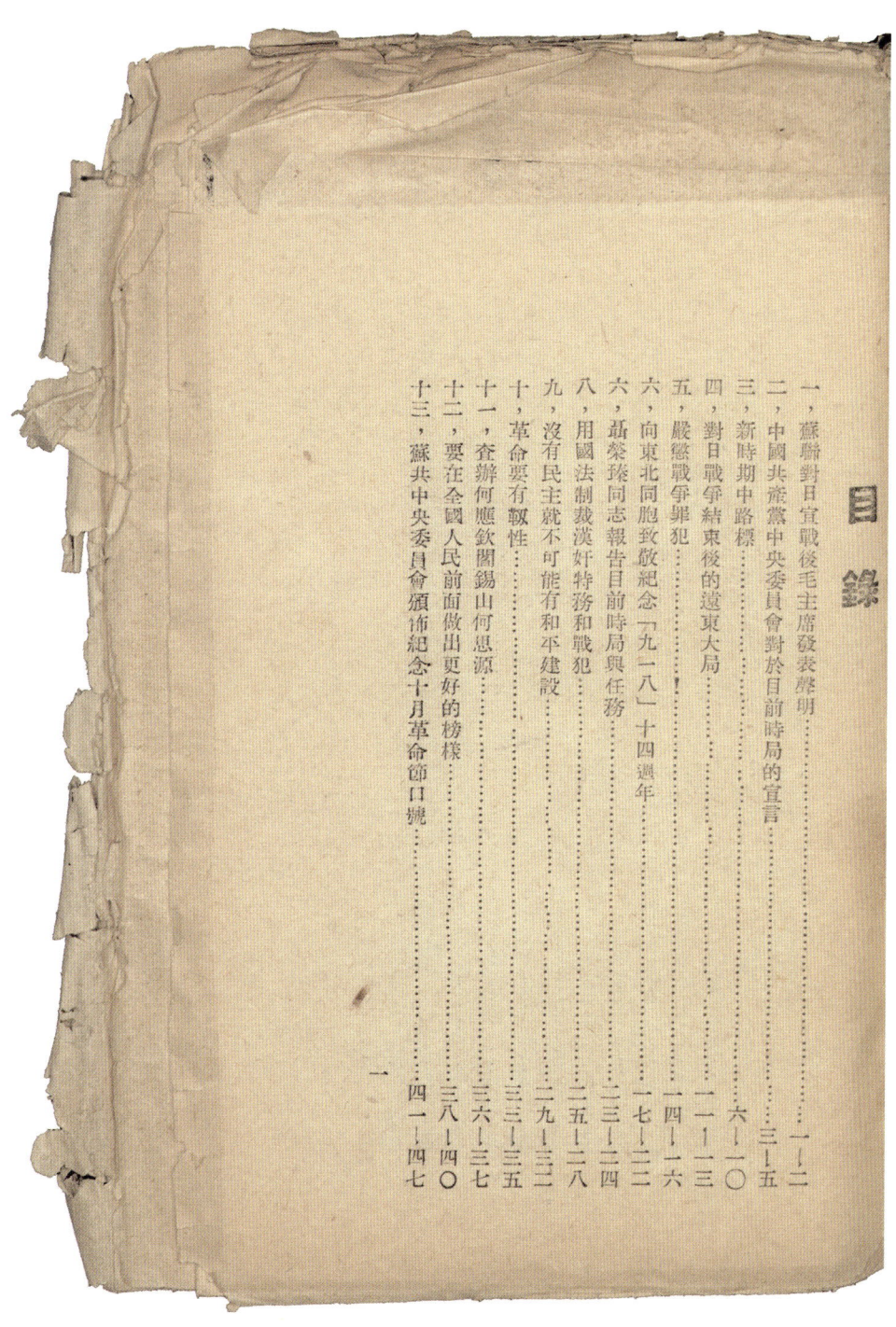

目錄

一、蘇聯對日宣戰後毛主席發表聲明……1—2
二、中國共產黨中央委員會對於目前時局的宣言……3—5
三、新時期中路標……6—10
四、對日戰爭結束後的遠東大局……11—13
五、嚴懲戰爭罪犯……14—16
六、向東北同胞致敬紀念「九一八」十四週年……17—22
六、聶榮臻同志報告目前時局與任務……23—24
八、用國法制裁漢奸特務和戰犯……25—28
九、沒有民主就不可能有和平建設……29—32
十、革命要有韌性……33—35
十一、查辦何應欽閻錫山何思源……36—37
十二、要在全國人民前面做出更好的榜樣……38—40
十三、蘇共中央委員會頒佈紀念十月革命節口號……41—47

一

《孙中山先生论地方自治》目录第1页

十四，延安各界紀念十月革命節籌備會發佈紀念十月革命節口號……四八—五〇

十五，延安各界紀念十月革命節致全國各界電……………………………………五一—五五

十六，遠東持久的和平基礎……………………………………………………………五六—五八

十七，紀念十月革命慶祝中蘇同盟………………………………………………………五九—六五

十八，建設和平民主團結的察哈爾………………………………………………………六六—六八

十九，中國人民公意的表現……………………………………………………………六九—七一

二十，秋收與生產…………………………………………………………………………七二—七五

二十一，減租與減租………………………………………………………………………七六—八〇

二十二，慶祝蒙古人民共和國獨立………………………………………………………八一—八二

二十三，介紹外蒙古人民共和國…………………………………………………………八三—八八

二十四，孫中山先生論地方自治…………………………………………………………八九—九七

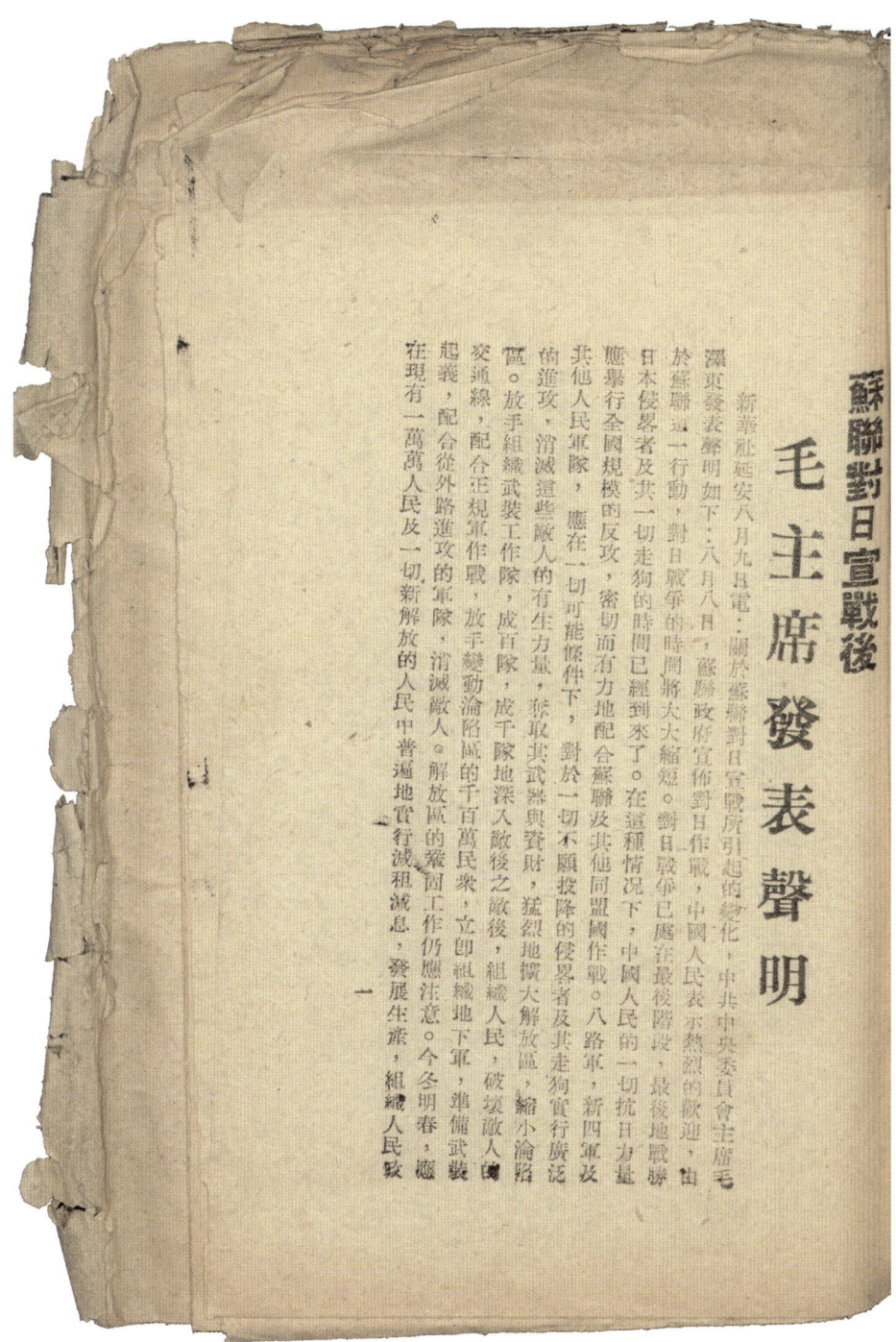

《孙中山先生论地方自治》正文第 1 页

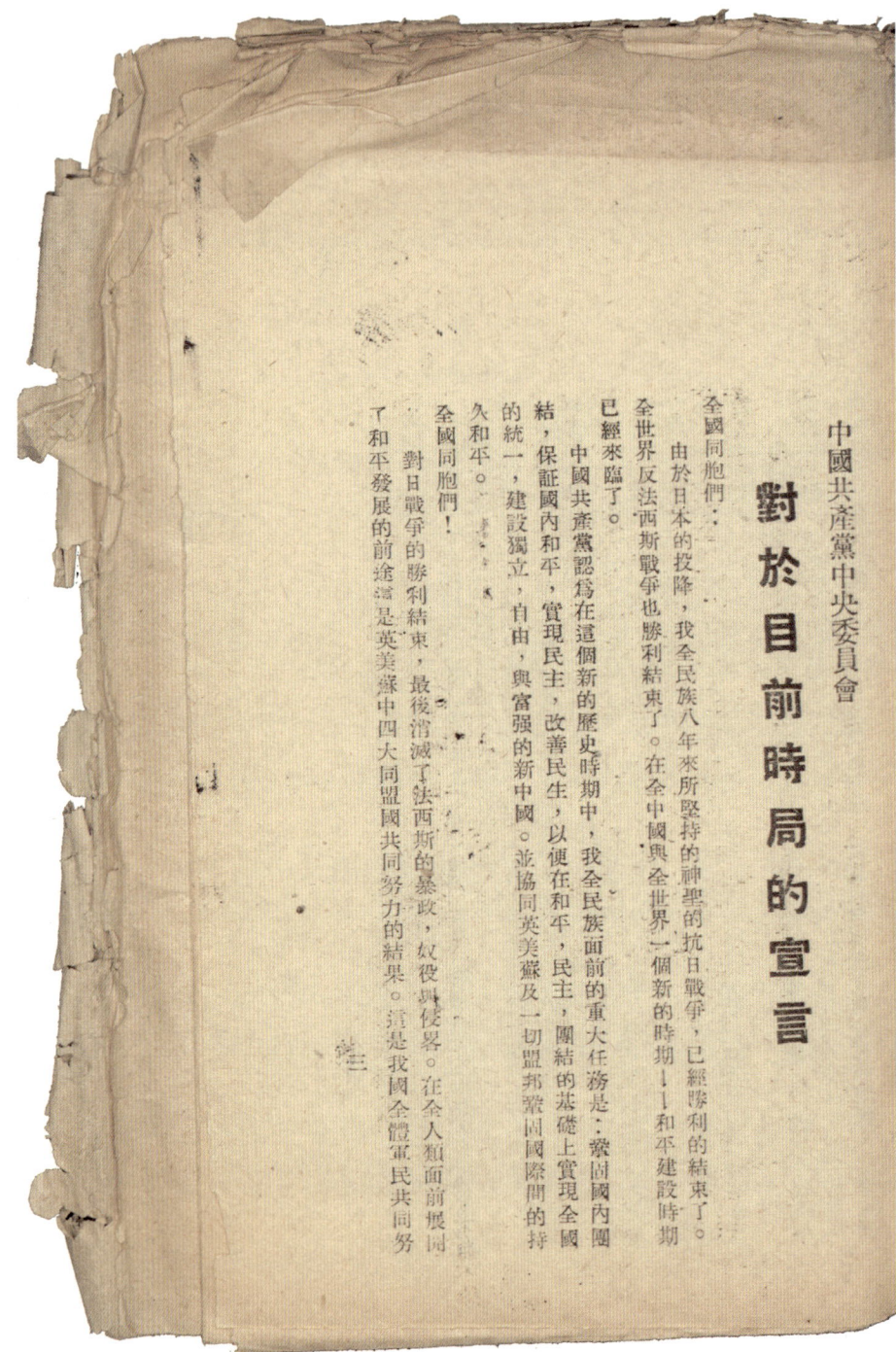

中國共產黨中央委員會

對於目前時局的宣言

全國同胞們：

由於日本的投降，我全民族八年來所堅持的神聖的抗日戰爭，已經勝利的結束了。全世界反法西斯戰爭也勝利結束了。在全中國與全世界一個新的時期——和平建設時期已經來臨了。

中國共產黨認為在這個新的歷史時期中，我全民族面前的重大任務是：鞏固國內團結，保證國內和平，實現民主，改善民生，以便在和平，民主，團結的基礎上實現全國的統一，建設獨立，自由，與富強的新中國。並協同英美蘇及一切盟邦鞏固國際間的持久和平。

全國同胞們！

對日戰爭的勝利結束，最後消滅了法西斯的暴政，奴役與侵略。在全人類面前展開了和平發展的前途這是英美蘇中四大同盟國共同努力的結果。這是我國全體軍民共同努

《孙中山先生论地方自治》正文第 3 页

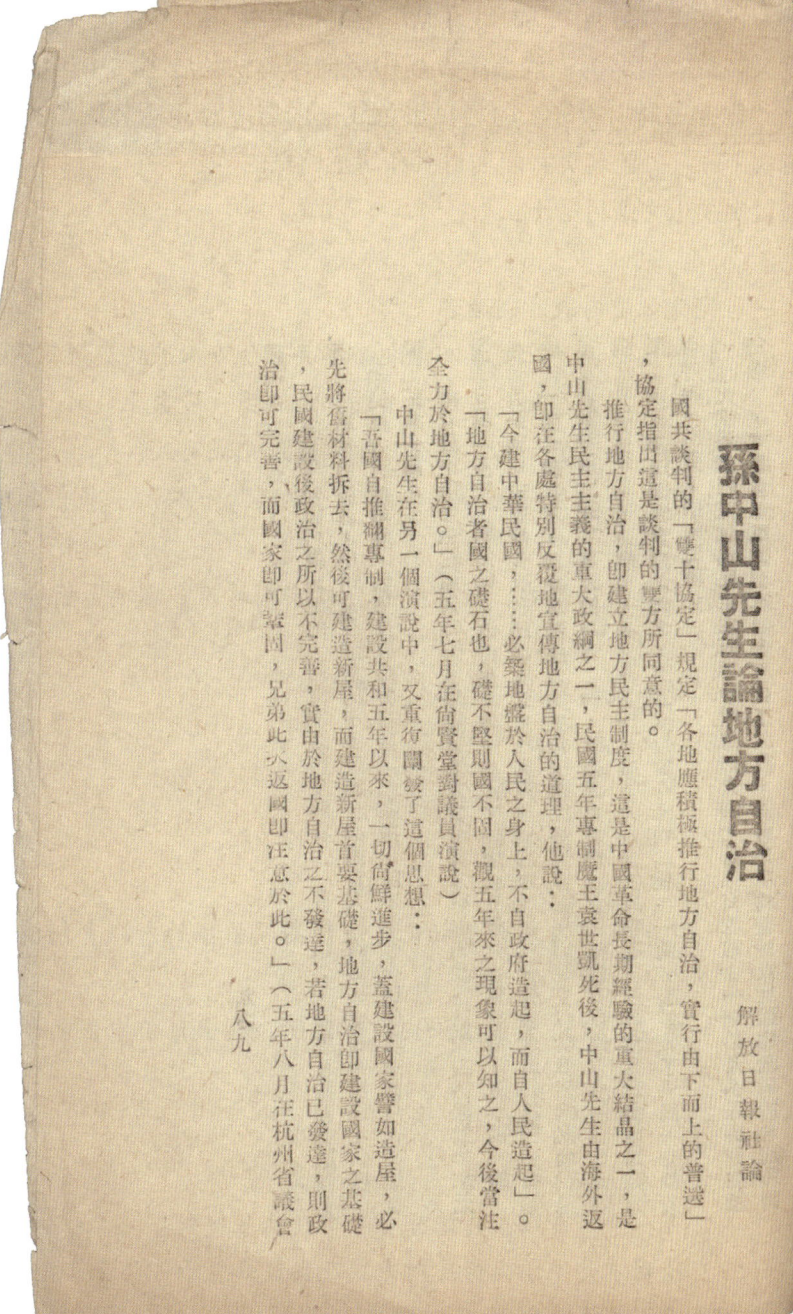

《孙中山先生论地方自治》正文第89页

（三）《中国之前途》

本书为解放战争初期中共时评文献汇编的伪装本。32开，正文71页，竖排石印，折页装订。封面为白底黑字，居中竖向印有伪装题名《中国之前途》，左下印有"北方书局出版"。题名页黑色线框内居中竖印伪装题名，左下印有"一九四六·一"。题名页背面为目次和纠正信息。

本书目次及正文细目如下：

一、究竟谁是内战的制造者
    1. 国民党调动正规军四十九个军共百余万人进攻我解放区
    2. 秦皇岛美军配合国民党军进犯山海关，侵占北戴河
    3. 胡宗南调集大军，结合伪军，继续犯我解放区
    4. 国民党宣传部长否认印发《"剿匪"手本》，事实上我军缴获很多
    5. 内战铁证俱在，何得抵赖！胡宗南转示"剿共"密令，蒋介石手制《"剿匪"手本》
    6. 是谁挑动内战，是谁先打第一枪
二、美国反动派干涉中国内政
    1. 干涉内政的事实
    2. 中国人民坚决反对
三、如何制止内战，内战能否停止
    1. 中共发言人对新华社记者驳斥吴国桢推脱内战责任谎言，提出制止全面内战的三项办法
    2. 延安发言人主张组织内战考察团，指出目前中国问题是内战，不是交通
    3. 如何正确认识目前形势
四、全国反对内战的表现
    1. 百八十名晋绥军将校呼吁和平，反对内战
    2. 昆明市大中学生为反对内战及抗议武装干涉集会告全国同胞书
五、中国要走的道路
    1. 新民主主义经济下的烟台市

2. 国民党接收下的沪宁收复区

3. 黑暗、光明显然不同，痛苦、快乐天壤之别

  本书所收文章大多来自新华社电讯并经过分类编排。这些文章披露了国民党在美国援助下挑动内战的诸多铁证和国内反内战的民主运动浪潮，提出了制止内战的办法，对比了解放区和国统区的生活。书末附陶行知据聂耳所作《义勇军进行曲》曲谱重新填词的《民主进行曲》。

  抗战结束后，国共两党经过重庆谈判，艰难达成"双十协定"，国民党接受中共提出的以和平、民主、团结、统一为基础的和平建国方针，同意邀集各党派代表及社会贤达召开政治协商会议。国共和谈的同时，美国支持下的蒋介石到处制造事端：10月8日，八路军从在太行山缴获的一架国民党军运输机上搜出了蒋介石的代电密件和两册《"剿匪"手本》；10月13日，就在毛泽东回到延安的两天之后，蒋介石发布进攻解放区的"剿匪密令"，严令各部限期大举进攻解放区，用以进攻的部队达170万人；10月28日，美军在秦皇岛登陆后，配合国民党侵占冀东解放区临榆县海阳镇，进犯山海关，侵占北戴河，掩护国民党军进军东北。上述种种迹象表明，美国支持下的蒋介石只是在玩弄和谈阴谋，试图争取政治上的主动，利用谈判拖延时间，同时调兵遣将，为大举进攻解放区寻找借口。本书是重庆谈判后中国共产党出版的揭露美蒋阴谋，反对内战，争取和平和民主的宣传册，但从伪装题名看不出政治倾向。当时并无"北方书局"，应属虚构的出版机构。

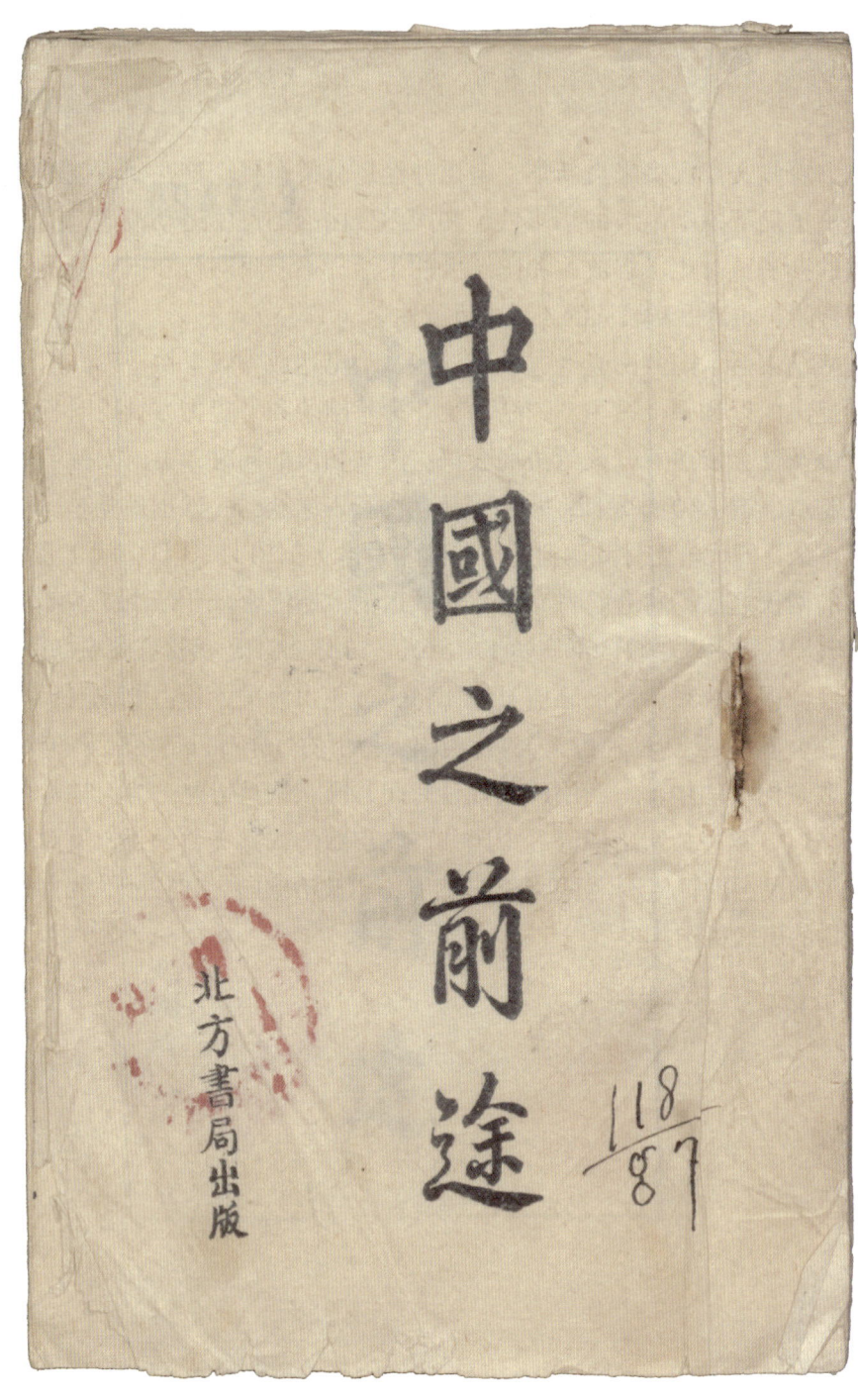

《中国之前途》封面

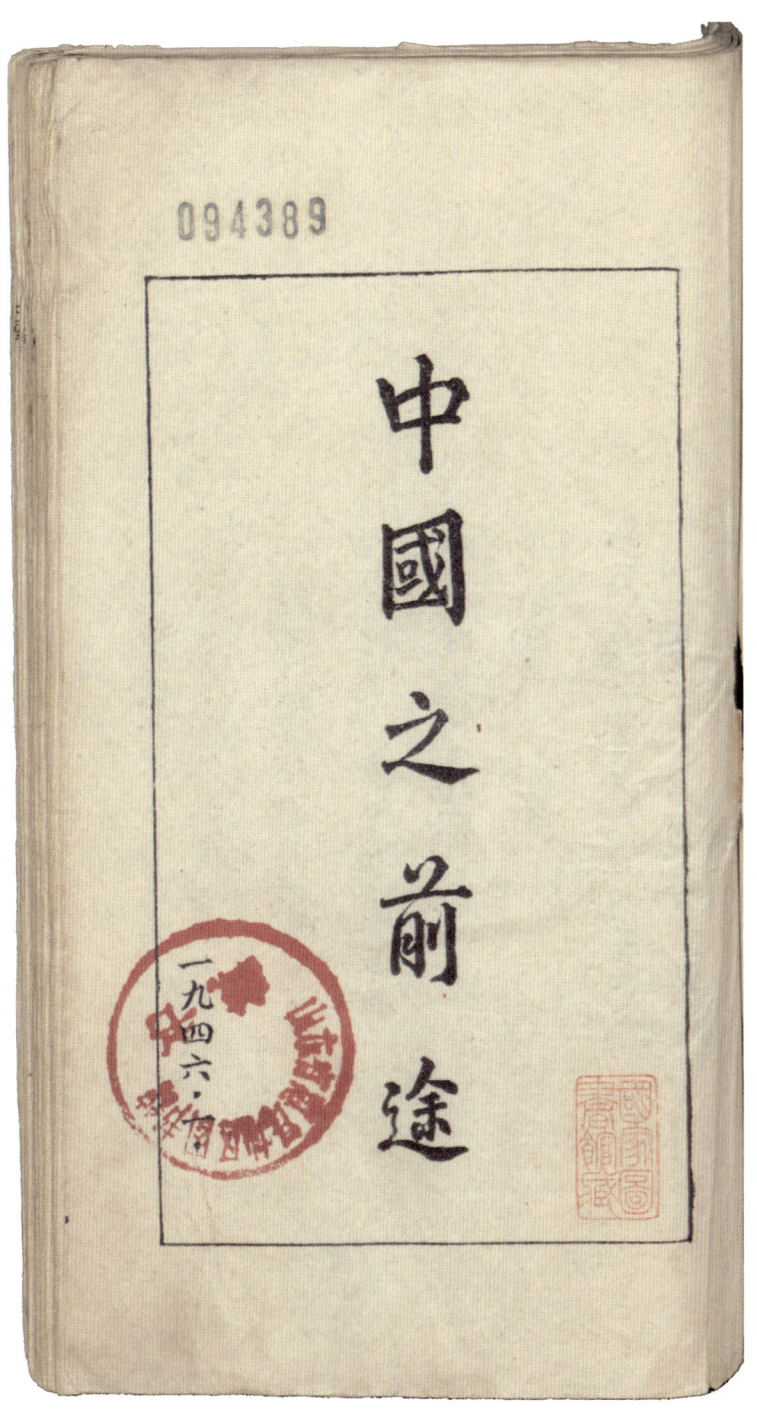

《中国之前途》题名页

目次

一、究竟誰是內戰的製造者
二、美國反動派干涉中國內政
三、如何制止內戰內戰能否停止
四、全國反對內戰的表現
五、中國要走的道路

訂正

此書第五二頁后之五七、五八、五九、六十、四頁，係五三、五四、五五、五六。

《中國之前途》目次和糾正信息

一 究竟誰是內戰的製造者

1. 國民黨調動正規軍四十九個軍共百餘萬人進攻我解放區

（新華社延安七日電）國民黨自日寇投降后，即大規模調動其軍隊，以受降為名，進攻解放區。九月間，在重慶舉行國共談判時，國民黨利用談判為掩護，調軍與進攻益急。十月十三日，國共會談紀要公佈之次日，國民黨最高當局更頒發「剿匪」密令，嚴令各部限期迅速大舉進攻，迄今日為止，國民黨用以進攻解放區之軍隊，已達正規軍四十九個軍，一百萬人。此外，并有挺進部隊二十萬人，收編加委之為軍三十五萬，及尚未繳械或繳械后又發還槍械受國民黨命令進攻解放區之日軍十五萬人，總計各路國民黨進行內戰之總兵力，已達一百七十萬人。（其包圍陝甘寧邊區之軍隊尚未計在內）。

《中国之前途》正文第1页

2. 秦皇島美軍配合國民黨軍進犯山海關侵佔北戴河

（新華社冀熱遼三日電）美軍積極進行武裝干涉中國內政軍事行动。登陸秦皇島之美軍，日來積極配合國民黨軍隊進攻解放區。十月卅一日，美軍一部，配合國民党九十四軍部隊，進攻並佔領我冀東解放區臨榆之海陽鎮。我區游擊隊十八人為美軍解除武裝。並以插美國旗之車輛，在美軍掩護下，運輸國民党軍各一部，由秦皇島向我山海關進犯。十月卅一日，美軍与國民党軍各一部，犯我北戴河，以重机关槍向我掃射。我部受重大損失后，被迫撤出北戴河。

（新華社北热遼六日電）國民党軍正向我山海關陣地猛烈進攻中。上月卅一日，國民党第五師各部向我山海关守軍開始攻击。四日晨二時起，战爭益趨激烈。我軍被迫自衛，沉着应战，选

《中国之前途》正文第12页

《中国之前途》正文末页

(四)《赤胆忠心录》

本书为中国共产党敌后战场抗战情况相关材料汇编的伪装本。32开,正文57页,竖排铅印。封面为白底,中间有一幅红色的心形图案,竖排印有伪装题名《赤胆忠心录》,左下方印有"时事研究会编刊"。题名页的黑色长方框内,居中竖向印有伪装题名《赤胆忠心录》。封三为版权页,显示本书的出版者为"时事研究会",印刷者为"启华印书局",发行者为"大连新文化书店",版次为"民国卅五年二月十日初版"。

本书目录如下:

一 中共抗战一般情况的介绍
　（附）八路军、新四军与华南抗日纵队对民族解放战争的伟大贡献
二 敌人口中的八路军、新四军与中国共产党
三 活跃于敌后战场的民兵

《中共抗战一般情况的介绍》系1944年8月22日八路军参谋长叶剑英向中外记者参观团所做的长篇报告。报告中从敌情、伪情、友情、我情等4个方面介绍了中国共产党在敌后战场作战的情况,以翔实、可靠的数据和无可争辩的事实,证明了中共的伟大以及在中共直接领导下的八路军、新四军和其他抗日武装在抗战中所起的重大作用,同时也深刻揭露了国民党的腐败无能和消极抗日、积极反共的真相。报告后面还附了一篇《八路军、新四军与华南抗日纵队对民族解放战争的伟大贡献》,简略统计了1937年9月至1945年3月八路军、新四军与华南抗日纵队的战绩,介绍了中国共产党开辟的19个解放区的情况。

《敌人口中的八路军、新四军与中国共产党》为新华社所发电讯。电讯针对当时国内出现的"八路军、新四军'游而不击'""共产党实行'封建割据'"等流言蜚语,从缴获的日伪报纸、杂志和文件中摘录其对八路军、新四军和中国共产党的报道、记载和评论,通过敌人之口反驳上述不实之词,用事实证明中国共产党及其所领导的抗日武装是全民族利益的坚定维护者。

《活跃于敌后战场的民兵》是中共中央军委总政治部宣传部发表的全面介绍华北、华中敌后民兵英勇抗日的光辉事迹的报道,原载于1944年7月8日的《解

放日报》。

本书目录页前有一篇介绍的文字，内中提及"辽东半岛沦陷在日寇铁蹄下已有四十余年，我祖国同胞受尽暴敌百般蹂躏，莫不眷怀祖国，但由于敌人的新闻封锁政策，对国内形势演变真相多不了解，但有获得也是国民党方面的反宣传资料，因此，对真历史一无所知，黑白颠倒，忠奸不分"，"为帮助我辽东同胞认识祖国自'九一八'以来的历史真相，认识抗战是如何发动起来的，认识国共两党对于日寇侵略所持的不同态度，认识两党抗战以来的贡献如何，以及国民党中反动集团的祸国殃民政策起见"，编成此书。1945年8月，苏联红军根据《雅尔塔协定》和《波茨坦公告》进驻大连，对旅大实行军管。鉴于旅大由苏军驻扎并实行军事管制，国民党又先一步进入大连，为便于开展工作，中共大连党组织暂不公开。

上述3篇材料通常汇编为《中共抗战一般情况的介绍》一书出版，因此本书可以看成是这一本书的伪装本。

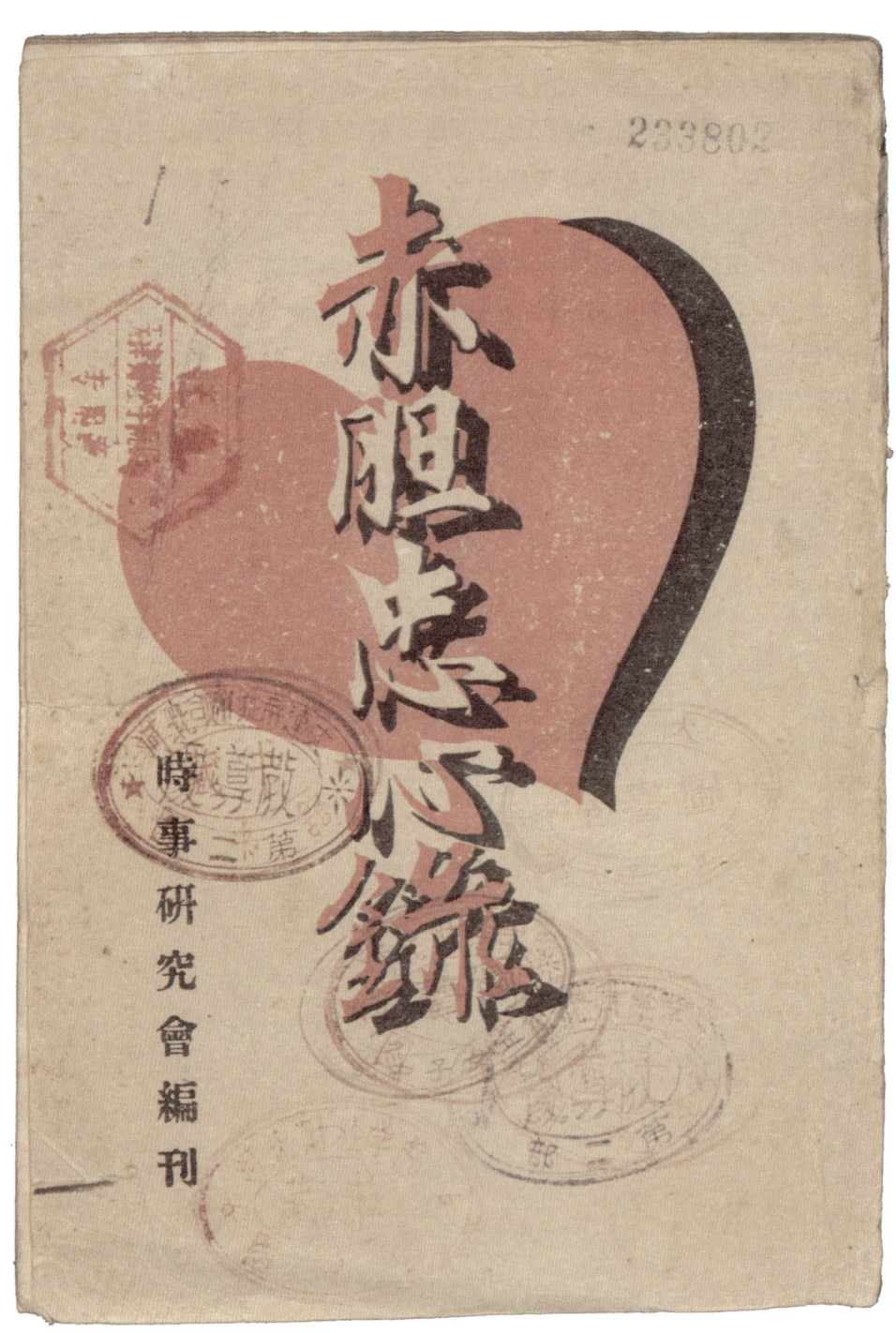

《赤胆忠心录》封面

《赤胆忠心录》题名页

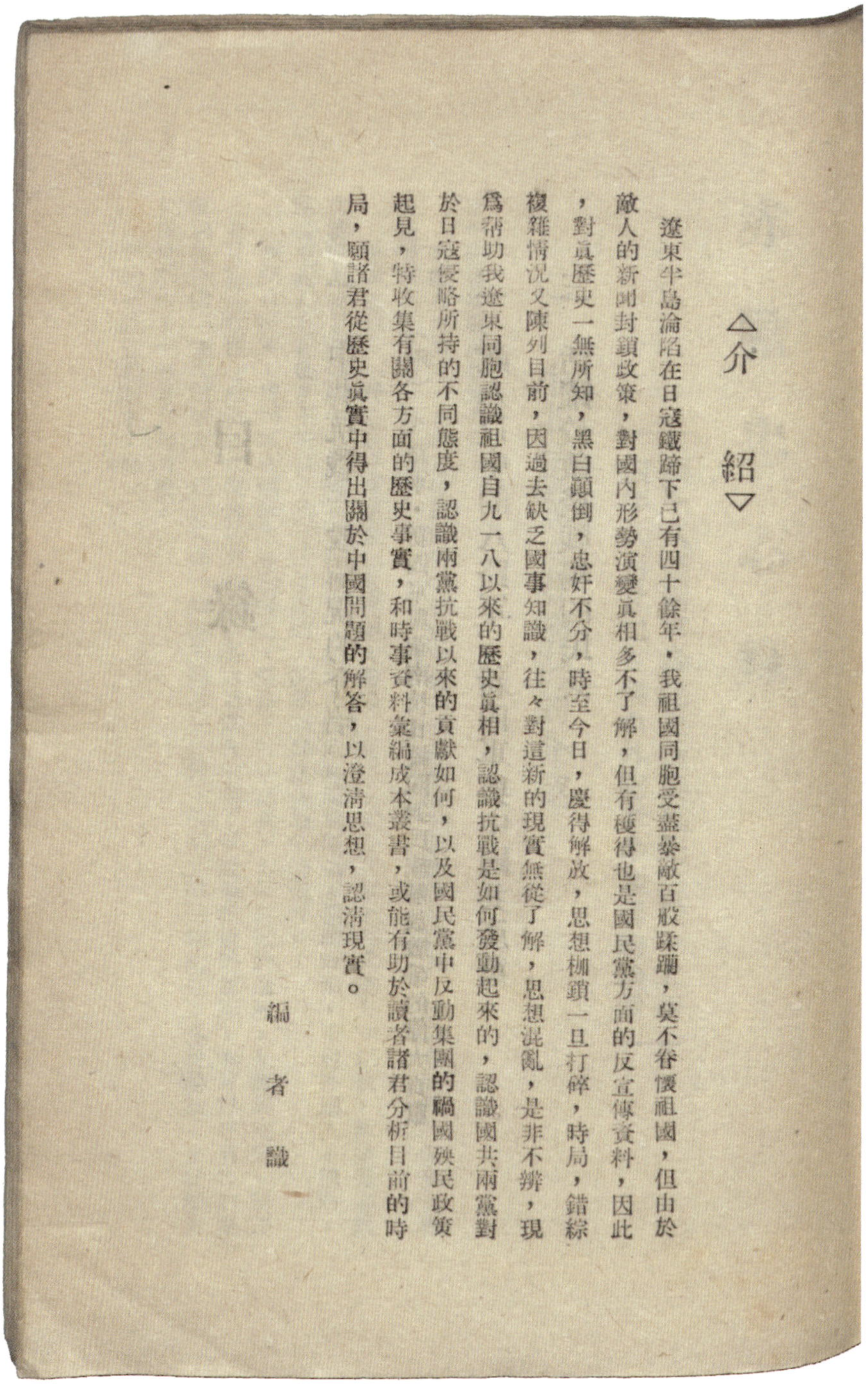

△介 紹▽

遼東半島淪陷在日寇鐵蹄下已有四十餘年。我祖國同胞受盡暴敵百般蹂躪,莫不眷懷祖國,但由於敵人的新聞封鎖政策,對國內形勢演變真相多不了解,但有幸得也是國民黨方面的反宣傳資料,因此對真歷史一無所知,黑白顛倒,忠奸不分,時至今日,慶得解放,思想枷鎖一旦打碎,時局,錯綜複雜情況又陳列目前,因過去缺乏國事知識,往往對這新的現實無從了解,思想混亂,是非不辨,現為幫助我遼東同胞認識祖國自九一八以來的歷史真相,認識抗戰是如何發動起來的,認識國共兩黨對於日寇侵略所持的不同態度,認識兩黨抗戰以來的貢獻如何,和時事資料彙編成本叢書,或能有助於讀者諸君分析目前的時起見,特收集有關各方面的歷史事實,以及國民黨中反動集團的禍國殃民政策局,顯諸君從歷史真實中得出關於中國問題的解答,以澄清思想,認清現實。

編者識

《赤膽忠心錄》目錄前的介紹

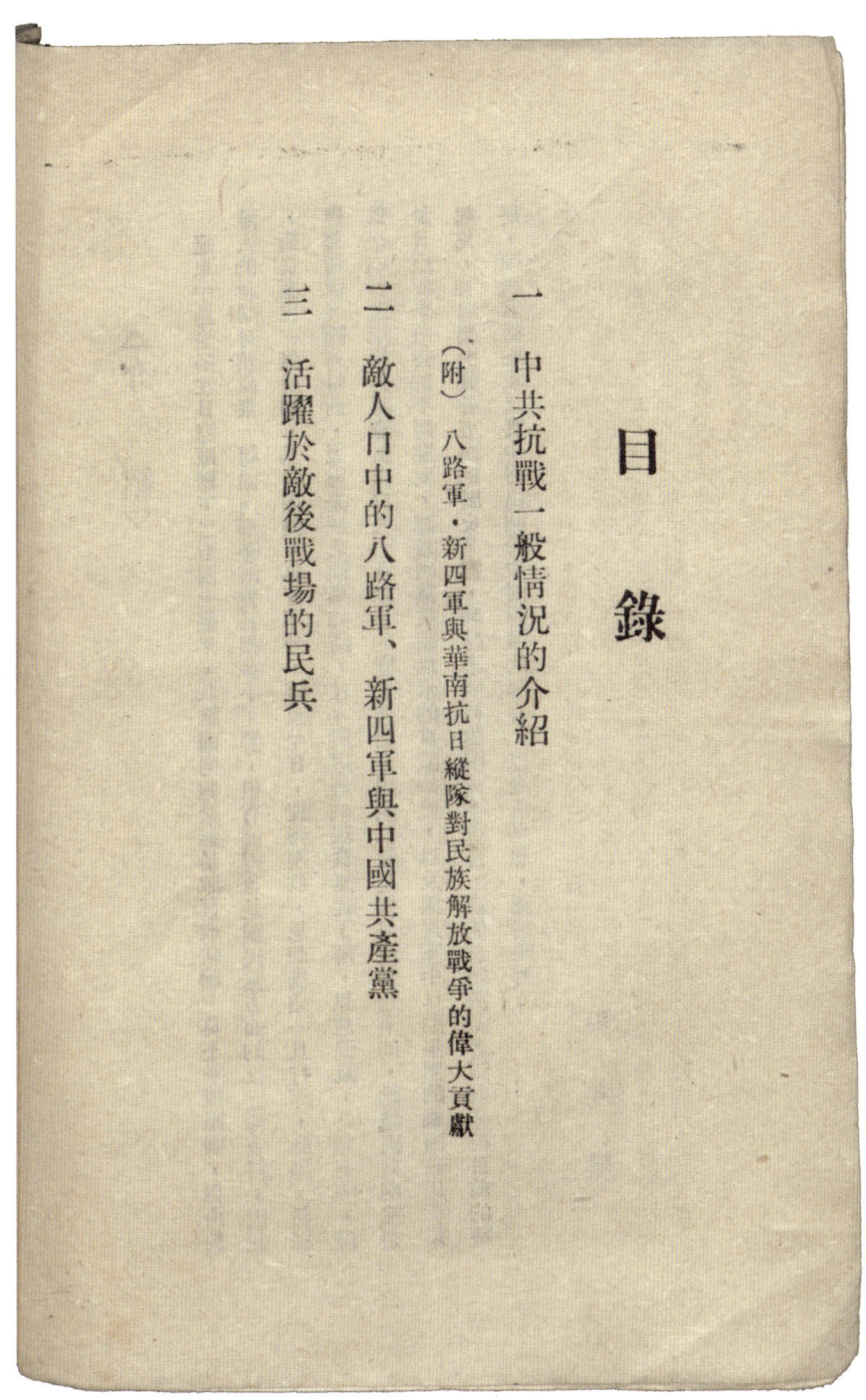

《赤胆忠心录》目录

目錄

一 中共抗戰一般情況的介紹

（附）八路軍·新四軍與華南抗日縱隊對民族解放戰爭的偉大貢獻

二 敵人口中的八路軍、新四軍與中國共產黨

三 活躍於敵後戰場的民兵

赤膽忠心錄

——第十八集團軍參謀長葉劍英先生於一九四四年八月廿二日與中外記者參觀團的談話——

一 中共抗戰一般情況的介紹

中外記者參觀團各位先生：

為應各位要求，並使各位便於研究目前中國共產黨抗戰的其體情形起見，我向各位做一個關於敵後戰場軍事情況的一般介紹。

中國抗戰，一開始就分為正面和敵後兩大戰場；而自一九三八年十月武漢失守以後，敵後戰場就在實際上成了中國的主要戰場。這種情況，因為中國政府採取壓制言論的政策，不但外國人不明白，就連中國人也有很多不明白。我今天要說的，就是關於敵後戰場的情形。

我們八路軍、新四軍在這個敵後戰場上，堅持了七年之久，七年抗戰的過程，是極其殘酷、緊張，並且極其複雜、曲折的。假使某些先生們要求更深入的來了解敵後抗戰的實際，我可以在另外的機會和各位做一個共同研究，現在只做一個極其簡單的介紹，我的介紹的範圍是：多說現狀，少說歷史；多說軍情，少涉及其他方面。

我的介紹分為四項，即：

《赤胆忠心录》正文第 1 页

對民族解放戰爭的偉大貢獻··

八路軍、新四軍、華南抗日縱隊

——統計數字只一九三七年九月至一九四五年三月並缺華南抗日縱隊在一九四三年以前的戰績——

對敵大小戰鬭十一萬五千餘次。

擊斃和殺傷敵僞軍九十六萬餘名。

俘虜敵僞軍二十八萬餘名。

投誠反正敵僞軍十萬餘名。

以上敵僞共損失一百三十六萬餘名。

我軍主要繳獲：

砲類共計一千零二十八門。

機槍共計七千七百餘挺。

步馬槍四十三萬餘枝。

攻克碉堡三萬四千餘座。

攻克據點一萬一千餘個。

◁赤膽忠心錄▷

定價六元

出版者	時事研究會
印刷者	大連市加賀町六 啓華印書局
發行者	大連市浪速町一三八 大連新文化書店

民國卅五年二月十日初版一二〇,〇〇〇

經售處 各書店

《赤胆忠心录》封三上的版权页

（五）《辩证法唯物论》

本书系毛泽东著《辩证法唯物论（讲授提纲）》的伪装本。32开，正文38页，竖排铅印。封面为白底红字，上、下端各有两条红色粗线，红色长方框内居中从右向左印有伪装题名《辩证法唯物论》，题名下方从右向左印有红色小字"丘引社版"，底端红线上方从右向左印有"上海中国出版社印行"。

本书的内容共3章16节，约6万字。目次如下：

第一章　唯心论与唯物论
　　一　哲学中的两军对战
　　二　唯心论与唯物论的区别
　　三　唯心论发生与发展的根源
　　四　唯物论发生与发展的根源
第二章　辩证法唯物论
　　一　辩证法唯物论是无产阶级革命的武器
　　二　旧的哲学遗产同辩证法唯物论的关系
　　三　在辩证法唯物论中宇宙观和方法论的一致性
　　四　唯物辩证法的对象问题，唯物辩证法是研究什么的？
　　五　物质论
　　六　运动论（发展论）
　　七　时空论
　　八　意识论
　　九　反映论
　　十　真理论
　　十一　实践论（认识与实践的关系理论与实际的关系知与行的关系）

1937年4—7月，毛泽东应红军大学（后来改为抗日军政大学）之邀，向学员讲授唯物论和辩证法，每周两次，每次4个小时。毛泽东讲课时，红军总政治部宣传部派人做了记录，并将记录稿连同整个讲授提纲整理后印发给大家学习。此后，这份材料便非正式地在一些地区和单位印行、流传开来。

在这篇讲授提纲中，毛泽东详细介绍了唯心论与唯物论产生与发展的历史，深入分析了唯物论的科学性以及它在指导中国革命过程中的重要作用，要求广大党员和干部要学会运用矛盾的观点分析和解决问题的方法。该提纲的第三章本来要写唯物辩证法，由于全民族抗日战争的开始，毛泽东未能完全完成此章，只写下第一节"矛盾统一法则"。后来，毛泽东将提纲第二章第十一节和第三章第一节进行了整理，这就是后来收入《毛泽东选集》的《实践论》和《矛盾论》两篇哲学著作。目前能够见到该讲授提纲的最早版本是1937年9月红军总政治部宣传部印行的油印本。此后广州《抗战大学》半月刊和上海《民主》杂志都曾连载这篇讲授提纲。1940年，八路军军政杂志社出版了这篇讲授提纲的单行本。

与本书题名类似的哲学著作较为常见，如1929年北京新书局出版的堺利彦著、吕一鸣译《辩证法的唯物论》，1929年上海联合书店出版的狄芝根著、柯柏年译《辩证法唯物论》，1930年上海沪滨书局出版的伏尔佛逊著、林超真译《辩证法的唯物论》，等等。1946年3月，华夏书店出版本书时仍以《辩证法唯物论》为题名，但是虚构了一个出版者"丘引社"进行伪装。孙鲤在本书前言中称："去年承重庆友人寄给我们这一本书，是一九四四年九月间一个报社里出版的，不具著作者名字。我们读了一遍，觉得内容极好，并且可以补前面所讲的缺陷（即读起来有些隔膜与不能够亲切地了解等缺陷）。现在准备把它急速印出来，以供学习辩证法的人阅读。"表明本书并非解放区的出版物。本书公开出版时一度在题名下印有"毛泽东著"，这显然与前言的说法矛盾。发行时又用油墨涂抹"毛泽东著"四字，再次印刷时则删去了作者信息。还有一种版本，封面上部为红底白字，横向印有伪装题名，题名下印有"丘引社编纂"，下面印有"世界文化出版社印行"。根据本书的封面特征，推测其为华夏书店出版的伪装本。华夏书店是生活书店的"外围书店"，处于对敌斗争的前哨阵地，多次被国民党政府查抄，丘引社、中国出版社是其众多副牌名称之一。

《辩证法唯物论》封面

辯證法唯物論

前言

中國近年來已經出版了好幾種辯證法唯物論，或唯物論辯證法但多數是翻譯的。外國在這一方面當然有著好書，不揭講解的方法與所舉的例證是照他們的社會環境裏的讀者需要而寫的，因為中國的情形有些不同，舉例不太熟知，讀起來多少會覺得有些隔膜，好像不能夠親切地了解似的。

去年承重慶友人寄給我們這一本書，是一九四四年九月間一個報社裏出版的，不具著作者名字。我們讀了一遍，覺得內容極好，並且可以補前面所講的缺陷，（即讀起來有些隔膜與不能夠親切地了解等缺陷），現在準備把它急遽印出來，以供學習辯證法的人閱讀。雖然三大法則還缺少質量互變與否定之否定兩條，但是讀者可以把已有的先讀起來，缺落的部份希望將來能夠補完全。

機甓社 一九四六年二月二日

《辯证法唯物论》前言

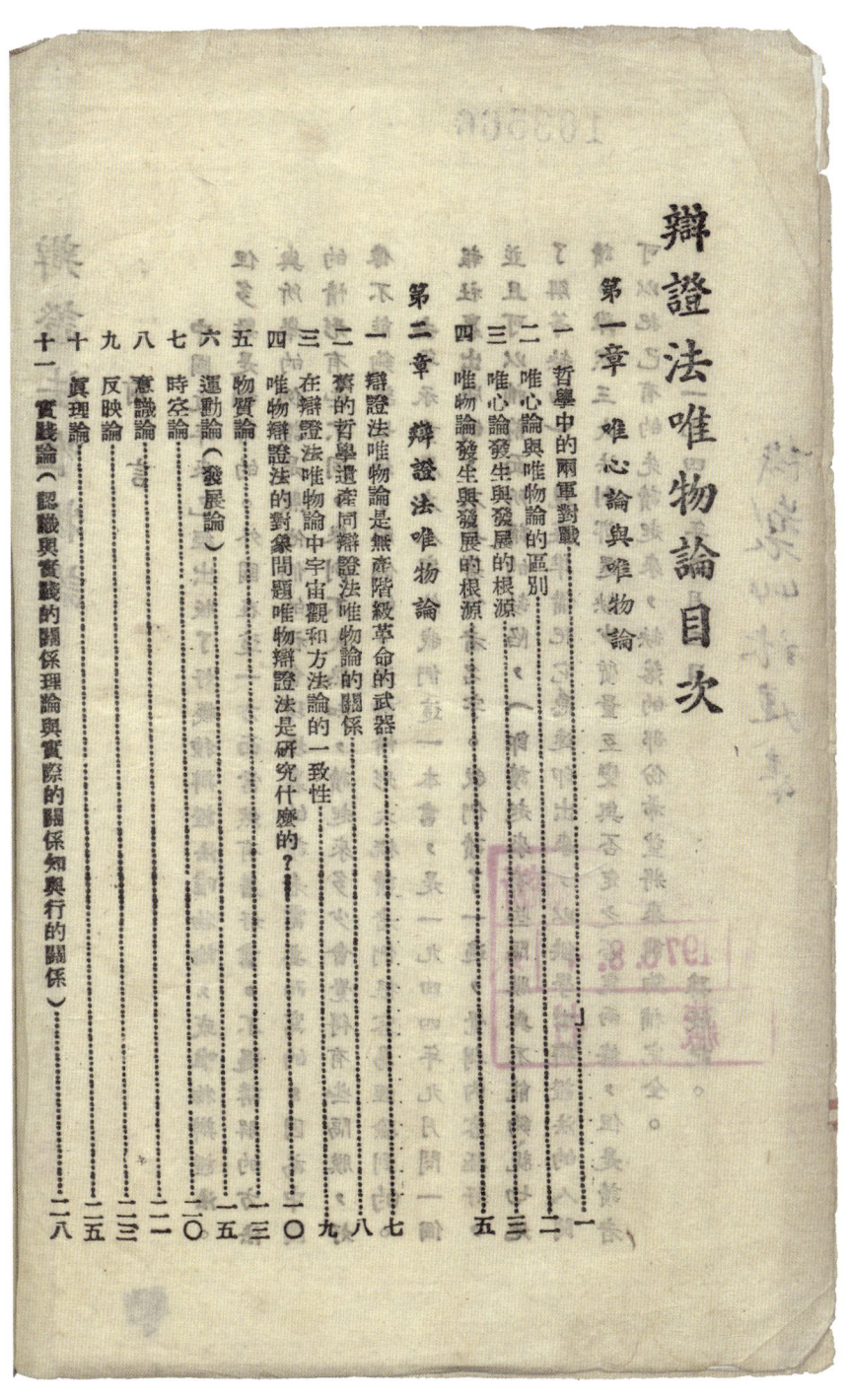

《辩证法唯物论》目次

辯證法唯物論

第一章 唯心論與唯物論

本章討論下列各問題：(一)哲學中的兩軍對戰；(二)唯心論與唯物論的區別；(三)唯心論發生與發展的根源；(四)唯物論發生與發展的根源。

一 哲學中的兩軍對戰

全部哲學史，都是唯心論和唯物論這兩個互相對抗的哲學派別的鬥爭和發展的歷史。一切的哲學思潮和派別，都是這兩個基本派別的變相。

各種哲學學說，都是隸屬於一定社會階級的人們所創造的。這些人們的意識，又是歷史地被一定的社會生活所決定，所有的哲學學說，表現着一定社會生產力發展的水平和人類認識自然的歷史階段。哲學的命運，看哲學滿足社會階級的需要之程度如何而定。

唯心論和唯物論的社會根源，存在於階級的社會結構中。最初唯心論之發生是原始野蠻人類迷妄無知的產物。此後生產力發展，促使科學知識也隨之發展，唯心論理應衰退，然而從古至今，唯心論不但不會衰退，反而發展起來，同唯物論競長爭高，互不相下，原因就是在於社會有階級的劃分。一方面壓迫階級爲着自己的利益，不得不發展與鞏固其唯心論學說。唯心論和唯物論學說都是作爲階級鬥爭的階級同樣爲着自己的利益，不得不發展與鞏固其唯物論學說。

— 1 —

《辯證法唯物論》正文第 1 頁

十一 實踐論（認識與實踐的關係 理論與實際的關係 知與行的關係）

馬克斯以前的唯物論，離開人的社會性，離開人的歷史發展，去觀察認識問題，因此不能了解認識對社會實踐的依賴關係，即認識對生產與階級鬥爭的依賴關係。

首先馬克斯主義者認爲人類的生產活動，是最基本的實踐活動，是決定其他一切活動的東西。人的認識，主要的依賴物質的生產活動而逐漸了解自然的現象、自然的性質（自然的規律性）人與自然的關係，而且經過生產活動同時也認識了人與人的相互關係。一切這些知識，離開生產活動是不能得到的。每個人以社會一員的資格，與其他社會成員協力從事生產活動以解決人類物質生活問題，這是人的認識發展的基本來源。人的社會實踐，不限於生產活動一種形式，還有多種其他的形式：階級鬥爭，政治生活，科學活動，總之社會實際生活的一切領域，都是社會的人所參加的。因此，人的認識，在物質生活以外，還從政治文化生活中（與物質生活密切聯系）了解了人與人的各種複雜的關係。其中尤以各種形式的階級鬥爭，給予人的認識發展以深刻的影響，在階級社會中各種思想無不打上階級的烙印就是這個原故。

因此，馬克斯主義者認爲只有人們的社會實踐，才是人們對於外界認識之眞理性的標準。實際的情形是這樣的，只有在社會實踐過程中（物質生產過程中，階級鬥爭過程中，科學實驗過程中），人們達到了思想中所預想的結果時，人們的認識才會發生力量。農民如果得不到收穫，工人如果做不成器物，罷工鬥爭，軍隊作戰，民族革命如果也都得不到勝利，那末這是爲什麽呢？這是因爲人們的認識沒有照着外界過程的實況去反映這些過程的規律性，因而在他們的實踐活動中不能達到預想的結果。人們要想得到勝利（即得到預想的結果），一定要自己的思想合於客觀外界的規律性，如果不合，就會在實踐中

(六)《蒋委员长日记》

本书为《解放日报》社论汇编的伪装本。小32开，正文21页，竖排铅印。封面为白底蓝字，右侧从右向左竖向依次印有"丛书第三种""蒋委员长日记""中华民国三十五年三月十六日印"。封面左侧印有蒋介石的木刻头像。封底右侧残损。

本书无目录。正文篇目、作者和发表时间考订如下：《驳蒋介石》（新华社延安六日电）系1946年4月7日《解放日报》社论，未署作者姓名，经考证，作者系胡乔木；《破产的政治理论》（新华社延安二十二日电）系1946年3月22日《解放日报》社论；《再评破产的政治理论》（新华社延安十日电）系1946年4月10日《解放日报》社论。

1946年3月1—17日，国民党六届二中全会在重庆召开。蒋介石在会上公开发表破坏政协协议的演说。在国民党顽固派操纵下，会议最终通过《对政协报告之决议案》，提出了反对政协会议的5项决议。4月1日，蒋介石又在国民党包办、中共代表拒绝出席的国民参政会第四届第二次大会上做了长篇政治报告，从根本上推翻政协会议关于改组政府等多项协议。蒋介石公然撕毁政协决议，预谋发动全面内战的恶行，遭到中国共产党和各民主党派的坚决反对。1946年3月18日，周恩来代表中国共产党在重庆中外记者招待会上发表《关于国民党二中全会的谈话》，揭露国民党顽固派在国民党六届二中全会上有意破坏政协决议的行径，号召全国人民为坚持实现政协全部协议而斗争。延安方面对国民党六届二中全会及一系列独裁行为展开了批评。本书所收文章均系延安《解放日报》刊发的社论：第一篇系针对蒋介石在国民参政会第四届第二次大会所做的政治报告的时评；第二篇系驳斥国民党所谓"权能分职，五权分立"政治理论；第三篇系驳斥蒋介石在国民参政会第四届第二次大会所提的"法统"理论。

根据所收文章的发表时间，本书不可能在封面著录的时间"中华民国三十五年三月十六日"（即1946年3月16日）出版，实际出版时间在1946年4月。本书封面右下角用墨笔书写了"共匪书籍"4个字，封面及封三的题名上均用钢笔画上了叉。本书出版当月，国民党政府主席广州行辕有过查抄记录，上述标记当系查抄后所为。

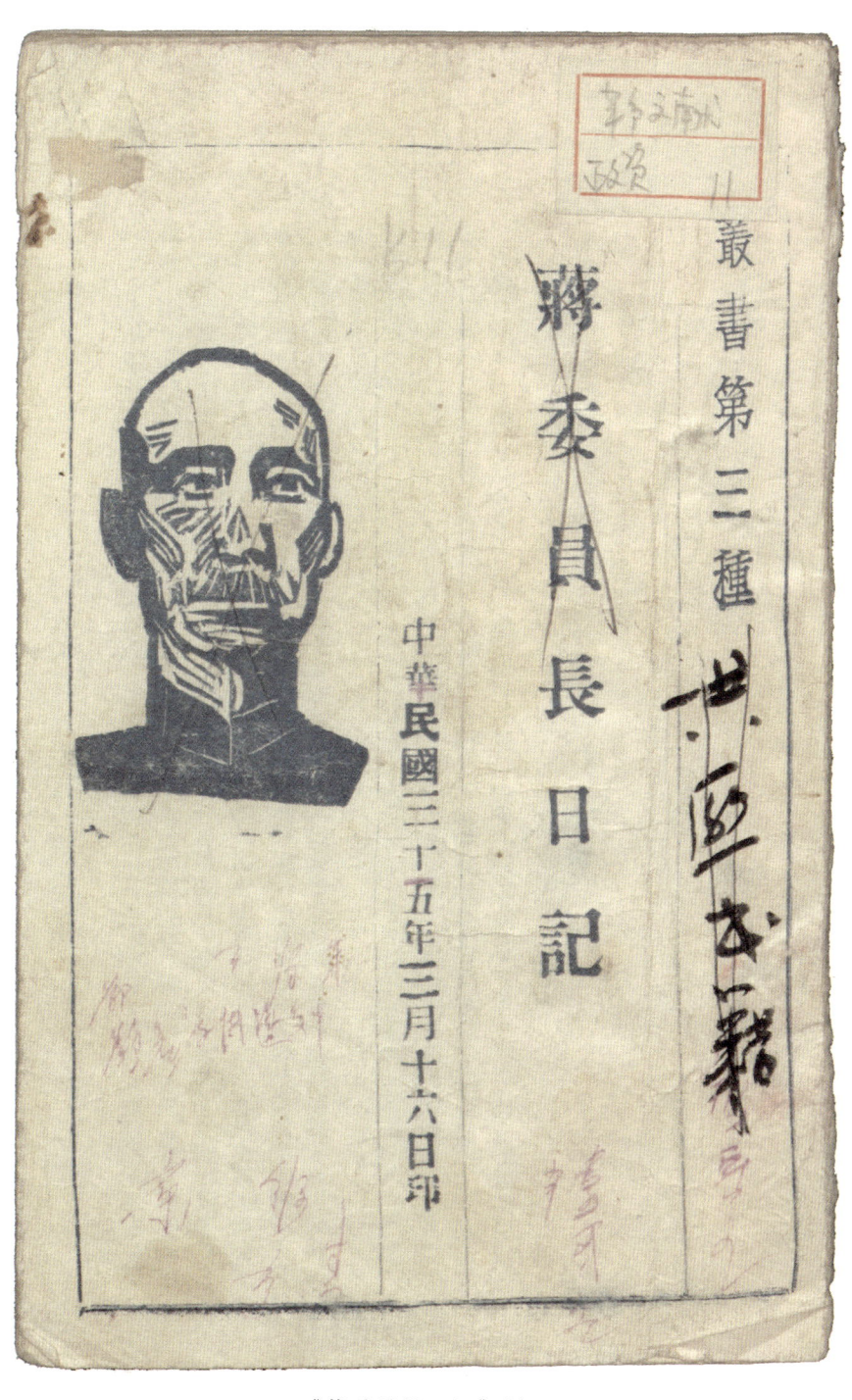

《蒋委员长日记》封面

解放日报社论

驳蒋介石

四月一日，国民政府主席蒋介石在国民党内法西斯反动派所包办的、为中共所拒绝出席的「国参政会」上，做了一个长篇的政治报告。四月三、四两日，中央社发表了这个报告的长约六千字的「要点」。总观中央社发表的材料，是斯毁蒋介石报告的真正「要点」是两个：一是斯毁政治协商会议决议，从新闻全「宣佈独裁」，并企图经过国民大会，使这个独裁得以宪法的形式加以确定。

关于第一点，即东北停战问题，蒋介石说：「军事冲突的调处，只在不影响政府接收主权、行使国家行政权力的前提之下进行。」「蒋介石在这里一连撕毁了两项诺言。第一，蒋介石军在东北联合敌伪，进攻东北民主联军，屠杀东北人民；这个「科军事冲突」，而叫「接收主权，行使国家行使权力」。这样，他就撕毁了东北停战协议中关於执行组「临前往冲突地点或政府军与中共军密接地点，使其停止冲突，并作必要及公平之调处」的诺言。第二，蒋介石党用武力推翻东北人民的地方自治政府，执行法西斯恐怖统治；这

A170489

《蒋委员长日记》正文第 1 页

破產的政治理論

解放日報社論

國民黨內法西斯派挾煞了中山先生的民主主義精華，卻利用「建國大綱」和「五權憲法」作為推翻政治協商會議憲草原則，藉口：其實中國法西斯派所捧的神聖的東西，如所謂「權能分立」等等，早已被十八年國民黨血腥統治所證明，是完全破產的了。

請看孫中山先生的態度。中山先生對於「五權憲法」，在他的「建國大綱」上明明寫了「試行」兩個字，可見本來他自己也說為是一種試驗的性質。為法西斯派所操縱的國民黨二中全會決議案上，所謂「五權憲法為三民主義之具體實行方法，實不可分離之關係」。完全是題何事實的說法。中山先生的革命三民主義和五權憲法並沒有什麼直接的關係。舉例來說，推翻滿清、打倒日本帝國主義，這是民族主義；但從中國人民不能要等到什麼「五權憲法」才去「具體實行」推翻滿清和打倒日本帝國主義。又舉例來說：推翻專制、打倒■閥、實行人民自由權利、民選政府、地方自治：這是民權主義，但是中國人民也不有等到什麼「五權憲法」才去「具體實行」這些東西。還再舉例改良人民生活、減租減息、保護民族工業、敢納官僚資本等等，這提民生主義。只不能要等到什麼「五權憲法」才去「具體實行」。相反的，中國人民在抗戰救亡的期間中，特別在抗戰以

再評破產的政治理論

解放日報社論

三月二十二日本報社論曾敘述過國民黨當局所謂「權能分職五權分立」的破產政治理論，最近蔣介石在國民參政會所發表的演說，又把他們所謂「法統的蹩調枯燥無味地重彈一次（國民參政會），蠢蠢似地寫了一條決議叶做什麼「國家法統不容中斷」。事實上，國民黨內法西斯派所謂「法統」的理論，同樣地早已被十八年國民黨血腥統治所證明，是完全破產的了。

蔣介石現在拿出來的「法統」論，是他的所謂訓政時期約法。蔣介石說：「訓政、期約法，是民國二十年國民會議制定的國家組織法。這一部約法只有國民大會制定的憲法方能代替。」四月七日太級的社論已經說到蔣介石所謂「國民會議」和所謂「約法」的來歷。蔣介石說：「我們的國民政府，是根據訓政時期約法而成立的。」事實恰恰相反，這所謂訓政時期約法，就是根據當時蔣介石的獨裁國民政府而訂立的，如果要說什麼「國家法統不容中斷」，那麼國民政府的法統，早就在民國十六年蔣介石背叛宣言時的國民黨中央委員會而在尚未擅自成立其獨裁政府的時候已經中斷了。民國二十年五

一七

《蔣委員長日記》正文第17頁

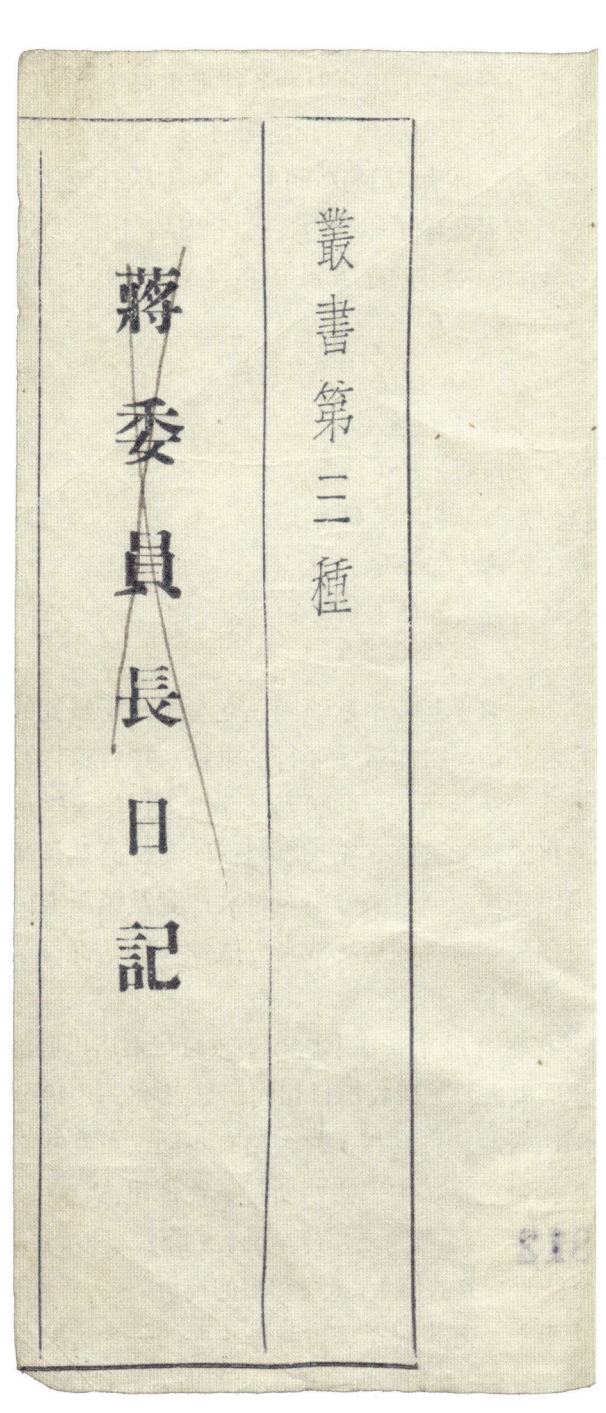

《蒋委员长日记》封三

(七)《戴笠将军及其事业》

本书为《特务批判——中国法西斯特务往那里去?》的伪装本。32 开,正文 95 页,竖排铅印。封面为白底黑字,左侧的题签框内竖向印有伪装题名《戴笠将军及其事业》,右上角印有"扫荡丛刊 1",底端从右向左印有伪托出版者"南京扫荡丛刊社出版"。题名页除了印有伪装题名和伪托出版者的信息,还印有"黄楫清陈公恕罗仪等著"。本书的序言署 1946 年 4 月 19 日,说明其出版时间大概在此之后不久。

本书目录如下:

【一】《特务批判》序(达摩)
【二】"特务"批判(黄楫清)
【三】戴笠之死(陈公恕)
【四】敌伪国特闻见记(罗仪)

从外表来看,本书似乎是一本歌颂国民党军统头子戴笠的著作,实际却是一本批判国民党特务统治、揭露戴笠罪行的书籍。序言这样写道:"特务是一个讨厌的名词,意味着法西斯蒂,联想到'盖世太保',这是法西斯独裁镇压革命、屠杀人民的机构,和警察、宪兵、监狱同类,而且是联系着的东西。特别在中国,这是国民党法西斯拿来专门对付共产党及镇压人民群众的反抗的组织,只要稍微懂得国民党特务的历史或者'成绩'的,都可了解到这点,它这十几年来,不曾干过一件好事。"

本书与 1947—1948 年胶东新华书店和华东新华书店出版的《特务批判——中国法西斯特务往那里去?》所收篇目相同,与 1948—1949 年新华书店、东北书店出版的《中国法西斯特务真相》内容略有不同,可互相参酌。《中国法西斯特务真相》所收篇目包括《中国法西斯特务往那里去?》(黄楫清)、《敌伪国特闻见记》(罗仪)、《戴笠之死与军统》(陈公恕)、《军统局内幕》(一个重庆特务给一个昆明特务的信)、《血和泪的控诉》(一个忏悔的特务)、《第七中美特训班的内幕》(陈世民)、《我是蒋匪的一个大特务》(胡忠毅)等 7 篇。本书所收《"特务"批判》即《中国法西斯特务往那里去?》,只是多了"四大诺言与保证""一连串新的事实""'日本绅士'——特务间谍(附录)"

等内容；《戴笠之死》即《戴笠之死与军统》，还刊有新华社、中央社和华东社发出的 3 则《戴笠死讯》，以及马叙伦、徐深、政先生、《新华日报》（华中版）关于戴笠之死的 4 则舆论；《敌伪国特闻见记》与《中国法西斯特务真相》一书同样只有 25 节内容，但列出了已经遗失的两节——"二十六、又谈顾祝同（失）""二十七、蒋伯诚的任务（失）"；本书的序言为《中国法西斯特务真相》所无，《中国法西斯特务真相》的最后 4 篇文章又为本书所无。

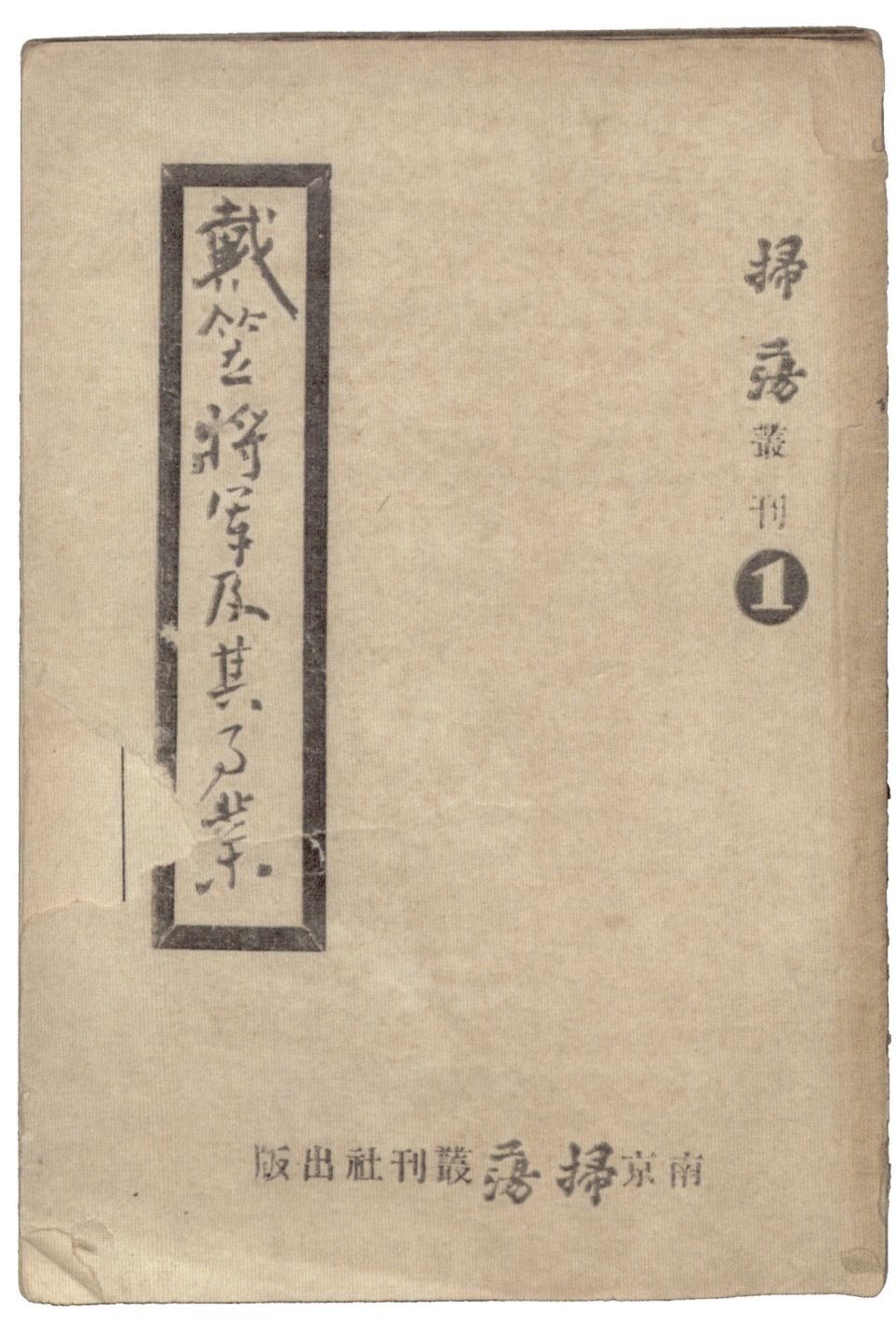

《戴笠将军及其事业》封面

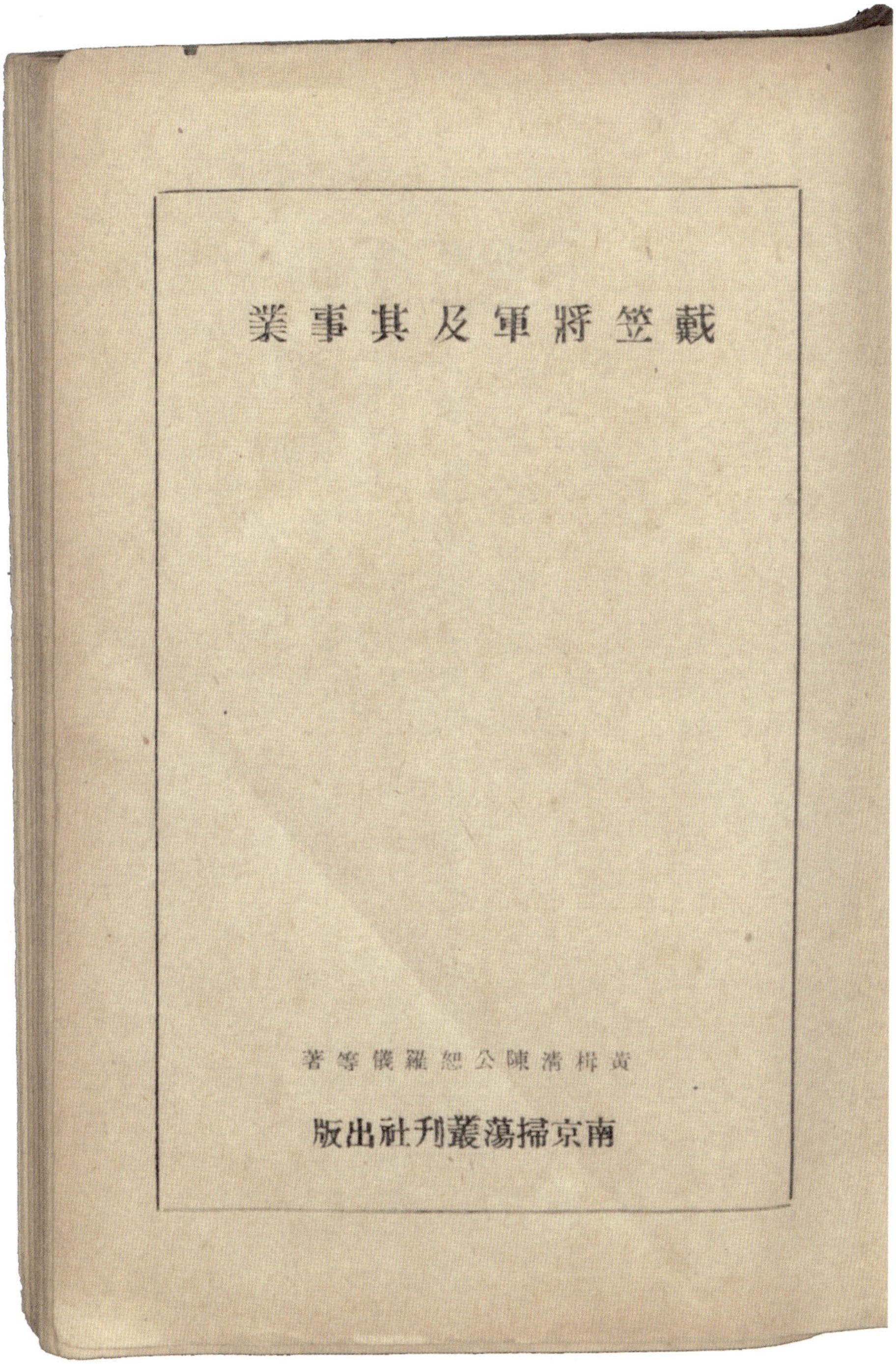

戴笠将军及其事业

黄柄滂陈公恕罗仪等著

南京扫荡丛刊社出版

《戴笠将军及其事业》题名页

目錄

〔一〕「特務批判」序（達慮）……………………（一）

〔二〕「特務」批判（黃楳清）……………………（一）

〔三〕戴笠之死（陳公恕）…………………………（四五）

〔四〕敵僞國特聞見記（羅儀）……………………（六一）

《戴笠将军及其事业》目录

一、四大諾言與保證——政治協商會議莊嚴宣告——

二、一連串新的事實——法西斯特務活動變本加厲——

三、「特務」是什麼

四、法西斯全體性特務——德、日法西斯特務——

五、中國法西斯特務——「廠衛」亡國的史實——

六、中國法西斯特務往那裏去——從反共到賣國特敵偽之合流——

七、「日本紳士」——特務間諜（附錄）——徹底消滅反動法西斯特務——「日本紳士」在美國——「日本紳士」在荷屬東印度——「日本紳士」在新加坡和香港——「日本紳士」在中國——「日本紳士」在日本和德國

《"特务"批判》一文目录

一 四大諾言與保證

三十五年一月十日,政治協商會議開幕,國民政府主席蔣介石,在開幕詞中,莊嚴的宣佈了政府決定實施的事項:

一、保障人民之自由。
二、承認政黨合法地位。
三、實行普選。
四、釋放政治犯。

這就是所謂「四大諾言」,由於這四大諾言,提示了今後中國政治民主化的開端。在一月三十一日政協會的閉會詞中,蔣先生以國民政府主席的地位,和他是中國國民黨黨員(總裁)的資格,表示說:「現在我們政治協商會議,商訂了和平建國綱領,這一個綱領,是以保障民主自由為職志,以建立和不統一的法治國家為目的。」他特別着重「和平建國綱領」所規定的「人民權利」;說明「確保人民享有身體,思想,信仰,言論,出版,集會結社,居住,遷徙,通訊之自由。」「政府對於現行若干戰時法令,於此原則有抵觸的,當然要修正廢止。今後對於人民享有合法之地方,當然應有合於本綱領的一種法令,不應再有歧異和特殊的辦法。今後各個政黨的活動,凡總論任何地方,儘可依照國家統一法令應有的合法權利和手續,公開組織,公開進行,決不應,以至對於政治的競爭,僅」

— 1 —

《戴笠將軍及其事業》正文第 1 頁

（八）《军人乐》

本书为国民党官兵反内战起义的报道和相关言论汇编的伪装本。32 开，正文 33 页，竖排铅印。封面为黄色，居中竖向印有伪装题名《军人乐》，左下角印有"中国出版社印"。

本书目录如下：

> 高树勋将军邯郸起义
> 民主建［国］军通电全国呼吁和平民主团结
> 高树勋将军畅谈起义原因
> 苏营起义官兵成立汾东民主建国支队
> 陆军新编十一旅通电全国誓为和平建国而奋斗
> 太行阎部校级官佐百八十名反内战通电
> 被解放的阎部将校四百九十九人告晋绥军全体将士书
> 马法五将军谈话
> 国民党军一八四师官兵反内战起义
> 不可抗拒的力量
> 一八四师全体官兵通电全国反对内战
> 朱总司令电慰一八四师官兵
> 林彪将军电贺一八四师官兵
> 汾南阎军王海清雷文清部反内战起义
> 太岳区军政首长电贺汾南起义军
> 汾南起义军成立汾南人民自救军
> 雷副司令发表谈话
> 晋绥各界联合会电慰汾南起义军
> 山海关外百余国民党军举行起义

抗日战争胜利后，蒋介石坚持独裁的方针，在美国的支持援助下，企图消灭中国共产党，垄断抗战胜利果实，破坏国共达成的停战协定和政协协议，大举进攻解放区，遭到全国人民的反对，国民党内爱国将领通过起义、发表反内战通电的方式表达不满。

本书收录国民党军队起义相关报道、国民党将领反内战通电、中国共产党领导人函电等共计 19 篇,涉及的国民党军反内战起义如下:

1.1945 年 10 月 23 日,高树勋率部 1 万余人在邯郸附近的马头镇起义,后改编为民主建国军,高树勋任总司令。高树勋起义是抗日战争胜利后国民党高级将领举行的第一次反对内战的前线起义,中共中央以此为契机开展了分化和争取国民党军队的"高树勋运动"。

2.1945 年 11 月 23 日,山西省防第四军第十二师第三十四团第三营苏务润率部在史村(今襄汾县城)起义。该部后在曲襄县改编为汾东人民民主建国支队,苏务润任支队长,奕逸民任政委。

3.1945 年 10 月 25 日,国民党新编陆军第十一旅代旅长曹又参率部 2000 多人在安边起义。起义部队改编为陕甘宁晋绥联防军新十一旅,曹又参任旅长。

4.1946 年 5 月 29 日,国民党军第六十军第一八四师在师长潘朔端率领下在辽宁海城起义。后改编为民主同盟军第一军,潘朔端任军长。

5.1946 年 5 月 17 日,阎锡山的汾南特务团 3000 多人在少将王海青、团长雷文清率领下在汾南起义,成立汾南人民自救军,王海清、雷文清分任正、副司令员。

6.1946 年 5 月,驻辽宁沙河桥等地国民党第九十三军第十八师第三营第九连及第七连两个排共 165 人在连长陈禄,排长沈钟藩、谢长藩率领下起义,成立冀热辽区民主建国云南支队,陈禄任支队长。

本书未署出版时间,从相关报道来看,出版时间当在 1946 年 6 月后不久。

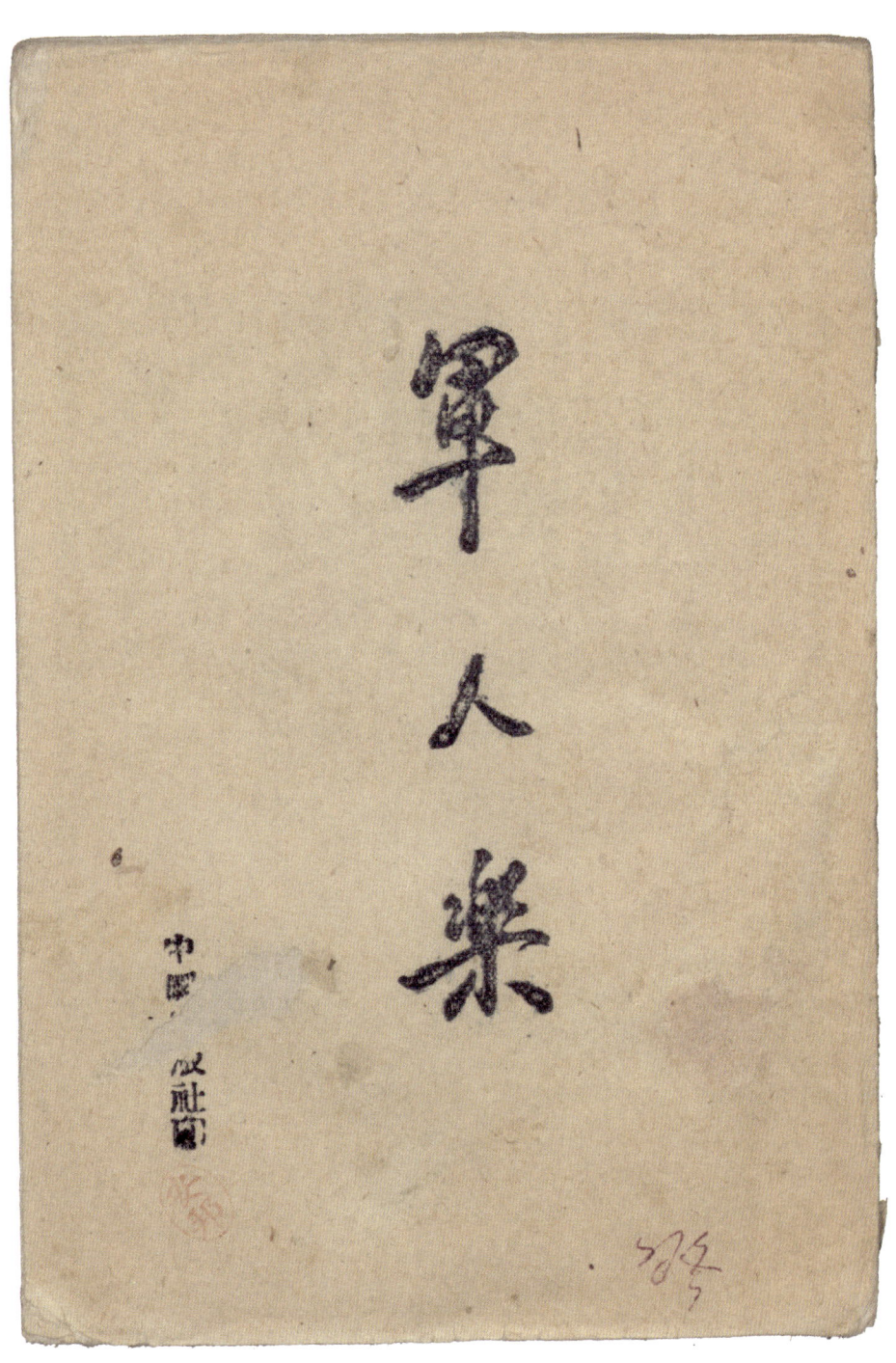

《军人乐》封面

目錄

高樹勳將軍邯鄲起義
民主進一軍通電全國呼籲和平民主團結
高樹勳將軍暢談起義經原因
起義官兵成立奮東民主建國之法
高樹勳十一旅通電全國督促印不建為而奮門
太行劉鄧校級官佐百八十名反內戰通電
劉鄧部將校四九十九人告晉冀軍全體將士書
馬法山將軍談話
國民黨第一八四師官兵反對內戰通電
不肯抗鋼的方案
一八四師全體官兵通電全國反對內戰
朱德用令嘉獎一八四師官兵
林楓將軍賀一八四師官兵

《军人乐》目录第 1 页

《军人乐》目录第 2 页

高樹勳將軍邯鄲起義

去年九月中旬以來，國民黨第一戰區司令長官胡宗南在何應欽授以密令之後，從各地調集第十、第十六、第三十、第三十八、第四十、第二十七、第九十等七個軍（共達十萬以上）猛犯我豫北解放區，連陷我豫北解放區之封邱、延津、原武、武陟、修武、獲嘉、輝縣、湯陰等七縣城及廣大市鎮鄉村，所到之處，實行「清剿」，摧毀民選政府，屠殺抗日幹部及抗日軍人家屬，搶掠財物，姦淫婦女，人民均遭荼毒，憤不能忍。但我八路軍為和平團結大計，仍一忍再忍，一讓再讓，最後退至漳河以北。國民黨當局猶以各軍進愎太慢，命令胡宗南秘密飛赴鄭州，網發「剿匪手冊」，堅決「剿匪」，強迫十一戰區司令長官孫連仲（所屬各部限期進攻。十月二十一日，新八軍高樹勳部、四十軍馬法五部、三十軍魯崇義部（共約七萬之衆）在殿令督責下渡過安陽河（漳河）分路北進。二十三日佔領我磁縣。二十四日佔領我馬頭鎮並向武安、邯鄲攻擊前進，直到此時，我豫南軍民始起而自衞。十月二十五日，我軍反攻收復磁縣，將進攻各部加以包圍，同時向進攻各部官兵實行勸告。讀們共體國內和平民主團結之重要，要求他們立時拒絕內戰命令，十月三十日、十一戰區司令長官高樹勳將軍深明大義，鑒匯我軍民之號召，率其直屬之新八軍（包括暫二十九師、新六師暨輜重部）全體官兵舉行起義，拒絕國民黨反動派之「剿匪」命令，停止內戰，站到中國人民方面來，但四十軍與三十軍一部將領尚不覺悟，繼續向我攻擊。此時該兩軍參謀官兵願棄故下武器，願與政府激戰一晝夜，終至十一日先後將該兩軍繳械，

— 1 —

太行国部校級官佐百八十名反內戰通電

二戰區閻錫山之所屬二十三軍、六三軍、六十一軍、八十三軍、三十四軍反戰鍋岡、辦我國等部校級官佐一百八十名，於去年十二月九日在太行解放區某地召開舉行大會，聯名發出通電，揭露閻錫山勾結敵偽進攻八路軍，籲呼團結和平，反對內戰。原文如下：

國民政府蔣主席、全國各報館並轉全國同胞公鑒：

抗戰八年，日寇投降，全國人民歡欣若狂。我晉綏軍中下級官佐及廣大士兵，方期正緒伸張，團仇渴雪，正待收繳敵偽武器，嚴懲國賊漢奸，不期進至同蒲正太沿線，目睹日寇仍荷手執武器到處姦淫擄掠，關植傲慢，一如往昔。職等方欲伸張達伐，忽接上級秘書長商震助互信，並對投敵之漢奸組瑞、楊誠，不惟未加懲處，反而加官晉爵，部隊所被之飼，竟狗彘不如之僞鈔。正驚疑間，怨接彙慰東進向八路軍大舉進攻之命令，汾東部隊受命之於前，晉中部隊繼之於後，號言「一舉消滅八路軍」、「長期確保上黨」。職等念及八年抗戰，人民受盡蹂躪，國家民族元氣大傷，迄今寇氛未平，又陰發助內戰，聯依拥心，潛然淚下。但以軍令森嚴，忍痛兼程前進，及至襄垣、提治一帶，被迫向八路軍進攻，離然奮兒，誰無手足弟兄，骨肉相殘，痛心疾首，全體官兵反戰成風，紛紛放下武器，繳區後，目睹解放區人民生活於民主與幸福之中，與二戰區官人士地被分，家人歡啼待遇之鵑狀成一鮮明對比。過去所受蔑棄欺騙，頓時渙然冰釋。追念二戰區青年以來，對日寇不戰

—10—

被解放的閫部將校四百九十九人

告晉綏軍全體將士書

晉綏軍全體將士公鑒：

八年抗戰，方慶勝利，人民期望休養生息，重整新織，繁榮經濟，以求恢復國家民族元氣。不意閻司令長官竟悍然背棄，違反民意，且竟其所不惜，予教旅，公然改編「自願軍」，抗槍。上級反多方勾結，經由敵人純護通過靈陵大橋，此次文水調敵人從長治救退等陰謀實，可謂搜髮難數。但上峯對抗戰有功之八路軍，經常聯合敵僞而攻，此不獨為國家民族之無窮禍害，且始我晉綏軍全體官兵難洗之羞。近開副長官在軍隊頭目非推陵發動內戰責任，職等埋照伏護直言，申明發動繼攻者不是別人，正是閻司令長官。我停聽措施，命令俱在，可靠鐵證。和平乃全國人民之頂求，國內問題應在和平、民主、團結原則下解決。乃國民黨當局，近更調動大軍，在平綏、津浦、平漢、漕淸各緩，聯合敵僞，使用美式武器向解放區進攻，並大肆發行「剿匪字本」。此種破壞和平願望的行動，我等堅決表示反對。職等為全國愛好和平正義之人士呼籲，並要求蔣主席履行司令兵官：（一）立即制止對解放區之進攻，拒絕美軍干涉中國內政，實現和平、建國之願望，（二）處罰挑分受降匪域，收繳漢人武器，並嚴懲漢奸，解散僞軍，（三）廢除一黨專政，建設新中國而鬥爭，謹電泰聞，並希照察。

現代義民衆的民主政府，團結一切力量，爲建設新中國而鬥爭，謹電泰聞，並希照察。

《军人乐》正文第11页

（九）《灯塔小丛书》系列伪装本

《灯塔小丛书》是著名爱国人士董竹君出资秘密印刷的系列伪装本。该丛书为 64 开小册子。封面上半部为一光芒四射的灯塔形状图片，灯塔之下印有伪装题名《灯塔小丛书》，图片有底色，灯塔和图中文字为白色。中间偏左印有用阿拉伯数字标示的丛书序号，再版的书籍则印有"（再版本）"。封面下端印有"中国灯塔出版社出版""1946"。封底居中也有一枚正方形的灯塔图记，内有"中国灯塔出版社"字样。该丛书共出 14 种，所收书目为延安整风运动的重要文献，每一种书的封面灯塔图片底色各不相同。

董竹君是上海锦江川菜馆和锦江茶室的创办人，她利用自己的特殊身份和社会地位，协助中国共产党做了大量文化和宣传工作，被当时的进步人士誉为"中国的娜拉"。1945 年春，董竹君从菲律宾回到上海，与新四军接上了关系。党指示董竹君创办秘密印刷所，准备在新四军进攻上海之时出版报纸，印刷文件、指示、宣传品。这一年夏初，董竹君利用锦江的资金，通过共产党员任百尊，在上海盘下永业印刷所，秘密经营。"双十协定"签订后，局势有所缓和，董竹君从锦江抽出 30 两黄金，盘下协森印务局的全部机器设备及房屋，担任协森（尊记）印务局的董事长。全面内战爆发后，协森印务局引起特务的注意，不得不歇业并转移。1947 年 8 月，董竹君以从锦江抽资和出售协森印务局获得的 50 两黄金，加上外股，共 80 多两黄金，盘下育才印刷厂的全部机器设备，改名美文印刷股份有限公司。之后她增加投资，扩大规模，提升印刷能力。美文印刷股份有限公司表面上为纯商业性质的企业，实际上以此掩护党的地下工作，直到 1948 年初停业。

董竹君利用锦江的资金秘密地从事党的宣传工作，出版了大量进步和革命书刊。周恩来的秘书陈家康曾指派程克祥找到协森印务局，以"解放社""中国灯塔出版社"的名义秘密出版《解放》杂志和党的七大文献。毛泽东的《新民主主义论》《在延安文艺座谈会上的讲话》《论联合政府》《论持久战》，朱德的《论解放区战场》等著作也经由协森印刷而流传开来。

以"中国灯塔出版社"名义出版的《灯塔小丛书》是这一时期由董竹君印刷并产生广泛影响的一套革命书籍。据董竹君在自传《我的一个世纪》中回忆说："1946 年 2 月，中国灯塔出版社以党的整风文献二十三篇为内容出版的灯塔小丛书，以一两篇文章印成一本（共十四本出齐）打成纸型，一再再版。小丛书携带方便，售价为一张报纸的售价，起初由上海书报联合发行所代发行，后被特务干扰，发行受阻，即改由地下党组织传送。"①由于当时这些书籍在国民党统治区是严禁发行的，为了掩人耳目，印刷厂不得不把这些书籍伪装成普通书。《灯塔小丛书》又薄又小，携带方便，起到了很好的宣传作用。

目前，《灯塔小丛书》有3种未见收藏和著录，已知的11种内容如下：

《灯塔小丛书·1》：《改造我们的学习》（毛泽东）。

《灯塔小丛书·2》：《整顿"学风""党风""文风"——二月一日在延安党校开学典礼的演讲》（毛泽东），末附《康生传达"整顿三风"报告》《中央宣传部关于在延安讨论中央决议及毛泽东同志整顿三风报告的决定》。

《灯塔小丛书·3》：《反对党八股》（毛泽东），末附《康生传达整顿文风报告》《中央军委与政治部关于军队中的整风学习与检查工作的指示》。

《灯塔小丛书·4》：《怎样做一个共产党员》（陈云）、《论反对自由主义》（毛泽东）、《中央关于增强党性的决定——中共二十周年纪念日中央政治局通过》。

《灯塔小丛书·5》：《中央关于调查研究的决定》、《农村调查序言二》（毛泽东）、《斯大林论平均主义》、《在边区二届参议会的演说》（毛泽东）、《斯大林论党的布尔塞维克化十二条》。

《灯塔小丛书·6》：《论共产党员的修养》（刘少奇）。

《灯塔小丛书·7》：《论毛泽东思想》（朱德、刘少奇、曼努意斯基、冈野进、徐特立、王稼祥、陈毅、陆定一、彭德怀、范文澜、邓发、周恩来、康生、博古、陈伯达、艾思奇、李富春、罗荣桓）。

《灯塔小丛书·8》：《中国共产党党章》（中共七大通过）。

《灯塔小丛书·9》：《中国革命与中国共产党》（毛泽东等）。

《灯塔小丛书·10》：《论党内斗争》（刘少奇）。

《灯塔小丛书·11》：《清算党内的孟塞维主义思想》（刘少奇）、《斯大林论自我批评》、《列宁斯大林等论党的纪律与党的民主》。

1947年春，为了安全起见，协森印务局的业务经过不断压缩和分散经营，只剩下出版印刷《灯塔小丛书》。"中国灯塔出版社"实际上成了协森印务局

---

① 董竹君：《我的一个世纪》（增订版），上海：生活·读书·新知三联书店，2013年，第391页。

的出版社，《灯塔小丛书》则是所印书籍中延续时间最长的一种。在协森、美文停业后，《灯塔小丛书》的纸型又被秘密送往香港，印刷后再运到内地，最远发送到哈尔滨。这些书籍如同黎明前的灯塔，指明了革命的方向，成为国统区进步读者的精神食粮。

国家图书馆藏《灯塔小丛书》共有7种，其基本情况如下：

1.《灯塔小丛书·2》

本书为毛泽东著《整顿"学风""党风""文风"》的伪装本。64开，正文37页。封面图文整体呈深蓝色。本书主体为毛泽东著《整顿"学风""党风""文风"——二月一日在延安党校开学典礼的演讲》，末附《康生传达"整顿三风"报告》《中央宣传部关于在延安讨论中央决议及毛泽东同志整顿三风报告的决定》。

《整顿"学风""党风""文风"》系1942年2月1日毛泽东在中央党校开学典礼大会上的演说，原载1942年4月27日延安《解放日报》。1942年4月收入延安解放社出版的《整顿三风文献》。该文是指导延安整风运动的纲领性文件，也是体现毛泽东建党思想的主要文献之一。中华人民共和国成立后，该文被收入《毛泽东选集》第三卷，改名《整顿党的作风》。

《灯塔小丛书·2》封面

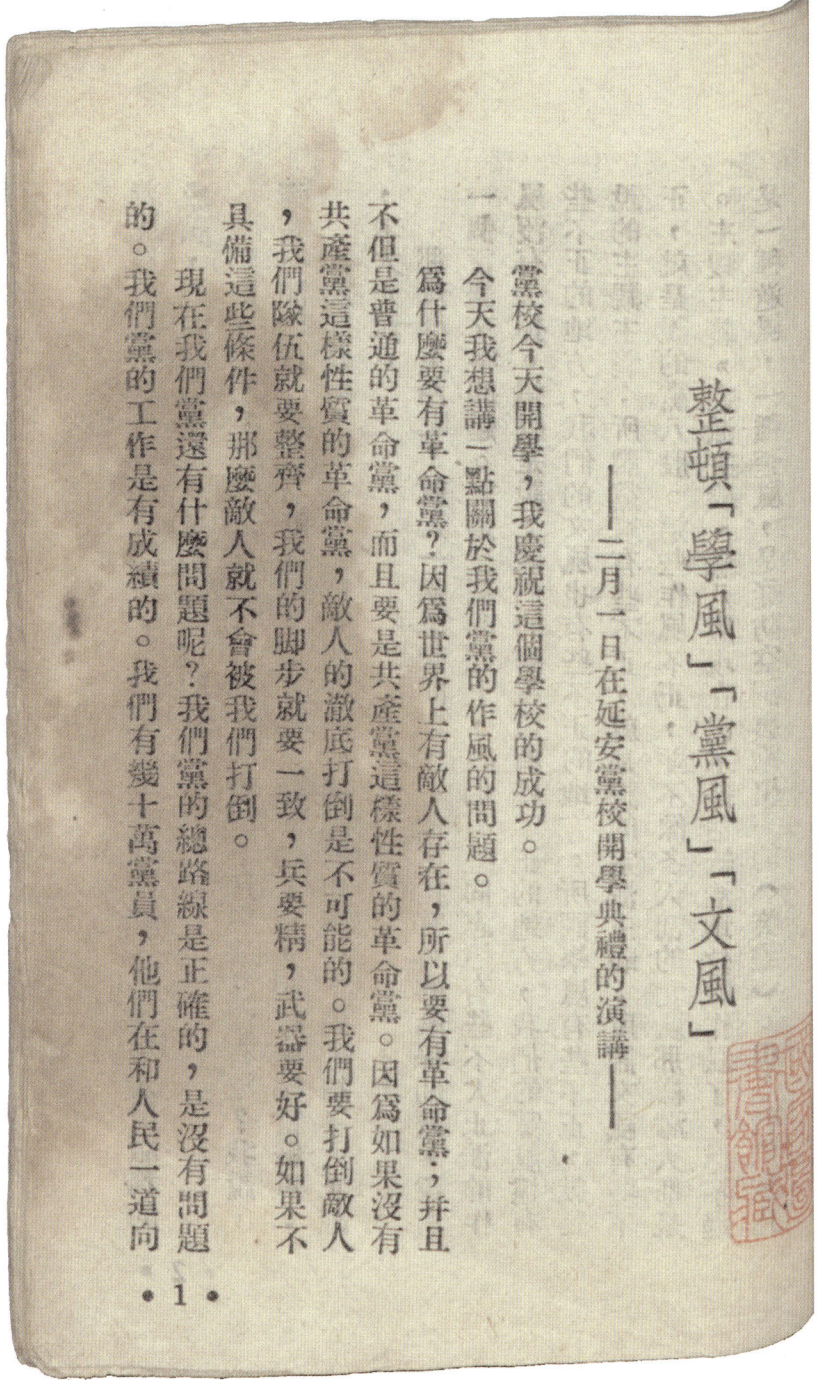

整頓「學風」「黨風」「文風」

——二月一日在延安黨校開學典禮的演講——

黨校今天開學,我慶祝這個學校的成功。

今天我想講一點關於我們黨的作風的問題。

為什麼要有革命黨?因為世界上有敵人存在,所以要有革命黨;並且不但是普通的革命黨,而且要是共產黨這樣性質的革命黨。因為如果沒有共產黨這樣性質的革命黨,敵人的澈底打倒是不可能的。我們要打倒敵人,我們隊伍就要整齊,我們的脚步就要一致,兵要精,武器要好。如果不具備這些條件,那麼敵人就不會被我們打倒。

現在我們黨還有什麼問題呢?我們黨的總路線是正確的,是沒有問題的。我們黨的工作是有成績的。我們有幾十萬黨員,他們在和人民一道向

· 1 ·

《灯塔小丛书·2》正文第1页

中央宣傳部關於在延安討論中央決議及毛澤東同志整頓三風報告的決定

四月三日

去年七月以來，中央關於黨性決定，調查研究決定，及其他決定，最近毛澤東同志關於反主觀主義，反宗派主義及反黨八股的報告，是黨在思想上的革命，是改正幹部及黨員思想，轉變工作作風的銳利武器。為了使幹部充分掌握中央決定與毛澤東同志報告的精神和實質，並在工作中運用這一武器，必須認識這是一個長時期的思想上教育與行動上實踐的問題。

鑒於前次討論中央關於增強黨性決定和關於調查研究決定的經驗，其缺點是：黨的各級領導機關及行政領導機關，很少有準備的、有計劃的組織這一討論，而讓一般支部自行討論，其結果，多數支部只剛做到就文件

《灯塔小丛书·2》封底

2.《灯塔小丛书·4》

本书为中国共产党文献汇编的伪装本。64 开,正文 32 页。封面图文整体呈蓝绿色。封三居中有黑色线框,内印朱德《论解放区战场》一书的出版信息。正文收录《怎样做一个共产党员》(陈云)、《论反对自由主义》(毛泽东)、《中央关于增强党性的决定——中共二十周年纪念日中央政治局通过》3 篇文献。

《灯塔小丛书·4》封面

怎樣做一個共產黨員

陳雲

一 入黨資格

中國共產黨是中國無產階級的先鋒隊。中國共產黨要成爲無產階級的先鋒隊,其重要條件之一,就是要保持黨的成份的純潔。所以什麼人有資格可以加入黨的問題,是我黨經常留心的問題。徵收黨員是每個共產黨員的義務和經常的工作之一。所以什麼人有資格加入黨的問題,是我黨每個同志應當通曉的。

第一 什麼人可以加入共產黨?

依照中共黨章第二條對於什麼人有資格可以加入黨的規定是:

「凡承認共產國際及本黨黨綱和黨章,加入黨的組織之一,在其中積極工作,服從共產國際和本黨一切決議案且經常繳納黨費者,均得爲本黨

論反對自由主義

毛澤東

我們主張積極的思想鬥爭,是達到黨與革命團體的團結,使之利於作戰的武器。每個共產黨員與革命份子,應該拿起這個武器。

但自由主義取消思想鬥爭,主張無原則的和平,結果腐朽庸俗的作風發生,使黨與革命團體的某些組織及其某些個人在政治上腐化起來。

因為熟人、同鄉、同學、知心朋友、親愛者、老同事、老部下,明知不對,也不發生原則上的爭論,任其下去,求得和平與親熱;或輕描淡寫的說一頓,不作澈底的解決,保存一團和氣,結果有害於團體,也有害於個人。這是第一種。

不負責任的背後批評,不積極的向組織建議,當面不說,背後亂說,開會不說,會後亂說。這是第二種。

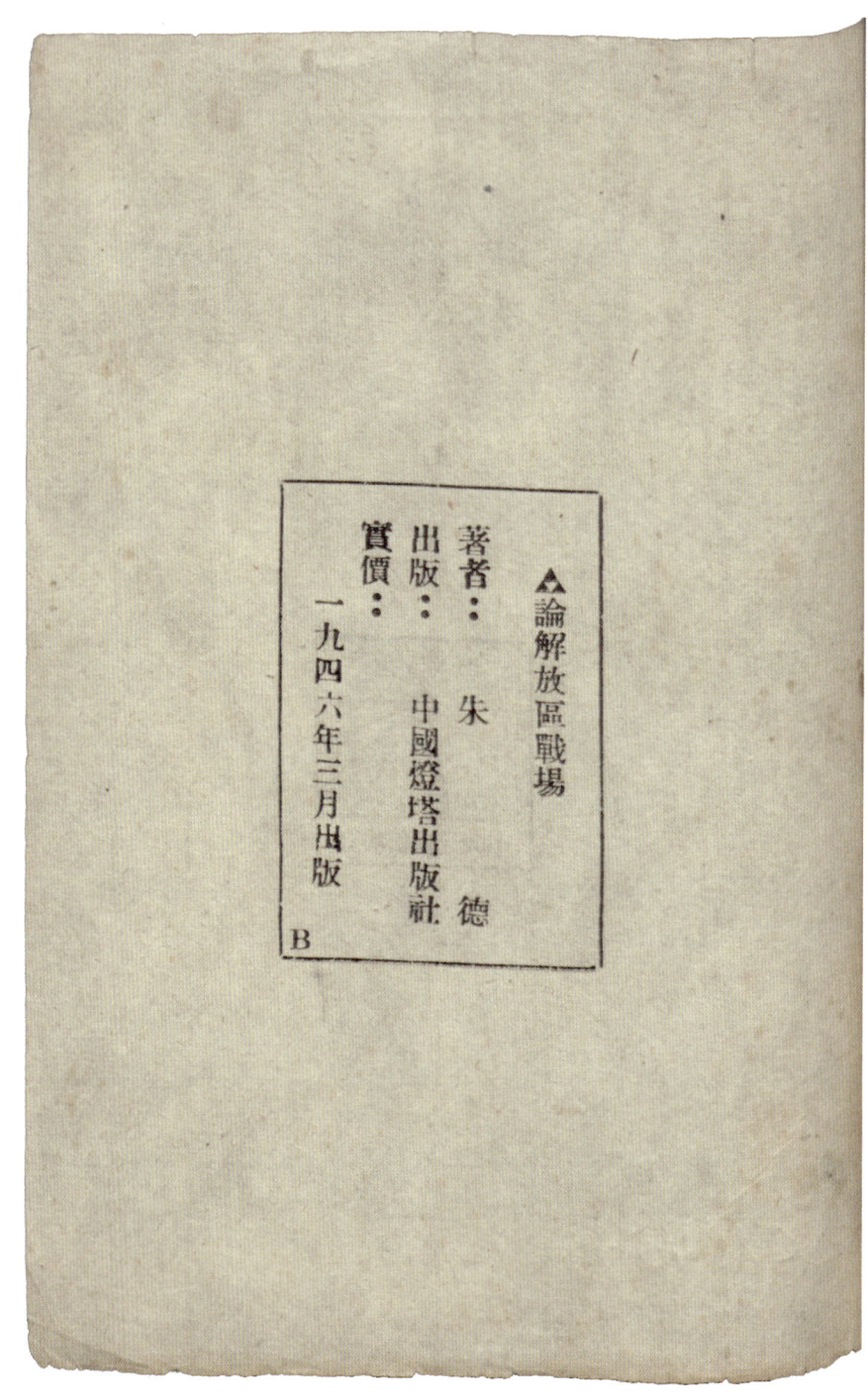

《灯塔小丛书·4》封三

3.《灯塔小丛书·5》

本书为中国共产党文献汇编的伪装本。64 开，正文 26 页。封面图文整体呈枣红色。封三居中有黑色线框，内印朱德《论解放区战场》一书的出版信息。正文收录《中央关于调查研究的决定——中华民国三十年八月一日中央政治局通过》、《农村调查序言二》（毛泽东）、《斯大林论平均主义》、《在边区二届参议会的演说》（毛泽东）、《斯大林论党的布尔塞维克化十二条》5 篇文献。

《灯塔小丛书5·》封面

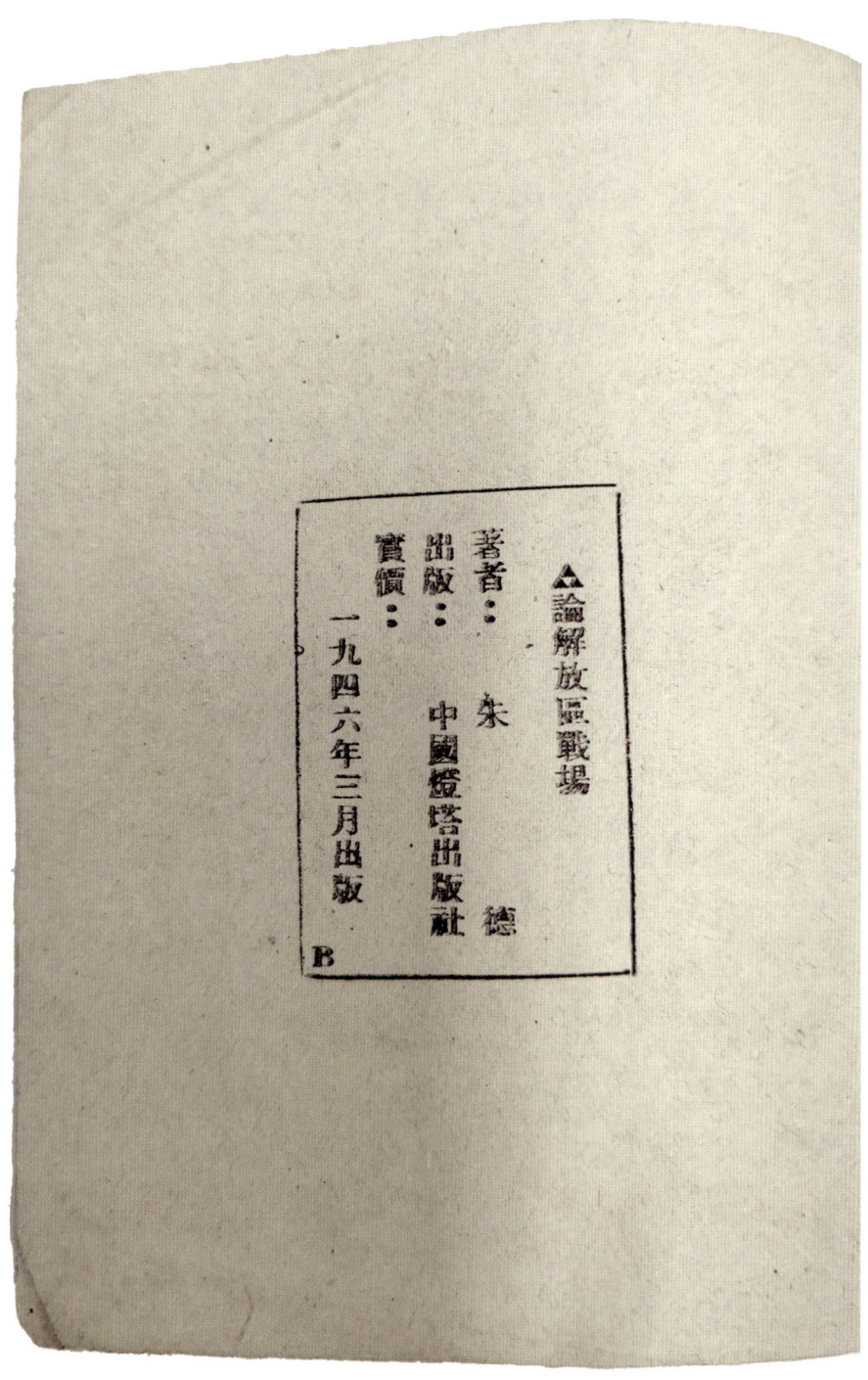

《灯塔小丛书·5》封三

中央關於調查研究的決定

——中華民國三十年八月一日中央政治局通過——

二十年來，我黨領導同志對於中國歷史、中國社會與國際情況的研究，雖然是逐漸進步的，逐漸增加其知識的，但仍然是非常之不足。粗枝大葉，不求甚解，自以為是，主觀主義，形式主義的作風，仍然在黨內盛重的存在着。抗戰以來，我黨在了解日本、了解國民黨、了解社會諸方面是大大進一步了，主觀主義、形式主義作風也減少了，但所了解者仍然多屬粗枝大葉的、漫畫式的、缺乏系統的周密的了解，主觀主義與形式主義作風並未徹底消滅，對於二十年來，由於若干同志思想方法上的主觀主義與形式主義，由於缺乏各方面的豐富的知識，使革命工作遭受損失的嚴重性，尚未被全黨領導機關及一切同志所徹底認識。來延安報告工作的同志，

· 1 ·

《灯塔小丛书·5》正文第 1 页

農村調查序言 (二)

毛澤東

這個材料延至今天才付印,但尋鄔調查又遺失了。現在黨的政策,不是內戰時期那樣的土地革命政策,而是抗日民族統一戰線政策,全黨應該執行一九四〇年七月七日及十二月二十五日的中央指示,應該執行即將到來的七次大會的指示。所以印這個材料,一爲保存歷史陳跡,一爲幫助同志們找一個研究問題的方法。現在我們的同志,很多還保存着一種粗枝大葉、不求甚解的作風,甚至全然不了解下情,卻在那裏擔負指導工作,這是異常危險的現象。對於中國各個社會階層的實際情況沒有眞正具體的了解,眞正好的領導是不會有的。

要了解情況,惟一的方法是向社會作調查,調查社會各階層的生動情況。普遍調查是不可能,也不需要的。有意識有計劃的抓住幾個城市,幾

· 7 ·

在邊區二屆參議會的演說　毛澤東

各位參議員先生，各位同志：今天邊區參議會開幕是有重大意義的。參議會的目的只有一個，就是要打倒日本帝國主義，建設三民主義的中國。現在的中國，不能有任何別的目的，只能有這個目的。因為我們的敵人，不是國內的，而是國外的，是德意法西斯，是日本帝國主義。現在蘇聯、英國、美國聯合一致，反對德意法西斯侵略。蘇聯紅軍正在為全人類的命運奮鬥，我們的目的同他們一樣，唯一的在於反對德意日法西斯。日本還在繼續侵略，它要消滅中國的獨立。中國共產黨的主張，就是要團結全中國的力量，打倒日本帝國主義，要和全國各黨派各階層各民族合作。只要是中國人，只要不是漢奸，都要聯合一致，共同奮鬥。共產黨的這種主張是始終一致的。

· 17 ·

4.《灯塔小丛书·6》

本书为刘少奇著《论共产党员的修养》部分章节的伪装本。64开，正文57页。封面图文整体呈红色。翻开封面，卷首印有真实题名《论共产党员的修养》和作者"刘少奇"。正文前有一段说明文字："这是刘少奇同志在一九三九年八月七日在延安马列学院的讲演《论共产党员的修养》中关于《党员思想意识的修养》一章中的四节——第二章第二、三、四、五节。全文曾发表于《解放》第八十二—八十四期。"

《灯塔小丛书·6》封面

論共產黨員的修養

劉少奇

這是劉少奇同志在一九三九年八月七日在延安馬列學院的講演「論共產黨員的修養」中關於「黨員思想意識的修養」一章中的四節——第二章第二・三・四・五・節。全文曾發表於「解放」第八十二——八十四期。

黨員個人利益無條件的服從黨的利益

共產黨員除開清楚的確定他共產主義的人生觀與世界觀之外，還必須清楚地確定他個人的利益與黨的利益之正確的關係。馬克思主義的原則，是個人的利益服從黨的利益，部份的利益服從整個的利益，暫時的利益服從長遠的利益；民族的利益服從世界的利益。

共產黨是代表無產階級的政黨，除開無產階級解放的利益以外，共產

— 1 —

對黨對革命有更多的幫助和貢獻。而在黨及黨的負責人在解決黨員問題時，就須注意到黨員的工作情況、生活情況、教育情況，使黨員能更好的爲黨工作。並使黨員能充分的在無產階級革命的事業中發展自己、提高自己。特別是對於那些眞正克己奉公的同志們，要給以更大的注意。只有這樣，只有兩方面的注意與努力，才能配合起來，才能對黨有更大的利益。

黨內各種錯誤思想意識之舉例

同志們！我們如果拿共產主義的人生觀和世界觀，我們對於共產主義事業的了解，及黨員與黨的利益之正確關係的建立作爲標準，來測量我們的黨員和幹部，那我們就可發現：一方面有許多黨員和幹部是合於這些標準的，他們能夠作爲黨員的模範，另一方面就還有一些黨員和幹部，還不合於這些標準，還存在着各種各色的或多或少的不正確的思想意識。我在這裏不妨公開的大要的指出來，以便我們的同志在修養時注意。

黨內同志中有那些在基本上不正確的思想意識呢？不是很有系統的來

— 11 —

5.《灯塔小丛书·7》

本书为《论毛泽东思想》的伪装本。64开，正文44页。封面图文整体呈绿色。《论毛泽东思想》一文计有两万多字，汇录18个人论述毛泽东思想的篇章片段。这18个人依次为朱德、刘少奇、曼努意斯基、冈野进、徐特立、王稼祥、陈毅、陆定一、彭德怀、范文澜、邓发、周恩来、康生、博古、陈伯达、艾思奇、李富春、罗荣桓。1945年7月，苏中出版社出版《毛泽东选集》时曾将《论毛泽东思想》作为代序印在卷首。1947年，华北新华书店和冀中新华书店都出版过《论毛泽东思想》的单行本。

《灯塔小丛书·7》封面

論毛澤東思想

「……中國共產黨是馬列主義的普遍眞理與中國革命的具體實踐相結合的黨，它吸收了世界各國工人運動底綜合歸納起來的寶貴經驗，它繼承了中國幾千年歷史積累下來的優良遺產，它在大革命、土地革命、抗日戰爭三大階段中鍛鍊了自己，豐富了自己，在這劇烈無比的鍛鍊中，它把馬列主義中國化了，把歷史遺產進化爲適合於現實社會的需要了，這種光輝的成就，體現在我們黨有了偉大的領袖毛澤東同志，及以毛澤東同志爲首的黨中央，體現在我們黨中有幾十萬優秀的幹部，他們在黨中央領導下各竭其力，各盡其責地做成無數福國利民的事業。這些黨員都是千人爲俊萬人爲傑，極可寶貴的人才，每一黨員應該自尊自愛，力求精進，去完成中國革命的歷史任務。……」（朱德：「七一」廿二週年感言）。

★ ★ ★

「……我們的黨在這二十二年中，在三次連續不斷的全國性的革命戰

— 1 —

它擁有實行瓦解敵人力量的高度技能,善於深入敵人後方,和在敵軍內部進行廣大政治工作。中國共產黨現今開展得最快的,是在游擊運動所包括的區域裏,在日軍後方。

它在鞏固和發展民族統一戰綫——這是保證戰勝日本帝國主義強盜的基本條件——的事業上,作出意志堅強和行動機敏的模範。中國共產黨的強,就是它那造就和提拔新幹部的工作。中國共產黨底優秀人物——毛澤東和朱德,是政治領導者和天才將領品質俱優的人物。……「(鼓掌)(曼努意斯基:「在聯共十八次代表大會上的報告」)。

★　★　★

「……我來延安只有一個目的,就是要和中國人民緊密的握手,為反對中日兩國人民的共同敵人日本法西斯軍部而戰。

關於這一方面,中國黨已經積有不少的經驗了。利用這個機會,我要向偉大的中國黨及其領袖毛澤東同志學習,並且把我的知識和經驗貢獻給中共和八路軍。

提到毛澤東同志,我抵延以後,幾乎每天都和他暢談,這是一種非常

— 8 —

《灯塔小丛书·7》正文第 8 页

幸運的事情。

我認識毛澤東同志已經是很久的事了，第一次是從日本軍部，第二次是從「西行漫記」中的介紹，第三次是從許多中國同志的傳說。日本軍部雖然和毛澤東同志是誓不兩立的敵人，但他們卻也不得不稱他為千百萬人中難找到的傑出的組織家。在我這次真正會見了毛澤東同志後，果然是言如其人，而在這次的接觸後，則更覺得他上列所言，不過只是毛澤東同志的一小部份罷了。毛澤東同志在英德宣戰時發表的談話，這是真正掌握了馬列主義的文件，因此我覺得他是世界上屈指可數的人物。到了延安以後，更爲事實所證明了。而從我們若干日來的談話中，如果說我從他身上獲得最深刻的印象，即是覺得他是傑出的理論家、組織家和天才的戰略家。他的經歷二萬五千里長征，掌握統一戰線政策，整風運動及各種著作可作例證。還要加上重要的一條，那就是他對東方各民族革命運動中所洋溢着的高度熱忱……」（岡野進：「對新華社記者談話」）

★　　★　　★

「朱毛在國際在蘇區外最大多數的人都以他們兩人一定是英雄，是怪，宗派主義與黨八股，以教育共產黨人更好的掌握馬列主義，更好的解決中國革命問題。

以毛澤東思想為代表的中國共產主義，是以馬克思列甯主義的理論為基礎，研究了中國的現實，積蓄了中國廿二年的實際經驗，經過了黨內黨外曲折鬥爭中而形成起來的。它既不像那些簡單抄襲書本搬運理論，把理論當教條而自命為馬列主義，把主觀主義當作馬列主義；也不像那些以中國人民民族意識來投機，抄襲一些中國封建時代的古書，同時偷運一些外國最反動的法西斯思想，而自命其理論為中國『本國貨』，把封建思想與法西斯主義當作中國民族解放的理論。它是創造的馬克思列甯主義，它是馬克思列甯主義在中國的發展，它是中國的共產主義，中國布爾塞維克主義。」（王稼祥：中共與中華民族解放的道路）

★　　★　　★

「……當中共創立之日起，黨還處在馬克思主義小組時代，即有人主張將黨保持為純粹的學術團體，不作實際工作，當時黨克服了這一偏向，堅決走到工農羣眾中去進行有系統的工作，毛澤東同志那時即在湖南開始

— 13 —

6.《灯塔小丛书·8》

本书为1945年6月11日中国共产党第七次全国代表大会通过的《中国共产党党章》的伪装本。64开，正文27页。封面图文整体呈红色。最后一页登有《新民主主义论》《论联合政府》《为和平而奋斗》《文艺问题》《论解放区战场》，以及《灯塔小丛书》第一种到第七种的发售广告。

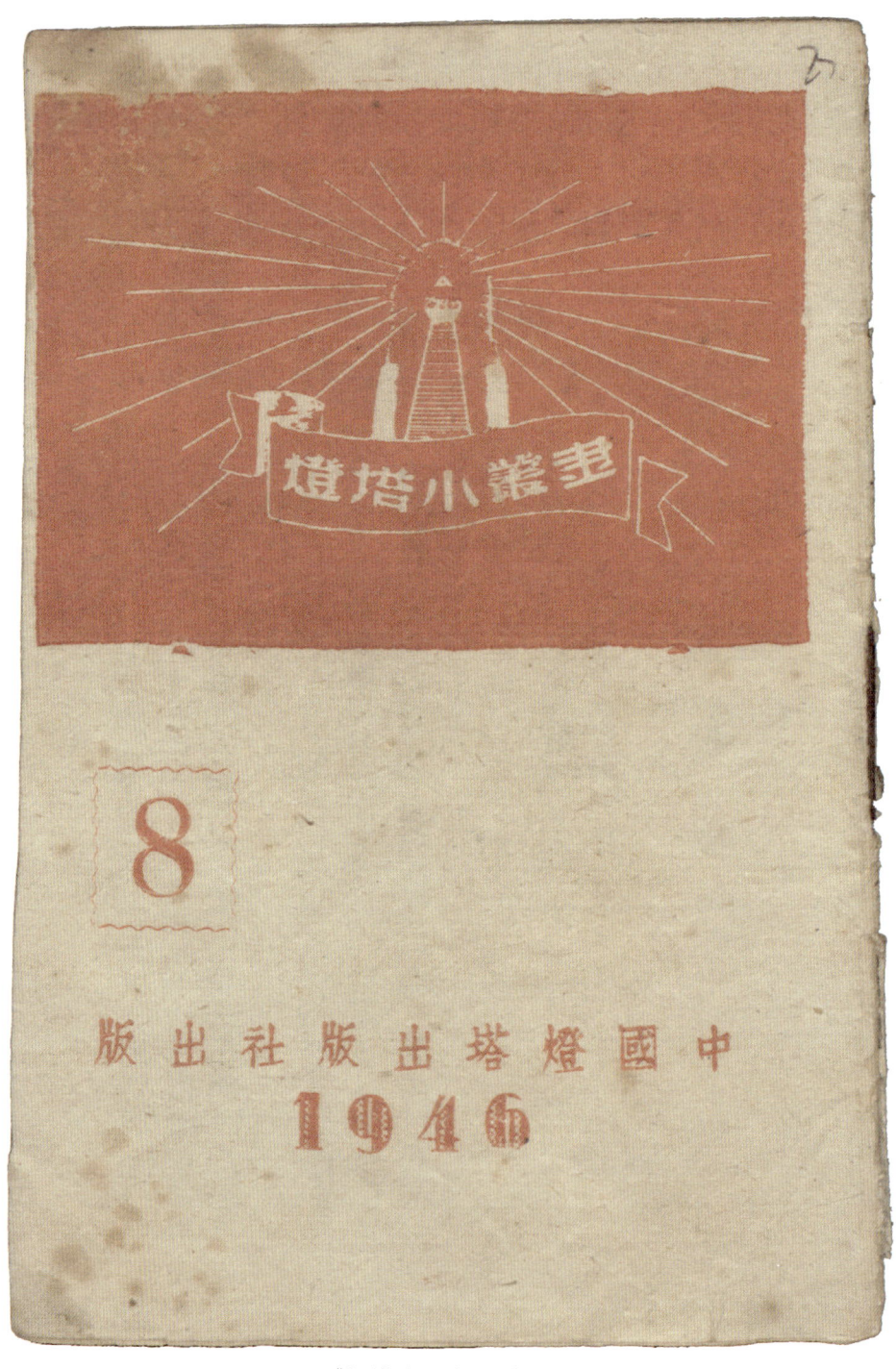

《灯塔小丛书·8》封面

中國共產黨黨章

——一九四五年六月十一日中國共產黨第七次全國代表大會通過——

總 綱

中國共產黨，是中國工人階級的先進的有組織的部隊，是它的階級組織的最高形式。中國共產黨代表中國民族與中國人民的利益，它在現階段為實現中國新民主主義制度而奮鬥。它的最終目的，是在中國實現共產主義制度。

中國共產黨，以馬克思列甯主義的理論與中國革命實踐之統一的思想——毛澤東思想，作為自己一切工作的指針，反對任何教條主義的或經驗主義的偏向。中國共產黨以馬克思主義的辯證唯物主義與歷史唯物主義為

（1）

《灯塔小丛书·8》正文第 1 页

通辦理，但須得到省委或邊區黨委之批准。

第六章　黨的基礎組織

第四十九條：黨的基礎組織，是黨的支部。在每一個工廠、礦山、農村、企業、街道、連隊、機關、學校等等之內，凡有黨員三人以上者，即成立黨的支部組織。凡有黨員不到三人者，則加入鄰近之黨的支部組織。

黨的支部組織，須經縣委或市委之批准。

第五十條：凡在黨員數量比較多的處所，在黨的支部委員會之下，得按自然的，居住的或工作的情況，劃分小組。每組選舉組長一人，必要時再選舉副組長一人。

凡有黨員和候補黨員超過五十人之鄉村，或超過一百人之工廠、機關和學校，得成立黨的總支部。在總支部下，按居住、車間、部門和班次，成立分支部。分支部享有普通支部的權利。

第五十一條：凡有黨員及候補黨員超過五百人以上之大鄉鎮、大工廠

下列各書已出版

各報販均有發售

新民主主義論　　毛澤東著
論聯合政府　　　毛澤東著
爲和平而奮鬥
文藝問題
論解放區戰場
燈塔小叢書：
一・改造我們的學習
二・毛澤東在延安黨校的演講　　毛澤東著
三・反對黨八股
四・怎樣做一個共產黨員
五・關於調查研究的決定
六・論黨員的修養　　　　　　　朱　德著
七・論毛澤東思想

7.《灯塔小丛书·11》

本书为中国共产党文献汇编的伪装本。64开,正文41页。封面图文整体呈黄色。正文收录《清算党内的孟塞维主义思想》(刘少奇)、《斯大林论自我批评》、《列宁斯大林等论党的纪律与党的民主》3篇文献。

《灯塔小丛书·11》封面

清算黨內的孟塞維主義思想

劉少奇

中國共產黨，中國民族歷史上最進步的政黨，從產生到現在，已經是二十二個週年了。這是偉大的二十二年。在世界上，在中國，無數的偉大事變，是在這二十二年中經過的。

中國共產黨從成立到現在，已經進了三次偉大的革命，三次偉大的革命戰爭。第一次大革命與北伐戰爭及現在還在進行的抗日民族革命戰爭，是與中國國民黨共同進行的，而十年的土地革命與蘇維埃戰爭，則是在我黨單獨領導之下進行的。第三次革命戰爭對於我黨來說是沒有間斷的一直連續進行到現在。許多共產黨員十多年來就一直沒有放下過武器。在這一點上也就說明白：武裝鬥爭是中國革命的主要鬥爭形式與組織形式。中

（1）

斯大林論自我批評

自我批評的口號,並不是一時的和倏忽卽逝的東西。自我批評是一種特殊的方法,以革命發展的精神教育黨底幹部以及一般地工人階級的布爾塞維克的方法。馬克思就已經說到,自我批評乃是鞏固無產階級革命的方法。至於說到我們黨內的自我批評,那末,當布爾塞維主義在我國產生時,在布爾塞維主義一開始成爲工人運動中特別的革命派別時,就開始有自我批評了。大家都知道,列寗在一九〇四年春,當布爾塞維主義還未成爲獨立政黨,還同孟塞維克在統一的社會民主黨內工作時,就已經號召黨進行『自我批評,並無情揭露自己的短處』。列寗當時在『進一步,退兩步』一書中就這樣說:

『……他們(卽馬克思主義者底敵人——斯大林註)看見我們內

列寧斯大林等論黨的紀律與黨的民主

無產階級,在爲政權而鬥爭中,除組織外,再沒有別的武器。無產階級既然被資本主義世界裏無政府競爭制度的統治所分散,既然被替資本家所作的奴隸工作所壓抑,既然經常被壓到完全貧困、粗野、退化的「深淵」裏,所以無產階級之能成爲,而且必然會成爲不可戰勝的力量,只是因爲它由馬克思主義原則所造成的思想統一,又由組織的物質統一所鞏固起來,這個組織把千百萬勞動羣團結成爲工人階級大軍的。在這支大軍面前,無論是俄國沙皇專制制度底已經衰老的政權,無論是國際資本家正在衰老的政權都是支持不住的。這支大軍將日益更加緊密地團結自己的隊伍,不顧現代社會民主黨中的基朗特派底機會主義言論,不顧那對於落後小組習氣的自滿自足的誇耀,不顧知識份子而不顧任何迂迴行徑和後退步驟,

(30)

（十）《二中全会》

本书为中国共产党批判国民党六届二中全会时评文章汇编的伪装本。32开，正文44页，竖排铅印。封面主体为从着火的建筑物中飘出的黑色浓烟，浓烟中自右向左印有伪装题名《二中全会》；右下角印有"上海大华书店出版"。随后为前言和目录。

本书目录如下：

一、评国民党二中全会（《解放日报》）

二、国民党二中全会政治报告决议案（新华社）

三、国民党二中全会的反政协企图——周恩来先生在中外记者招待会的讲话

四、破产的政治理论（《解放日报》）

五、驳斥吴铁城歪曲政协决议（中共代表团）

六、国民党阴谋维持一党专政（民盟主席张澜）

七、出尔反尔（重庆《新华日报》）

八、国民党御用国参会企图推翻政协决议（新华社）

九、国民党御用国参会一切"决议"由法西斯派决定（新华社）

十、驳蒋介石（《解放日报》）

十一、周恩来先生对目前国内形势的声明（新华社）

十二、中国政治局势（《消息报》）

1946年3月1—17日，国民党六届二中全会在重庆召开，会议通过了《对政协报告之决议案》，提出了5条所谓"宪法修改原则"，公然推翻了政协会议达成的国会制、内阁制、省自治制的民主原则，仍旧坚持《五五宪草》的独裁专制。全会实际上也推翻了政协决议中关于改组政府的决议。这次会议是第二次国共合作走向破裂的转折点，是蒋介石集团预谋发动全面内战的信号。

1946年3月18日，周恩来代表中国共产党在重庆中外记者招待会上发表《关于国民党二中全会的谈话》，揭露国民党顽固派在六届二中全会上有意破坏政协整个决议的行径，号召全国人民为坚持实现政协全部决议而斗争。此后中共方面发表了一系列批判文章并将这些时评文章汇集成册，出版了多种宣传

册，如《评国民党二中全会》（辽东建国书社，1946年3月）、《驳蒋介石》（晋察冀日报社，1946年4月）、《驳蒋介石及其它》（解放日报社编）、《破产的政治理论》（解放日报社，1946年4月）、《驳蒋介石》（抗战日报社，1946年4月）、《评国民党二中全会》（山东新华书店，1946年5月）、《国民党二中全会面目》（张家口新华印刷局，1946年5月）、《政协会后国内时局》（华中新华书店盐阜分店，1946年5月）、《时事评论》（东北民主联军总政治部宣传部，1946年5月）、《评国民党二中全会》（金门出版社，1946年）、《评国民党二中全会》（新嫩江报社，1946年）、《穷凶极罪 走向崩溃》（光明出版社，1946年）、《新筹安会》（华北新华书店，1947年6月）等。这些宣传册所收篇目多寡不等，少者3篇，多者达31篇。①

　　本书前言作于1946年4月5日，内称"国民党当局竟在其二中全会上通过了动摇政协决议的议案，使各民主党派及全国人民几个月以来的全部努力，有完全枉费的危险，使中国和平民主统一团结的光明前途，蒙上了一层暗云，'和平是否就此被破坏'？'抗战胜利后的中国将走甚么样的道路'？这是每个关心国事的人所迫切要求得到解答的。这本小册子所选的几篇东西，将给读者解答这些问题"。与前文介绍的旗帜鲜明地批判国民党六届二中全会的文献汇编本题名有所不同，本书题名看不出政治倾向，出版者似为伪托。

---

① 北京图书馆编：《民国时期总书目（1911—1949）：历史·传记·考古·地理》（上），北京：北京图书馆出版社，1994年，第316—317页。

《二中全会》封面

前言

由於國共雙方停戰命令的頒發、政治協商會議的勝利結束和整軍方案的發表，給全國政治民主化和軍隊國家化開闢了一條新的道路。但正在全國人民和國際愛好和平人士歡騰鼓舞為中國的前途慶欣的時候，國內却發生了許多令人不愉快的事：繼較場口、滄白堂、各地反蘇反共反民主運動之後，國民黨當局竟在其二中全會上通過了動搖政協決議的議案，使各民主黨派及全國人民幾個月以來的全部努力，有完全枉費的危險，使中國和平民主統一團結的光明前途，蒙上了一層暗雲，「和平是否就此被破壞」？「抗戰勝利後的中國究竟將走甚麼樣的道路」？這是每個關心國事的人所迫切要求得到解答的。這本小冊子所選的幾篇東西，將給讀者解答這些問題。

一九四六、四、五

《二中全会》前言

目錄

一、評國民黨二中全會……………………………… 解放日報

二、國民黨二中全會政治報告決議案……………… 新華社

三、國民黨二中全會的反政協企圖
——周恩來先生在中外記者招待會的講話……… 新華社

四、破產的政治理論………………………………… 中共代表團

五、駁斥吳鐵城歪曲政協決議……………………… 民盟主席張瀾

六、國民黨陰謀維持一黨專政……………………… 重慶新華日報

七、田朗反顧……………………………………… 新華社

八、國民黨御用國參會企圖推翻政協決議………… 新華社

九、國民黨御用國參會一切「決議」由法西斯派決定… 解放日報

十、駁蔣介石………………………………………… 新華社

十一、周恩來先生對目前國內形勢的聲明………… 解放日報

十二、中國政治局勢……………………………… 消息報

《二中全会》目录

評國民黨二中全會

△解放日報▽

三月一日閉幕的國民黨二中全會,已於十六日閉幕了。二中全會的整個過程和整個結果,表明了國民黨內法西斯派的活動,在二中全會中得到了優勢,而國民黨內民主派則居於被攻擊的地位。法西斯派的企圖,是經過二中全會來堅持自己的獨裁方針與分裂方針,而推翻政治協商會議的民主方針與團結方針;是加強自己在國民黨內的地位,而推翻國民黨內非法西斯份子的地位。這是政協會以來,法西斯份子反動陰謀的一個集中表現。

在法西斯份子的操縱之下,國民黨二中全會的最突出的結果,是通過了維備推翻政協會議關於憲法原則決議的決議。政協會議所決定的修改草原則,乃是今後中國將繼續是一個獨裁國家,或改革為一個民主國家的根本關鍵,因此是中國民主派與法西斯派政治鬥爭的焦點。如果這些原則被推翻,則政協會議的其他決議,政府的改組、國大的召集、乃至停戰、整軍等協定,都將成為具文,都將為法西斯派在獨裁政府中撕得粉碎。法西斯份子在二中全會上,正是集中一切力量,來達到他們的這個企圖的。值得注意的,是政協會議主席即國民政府主席、國民黨總裁蔣介石氏,他雖曾在政協閉幕之日,聲明對政協決定的各種方案「必然十分尊重,一俟完成規定手續以後,即將分別照案實行」。但在國民黨二中全會上,卻不顧自己的政治信譽,轉而支持法西斯派的立場,公開地號召該會對於政協所通過的憲法原則,「就其犖犖大端,妥籌補救」。在這一問題上,二中全會在法西斯派的操縱下,通過了以下五項決議:「(一)製定憲法,應依建國大綱為最基本之依據。(二)國民大會應為有形之組織,用集中開會之方式,行使建國大綱所規定之職權,其召集之次數,應酌予增加。(三)立

— 1 —

《二中全会》正文第 1 页

（十一）《钢铁的炼成》

本书为"整顿三风"参考资料汇编的伪装本。32开，正文71页，竖排铅印。封面左侧和底端为绿底白字，右上部为黄底配图。左边竖排印有伪装题名《钢铁的炼成》，右边底端自右至左印有"扬子出版社印行"，右上为伐木图。题名页及其背面的版权页显示本书的编辑者和出版者为"苏北出版社"，出版时间为1946年7月。

本书目次如下：

> 自传与全面反省
> 在整风中锻炼自己
> 我是怎样从敌视共产主义转变愿为共产主义奋斗到底的？
> 我向党坦白内心斗争的过程
> 我的内心斗争过程

正文最后有一则简短的小跋，内称："这里搜集的几篇文字，都是实际斗争中求得进步的自我宣白，内中没有渲染，没有夸张，都是一字一泪的写出了自己曾经不愿写和不肯写的文字。……这些文字的来因，可说是经过了整风运动以后的一个具体表现。读者应该把它当作'整顿三风'的参考资料来读的。"由此可知本书是作为整风的参考资料而出版的。

本书题名页和版权页均署"苏北出版社"，该社实系华夏书店虚构的出版机构。华夏书店是由原生活书店和其他一些人员创办的出版机构，1946年1月在上海成立，经理为韩近庸，1947年末被迫停业。据许觉民回忆："华夏书店的出版工作为躲避国民党的注意，采用了各种牌号以迷惑敌人。"其所出的革命书籍虽然不同程度地遭到国民党当局的查禁，但是因牌号繁多，国民党当局无法寻根究底，只能在报摊或代售书店没收了事。许觉民提到虚构的牌号有"拂晓社""丘引社""燕赵社""中国出版社"，"此外还用'晓明出版社'和'苏北出版社'名义出版了一些革命性小册子，如《论〈中国之命运〉》《评〈中国之命运〉》《钢铁的炼成》等"。① 这段记载表明本书是华夏书店以"苏北出版社"名义出版的革命小册子。

然而奇怪的是，本书封面上的出版机构署的"扬子出版社"，封底左下印有"H.K.1.20"字样，系以港币计算的书价。可能当时的香港确实存在扬子出版社这样一家进步的出版机构。我们现在能查到的还有1947年8月该社出版的《钢铁的队伍——苏北解放区实录之一》，署名"鲁风著"，社址在"香港干诺道中一二四号门楼"，内收《苏北与苏北人》《伟大的整风运动》《苏北新形势》等通讯报告10篇，从装帧到内容与《钢铁的炼成》极为相近。据此推测，本书应该是香港扬子出版社根据"苏北出版社"版本翻印的书籍。

---

① 许觉民：《华夏书店始末》，载俞子林主编《百年书业》，上海：上海书店出版社，2008年，第222页。

《钢铁的炼成》封面

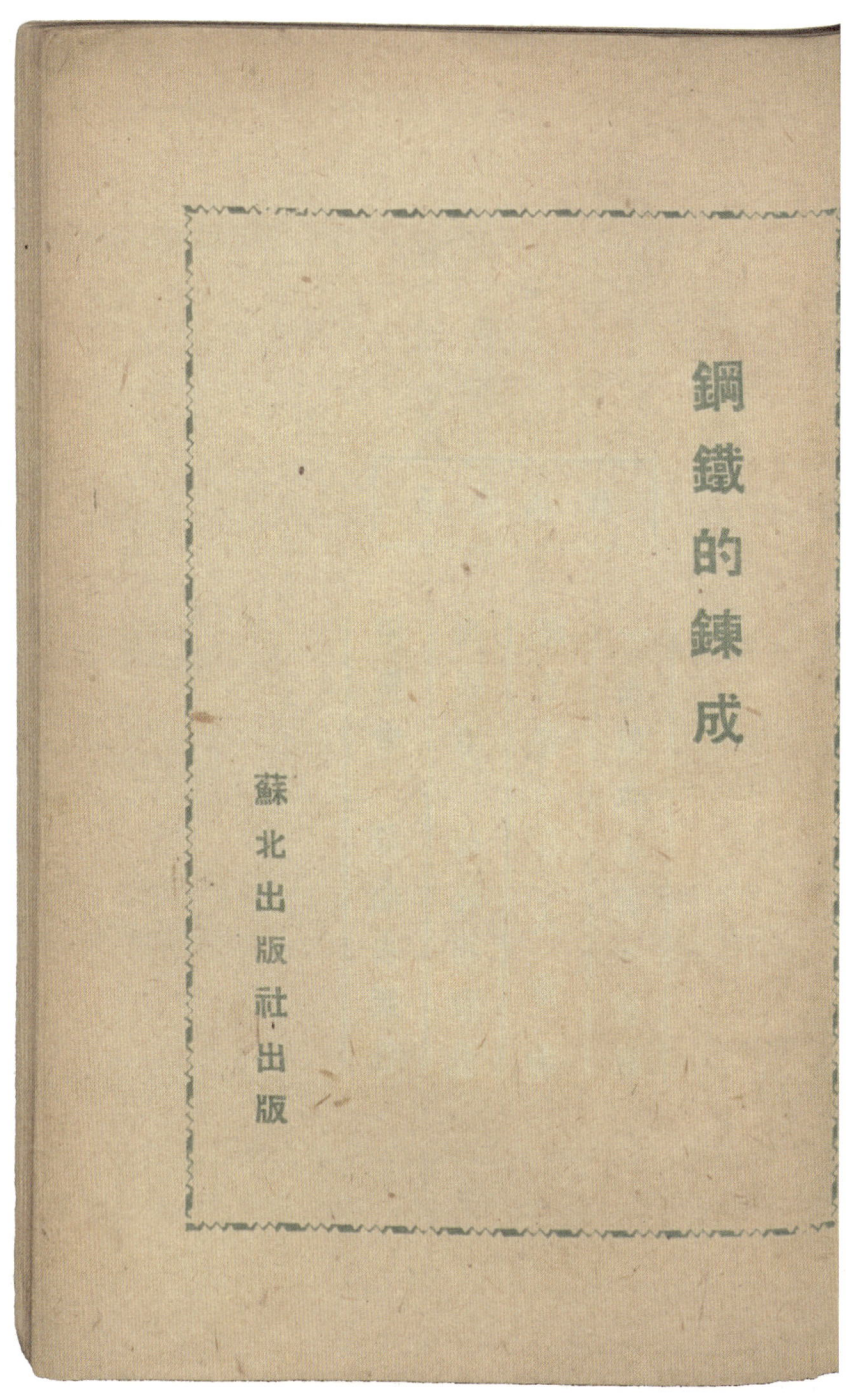

《钢铁的炼成》题名页

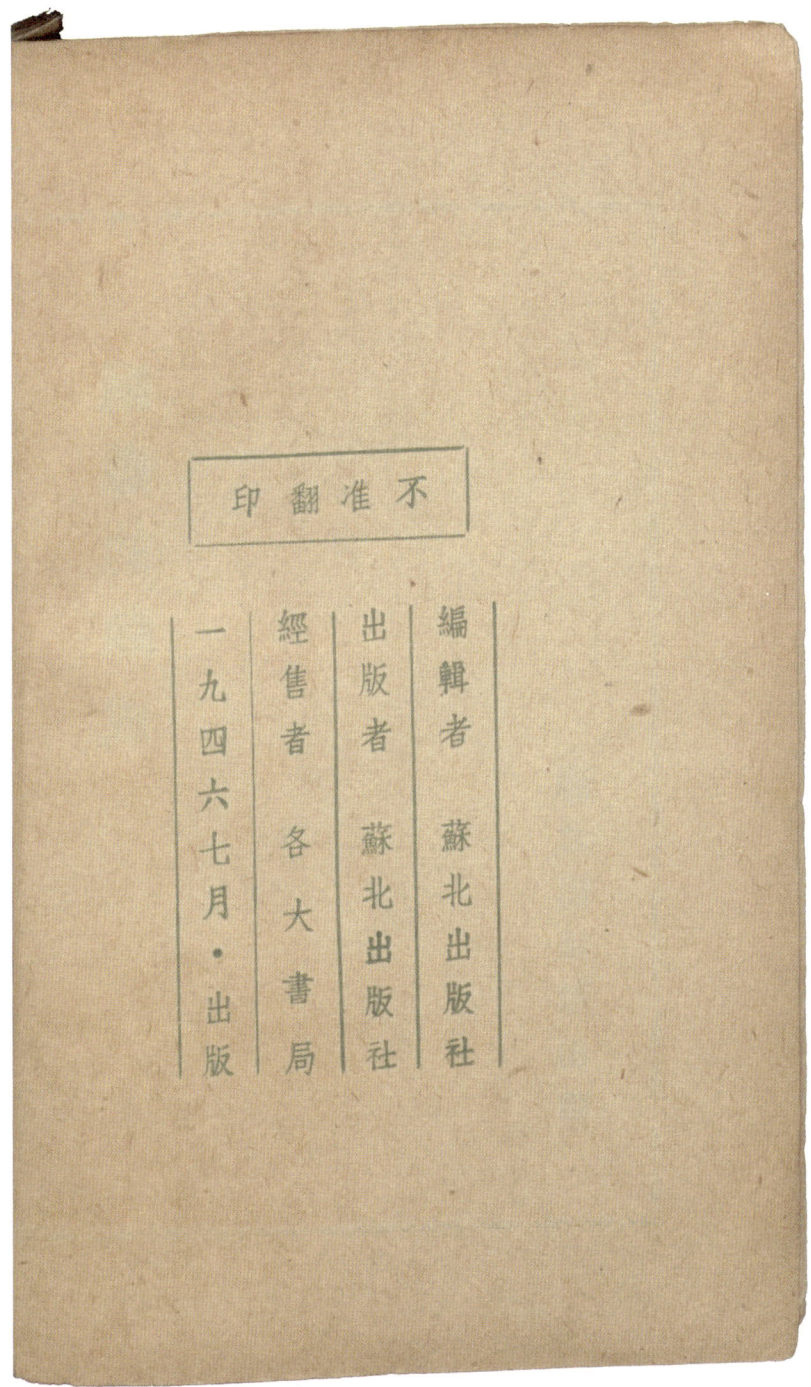

《钢铁的炼成》版权页

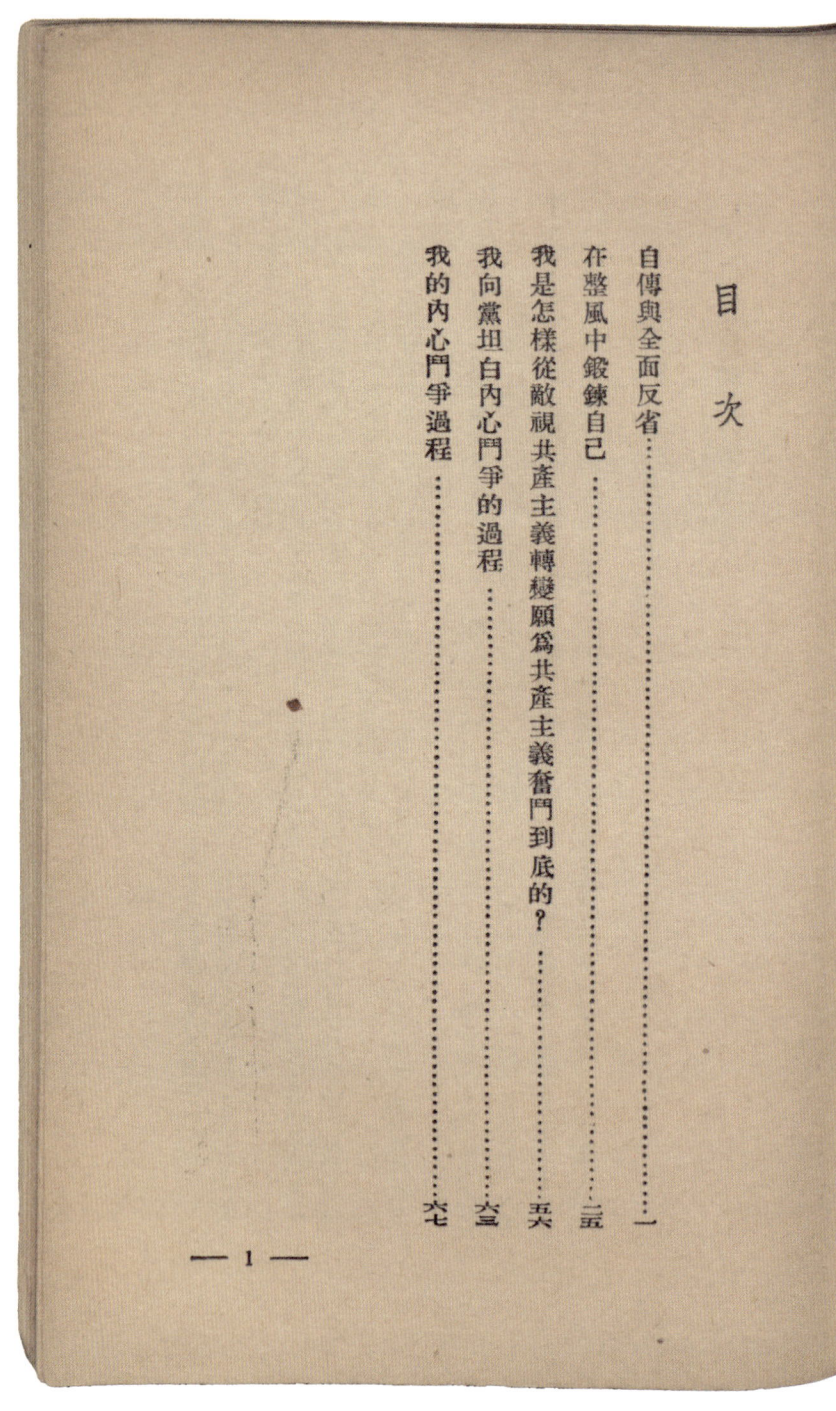

《钢铁的炼成》目次

自傳與全面反省

從幼年到成人的生活歷程

一九一八年我生在上海，父親在文具業有相當基礎的活動範圍，和長江各埠客商有營業上的聯系，家裏時常讌客，這些客商們在茶後酒餘還有什麼不來的，我的商人意識的養成就種因於此。家庭經濟收入約百元以上，以當時滬地生活水平，堪稱爲小康之家。父親共生我們姐弟四人，我是老二，他是一位嚴厲的家長主義者，無聊或失意時，時常鞭撻家人，引起在幼時就產生對父親的不滿。

小學生活變動無常，由於軍閥內戰的緣故，本來住在上海的郊外，爲了戰事不得不遷移到租界中去。高小畢業在滬西同善公學，這時家已搬到麥根路麥根里去了。

啓蒙以後的童年生活是完全浸沉在古書堆裏。在自己的幼稚心靈中，非常醉心路見不平拔劍相助的俠客，崇拜那些封建時代的旋乾轉坤的英雄。由於瀏覽稗官野史，傳奇小說的結果，童年意識充滿擎天拔地，位極人臣的生活意願。

日本法西斯繼「九一八」以後，再發動「一二八」無恥侵略。戰爭的火藥味在自己生活空間四週散佈着，「國家興亡，匹夫有責」的古訓，和活生生的戰鬥場而激起了應該投筆從戎的民族意識。

《钢铁的炼成》正文第1页

我是怎樣從敵視共產主義轉變願爲共產主義奮鬥到底的？

我祖籍本江蘇宿遷，1920本人生於淮陰，三歲生母即去世，父又不常在家，幹軍務在外。由此小時即在繼母姜氏下過着被虐待的痛苦生活。家僅靠佃給農夫三十餘畝田作爲生計；在十二三年中僅上了兩三年私塾學校，生活上待過上的窘困和痛苦可想而知了。父1932年春返里，見此情不忍，將我帶去隨軍讀書，於淮陰及皋石莊時另一晚母許氏，雖無子女，但對北方忠厚孩子亦不順眼；且又因隨軍流動性大，於同年冬，即寄居石莊父之一營商契友施姓家，繼續求學。

十數年的家庭學校生活，由於父親不戀家，獨自在外，一切皆爲施姓家，爲着個人自由生活着想，由此養成深深的自私自利，升官發財，圖名求利的享樂主義的人生觀。由於家鄉的偏僻，家庭生活遭冷眼，經濟上從小不給錢用，管敎極嚴，很少與人相處，養成了孤獨習氣，使我狹隘胸襟不寬，無遠大的氣魄，同樣對晚母的忍辱求全，不思反抗，使我遇事姑協，調和、缺乏鬥爭意志。脫離了勞動的資產階級敎育的學生生活，更由於多接近了古薔的俠義小說，在政治上受了三民主義的薰染，崇拜英雄偶像，自己也想能成爲一個英雄，蒙敎師誇獎，同學敬仰，使自己自命不凡，喜出人頭地，好表現自己，喜人奉承抬舉，愛出風頭，對落後的看不起，對好的則妒忌排擠。在施姓家四年，因其經商求主義。父由於在學校學業的優良，

《鋼鐵的鍊成》正文第55頁

小 跋

這里搜集的幾篇文字,都是實際鬥爭中求得進步的自我宣白,內中沒有煊染,沒有誇張,都是一字一淚的寫出了自己曾經不願寫和不肯寫的文字。這些文字的所以彌足珍貴,以至編冊付梓,爲着要了解他們的由昏沉到大踏步前進的痛苦的過程,對於我們無疑是有益處的。

這些文字的來因,可說是經過了整風運動以後的一個具體表現。讀者應該把它當作「整頓三風」的參考資料來讀的。

編 者

— 71 —

《钢铁的炼成》书末的"小跋"

（十二）《苦海明灯》

本书为解放战争初期中国共产党时评和文件汇编的伪装本。32 开，正文 11 页，竖排铅印。封面为白底黑字，居中竖向印有伪装题名《苦海明灯》，右上角印有"陈维藩编"，左下角印有"上海广益书局出版"。

本书没有目录。正文收录 3 篇时评和文件：《为美国对蒋军事援助事毛主席发表声明》《中国共产党中央委员会为"七七"九周年纪念宣言》《蒋介石应当爱国》。各篇详情如下：

《为美国对蒋军事援助事毛主席发表声明》，即 1946 年 6 月 22 日《毛泽东主席关于反对美国军事援蒋法案的声明》，6 月 23 日发表于《解放日报》。这份声明指出，美国国务院 6 月 14 日提交国会审议的继续对华军事援助法案是"武装干涉中国内政"，中国共产党"坚决反对美国政府继续以出售、交换、租借、赠送或让渡等方式将军火交给中国的国民党独裁政府，坚决反对美国派遣军事使团来华，并坚决要求美国立即停止与收回对华的一切所谓军事援助，和立即撤回在华的美国军队"。

《中国共产党中央委员会为"七七"九周年纪念宣言》，1946 年 7 月 7 日发表于《解放日报》。宣言呼吁："（一）立即重行发布全国（包括东北）无例外无条件无限期的停止冲突、停止运兵、停止建筑工事、停止征兵的命令。（二）重开政治协商会议，实行上届政治协商会议的一切决议，改组国民党一党专政的各级政府成为各级民主联合政府，改组国防、外交、财政、经济、内政、交通、教育等部，解散一切特务机关，清洗法西斯分子、好战分子与贪污分子，取缔官僚资本，实行保护关税，没收大汉奸大贪污的财产，救济民族工业，救济失业工人，灾民和饥饿线上的公教人员。（三）在政治协商会议的监督之下，实行最大限度与最高速度的复员裁兵，彻底废除军队属于少数个人的军阀制度，立即停征并发还军粮，裁减军费到最低限度，移军费作救济费和教育费，封存一切剩余武器，停购军火，送还美国一切租借军火，谢绝美国军事顾问团，通知美国立即撤退一切在华海陆空军，并声明在我国民主联合政府成立以前全国对华一切贷款我国人民概不负责。（四）要求美苏英三国重申忠实执行莫斯科会议决定，要求美国政府停止武装干涉我国内政，停止助长我国内战，取消对华租借法案，停止派遣军事顾问团，并立即自动撤退一切在华海陆空军。"

《蒋介石应当爱国》，陈伯达撰，1946 年 7 月 10 日发表于《解放日报》。

该文对蒋介石出卖国家主权换取美帝国主义援助，发动反人民的内战，继续法西斯独裁的行径进行了批判。

本书以颇具隐喻意义的"苦海明灯"为伪装题名，伪托上海广益书局出版。据现存资料，广益书局似乎没有出版过以《苦海明灯》为题名的书籍。本书实际是晋察冀日报社出版的图书。① 本书未署出版时间，从所收文章发表的时间判断，出版时间当在1946年7月之后不久。

---

① 参见河北省新闻出版局出版史志编委会、山西省新闻出版局出版史志编委会编：《中国共产党晋察冀边区出版史》，石家庄：河北人民出版社，1991年，第237页。

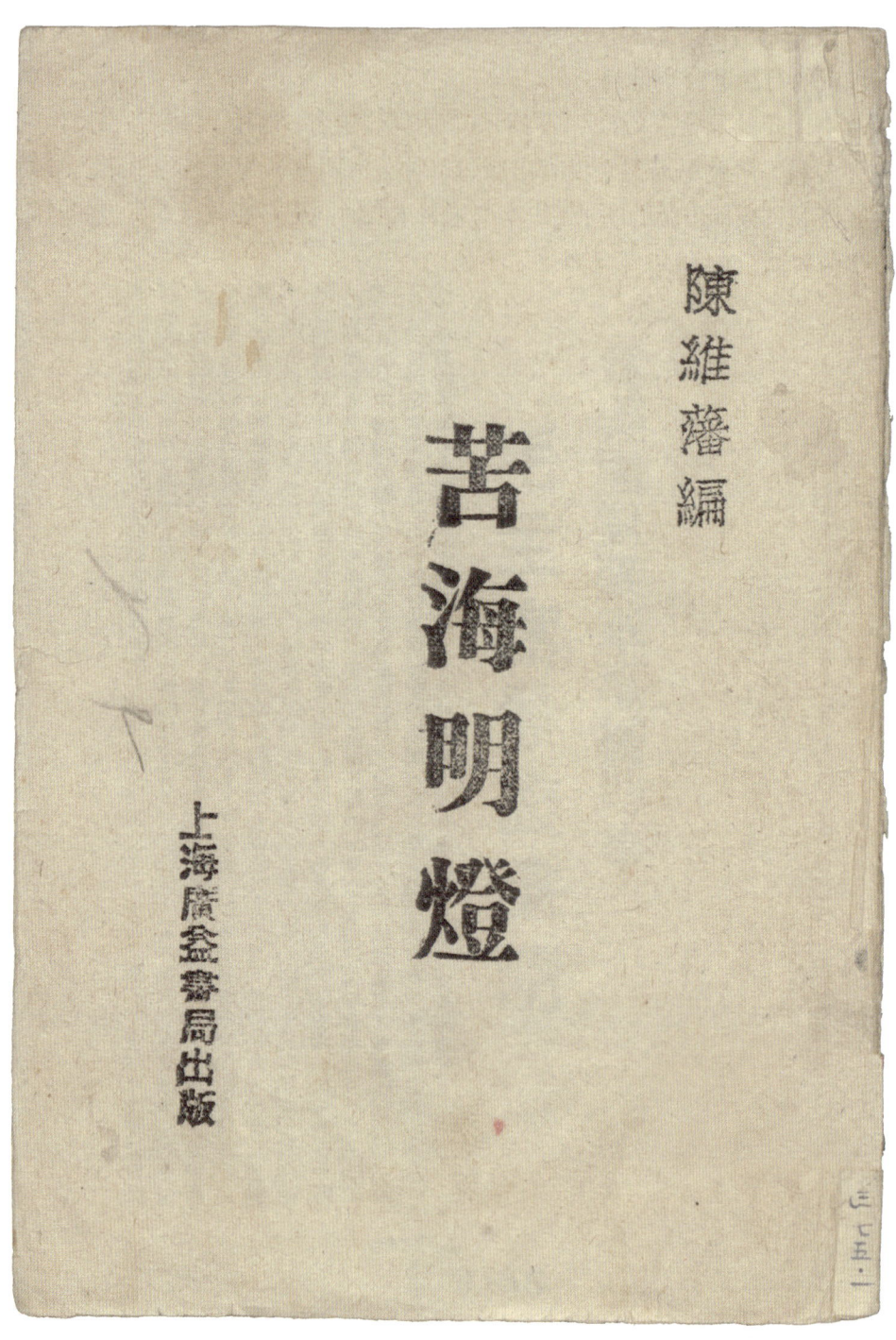

《苦海明灯》封面

為美國對蔣軍事援助事 毛主席發表聲明

中國共產黨中央委員會主席毛澤東，今日為美國對華軍事援助事發表聲明如下：

美國國務院於本月十四日提付國會繼續的繼續對華軍事援助決案，中共此種意見，並為中國廣大民主美國對於中國共產黨堅持反對此項決案。中共此種意見，並為中國廣大民主民生有極為不利的影響，因此中國共產黨區堅持反對此項決案。中共此種意見，並為中國廣大民主人士所支持。在抗日戰爭中，美國對於中國實施軍事援助，並派遣美軍在中國領土上協同作戰，其目的是擊敗中國的共同敵人日本帝國主義。但就在那時，由於美國錯誤地僅僅援助國民黨軍閥，並擴援助也並未有效地加強中國的抵抗，相反地是被國民黨軍閥用以加強其對於解放區的進攻與封鎖。在日本投降以後，美國沒有停止，反而極大的加強了對於中國國民黨政府的各種軍事援助，並在此實際目的下，派遣龐大的軍隊駐在中國的領土與領海之七。這種行動，已經證明是中國大規模內戰爆發與繼續擴大的根本原因。僅僅在美國取守點佈履行一九四五年十月莫斯科三國外長會議公報關於中國問題的約束，與中國國民黨宣佈停止內戰和宣佈履行中國政治協商會議關於國家民主化的決議的前提之下，中國共產黨才會經不反對美國對

A170556

《苦海明燈》正文第 1 頁

中國共產黨中央委員會為「七七」九週年紀念宣言

全國同胞們、一切愛國志士們：

今天是我國人民抗日愛國戰爭勝利結束後的第一個「七七」紀念日。我全國的愛國軍民，在九年以前追使國民黨內反動派停止了內戰和不抵抗政策，開始了全民族團結一致的抗日戰爭；在此後的八年戰爭中，又堅持抗戰、團結、進步，反對投降、分裂、倒退，終於挽救了由反動派消極抗戰政策所造成的國家民族的危機，協同歐亞戰場的盟軍，取得了反法西斯侵略戰爭的勝利。

我幾萬萬人民和將士在八年中間，浴血奮鬥，踴躍犧牲，是為了什麼？是為了實現民族解放，消滅外國侵略、霍開運和平，使我國不再做帝國主義的殖民地保護國和國際侵略戰爭的工具；是為了實現國家的民主化，消除國內封建的法西斯主義，不再擁護法西斯獨裁者軍閥、特務、貪污土劣騎在人民的頭上，吸藻人民的膏血；是為了發展民族的經濟，迅速置現我國的工業化。一言以蔽之，是為了我國的獨立、和平與民主。

但是抗戰結束以後，一方面固然是人民力量空前高漲，一致奮起，要求獨立、和平與民主；是另一方面，我國反動派卻在日本法西斯殘餘的擁護和美國反動派的支持之下，利用各種條件篡

《苦海明燈》正文第 3 頁

蔣介石應當愛國

陳伯達

什麼人都明白，蔣介石之所以能够進行反人民的內戰，繼續法西斯獨裁，完全是由於依靠美國帝國主義份子的接濟。為着取得美國接濟，以達到他這種反人民的內戰與法西斯獨裁之目的，蔣介石支出了全民族的代價。

第一、支出中國的領土權，讓美國軍隊駐在中國，給美國以陸軍基地。

第二、支出中國的領空權，讓美國飛機自由「巡邏」全中國，給美國以空軍基地。

第三、支出中國的領海權，讓美國海軍自由往來中國的領海，自由駐防中國的海港，給美國以海軍基地。

第四、支出中國的政權，堅持把中國內政問題的最後決定權（以後國民黨又改稱為仲裁權，公斷權等等，但內容一樣）交給美國。

第五、支出中國的軍權，以軍隊美國化代替「軍隊國家化」，放在美國軍事顧問團的支配之下。

第六、與美國合作訓練特務，讓美國帝國主義份子更便利控制中國的內政。

第七、放棄保護關稅，使民族的自由工業破產。

第八、制定便利外資操縱的新公司法，讓外國財閥及其中國走狗，自由在中國境內壟斷中國的經濟。

《苦海明燈》正文第 9 頁

（十三）《新老残游记》

本书为晋冀鲁豫《人民日报》反内战报道相关文章汇编的伪装本。32 开，正文 16 页，竖排铅印。封面为白底黑字，上半部分自右向左印有伪装题名《新老残游记》，左下印有"大众书店印"，中间印有一幅荷锄老农形象的图画，下端有 1 条粗线和 3 条细线。

本书没有目录。正文收录 12 篇报道，题目如下：

民盟疾呼挽救时局　保护老百姓性命安全
停止内战，恢复协商　章伯钧氏呼吁国人反对国际友人帮助独裁政府内战
民盟力促南京政府恢复和平谈判
罗隆基等发表告国人书：号召人民制止内战，抨击国民党当局内战独裁暴行，警告美帝国主义反动应知自处
北平八大杂志呼吁停止内战实行民主，坚决反对以接收为名而打内战
北平各界名流呼吁无条件停止全国内战，警告黩武者放屠刀救民水火
中国文化界名流著文抨击美国助蒋打内战，反对予美最后决定权
毛主席电复重庆名流，祈为和平共同奋斗
黄墨涵等、基督教和平会呼吁和平，毛主席复电共勉
中共代表团复沪名流：决本和平民主初衷谈判，永息戎争，尚祈再接再厉，制止内战，挽救垂危
美国三千华侨海员致电国人呼吁停战，毛主席复电深望坚持奋斗
沪市爆发五万人反内战示威并要求派代表团往京请愿

1946 年政治协商会议闭幕不久，国民党便撕毁政协决议，将中国再次推向内战的边缘。在此情况下，中共和民盟等各民主党派人士高举反内战、反独裁旗帜，为争取和平民主奔走呼告。本书文章未注明来源，经查证均来自晋冀鲁豫《人民日报》相关报道，收入本书时，标题略有变动。

本书封面有多枚藏书单位戳记。因为本书冠以《新老残游记》的题名，被藏书单位归为"文艺"类书籍。

本书未署出版时间。所收报道中最早的一篇发表于 1946 年 6 月 1 日，最晚者发表于同年 7 月 11 日，据此判断本书出版时间当在 1946 年 7 月后不久。

《新老残游记》封面

民盟疾呼挽救時局

△保障老百姓性命安全▽

〔南京二十五日電〕民盟發言人頃在上海記者招待會上發表重要談話稱："民盟今天搶救時局的主張：第一、立即恢復政協會議，是因談軍事不談政治釀成的錯誤造成的。舉例來說，令天爭執不決的蘇北問題，實際上已是地方政治制度問題。地方政治制度問題就應從政治方案富前合理而且合法的機關就是政治協商會議。國家的地方政治制度，當然應由全國各方面人士代表共同商決。"發言人稱："政協五項決議絕對不容任何黨單獨否認或撕毀。在實施政協決議的程序上，我們民盟認為應該先最快成立聯合政府，由各黨派共同參加的聯合政府先進行這三件事：第一、實行和平建國綱領；第二、召開協商決定的國民大會，以通過真正民主的憲法，共同實施憲政，第三、共同執行憲法方案。"關於組織聯合政府問題，發言人說：民盟主張：（一）我們要能站在當派平等合法的地位，經過協商的問意而參加政府，因此民盟認定決策的國府委員會與執行的行政院應同時成立。我們要新的行政府包括決策與執行機關同等重要，（甲）行政院的施政方針；（乙）行政院院長的人選；（丙）行政院重要部會的分配。再進一步，我們民盟認為聯合政府不限制於中央，應擴大到地方。"關於國民大會，發言人表示，"民盟的主張：第一、必須等各黨派代表站在平等合法地位如加的大會，而不是一個黨派完全操縱把持的傀儡會議。第二、我們要保證國民大會必能通過一個協商會議決定的真正民主的憲法。"發言人特別聲明

918883

《新老殘遊記》正文第 1 頁

停止內戰恢復協商

章伯鈞氏呼籲國人反對國際友人幫助獨裁政府內戰

（一）重慶民主星期刊，第二十九期載第三黨領袖章伯鈞氏「挽救危機的努力」一文，指出目前內戰、政治、經濟等各種危機，全係國民黨當局「固執一黨專政」所造成。談及內戰危機時稱：「由於東北九省問題，執政的國民黨不肯採納國內外人士政治解決的要求，硬要武力接收，於是軍事衝突不但早已發生，而且正在擴大着」。並「可能影響到其他地區」。章氏力稱：「為了中國和平民主」和世界的和平安全，中國人民和各民主黨派，堅決反對任何國際友人予中國一黨專政的個人軍事獨裁的政府以任何方式的援助」。章氏結論稱：必須「平息東北軍事衝突，保障人民自由權利，從國民政府和行政院一直到地方政府。只有這個時候，經濟危機才能開始着手解決，通過已由各方協議的憲草修改原則為根據的民主憲章。也只有這個時候，才能召開國民大會，軍隊國家化的整籌統籌方案，才能真正付諸實施。

巴黎無線電台廣播稱傅斯年人的意見說：政府軍雖然進入長春，但共產黨的力量仍然保留着。因此保證和平的唯一方法是談判。美聯社傳出孫科的聲明，他說：「要消滅共產黨是不可能的」。中國各報都指出內戰前途，對居民及經濟有很大影響。文匯報稱：四平街一個月的戰爭，是物價飛漲，財政危機激化的原因，國家已到破產地步，成千萬人民陷於絕望。時事新報亦指出：

中國文化界名流著文

抨擊美國助蔣打內戰
反對予美最後決定權

郭沫若先生說：我恨那些「借刀殺人的曹操」！

上海訊：中國文化界著名人士郭沫若、茅盾等數十人，近在「上海周報」、「民主」兩刊物上著文評擊美國當局支持蔣介石政府進行內戰。郭沫若說：中國內戰「根本是美國的對華政策在那兒作怪，他們想獨霸世界，想獨佔市場，弄得我們中國人外禍臨頭，他們還說是我們中國人在自殺……我恨那些『借刀殺人的曹操』吧」，中國人並不都是阿Q，假使中國人真要自殺，是誰給的武器呵！我恨那些借刀殺人的曹操！」矛盾說：「要和平，就必需先請外國人不要再幫中國政府在什麼『受降』，什麼『造匪』的旗幟下運兵運械了。」許廣平、周建人、鄭爲森都反對給美方最後決定權，認爲只有殖民地國家，才能接受這辦法。決定國內的事情應該怎樣做的權柄，是人民的，豈可送給美國馬歇爾！認爲制止中國內戰根本辦法之一，便是美國不施行殖民地、化中國爲反蘇的基地的政策；從現在起，就停止干涉中國內政，撤退駐軍，停止借給政府以戰費和武器及幫助軍隊的訓練與運輸。其他如馬叙倫、鄭振鐸、「艾寒松、董秋聯、念青、石揮、張伐、郭根等」均認爲美國應立即撤退在華駐軍，不再助蔣民黨搞大內戰，並反對予美方以最後決定權。

《新老殘遊記》正文第 11 頁

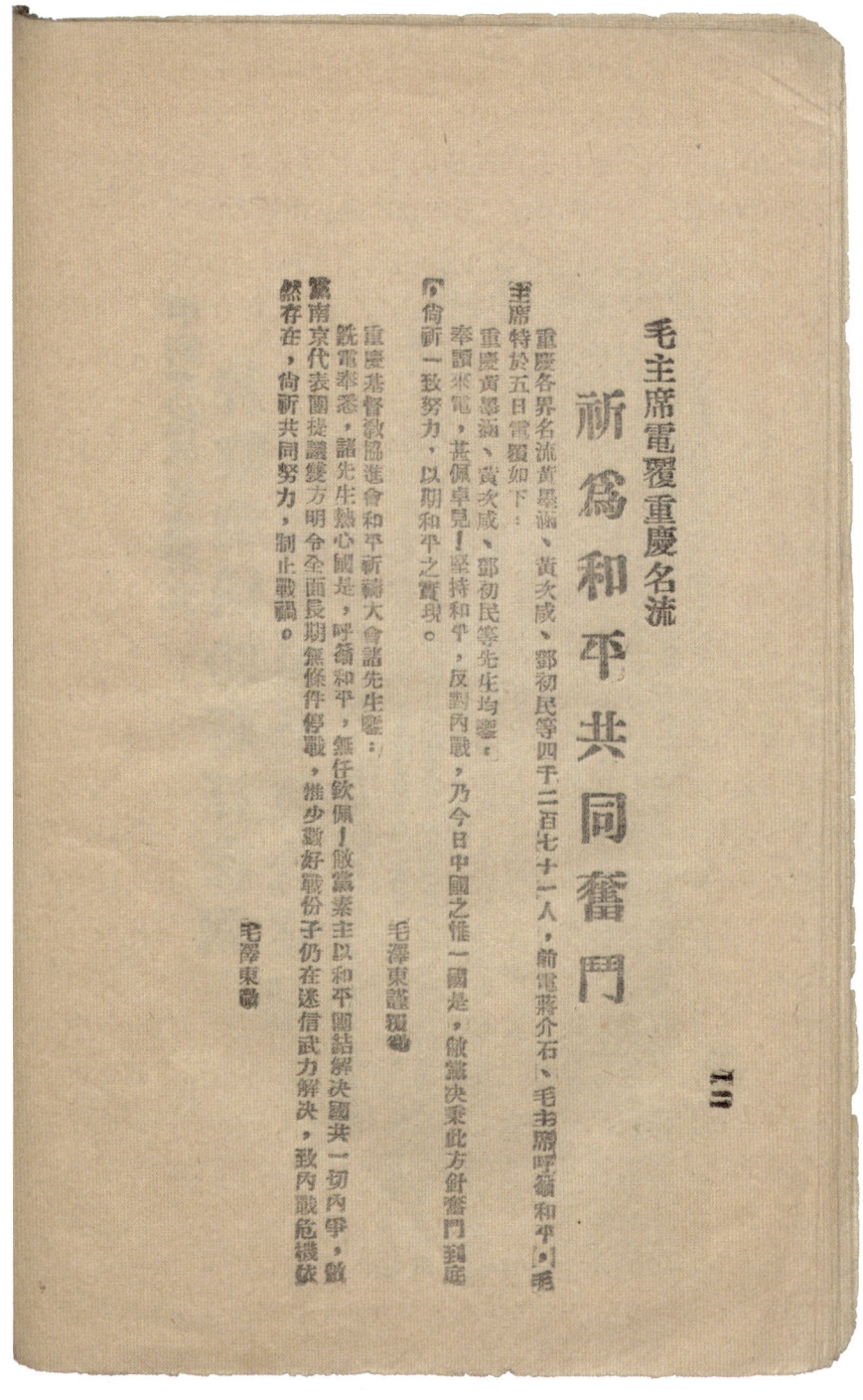

《新老残游记》正文第 12 页

（十四）《指南针使用法》

本书为中国共产党中央委员会发布的《中国共产党中央委员会为"七七"九周年纪念宣言》的伪装本。大64开，正文14页，毛装，竖排铅印。封面为白底黑字，中间偏上的位置自右向左横向印有伪装题名《指南针使用法》，题名下印"芳心圆主著"，底端印有"方本斋印刷所出版"。

1946年7月7日全民族抗战爆发九周年之际，中国共产党中央委员会发布《中国共产党中央委员会为"七七"九周年纪念宣言》。宣言回顾了八年全民族抗战的艰苦历程，揭露美国和蒋介石勾结发动内战的阴谋，号召全国人民更坚强地团结起来，更勇敢地行动起来，把一切敢于挑战的反动派打回去，为实现独立、和平和民主奋斗。宣言发布了中国共产党的四项紧急呼吁（呼吁的具体内容详见前文《苦海明灯》的介绍）。

毛泽东修改这篇宣言时加写了两段文字，指出："目前中国反动派的猖獗，不是表示他们的强大和有生命力，而是表示他们的软弱和回光返照。任何国家的法西斯统治，都具有这种性质，中国不能是例外。法西斯主义是最丑恶的，而又是最软弱与最无生命力的。因此，中国反动派要想消灭人民的力量，实现永久的法西斯统治是做不到的与不可能的。""全国同胞应该懂得，中外反动派的反动企图是可以被打败的。我们一定要打败中外反动派的一切反动企图，我们一定要实现独立、和平与民主，我们一定要实现停战令、政协决议与整军方案。凡愿意实现这些的，不论什么人，我们就表示欢迎。凡属反对这些的，不论什么人，我们就表示反对。全国同胞们，我们的要求是这样的合理，我们的事业是这样的具备正义性，那末，我们的要求是一定要实现，我们的事业是一定要胜利的。"在宣言正式发表的前一天，毛泽东还专门致电各中央局、分局及周恩来、军事调处执行部中共方面代表叶剑英、北平军事调处执行部长春执行分部中共方面代表伍修权，指出："中央'七七'宣言尖锐批评美国及中国反动派，唤起国人起来救国，足以振奋人民意志，置反动派于困难地位，以便在人民面前孤立他们。"[①]

为了更好地宣传中国共产党的政策和主张，这篇宣言出版时使用《指南针使用法》这样一个不易被发现的伪装题名，以便于在国民党统治区传播。

---

① 中共中央文献研究室编：《毛泽东年谱（1893—1949）》，北京：中央文献出版社，1993年，第104—105页。

《指南针使用法》封面

中國共產黨中央委員會為「七七」九週年紀念宣言

全國同胞們、一切愛國志士們：

今天是我國人民抗日愛國戰爭勝利結束後的第一個『七七』紀念日。我全國的愛國軍民，在九週年以前迫使國民黨內反動派停止了內戰和不抵抗政策，開始了全民族團結一致的抗日戰爭，在此後的八年戰爭中，又堅持抗戰、團結、進步，反對投降、分裂、倒退，終於挽救了由反動派消極抗戰政策所造成的國家民族的危機，協同歐亞戰場的盟軍，取得了反法西斯侵略戰爭的勝利。我幾萬萬人民和將士在八年中間，流血奮鬥，歷盡犧牲，是為

《指南針使用法》正文第 1 页

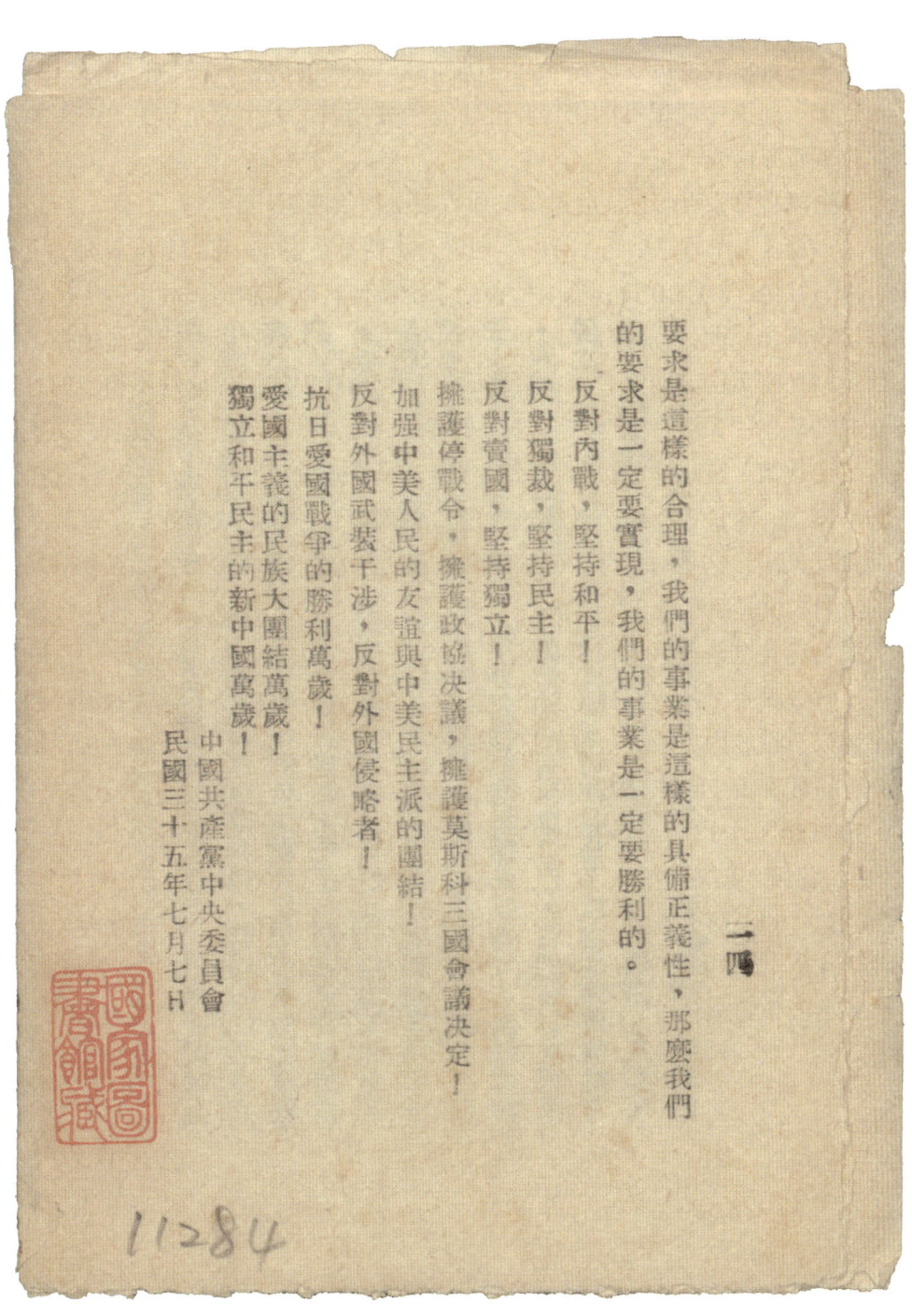

要求是這樣的合理，我們的事業是這樣的具備正義性，那麼我們的要求是一定要實現，我們的事業是一定要勝利的。

反對內戰，堅持和平！
反對獨裁，堅持民主！
反對賣國，堅持獨立！
擁護停戰令，擁護政協決議，擁護莫斯科三國會議決定！
加強中美人民的友誼與中美民主派的團結！
反對外國武裝干涉，反對外國侵略者！
抗日愛國戰爭的勝利萬歲！
愛國主義的民族大團結萬歲！
獨立和平民主的新中國萬歲！

中國共產黨中央委員會
民國三十五年七月七日

《指南针使用法》封底上的正文末页

（十五）《七个月总结》

本书为解放战争初期延安《解放日报》社论汇编的伪装本。32开，正文19页，竖排铅印。封面中间偏右的位置竖向印有伪装题名《七个月总结》，左下方印有"时事研究社编"。

本书没有目录页。正文收录《解放日报》社论两篇。

第一篇《七个月总结——评马、司联合声明》系1946年8月14日延安《解放日报》社论。8月10日，美国杜鲁门总统特使马歇尔和美国驻中国大使司徒雷登发表联合声明，宣布调解国共军事冲突失败。这篇社论一针见血地指出问题的症结在于美国有两个政策，援蒋政策是与马歇尔的调停活动不相容的，必然造成马歇尔的失败。毛泽东在修订这篇社论时，增写了最后一段话："美国政府改变政策，废止片面援蒋，撤退海陆空军，诚意帮助中国人民及各党派实现和平民主，这是一条路。继续过去的欺骗政策，一只手'调处'，一只手助蒋反共反人民，这是一条路。何去何从，愿美国政府当局三思之，更愿一切民主的美国人民起而注意。"

第二篇《全解放区人民动员起来粉碎蒋介石的进攻》系1946年8月16日延安《解放日报》社论。社论指出，蒋介石在美国军事援助下，肆意破坏和平民主协议，点燃内战战火。解放区军民的历史任务，就是动员一切力量，粉碎蒋介石的进攻，夺取自卫战争的胜利。

1946年8月17日，中共中央宣传部就广泛讨论这两篇社论专门发出了一道通知："各局、重庆、南京、北平、香港：《解放日报》寒日社论《七个月总结》、铣日社论《粉碎蒋介石进攻》，代表中央对时局分析与指示。望在党内外，根据此两社论，组织广泛讨论。报纸、杂志、广播、剧团等动员起来进行宣传。"①

本书的伪装题名和伪托编者都未显露任何政治倾向，方便其广泛传播。

---

① 中共中央宣传部办公厅、中央档案馆编研部编：《中国共产党宣传工作文献选编（1937—1949）》，北京：学习出版社，1996年，第632页。

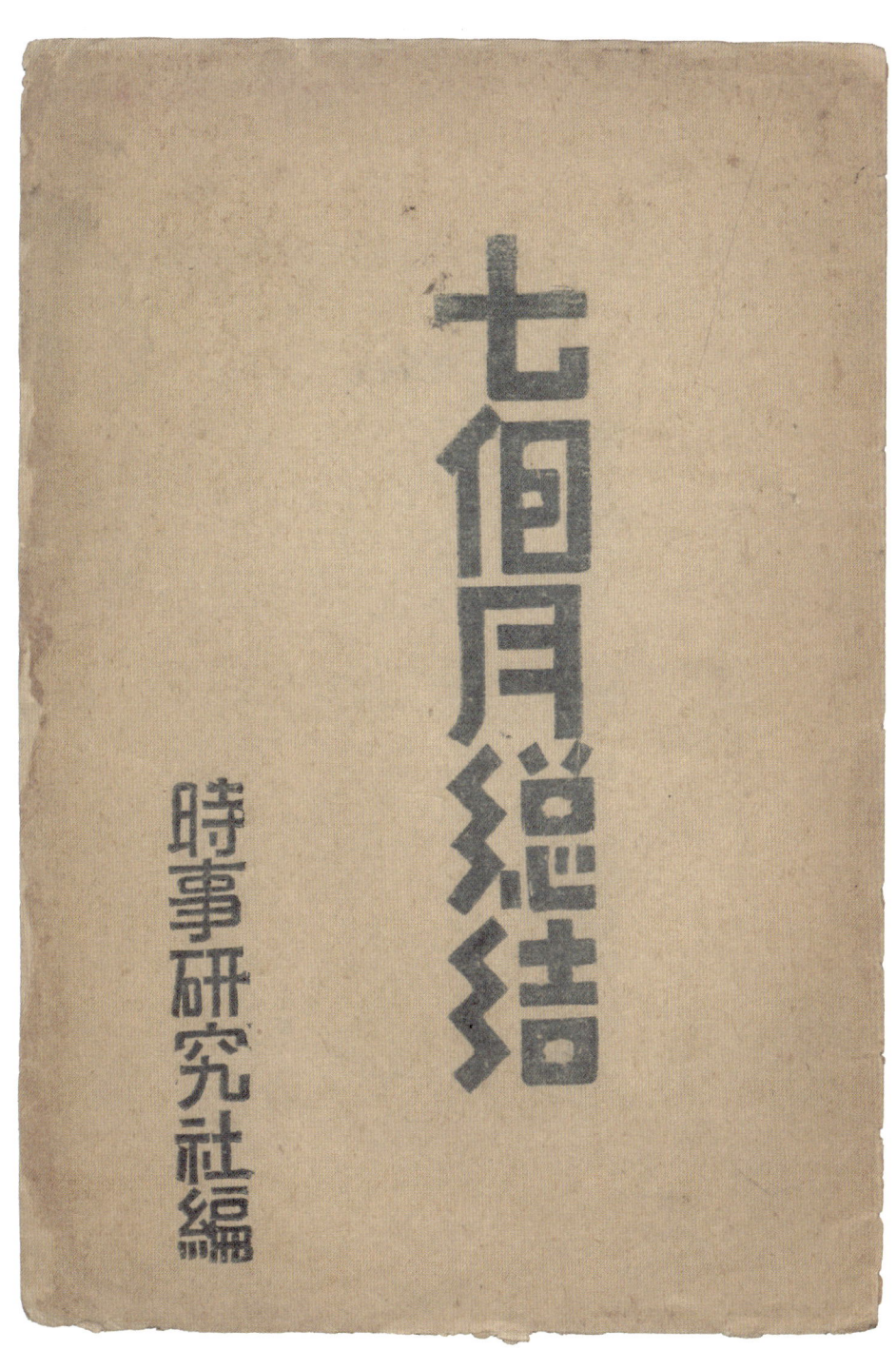

《七个月总结》封面

七個月總結——評馬、司聯合聲明

◇解放日報社論◇

本月十日,馬歇爾與司徒雷登發表了聯合聲明,正像路透社記者所說,這個聯合聲明是馬歇爾「承認北促成中國和平與團結之努力已實際失敗」。從去年十二月下旬馬歇爾到了中國以來,在莫斯科三外會議決議的要求下,他着手幫助中國訂立了四大協議:即一月十日停戰協議,五項協議,二月二十五日整軍方案,三月二十七日東北停戰協議。現在在他到華七個半月之後,他却自己親手宣佈這四個半爭論的根本問題「似已不可能獲得解決」了。事實上,馬歇爾的努力在今天不但失敗而已,而且今天的內戰,比之七個半月以前規模更大了,性質更殘酷了。在馬歇爾未來以前,蔣介石用來打內戰的全力是一百萬人,約佔其總兵力百分之四十五,現在此項兵力增到差不多兩百個師,約二百萬人,約佔蔣介石總兵力百分之八十五。在馬歇爾未來以前,蔣介石的軍隊除用美械裝備的爲三十幾個師,即在即是五十七個師,而且全部用在前綫,廿外還有由美機船成的客軍,美艦編成的海軍。當說的內戰,對於所謂「調處」與「協議」,簡直是親辟的諷刺。馬、司聯合聲明彊調提得協議是具很艱難?爲什麼從一月至三月能夠獲得四項綱其重大的協議!這些協議之所以獲得,是因爲一方面中國廣大的人民都要獨立和平民主,反對賣國

全解放區人民動員起來粉碎蔣介石的進攻

解放日報社論

（一）

由於蔣介石在美國錯誤政策鼓勵之下，完全撕毀了停戰協定、四項諾言、政協決議、整軍方案。和壹北停戰協議，在東北大打之後，又把戰火燒進關內，再三要求佔領蘇北、膠濟綫、熱河、和東北絕大部份，他的軍隊已經佔領了中原解放區全部，蘇皖解放區的一部，膠濟綫許多城市，晉南冀中冀東熱河和東北的許多地方，並正在向各解放區大舉進攻。蔣介石調來進攻各解放區的軍隊，已達其全部兵力百分之八十五。西至新疆，東至東海，南至廣東，北至長江，整一個廣大地區中，蔣介石只留下百分之十五的兵力。蔣介石的空軍都用來進行內戰，並轟炸了延安。從兵力的部署上看，蔣介石是用盡了最後一滴力量來孤注一擲。誰也不能否認，中國人民已被蔣介石再一次拋入全面內戰，規模之大是數十年來所未有的。正因為此次內戰規模巨大，而且蔣介石又有美國反動派繼續援助，因此中國人民決不能輕視此次蔣介石的進攻，必須團結起來，努力奮鬥，將這次進攻予以粉碎！

在今年一月十日停戰令發佈，一月三十一日政協會閉幕的時候，我們共產黨人曾經認為中國已經

— 6 —

《七个月总结》正文第 6 页

（十六）《虞初近志》

本书为陈伯达著《中国四大家族》的伪装本。32开，正文158页，竖排铅印。封面为白底黑字，左半部竖向印有隶书风格的伪装题名《虞初近志》，右侧印有装饰图案，图案下方印有"大达图书供应社刊行"。书脊上印有"新式标点：虞初近志"和"大达图书供应社刊行"。封底中部有"大达"，应为伪托出版者名称。卷首有"题记"，卷末有"书后"。

本书内容有9章，共28节。目录如下：

题记
一、旧中国的最后统治者
二、从内战与买办起家
  （一）"一双满是血腥的手"
  （二）追逐内战的利润
  （三）首先是军火的大买办
  （四）以民死为目的的经济学
三、封建的、买办的、军事的金融皇朝
  （一）四大家族与四大银行的结合
  （二）金融独占的地位与财富集中的速度
  （三）"法币"的性质是封建、买办与军事的强制掠夺
  （四）金融的军事独裁、封建搜括与买办事业的新发展
  （五）抢夺人民胜利的果实
  （六）加速总崩溃的速度
  （七）层出不穷的阴谋诡计
四、封建的、买办的、军事的商业独占
  （一）商业独占的开端
  （二）有史以来最集中的公开商业独占
  （三）买贱卖贵的野蛮掠夺
  （四）与敌人利益联系在一起的武装走私
  （五）劫收之后，心更狠了
  （六）美国货的总买办

（七）"只要有油水可捞，先捞了再说"

五、封建的、买办的、军事的工业独占

（一）与法西斯德国合作为主的独占活动

（二）在吞并民族自由工业与掠夺农民的基础上，迅速地建立了暴力的独占

（三）独占网因"惨胜"而扩大

（四）把中国变成"美国的工业边界"

（五）民族自由工业遭受毁灭的打击

（六）腐烂的东西不能够有生命

六、封建的、买办的、军事的农业独占

（一）全国性的、最大的封建奴隶主

（二）全国性的、最大的高利债主

（三）几种掠夺农民的农业公司

（四）农业经济的崩溃与殖民地化

七、新闻与出版及其他的独占

八、四大家族的财富

九、四大家族的统治是中国的耻辱与灾难

书后

《中国四大家族》一书成书于1946年10月，陈伯达撰写本书的目的"在于根据一切无可争辩的事实，揭穿以蒋介石为首的蒋、宋、孔、陈四大家族如何窃盗我们中国这个国家为他们的私产（化公为私），如何以'国家''政府'等名义，无情掠夺人民的所有（假公济私），成为中国有史以来，并为历代帝王所望尘莫及的、以吸血为生活的最大富翁"。该书的内容涉及金融、商业、工业、农业、地产、新闻、出版等各方面，指出四大家族的统治是中国的耻辱和灾难。

1946年11月11日，中共中央宣传部专门就广为印发《中国四大家族》做出指示："陈伯达著《中国四大家族》一书对于蒋介石统治之本质，作了马克思主义的系统深刻解剖，是认识中国问题的必读书。此书因延安印厂迁移，印数极少，望各地及上海（由北平转）收到时，多予翻印，在党内外广为散布介绍，

在干部学校中应作为教材或教材之根据。若干地区因交通不便，印刷困难，或尚未收到，或不能翻印，望先收到的地方（东北、太行、晋绥）帮助印送邻区。"[①]是以本书的版本众多，流传甚广。

《虞初近志》为胡寄尘所编近代短篇文言小说集，收近代人物之传记、奇人异事、游记等文120余篇，1913年由上海广益书局铅印出版，1932年9月增订重版。广益书局有一个下属出版机构，名叫大达图书供应社。1934年，广益书局眼见新文化书社大量出版新式标点的通俗小说，利润丰厚，便紧随其后，以"大达图书供应社"的名义翻印了数百种古旧小说。由于同业之间竞争激烈，上演"折扣大战"，书价从三折、两折跌至一折，直到形成空前绝后的"一折八扣"书[②]。这些标点书印制粗糙，装帧简陋，但因价格低廉，销路极好。本书即根据大达图书供应社1934年出版的《虞初近志》进行了伪装。

[①] 中共中央宣传部办公厅、中央档案馆编研部：《中国共产党宣传工作文献选编（1937—1949）》，北京：学习出版社，1996年，第641页。

[②] "一折八扣"书：又称"标点书"，就是书的实际售价按书的定价打一折后再打八扣，也就是实际售价是定价的8%，即定价1元的书，实际只卖8分钱。

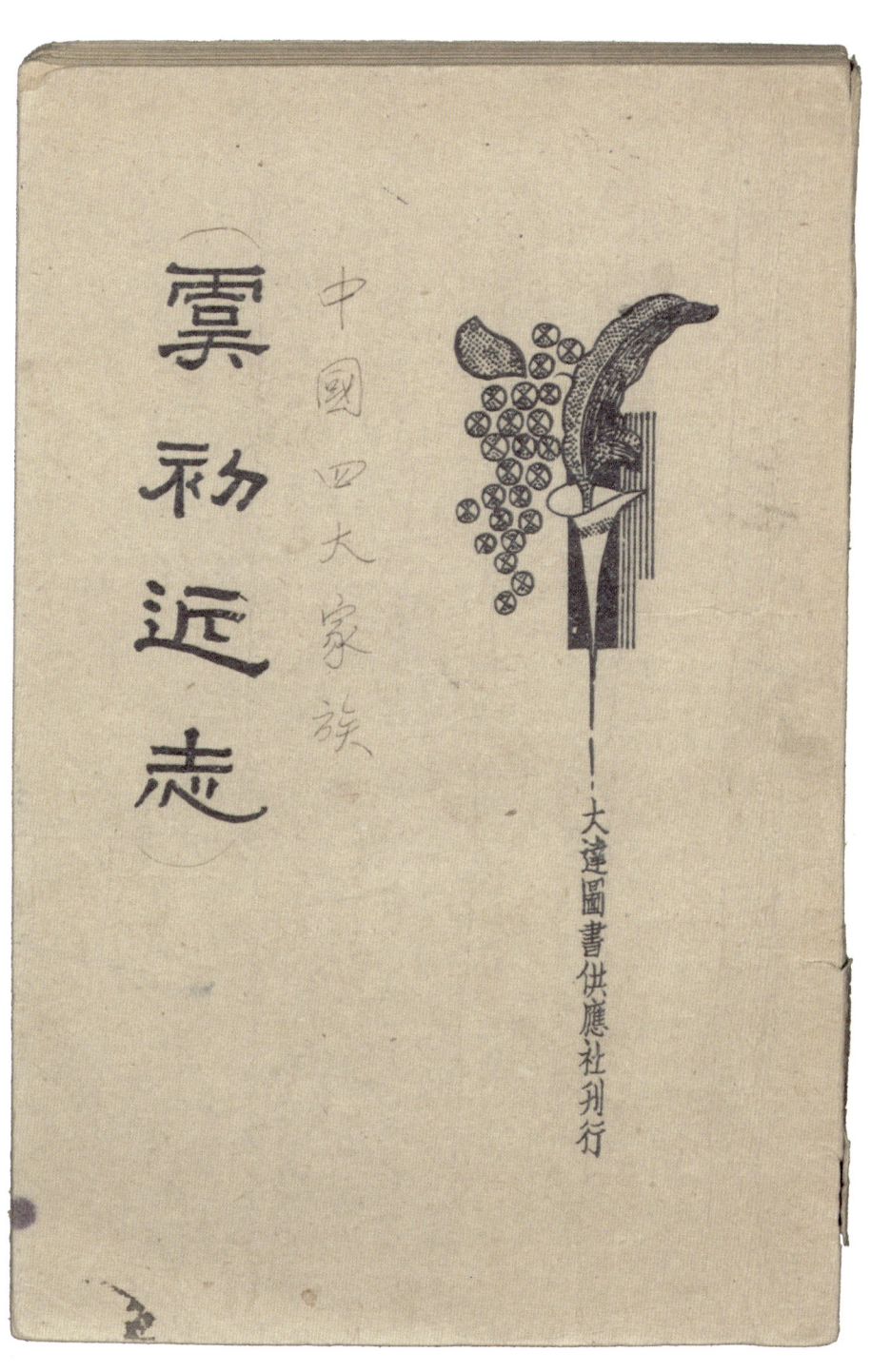

《虞初近志》封面

題記

本書寫作的目的，是在於根據一切無可爭辯的事實，揭穿以蔣介石為首的蔣、宋、孔、陳四大家族如何竊盜我們中國這個國家為他們的私產（化公為私），如何以「國家」、「政府」等名義，無情地掠奪人民的所有（假公濟私），成為中國有史以來，並為歷代帝王所望塵莫及的，以吸血為生活的最大富翁。二十九年來四大家族所獨佔的財產，形式上在金融、商業、工業、農業、地產、新聞、出版事業等等各方面，甚至有很多原來是相當富有的人也竟因此而一旦變成赤貧。但無量數之地，以及他們在外國的存款和業產，根據粗略計算，至少當在兩百萬萬美元左右。而且死無葬身的中國人民則因四大家族的掠奪，以致破家喪產，顛沛流離，飢餓死亡，歷歷可數。歷史是早已不斷的重要材料，已盡可能包括在本書裏面，全書所分析的各問題，都可說沒有一句話沒有來歷。蔣家宮廷對於新聞自由的絞殺，並不可能掩蓋天下皆知的事實。歷史是早已不斷地嘲笑了一切獨夫企圖一手遮天的愚蠢的。

從本書關於事實的分析，便可以知道：第一、以蔣介石為首的四大家族所以對內戰

一

《虞初近志》題記第 1 頁

目錄

題記 1
一、舊中國的最後統治者 1
二、從內戰與買辦起家 4
　（一）「一雙滿是血腥的手」 4
　（二）追逐內戰的利潤 8
　（三）首先是軍火的大買辦 14
　（四）以民死為目的的經濟學 16
三、封建的、買辦的、軍事的金融王朝 20
　（一）四大家族與四大銀行的結合 26
　（二）金融獨佔的地位與財富集中的速度 29
　（三）「法幣」的性質是封建、買辦、與軍事的強制掠奪 ....
　（四）金融的軍事獨裁、封建搜括、與買辦事業的新發展 ....

《虞初近志》目錄第 1 頁

（五）搶奪人民勝利的果實 …… 三九
（六）加速總崩潰的速度 …… 四〇
（七）層出不窮的陰謀詭計 …… 四三

四、封建的、買辦的、軍事的商業獨佔 …… 五一
（一）商業獨佔的開端 …… 五三
（二）有史以來最集中的公開商業獨佔 …… 五七
（三）買賤賣貴的野蠻掠奪 …… 五九
（四）與敵人利益聯繫在一起的武裝走私 …… 七〇
（五）刼收之後，心更狠了 …… 七二
（六）美國貨的總買辦 …… 八三
（七）「只要有油水可撈，先撈了再說」 …… 九〇

五、封建的、買辦的、軍事的工業獨佔 …… 九三
（一）與法西斯德國合作爲主的獨佔活動 …… 九九
（二）在吞併民族自由工業與掠奪農民的基礎上，迅速地建立了暴力的獨佔 …… 一〇七
（三）獨佔網因「慘勝」而擴大 …… 一一二
（四）把中國變成「美國的工業邊外」
（五）民族自由工業遭受毀滅的打擊
（六）腐爛的東西不能夠有生命

《虞初近志》目錄第2頁

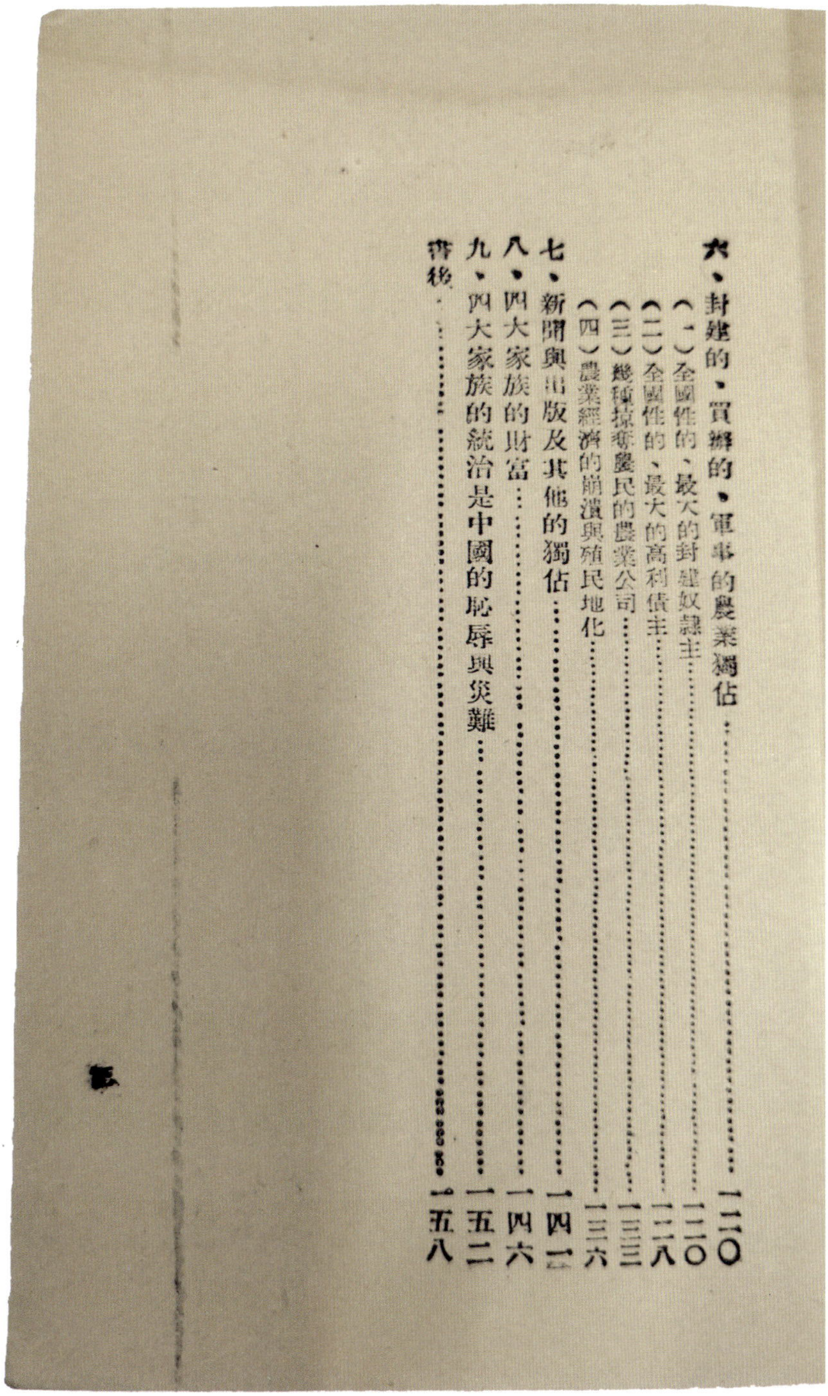

六、封建的、買辦的、軍事的農業獨佔
　（一）全國性的、最大的封建奴隸主 …… 一二〇
　（二）全國性的、最大的高利債主 …… 一二六
　（三）幾種掠奪農民的農業公司 …… 一三三
　（四）農業經濟的崩潰與殖民地化 …… 一三六
七、新聞與出版及其他的獨佔 …… 一四二
八、四大家族的財富 …… 一四六
九、四大家族的統治是中國的恥辱與災難 …… 一五二
背移 …… 一五八

《虞初近志》目錄第 3 頁

一 舊中國的最後統治者

全中國人口大概的數目是四萬萬五千萬。除了中國解放區一萬萬四千萬人口已經由人民自己做了主人之外，有三萬萬一千萬人口還是在四大封建買辦銀行系統的統治之下，而這四大銀行系統的統治者乃是四大封建買辦家族。四大銀行系統就是中央銀行、中國銀行、交通銀行和中國農民銀行，它們的集中組織就是四行聯合辦事總處。四大家族就是蔣介石的蔣家、宋子文的宋家、孔祥熙的孔家，和陳果夫陳立夫的陳家；他們的一「最高領袖」就是四行聯合辦事總處主席——也卽國民黨政府主席蔣介石。

這個四大封建買辦銀行與四大封建買辦家族的統治特點，是經濟的與政治的直接合而爲一，並且經濟的力量是直接利用政治的掠奪方法，而發展起來。四大銀行系統直接支配着國民黨政權的經濟，而四大家族的主人也不但直接統治四大銀行，並且直接操縱半殖民地半封建的舊中國的軍務、黨務、特務、政務、財務的大權，形成了以國民黨一黨專政爲政治形式的，封建買辦的法西斯霸頭獨裁制度。

《虞初近志》正文第 1 頁

三 封建的、買辦的、軍事的金融皇朝

（一）四大家族與四大銀行的結合

中央銀行成立於民國十七年十一月，這是和原來孫中山在廣東建立的中央銀行完全分別的，而是蔣介石在南京建立法西斯軍事獨裁後開始建立封建買辦的金融獨裁的產物。銀行的資本由蔣介石政府發金融公債撥給。政治的強制力決定了它在銀行界獨佔的優勢：享有經理「國庫」、發行兌換券、鑄發國幣、經募內外公債等特權。蔣介石政府把它叫做「國家銀行」，但那「國家」是全中國人民所沒有份的「國家」，而只是蔣氏的私家銀行，所謂經理「國庫」，也不過是經營蔣氏的家庫。那裏面所掌握的東西儘管是人民的膏血，但卻不是任何人民或其代表得去過問或查賑的。這四銀行的第一任總裁就是蔣氏的姻親之一宋子文，第二任總裁就是蔣氏另一個姻親孔祥熙，現任則是宋系的異姓貝祖詒。

中、中、交、農四大銀行的首行——

八 四大家族的財富

「全國財富集中在少數人的手裏」（註一）。「財富偏在」，「我們這國家，一點兒積蓄，已集中到少數幾個人的身上去。一些幸運兒，已便便大腹，肥得不成樣子了」（註二）。這已是全國公認，就使偏袒四大封建買辦家族統治的人也不能加以否認。前面一切的分析說得很明白，全國財富是集中在四大封建買辦家族的手裏，「財富偏在」在四大家族。

當然，四大家族的龐大財富共有多少，是很不容易知道的。四大家族對於自己的財富，從來是諱言的，而且還裝着像是中國第一號的「小貧」哩。特別是四大家族的主要財主蔣介石對於自己的財產，更是保持極端秘密。它們有共同的大家庫（或叫做「公家庫」），而各個家族又有自己獨立的小家庫，並且互相爭奪把大家庫變成自己的小家庫；即在各家族的小家庫中，也還有更分立的小家庫，例如宋家的宋子文與宋子良，蔣家的蔣介石與宋美齡。他們掩護自己財產的方法是很多的，比如，應用各種假名或由自己的親戚朋友或親信的部屬出名。它們的財富不但在中國有，而且散在世界各國，特別是現

一四六

《虞初近志》封底

（十七）《大拍卖》

本书为《蒋介石通美卖国》的伪装本。32 开，正文 24 页，竖排铅印。封面靠上的题签框内为黑底白字，自右向左印有伪装题名《大拍卖》，底端自右向左印有"民国三十五年十二月"（即 1946 年 12 月），未署出版者信息。题名页文字与封面相同。题名页背面的目录页印有本书的真实题名《蒋介石通美卖国》及目录。

本书目录如下：

> 出卖财政金融大权
> 出卖海关主权
> 容许外国资本入主中国
> 出卖工矿权
> 出卖领空权
> 出卖内河航权
> 出卖海港权
> 出卖铁路权
> 断送治外法权
> 出卖内政最后决定权
> 签订卖国通商航海条约
> 附录：美军在中国的暴行

书中正文的标题与目录略有出入，除了收录了上述内容，还收录了《蒋美合作搞特务　破坏抗战害人民》《签订卖国商约超过"廿一"条　全国舆论哗然反对》《内政最后决定权奉送给美国》《延安各界号召定十一月四日为国耻日》《评蒋美商约》等时评文章。

抗日战争胜利后，美国一方面扶蒋反共，支持蒋介石发动全面内战；另一方面加紧对中国的侵略和掠夺。美蒋之间公开或秘密签订了许多不平等条约和协定，集卖国条约之大成者就是 1946 年 11 月 4 日签订的《中美友好通商航海条约》。该条约共 30 条，以彼此"平等""互惠"的形式掩盖了其不平等的内容，实际上是将中国国家主权全面出卖给美帝国主义，遭到中国人民的强烈反对，被国人称为新的"二十一条"。通过这一系列不平等条约和协定,美国得以渗透中国的各个领域,美国的垄断资本同中国的官僚资本相结合,控制了中国的经济命脉,进一步加深了国民党统治区的殖民地化。

中国共产党于1946年11月26日在《解放日报》发表社论《评蒋美商约》,痛斥国民党政府的卖国行径。社论中说:"本月四日,蒋介石政府与美帝国主义在南京签订了《中美友好通商航海条约》,这是历史上最可耻的卖国条约,是蒋政府把中国作为美国附属国的重大标志之一,是中华民族又一次新的大国耻。……蒋介石——这个出卖国家利益的无耻贩子——签订了这张卖身契,就把中国一切经济命脉双手献给美国金融财阀了!把中国变成美国商品所独占的殖民地市场了!把从水上到陆上的全部中国领土,中华民族的生存权利,拍卖得干干净净了!"1947年2月1日,中共中央发表《中共中央关于不承认蒋政府一切卖国协定的声明》,郑重声明:"对于一九四六年一月十日以后,由国民党政府单独成立的一切对外借款,一切丧权辱国条约及一切其他上述的协定谅解,与今后未经政治协商会议通过或未经征得本党和其他参加政治协商会议各党派同意的一切同类外交谈判,本党在现在和将来均不承认,并决不担负任何义务。"

本书系中国共产党揭露蒋介石勾结美国,出卖国家主权的宣传册,使用《大拍卖》的伪装题名,充满了讽刺的味道。

《大拍卖》封面

《大拍卖》题名页

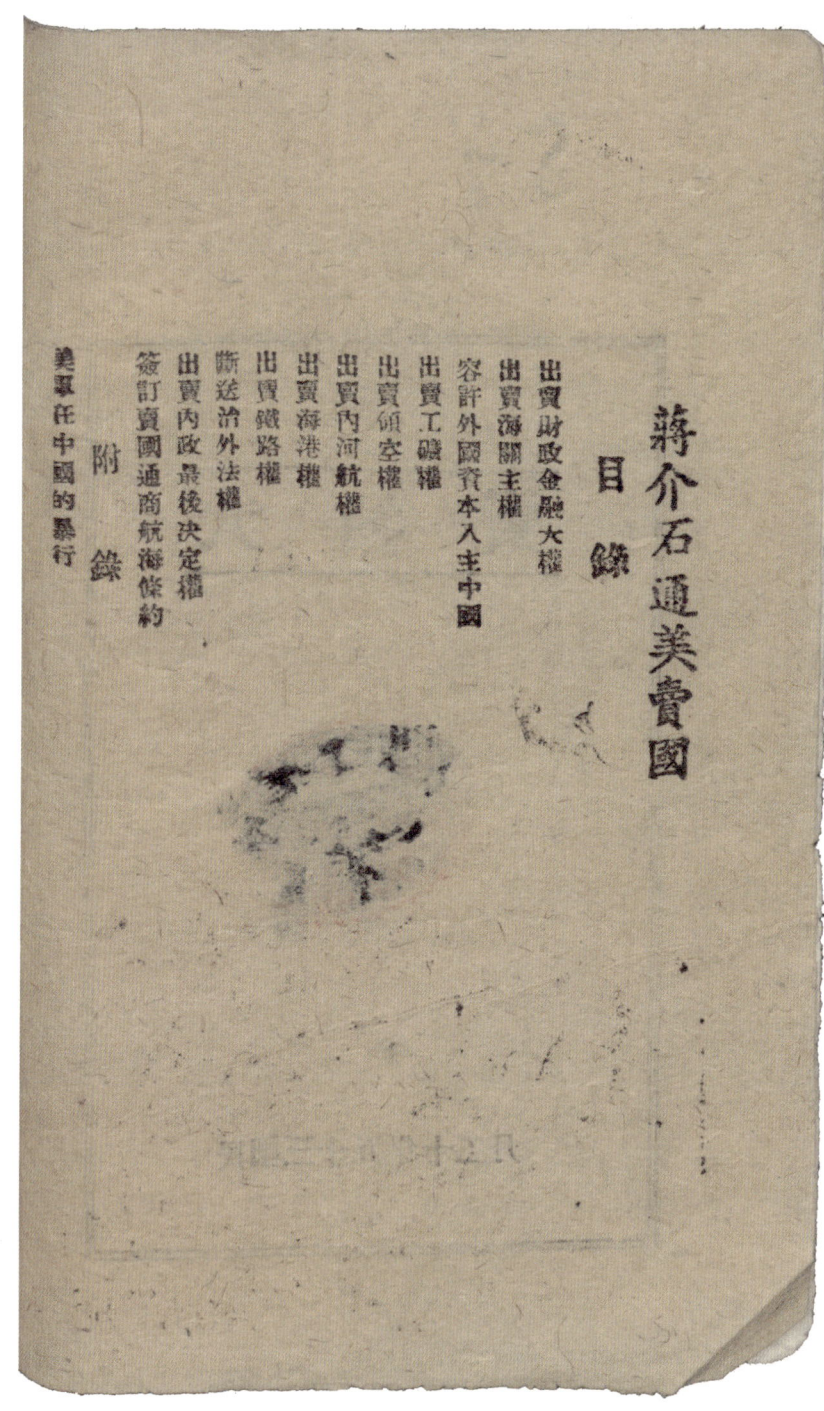

蒋介石通美卖国
目錄

出賣財政金融大權
出賣海關主權
容許外國資本入主中國
出賣工礦權
出賣領空權
出賣內河航權
出賣海港權
出賣鐵路權
斷送治外法權
出賣內政最後決定權
簽訂賣國通商航海條約

附錄

美軍在中國的暴行

《大拍卖》目录

蔣介石通美賣國

美國要什麼，蔣介石給什麼

馬歇爾在今年美國國慶日南京鶏尾酒會上坦白說出：「菲律濱是人類解放的榜樣。」中國人民憤怒了，而蔣介石的官員們却鼓掌致序。美國用一切最新經濟力量支持蔣介石獨裁內戰」，而蔣介石肝腦塗地的實踐去「報答」。美太平洋司令部暑長會指出：「中國溯瀨成為美國的一個龐大的殖民地，將成為美國附庸國，將成為國務院全般戰略的一部份。」

美海、陸、空軍幇蔣介石打內戰

自法年九月美軍在中國登陸以來，美軍事實上已在蔣介石的旗翼下佔領了中國的各大都市、海港、飛機基地和鐵路線。美國現在在中國駐紮着數萬人的海軍陸戰隊，兩個艦隊，三個空軍大隊，和為數四五千人的軍事顧問團。美軍與蔣軍聯防，並直接向解放區進攻。美駐華軍隊已改為中國地面常駐部隊，美軍人員家屬已開始運華，準備在中國常駐不撤，蠶大公報消息，國民黨政府並擬將青島讓給美海軍建為永久基地。

美國駐華軍事顧問團已完全掌握了國民黨的軍隊，國民黨軍隊的編制、裝備、訓練、供給皆由美

《大拍卖》正文第 1 页

簽訂賣國商約超過「廿一」條
全國輿論譁然反對

把中國內政敗後決定權也經給美國人。十月十六日，蔣介石的發言人之一，向記者發表的談話中，把馬歇爾比作美印總督魏菲爾，而竟漿中國人民「改變脾筋」，還當然不是偶然的。

蔣介石甚至預備把中國領土永遠奉送給美國

繼八月二十九日莫斯科廣播引證編波茨坦消息，蔣介石會提出一個計劃，擾將中國幾個恢復區交美國託管。合眾社記者也報導此一事實稱：「上任何一種條約對中國主權之露骨澈底」。按照這一計劃，美國人得無畏懼的管制這些地區

十一月四日蔣政府與美國簽訂的「中美友好通商航海條約」更把上述一切蔣介石對中國主權的出賣，用「合法」的形式肇固起來。這個賣國商約，引起全國輿論譁然反對。

文化界領袖 郭沫倫諾：

這個商約實施的結果，中國將實際上走上殖民地的道路。

著名文學家茅盾說：

著名文學家茅盾說：「歷史上任何一種條約對中國主權之露骨澈底」。

經濟學家 馬寅初說

經濟學家馬寅初指出經濟界權威馬寅初指出：「中美商約在內容上比「二十一條」還兇，無異約，這是中國人民的賣

經濟學家 欽本立說

在兩國情況不同條件下，不能有互惠。

《大拍賣》正文第 11 頁

美帝国主义从蒋介石手里获得的这种无限的经济控制权，正是美帝国主义的在政治上军事上对蒋介石政权有无限控制权的结果。而这种政治上军事上的控制权，也同样是在袁世凯在二十一条中所不敢承认，并且是比汪精卫在日冦承认的范围更大。

蒋美商约的缔结，当然是美帝国主义殖民地化中国的政策的一个重大成就，所以合众社根据"美帝国主义者对之『引吭高歌』"。不惜摧毁中国生机和出卖世代子孙命运来换取同人民作战的洋枪洋炮的汉奸卖国贼蒋介石，对于这个条约的签订，当然是如愿以偿，所以中央日报和中央社对这个条约的欢颂备至。但是中国人民却可以从这个条约中更认识到美帝国主义灭亡中国的野心，和蒋介石政府出卖中国的决心，可以更认识到今天解放区军民保卫和平、独立与民主，反对卖国贼蒋政权的自卫战争的神圣意义。我们中国人民要和反对溅币蒋美商约一样，坚决反对这个蒋美商约！我们更要坚定不屈不挠的斗争，反对美帝国主义侵略中国的政策和蒋介石卖国政策，洗刷蒋介石所制造的一切耻辱。

美军在中国的暴行

由蒋介石的卖国媚外，美国军队在蒋管区的上海、青岛、天津、北平、汉口、重庆等地，肆意枪杀人民，却掠财物，姦淫妇女，吉普车撞伤和压死人的事件，更是不胜枚举，单拿上海一地来说，据不完全的材料，去年九月到今年七月止，在这十一个月中，这种暴行日必数起，伤亡的人数竟达一千五百人，被救护车抬和输医务发电的还不在内。

（十八）《总灾》

本书为中国共产党时评文献汇编本《蒋"总灾"万"税"》的伪装本。32开，正文38页，竖排铅印。封面上半部分的题签框内为绿底白字，自右向左印有隶书风格的伪装题名《总灾》，下端以绿色字体印有出版时间"民国三十五年十二月"。题名页的文字与封面相同。题名页背面的目录页印有本书的真实题名《蒋"总灾"万"税"》和目录。

本书目录如下：

只要内战军粮，不管百姓死活
今古奇"捐"，蒋"总灾"万"税"
人间地狱——遍地的灾荒与饥民
青年、妇女、公教人员、杂牌军统遭浩劫
贪官污吏的世界
荒淫与无耻

上述各文又包含若干小标题。例如，《只要内战军粮，不管百姓死活》一文中有9个小标题："想独裁大打内战　要军粮逼死百姓""逼死江西一粮官""河南饥民千千万　军粮工款又加上""吃乳婴儿也要出军粮""春旱夏涝禾苗枯征粮官吏凶如虎""江南农民苦连天""浙湘陕各省人民活不了""北平的粮荒""往返千里送军粮　苦死百姓无人怜"。

1946年，蒋介石政府为了维持一党专政和个人独裁，在美国的支持下，撕毁停战协定和政协决议，执意发动反人民的内战。本书的内容摘编自《大公报》《文汇报》《国民新报》《新闻报》《解放日报》《世纪风》等报刊，对蒋介石政府统治下繁重的苛捐杂税、各地严重的灾荒、国民党的荒淫贪腐及国统区的黑暗统治进行了深刻揭露。

本书不具编者和出版发行机构名称，在国共和谈破裂，内战全面爆发之后印行。蒋介石是国民党总裁，国民党内称其为"蒋总裁"。本书以"蒋总裁"的谐音"蒋'总灾'"、"万岁"的谐音"万'税'"作为真实题名，充满了讽刺意味。同时以《总灾》作为伪装题名，方便在国统区秘密传播。

《总灾》封面

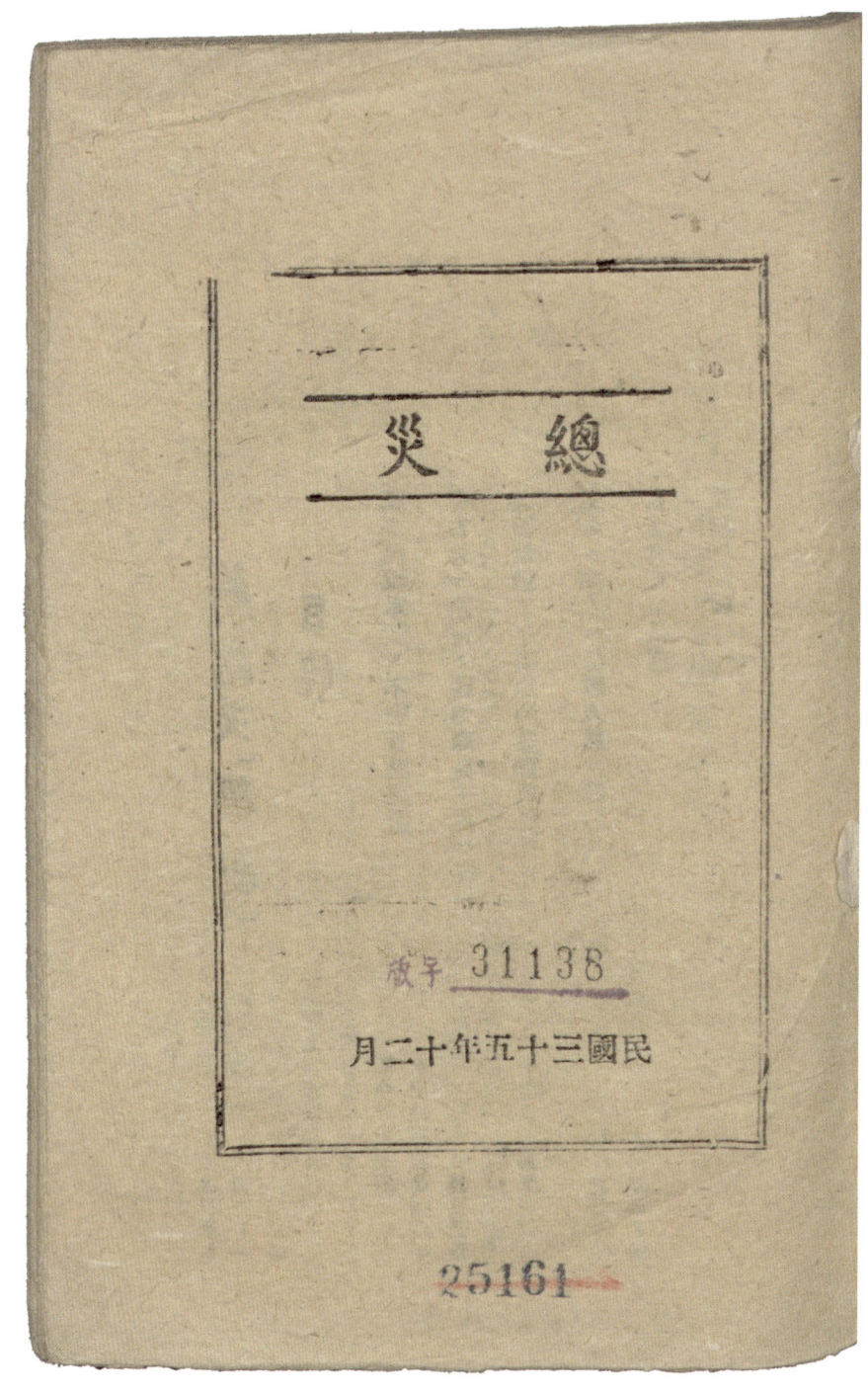

《总灾》题名页

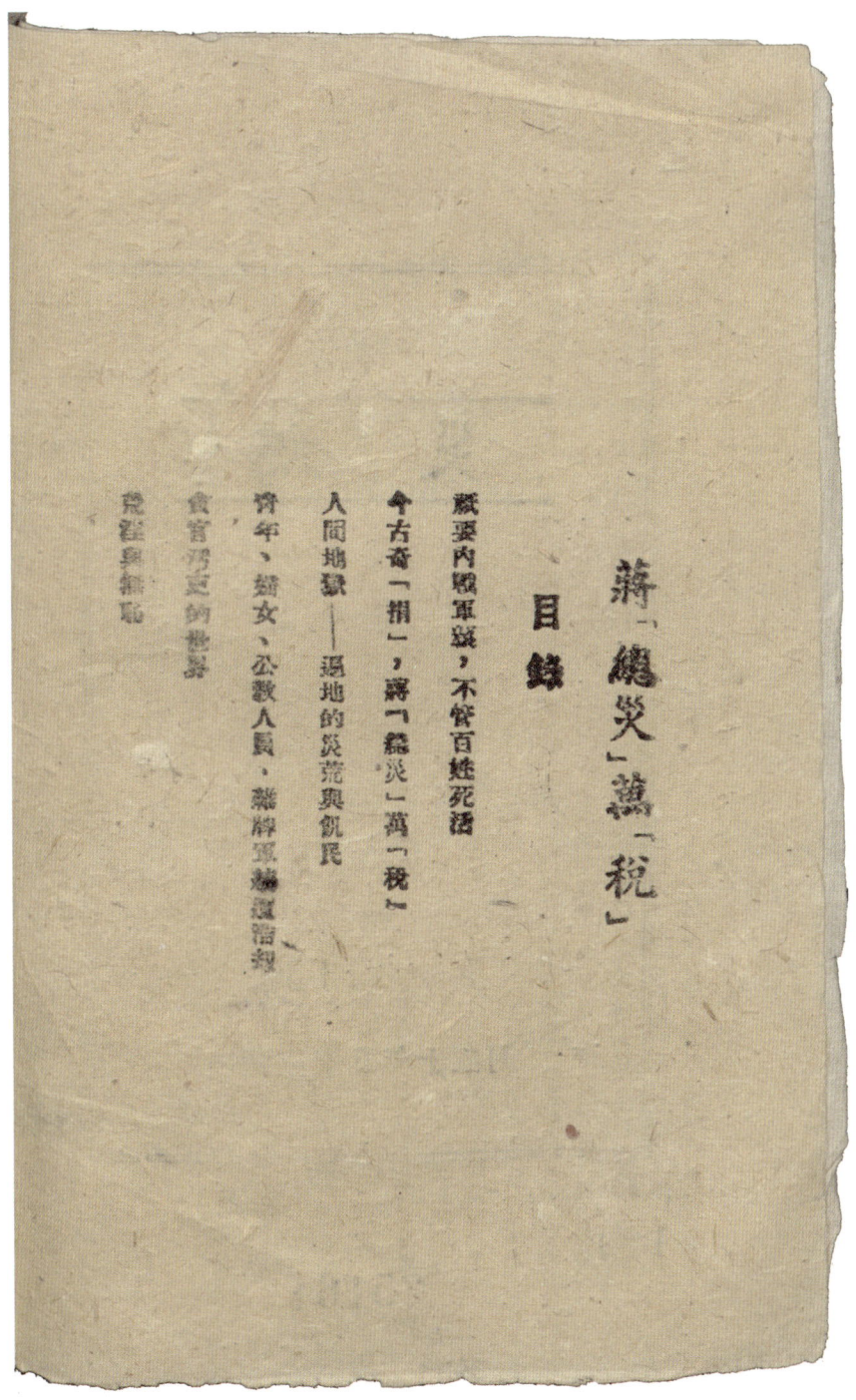

《总灾》目录

既要內戰軍糧，不管百姓死活

想獨裁大打內戰
要軍糧逼死百姓

蔣介石為了保持他的一黨專政和個人獨裁，吃人統治，決心要把反人民的內戰的死路走到盡頭。於是拚命的搜括「軍糧」，蔣介石原說的三十四年在「收復區」，三十五年在「大後方」要勇田賦一年的諾言，等於放了一個臭屁，事實正三十四年的「收復區」（即非政府徵賦區）強迫「獻金」「獻糧」，鬧得雞飛狗上屋，「急的田賦」，他們捉人封產，開得鷄罪不容（七月二十六日文匯報）。至於三五年的「大後方」呢？「田賦依舊徵實，借，民此辦糧稅高，規定田賦每元要徵四市斗，夕徵借四市斗，拼常徵

公糧三成，合每元徵稻谷九斗二升，合米五斗有餘，按戰前賦額增加四倍以上，且超過坑戰中的負擔」（七月十七日文匯報）

據本年八月十七日上海一個外國通訊社稱：此間估計，本年田賦徵實及徵借在全國民蔵區共約一萬萬二千七百五十六萬七千担。當然這還祇是公開的正式數字而已。夫年田賦徵實公開的正式數字為五千九百餘萬担，而今年災荒遍地，餓孚載道，徵糧額的公開數字竟為去年之二倍。蔣管區人民粮產量則年俱減，而蔣家朝廷的「軍糧」却與年俱增。老百姓怎能不餓死呢？到以至大公報也不得不說：「攤派的負担，遠比兔掴（？）的賦稅嚴重，而一月一擾，十日一借，名目繁多……城市隱然，民不聊生，這是一般的現象」。（一月七日「大公報」）

《總災》正文第1頁

今古奇"捐"，蒋、总灾"万""税"

四川奇杂达二百四十多种

据新华日报载称：今年川省收成大受损害，有些县份粮食缺乏达十分之七。四川在抗战中已实缴了九千万石的田赋征实与征借，今年除累徵收一千三百万石粮食外，苛捐杂税更加可怕！据四川经济季刊的散字，名目已有二百四十种之多。而财部规定征收及保甲长随时摊派名目尚不在内。保甲长都是一乡一保的"土皇帝"，他们任意杀人、抓丁或摊减捐税。川北民谣说："谁来如同旋子绞，兵来就是篦子笓，保甲老爷剃刀剃了。抓丁与卖鸡，不仅使农民无力防灾，而且在灾荒中更成为农民饥饿到死亡的纵练。例如素称富庶的宜宾县二十多个乡农民，百分之九十衣不蔽体，诉多大旱堰因水服虫害，谁们，苦捐大约有杂税种，不能蠲免。甚至仓费，租税缴费费，飞沙费，锹锄捐，

中小地主，也感生活艰难，一位名山县的地主写信给西南日报说：他一家大小六口，年收租六十多石，战前生活优裕，从不知什么忧愁。可是，现在物价飞涨，年年亏债，不及百分之三十，再加馈赠又将开始，告贷无门，他只好宣告破产了。

又据六月十一日重庆《大公报》载称：在四川的农村中终年除了一斤不减的二千五百万石的征实征借以外，还得负担一百几十种摊派……重庆附近的几个县份的农村所负担的各种非此式捐费，有乡公所办公费，获公所办公费，保办公费，壮丁家属优待费，壮军府乾费，军马乾费，保教师补贴侠食费，消防队校阅费，保学费救济费，保校房材料费，拾枪费，飞沙费，钱粮捐，

（十九）《中央军作战史录》

本书为《国民党军队为什么吃败仗》的伪装本。32开，正文45页，竖排铅印。封面为白底黑字，上方自右向左印有伪装题名《中央军作战史录》，题名下印有"时论选辑之五"，下面印有讽刺漫画一幅，底端印有"牡丹江书店翻版"。题名页印有本书的真实题名《国民党军队为什么吃败仗》。题名页背面是目录页。

本书目录如下：

> 国民党当局把军队弄成什么样子了
> 要求国民党政府整顿军纪军令
> 国民党真愿为秦桧耶
> 豫北大捷与伪二十四集团军之溃灭
> 豫湘战役为什么失败
> 湘战的真相
> 滇西之战
> 衡阳失守后国民党将如何
> 长沙失陷后的危机
> 桂林、柳州的混乱状况
> 从伪"登州道区"伪军的扩展来看国民党部队的投敌
> 大后方士兵生活苦
> 盟国论国民党军队
> 　　（一）邱吉尔在下院演说对国民党军队表示失望
> 　　（二）美《新闻周刊》驻渝记者报导国民党军队腐败无能
> 　　（三）邱军长等高级军官不满国民党当局败北战略

上述文章均为《解放日报》社论、时评及其他政论性文章。书末附李维赞作《国民党反动派屠杀新四军被俘将士惨状》一文。

从表面看，本书貌似彰显国民党中央军作战史迹的图书，实际上却是揭露国民党中央军消极抗日、积极反共，败坏军纪和连吃败仗的时评汇编本。1945年12月19日，中共牡丹江地委创办《牡丹江日报》。1946年3月，牡丹江日报社建立牡丹江书店，不久改名为东北书店牡丹江分店。①本书未署出版时间，从牡丹江书店存在的时间判断，本书出版时间应在1946年。同一时期的松江建国书社出版了《中央军作战史录》一书，32开，正文60页，其特征与本书无异。本书署"牡丹江书店翻版"，应该是翻印自松江建国书社出版的《中央军作战史录》一书。

---

① 参见陈学良：《解放初期的牡丹江书店》，载中共牡丹江市委党史研究室编《北疆旭日——牡丹江城市接管与社会改造》，牡丹江：黑龙江朝鲜民族出版社，2000年，第205页。

中央軍作戰史錄

時論選輯之五

牡丹江書店翻版

《中央军作战史录》封面

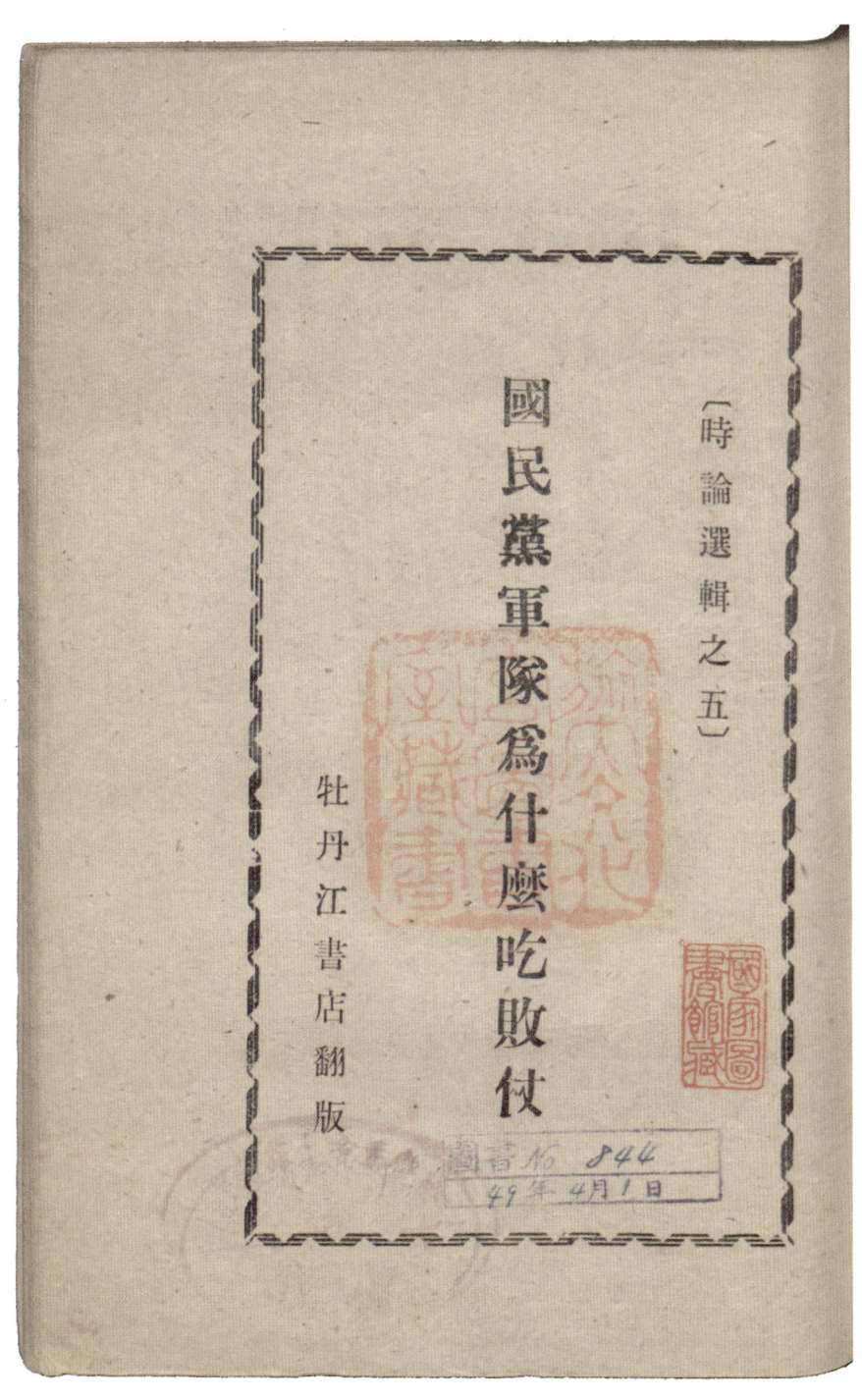

《中央军作战史录》题名页

目錄

國民黨當局把軍隊弄成什麼樣子了
要求國民黨政府整頓軍紀軍令
國民黨貪汙腐化為秦檜耶
豫北大捷與偽二十四集團軍之潰滅
豫湘戰役為什麼失敗
湘戰的氣象
黔西之戰
衡陽失守後國民黨將如何
長沙失陷後的危機
桂林柳州的混亂狀況
從偽「登州道區」偽軍的擴展來看國民黨部隊的投敵
大後方士兵生活苦
（一）邱吉爾在下院演說對國民黨軍隊表示失望
（二）美新聞週刊駐渝記者報導國民黨軍隊腐敗無能
（三）邱軍長等高級軍官不滿國民黨當局敗北戰略
盟國論國民黨軍隊

《中央軍作戰史錄》目錄

國民黨當局把軍隊弄成什麼樣子了

解放日報

國民黨當局的錯誤的軍事政策、把自己的軍隊弄成什麼樣子了？我們從所得文件中略舉例證如下：我們希望這些例子能夠使大家警覺起來，尤其使國民黨軍隊中邊有愛國之心和民族氣節的人士警覺起來，看一看這樣下去邊成什麼樣子？要怎樣來努力改變這種現象。

「寧願槍口對內堅決剿滅〔奸匪〕」

一九四二年三月下旬、蔣介石會經命令各戰區停止對敵行動、勸員黨政軍全部力量向共產黨領導的堅決抗日的八路軍新四軍展開全面的「進剿」。五戰區接到此令後、即完全集中精力佈置與計劃「進剿」事宜、並限所屬各部十二月以前均須開始行動、盤據皖東之一七一師及游擊第十縱隊、遂於十月集中了五個團之兵力分、三路向我新四軍津浦路西中心區舊坳（定遠東南）地區大擧進犯、來犯之兇與日寇「掃蕩」有過之而無不及、他們公開的提出「寧願槍口對內堅決剿滅〔奸匪〕」、（即指我軍）」、到處張貼佈告大書「如有擒獲或殺害〔奸匪〕重要幹部者、懸賞金十萬元」等語。從這裏我們即完全可以看出國民黨的「反共」行動、不是什麼「偶然」「個別」的、而是經過軍事委員會統一的計劃領導進行的。

「只打新四軍不打皇協軍」

在四二年浙贛戰役時、蔣介石給三戰區顧祝同的指示是「準備撤退保存實力。」敵人撤出浙贛路時

《中央军作战史录》正文第1页

國民黨真願爲秦檜耶？

解放日報社論

放！必須立即停止對新四軍八路軍的「奸軍」「叛軍」的荒謬稱呼！必須獎勵八路軍新四軍忠勇將士，因爲他們抗擊了敵人一大半，支持著最艱苦的敵後抗戰，六年以來無一將領叛變，無一部隊投敵，並且樹立了非常卓越的戰功！必須立即給八路軍新四軍以給養和彈藥醫藥，以增強共戰鬥力！時局很緊急！中華民族，還是繼續抗戰下去而勝利，還是繼續政治倒退而投降，就要決定于今朝了！國民黨袞袞諸公還是食民族之祿忠民族之事，還是作民族的罪人也要決定在今朝了！本報在此時局的緊要關頭，再一次向人民呼籲，向政府呼籲，向國民黨呼籲！

蔣介石所著「中國之命運」一書把武漢失守以來數年之中，國民黨反動派倒行逆施的本質，赤裸裸的暴露於全世界和全中國人民之前，大家也才恍然大悟，這幾年來的倒行逆施，誤國政策，共罪魁禍首誰，其發蹤指使者是誰，最主要的責任應該由誰來擔負？許許多多謎樣的問題，例如盟國帶助的金錢和武器用到那裏去了？爲什麼國民黨大兵三百萬對付區區日寇十五個師團，不但不能反攻，而且邊抵當不住？爲什麼漢奸在大後方可以橫行無忌？爲什麼大後方民生如此凋敝？爲什麼降將如毛，降官如潮，爲什麼在此危急存亡之秋，內戰危險總是懸在人民的頭上？這一切疑問，看了蔣介石的「中國之命運」，就一切恍可豁然開朗，疑問盡釋，拍案驚奇，原來如此！

自從這書出版以後，國民黨反動派的誤國政策，從前還是遮遮掩掩，在各種隱蔽之下進行的，現在

八

《中央军作战史录》正文第 8 页

豫湘戰役為什麼失敗？

解放日報社論

豫湘戰役蔣鼎文、湯恩伯、胡宗南以四十萬號稱精銳之師，打不過五六萬的敵軍，乃望風潰竄，喪師失地，豫戰未已，湘戰又起，長沙淪陷，衡陽被圍，桂林、韶關受到直接的威脅，日寇正以無限的時間，深入中國正面戰場的空間。國民黨某些統治人士對於這一次的慘敗不惟不敢正視其慘敗的政治軍事的原因，而且企圖把責任推在旁人的身上，譬如說盟國的援助不夠、八路軍新四軍的配合不夠等等。盟國援助問題自有盟國人士可以答復，至若八路軍新四軍在最近期間究竟進行了一些什麼戰鬥，這裏卻應該說明一下。

日寇這一次對河南的進攻，所使用的兵力雖然不過五六萬人，但在我們國土上會進行了四五個月的準備，例如：將平漢鐵路向南延伸到黃河北岸（過去只能到達新鄉，而新鄉到開封敵已修築了鐵路，可以聯接平漢與臨海）跟著便限期趕修黃河鐵橋。從二月起便增調軍隊，集中在華軍隊各戰略要地，並盡量的徵調在華日僑入伍。為了保守軍事秘密，敵于二月間便禁止外僑在朝鮮、滿洲、中國各地的旅行，同時拆卸在華北、華中各鐵軌枕木等材料，運集在新鄉、開封、武漢、信陽等地，有計劃的派出機羣，轟炸我陝、豫、鄂、湘、浙、贛、閩、粵各省的機場。直到四月中旬，敵之豫東、豫北、晉南、鄂中，及長江下游各地分途集中，可見入春以來，敵寇在我們國土上所進行的各種軍事準備，是有足夠的材料，證明敵人將有進攻中國的行動。關于敵人的此種行動，十八集團軍（八路軍）都已隨時報告了軍事委員會，但是敵人進攻的目標，究竟是進攻敵後戰場的八路軍、新四軍或進攻正面戰場的友軍，抑或同時富戶身上徵收一些、但若不首先徵發孔祥熙、何應欽及其同僚們由發國難財而得的巨大財富,要使一般地主富紳踴躍捐輸也是很困難的。第二、即令能籌得一些款項、如何防止趕扣和中飽。亦是一個大問題,因爲執掌國政者既然資汚,決沒有上級不正而能正其下級的,因此若要眞正改善士兵生活,只有改組國民黨政府及軍事機構才能辦到。

四〇

十、盟國人士論國民黨軍隊

一 邱吉爾在下院演說 對國民黨軍隊表示失望

國民黨中央宣傳機關中央社于中文廣播中、將邱吉爾上月廿八日在下院演說時論中國戰局一段妄加刪去、茲根據路透社廣播補誌于下。邱氏說:「我必須在這裏以最大遺憾指出:儘管美國給予中國以豐富的幫助、但那個龐然大國仍遭受了嚴重的軍事挫敗、包括陳納德將軍所屬美國飛機用以起飛的寶貴飛機場的損失在內、這是最足令人失望和煩惱的事。」國民黨當局不知自省、反一方面封鎖邱氏的批評、不讓中國人民知道⋯⋯同時發表夾文廣播、吹噓自己對「緬甸戰爭作了重要貢獻」、並責罵盟國「供給中國軍隊的航空供應品自然很有限。」(新華社延安六日電)

《中央军作战史录》正文第 40 页

（二十）《朱柏庐先生治家格言》

本书为中国人民解放军总部发布的解放战争第一年战绩统计的伪装本。64开，正文26页，竖排。封面为白底黑字，左侧仿古题签框内竖向印有隶书风格的伪装题名《朱柏庐先生治家格言》，左下角印有"上海山东路文昌书局印"，右半部印有朱柏庐坐像。

《朱柏庐先生治家格言》即明清之际学者朱柏庐所作《朱子家训》，系劝人勤俭治家、安分守己的修身治家之作。该书对仗工整，文字浅显，朗朗上口，流传极广。本书前面14页格言部分为竖排石印，以隶楷字体印在墨格之中，每页5行，每行8个字，内容改编自《朱柏庐先生治家格言》，全文共531字。开篇"黎明即起，洒扫庭除。要内外整洁，既昏便息。关锁门户，必亲自检点。一粥一饭，当思来处不易；半丝半缕，恒念物力维艰。宜未雨而绸缪，毋临渴而掘井。自奉必须俭约，宴客切勿（留）流连。器具质而洁，瓦缶胜金玉；饮食约而精，园蔬逾珍馐"，与原作无异。从第3页第3行开始，内容开始触及时局，"人皆有房屋，耕者有其田。四大家族，实淫盗之魁。打垮蒋贼，享和平之福。反对狼心帝美，援蒋接济武装。祖国要得解放，侵略不可不防。子孙若要翻身，民主不可不讲"，行文结合了党的方针政策。结尾为"大势已定，反攻开始，人民胜利在望；国贼快完，垮在眼前，无法逃脱死亡。读书志在明理，做事要为人民。尽自己天职，跟时代前进。为人若此，庶乎近焉"，预示了中国革命的前途。

本书的后12页为《一年来的一笔总账》，竖排铅印，实际上是中国人民解放军总部发布的1946年7月1日—1947年6月30日的战绩统计。内容包括"全年主要战绩统计""歼敌分区统计""歼敌分期统计""城市得失统计及去年停战令迄今解放区的变化"。末页印有"大势已定，人民解放军已开始反攻，老蒋垮台就在眼前。失足附蒋的还乡团、自卫队员们！不可再执迷不悟，跟着老蒋殉葬了，赶快放下武装，回来自新，民主政府实行宽大，绝对保证你：生命安全、财产安全"，系针对国民党地方武装的宣传语。

本书伪装成传统蒙学经典读物，未署出版时间。《一年来的一笔总账》对外公布时间是1947年7月29日，故本书的出版时间大约在此之后不久。

《朱柏庐先生治家格言》封面

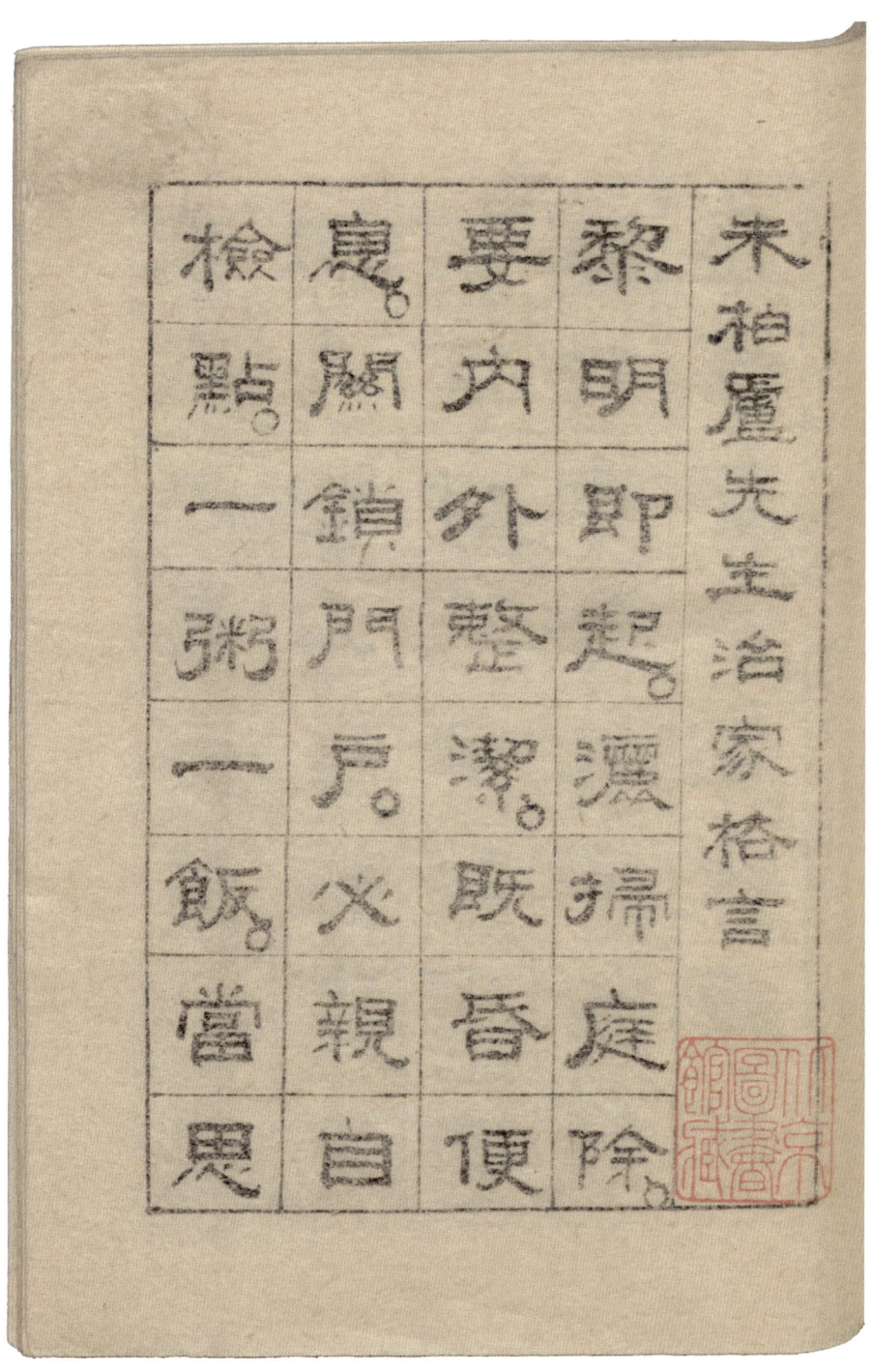

《朱柏庐先生治家格言》格言部分第 1 页

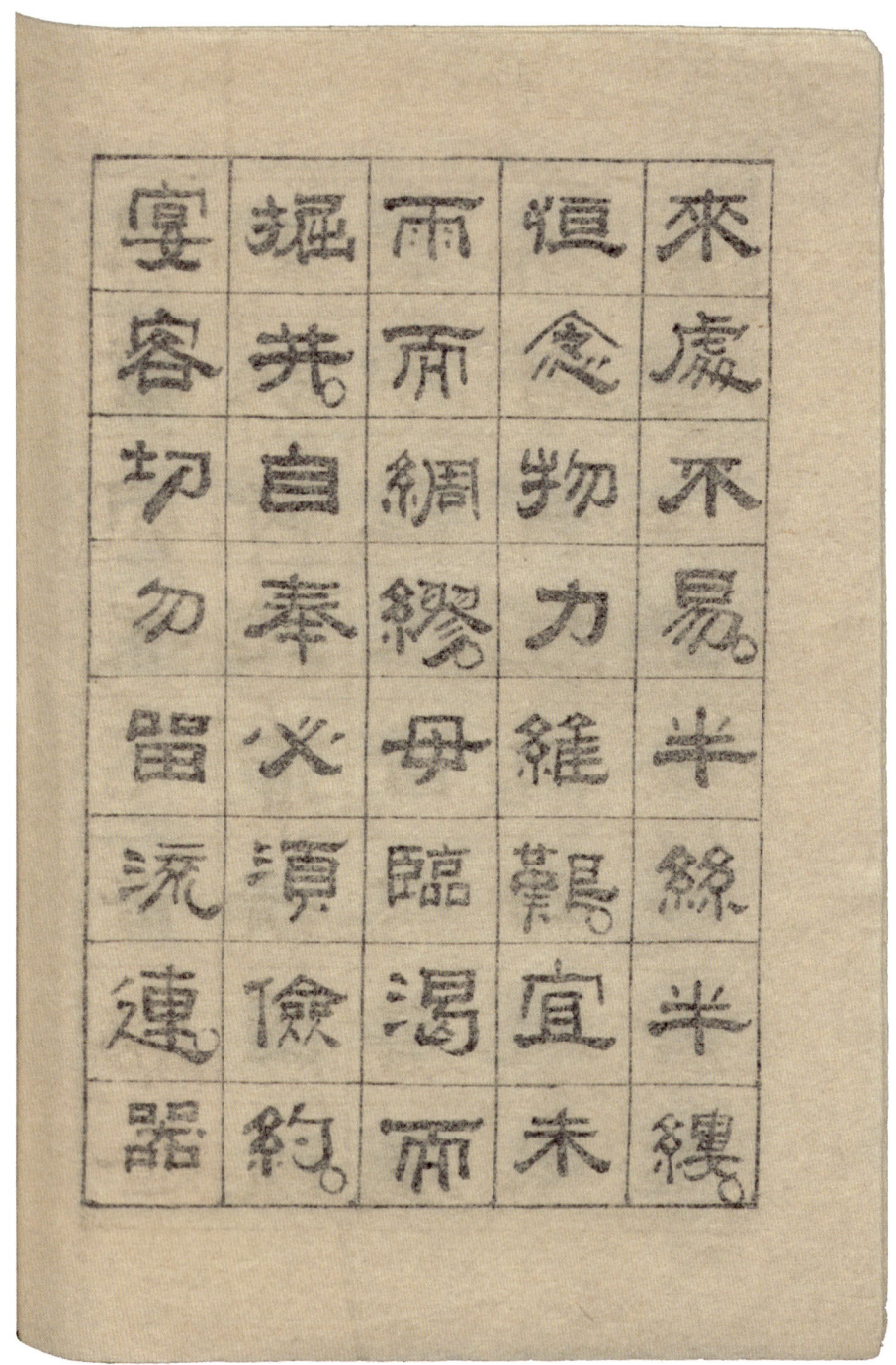

《朱柏庐先生治家格言》格言部分第2页

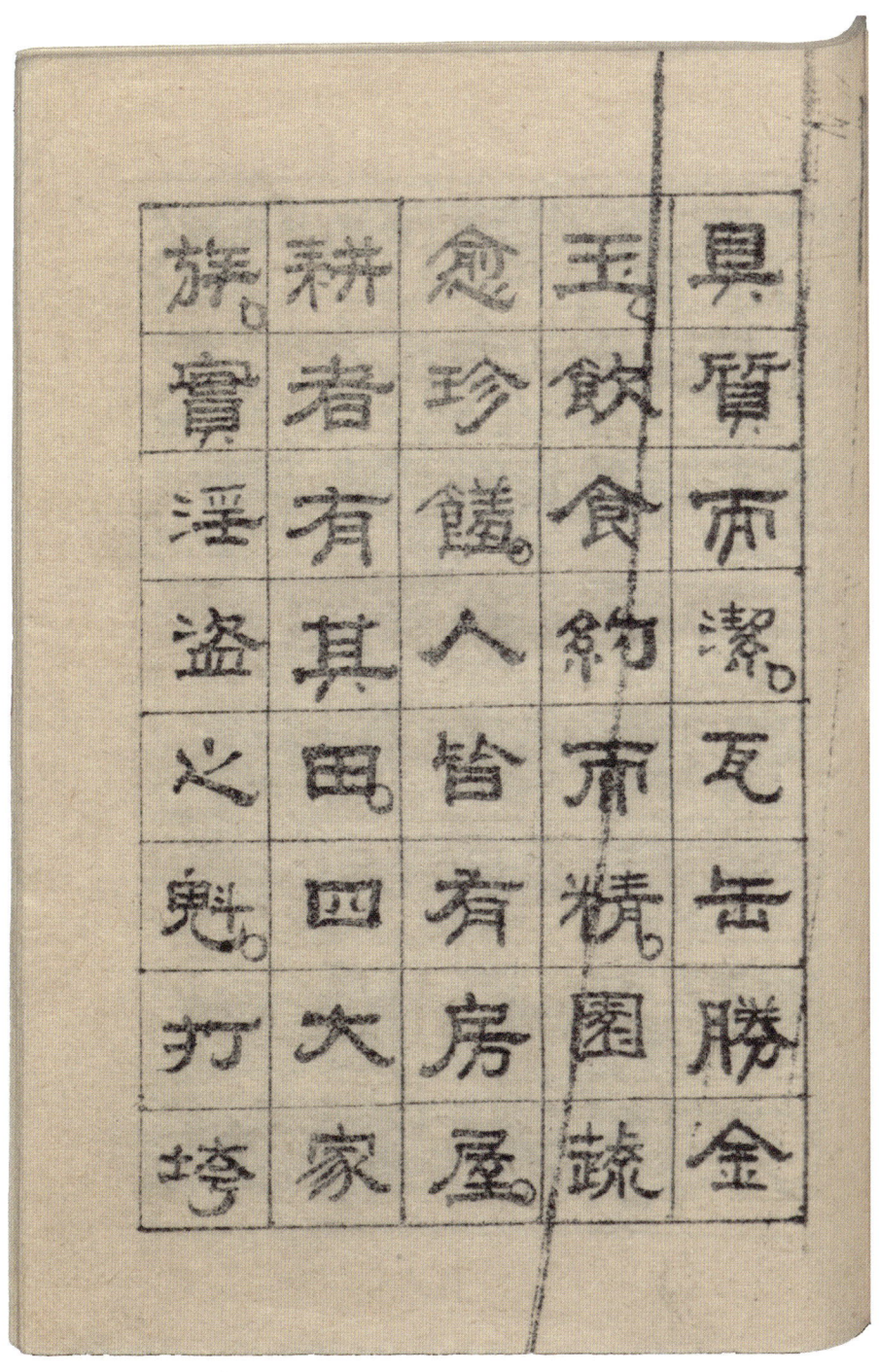

《朱柏庐先生治家格言》格言部分第3页

《朱柏庐先生治家格言》格言部分第13页

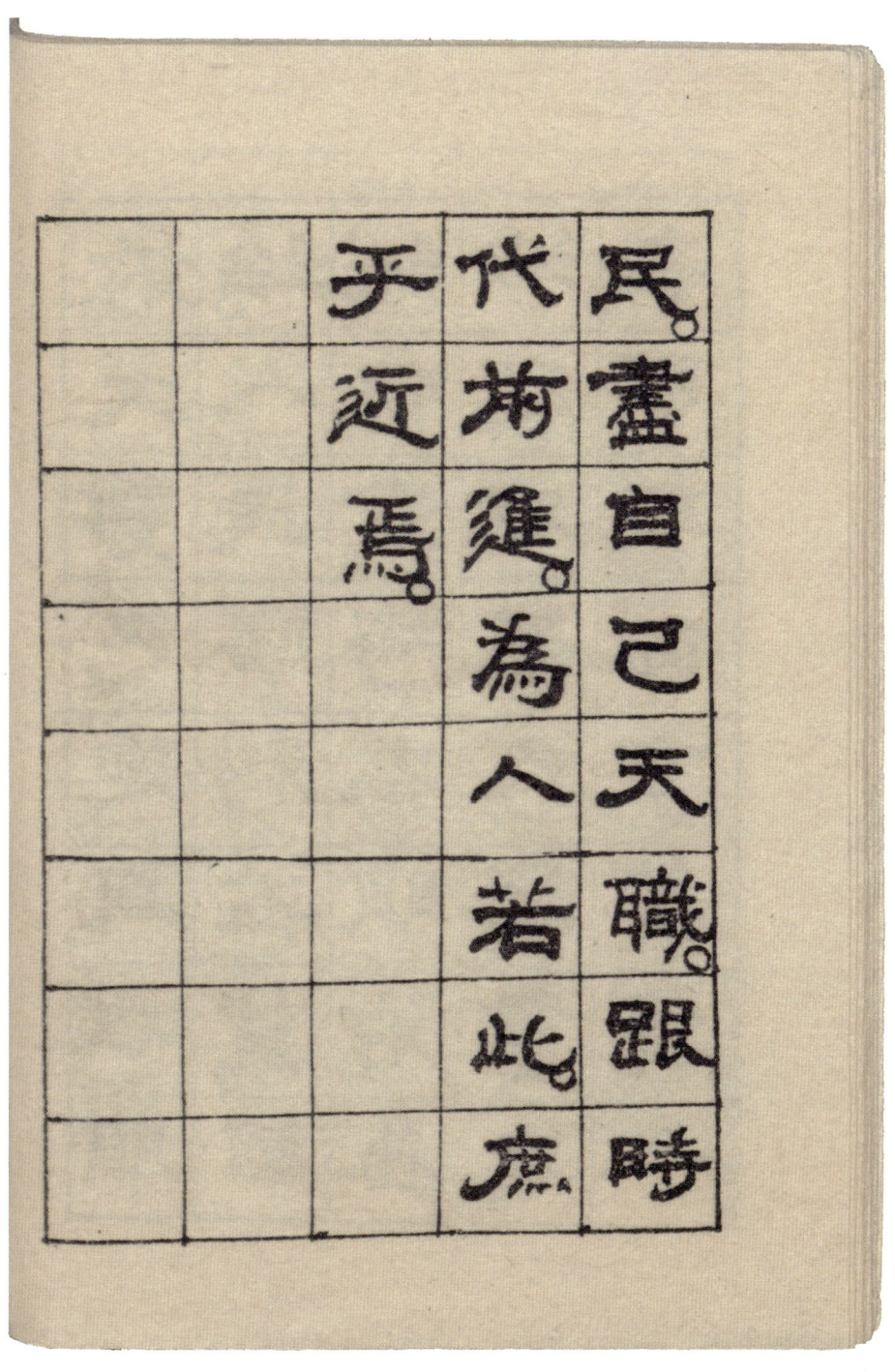

《朱柏庐先生治家格言》格言部分第 14 页

一年來的一筆總賬

全年主要戰績統計

人民解放軍總部發表，自去年七月一日起至今年六月三十日止，全面愛國自衞戰爭一年戰績總結第一號公報如下：全年主要戰績統計：

殲蔣正規軍九十七個半旅七十八萬人

（一）殲滅敵以上正規軍（以整編後的編制為準，未整編的軍師作為整編的師旅計算，包括砲兵團、工兵團等特種部隊，在內）共九個師部，四十六個整旅，兩個旅部，一百一十個整團，六個整營，一個半團，連營以下被消滅的兵力計算在內，共俘虜正規軍四十六萬二千

《一年来的一笔总账》正文第1页

（二十一）《总动员与总崩溃》

本书系新华社 1947 年 7 月 14 日社论《总动员与总崩溃》单行本的伪装本。64 开，正文 12 页，竖排铅印。封面为白底黑字，靠左竖向印有伪装题名《总动员与总崩溃》，下端印有"上海益世书店出版"，右半部分为战斗场景插图。翻开封面可见真实题名《蒋贼的总动员就是蒋贼的总崩溃》和正文。本书没有题名页和目录页。

中国人民解放军转入战略反攻后，国民党政权危机重重。为了挽救全面崩溃的局面，1947 年 7 月 4 日，国民党政府举行了第六次国务会议，会上通过了蒋介石交议的《厉行全面总动员，以"戡平共匪叛乱"，扫除民主障碍，如期实施宪政，贯彻和平建国方案》并颁布了"总动员令"。这表明国民党政府以立法的形式表示同中国人民最后决裂。"戡乱总动员令"颁布后，国民党政府立即对此进行大肆宣传。为此，毛泽东要胡乔木为新华社赶写一篇社论，即《总动员与总崩溃》。7 月 14 日，这篇社论经毛泽东修改后在新华社播出。社论指出，"蒋介石早已决心与全国人民为敌到底，背叛政协路线到底，把内战打到底，把任何和平妥协之门关到底"，并且从军事、经济、政治方面揭露蒋介石的真正总动员很早就实行了，不过蒋介石的总动员救不了总崩溃。

"上海益世书店"看起来像是上海众多民营出版机构中的一家，实际上找不出该书店出版的其他书籍，显系虚构的出版机构。

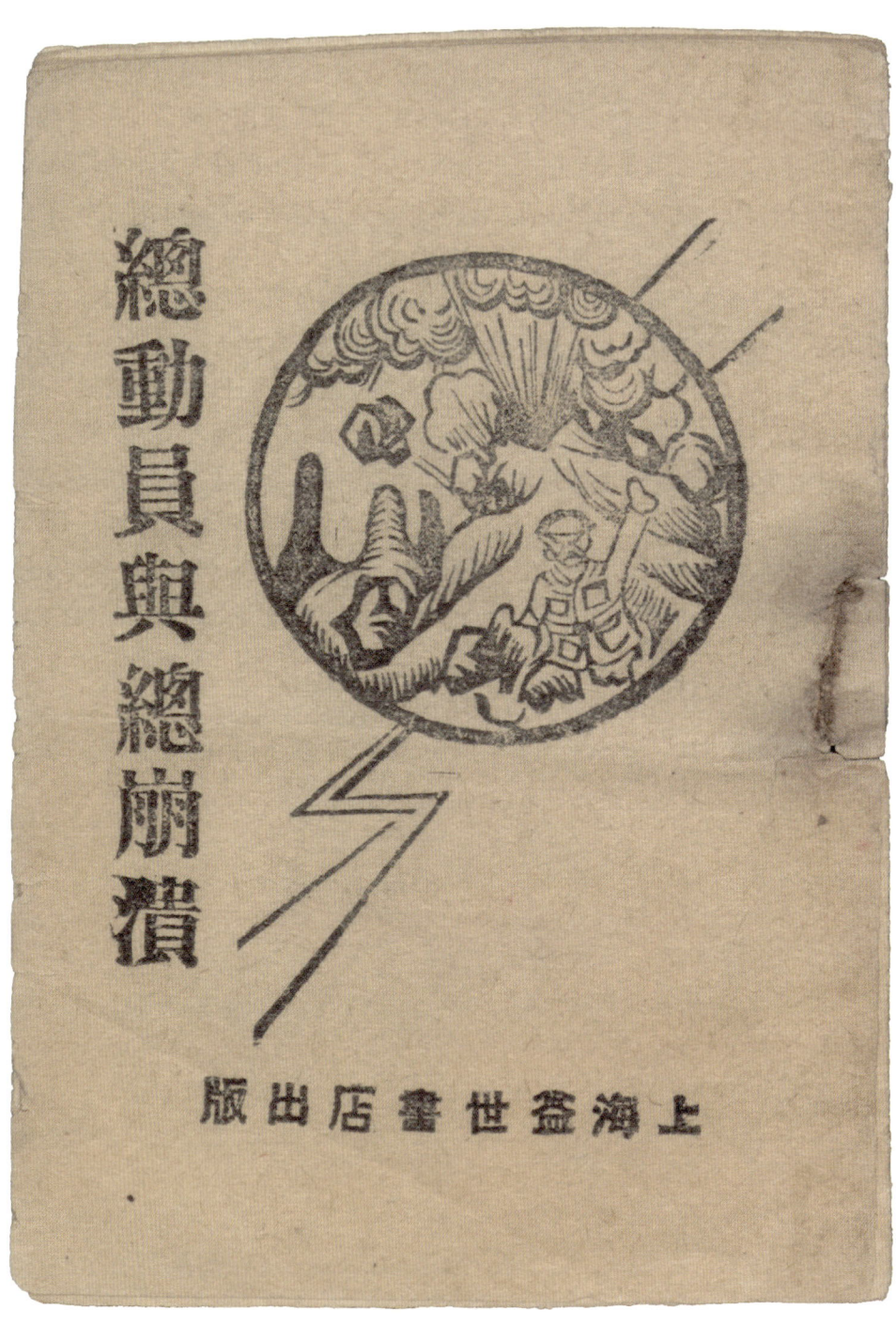

《总动员与总崩溃》封面

蔣賊的總動員就是蔣賊的總崩潰

1

七月四日，蔣介石的「裁平共匪叛亂總動員令」，絲毫沒有令人驚異。蔣介石早已決心與全國人民爲敵到底，背叛政協路線到底，把內戰打到底，把任何和平妥協之門關到底，所有這些，人民都早已知道了，所以美聯社說：「這個命令的實際意義，沒有象徵的意義那樣多了。」它有什麼象徵的意義呢？它象徵蔣管區的人民，將要遭受更大的壓迫。蔣介石既然正式宣佈共產黨和解放區人民爲「共匪」，正式宣佈任何和平運動爲「法外之滋擾」，那麼一切要求民主的人，要求和

《总动员与总崩溃》正文第 1 页

再看經濟

隨著軍事的總動員，蔣介石的經濟也早已總動員了。這就是總動員保甲長，一年四季勒索農民的糧食；總動員印刷機，一天二十四小時印鈔票。大家知道：日本投降時，曾經是蔣介石財政的黃金時代。那時他接連得了美國大量的裝備運輸、剩餘物資、救濟物資和信用貸款，得了大量的敵偽物資，大量的新稅收，此外他還積有歷年投機所得的大量現金。但是就在這時，蔣介石還是裹繼經糧，繼續通貨膨脹，而且比抗戰時期得更急。膨脹得更快。到了今年，蔣介石的經濟危機，就空前嚴重地爆發起來。今年二月初旬，上海物價和金價高漲一倍，蔣介石二月十六日頒佈經濟緊急措施方案，凍結黃金、美鈔，又在四月一日發行四億美元債券，企圖集中外匯彌補預算，但是危機却繼續嚴重化。四五

《总动员与总崩溃》正文第 5 页

（二十二）《复兴宣言》

本书为中国人民解放军总部发布的《中国人民解放军宣言》的伪装本。64开，正文14页，竖排铅印。封面为白色，居中的紫红长方框中竖向印有伪装题名《复兴宣言》，右下角以浅蓝色字体竖向印有双行小字"北平时事研究会编"和"北平崇文书局印行"。题名页也印有伪装题名。封底印有《中国人民解放军宣言》的发布人"中国人民解放军总司令朱德　副总司令彭德怀"和发布时间"一九四七年十月十日"。

《中国人民解放军宣言》（以下简称"《宣言》"）是中国人民解放军总部于1947年10月10日公布的政治宣言，亦称"《双十宣言》"。《宣言》由毛泽东起草，朱德、彭德怀署名发布。《宣言》分析了当时的国内政治形势，提出了"打倒蒋介石，解放全中国"的口号，宣布了中国共产党的八项基本政策：打倒蒋介石独裁政府，成立民主联合政府；逮捕、审判和惩办以蒋介石为首的内战罪犯；废除蒋介石统治的独裁制度，实行人民民主制度；废除蒋介石统治的腐败制度，肃清贪官污吏，建立廉洁政治；没收官僚资本，发展民族工商业；废除封建剥削制度，实行"耕者有其田"的制度；承认中国境内各少数民族有平等自治的权利；否认一切卖国外交，同外国订立平等互惠通商友好条约。《宣言》刊于当日出版的《人民日报》。1960年，《宣言》被收入《毛泽东选集》第四卷。

本书编者署"北平时事研究会"。伪装本中有不少是托名此类学术和研究团体编写的。出版者署"北平崇文书局"。崇文书局亦称湖北官书局，始建于1867年，是晚清著名的四大官办书局之一。进入民国之后，崇文书局虽有经营业务，但已不甚活跃。1942年6月，湖北省教育厅撤销崇文书局，所有事务合并湖北省立图书馆办理，崇文书局最终成为历史。本书出版时，崇文书局已经不存在了，北平也没有同名的出版机构。本书未署出版时间，其出版时间当在《中国人民解放军宣言》公布后不久。

《复兴宣言》封面

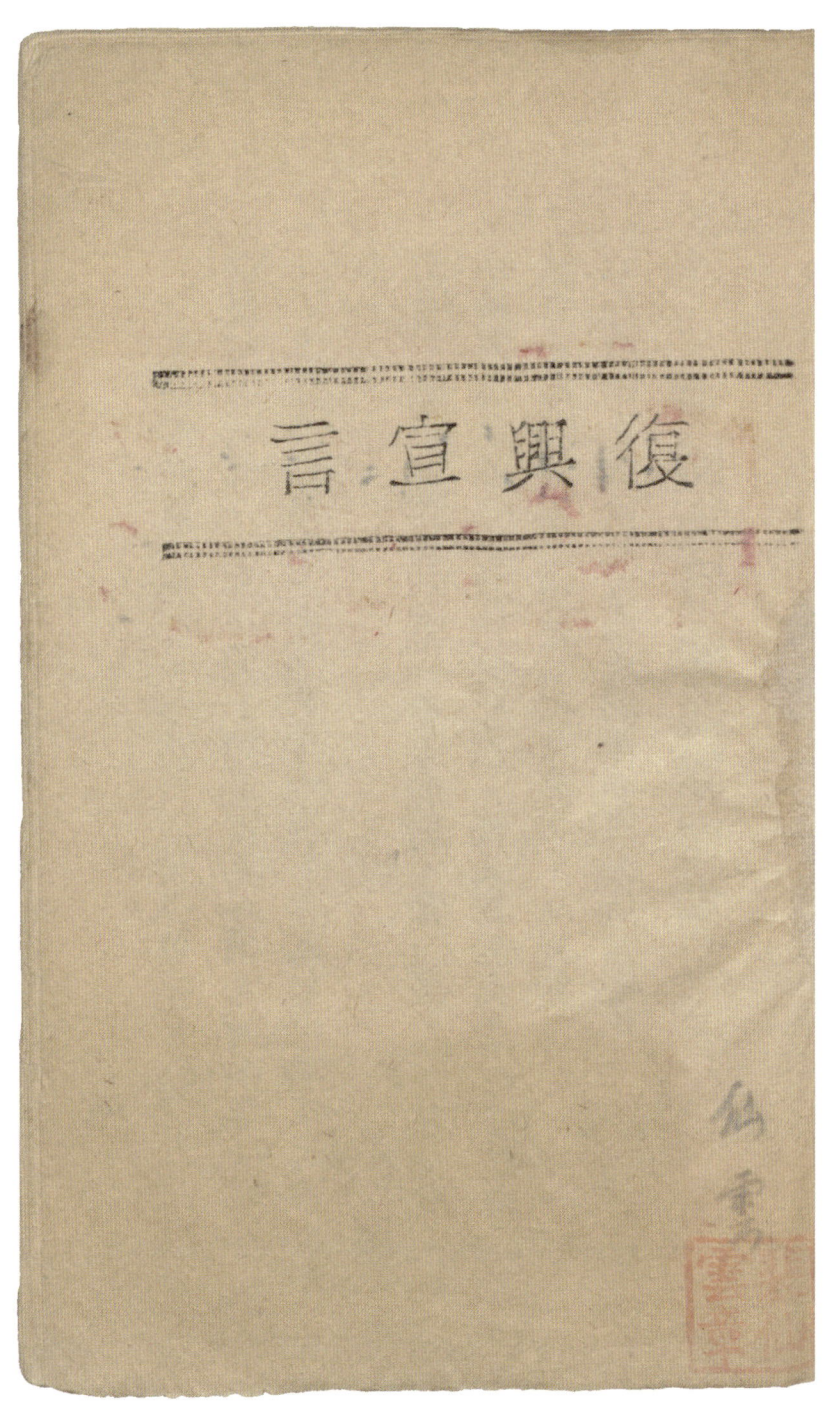

《复兴宣言》题名页

中國人民解放軍宣言

中國人民解放軍在粉碎蔣介石的進攻之後,現已大舉反攻。南線我軍已向長江流域進擊,北線我軍已向中長、北寧兩路進擊。我軍所到之處,敵人望風披靡,人民歡聲震動。整個敵我形勢和一年前比較,業已起了基本上的變化。

本軍作戰目的,迭經宣告中外,是為了中國人民與中華民族的解放。面在今天,則是實現全國人民的迫切要求,"打倒內戰禍首蔣介石,組織民主聯合政府,藉以達到解

《復興宣言》正文第 1 页

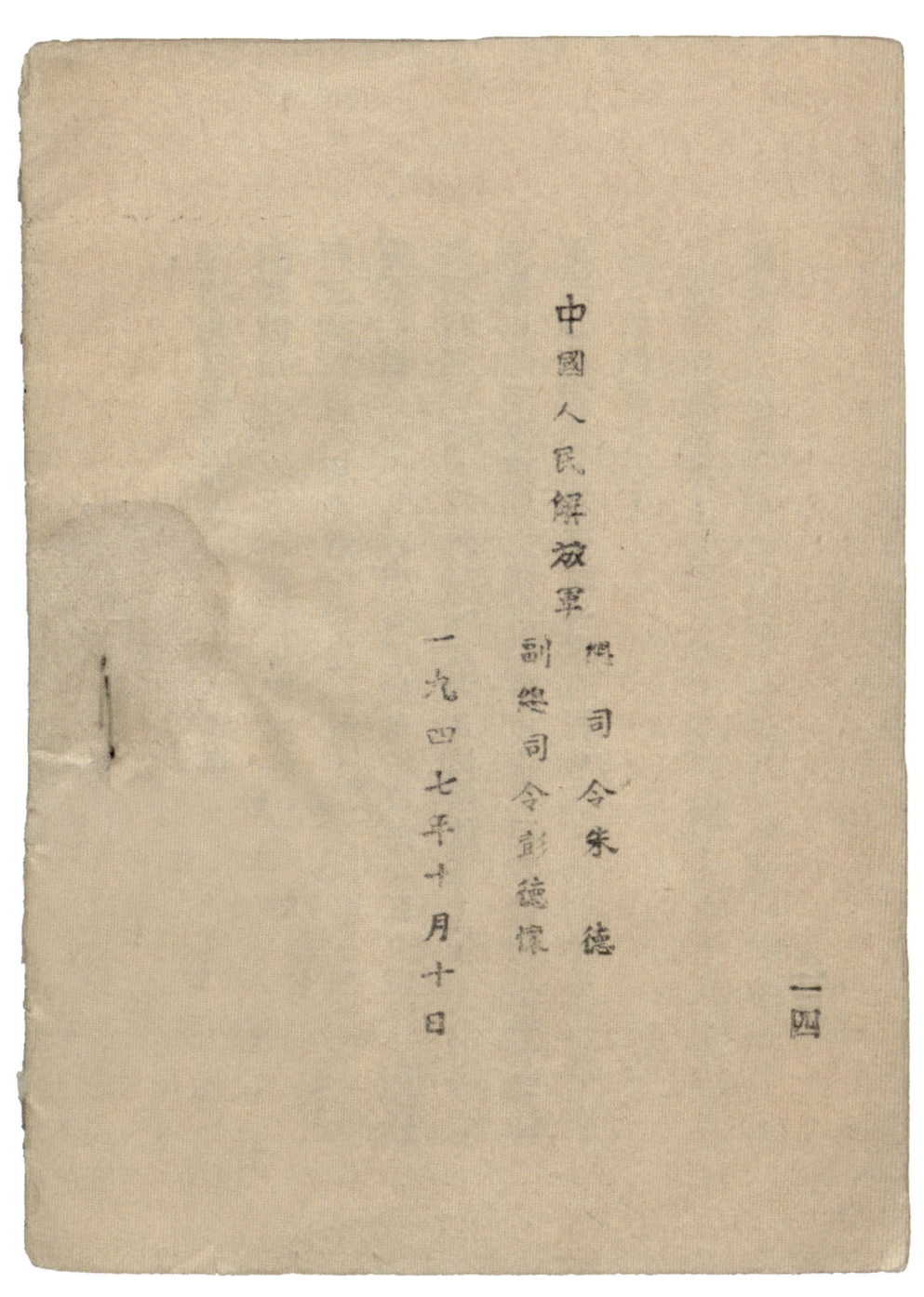

《复兴宣言》封底

（二十三）《论田赋法案》

本书系 1947 年 10 月 10 日中共中央正式公布施行的《中国土地法大纲》的伪装本。小 64 开，正文 13 页，竖排铅印。封面四周为紫红色粗线框，靠上的题名框为蓝底白字，印有伪装题名《论田赋法案》，题名下有"北平地政学会编"；下端印有"北平崇文书局印行"。题名页的伪装题名、编者、出版者与封面相同，还在出版者下方印有出版时间"一九四七年十月"。

本书收录《中国共产党中央委员会关于公布中国土地法大纲的决议》和《中国土地法大纲》。1947 年 7 月 17 日至 9 月 13 日，中共中央工作委员会在河北省平山县西柏坡村召开了全国土地会议，会议总结了 1946 年 5 月 4 日中共中央《关于土地问题的指示》（即"五四指示"）发布以来土地改革的经验，肯定了指示中没收地主土地分配给农民的原则，改正了指示中对某些地主照顾过多的偏向。9 月 13 日，会议通过了《中国土地法大纲》。10 月 10 日，中共中央发布《中国共产党中央委员会关于公布中国土地法大纲的决议》，正式实施《中国土地法大纲》。

《中国土地法大纲》共有 16 条，其主要内容是"废除封建性及半封建性剥削的土地制度，实行耕者有其田的土地制度"，"乡村中一切地主的土地及公地，由乡村农会接受，连同乡村中其它一切土地，按乡村全部人口，不分男女老幼，统一平均分配"，"乡村农会接受地主的耕畜、农具、房屋、粮食及其他财产，并征收富农的上述财产的多余部分，分给缺乏这些财产的农民及其他贫民，并分给地主同样的一份"，还规定"保护工商业者的财产及其合法的经营，不受侵犯"。此外，还规定了组织人民法庭，以贯彻土地改革政策、法令的实施和保障革命的秩序。《中国土地法大纲》是我国土地改革运动的纲领性文件，颁布后 1 年间，解放区约有 1 亿农民获得土地。

"田赋"是"土地税"的旧称，本书的伪装题名与土地改革有一定的关联。编者署"北平地政学会"。中国地政学会是民国时期研究土地问题的重要学术团体。该会于 1933 年成立于南京，以"研究土地问题，促成土地改革"为宗旨，出版有《地政》月刊及《人与地》半月刊。这样的伪装使本书看起来像是中国地政协会北平分会关于田赋法案的研究论著。

《论田赋法案》封面

論田賦法案

北平地政學會編

北平崇文書局印行
一九四七年十月
A170560

《论田赋法案》题名页

中國共產黨中央委員會

關於公佈中國土地法大綱的決議

中國的土地制度極不合理。就一般情況來說，佔鄉村人口不到百分之十的地主富農，佔有約百分之七十至八十的土地，殘酷地剝削農民。而佔鄉村人口百分之九十以上的僱農、貧農、中農及其他人民，卻總共只有約百分之二十至三十的土地，終年勞動，不得溫飽。這種嚴重情況，是我們民族被侵略、被壓迫、窮困及落後的根源，是我們

《论田赋法案》正文第1页

中國土地法大綱

(中國共產黨全國土地會議一九四七年九月十三日通過)

第一條 廢除封建性及半封建性剝削的土地制度,實行耕者有其田的土地制度。

第二條 廢除一切地主的土地所有權。

第三條 廢除一切祠堂、廟宇、寺院、學校、機關及團體的土地所有權。

第四條 廢除一切鄉村中在土地制度改革以前的債務。

第五條 鄉村農民大會及其選出的委員會,鄉村無地少地

《论田赋法案》正文第 4 页

（二十四）《歧路灯》

本书为毛泽东著《目前形势和我们的任务》的伪装本。64 开，正文 28 页，竖排铅印。封面上半部分印有伪装题名《歧路灯》，底端印有"上海救世书局印行""民国三十六年十二月二十五日"。本书没有题名页和目录页。卷首印有真实题名。

《目前形势和我们的任务》是 1947 年 12 月 25 日毛泽东在陕北米脂县杨家沟召开的中共中央扩大会议上所做的书面报告。报告全文约 11000 字，分为 8 个部分，在分析新形势的基础上，总结了解放战争两年来的经验，提出了人民解放战争转入战略进攻后需要解决的政治、经济、军事等方面的政策问题。会议认为，这个报告是整个打倒蒋介石反动统治集团，建立新民主主义中国的时期内，在政治、军事、经济各方面带纲领性的文件，并要求联系 1947 年"双十节"各项文件深入学习。1948 年 1 月 1 日，《人民日报》率先发表了《目前形势和我们的任务》全文，同时刊发了晋察冀中央局宣传部通知："毛主席报告《目前形势和我们的任务》一文甚为重要，各级军政负责同志收到后，必须亲自主持讨论与学习。"1 月 6 日，晋察冀中央局召开部长以上领导同志会议，指出毛主席的报告是目前干部学习的中心，号召每个干部，结合自己的工作，精心研究，把文件的精神贯彻到各项工作中去。1 月 10 日，《人民日报》发表《中央局号召好好学习毛主席报告 把文件精神用到工作中去》的报道，内称："中共晋察冀中央局顷指示各地各部门立即组织学习毛泽东同志《目前形势和我们的任务》报告，并通过各种方式在群众中广泛地进行宣传。该指示称，毛泽东同志这一报告将更进一步团结与壮大中国人民的力量，最后打垮蒋介石，打垮美帝国主义的奴役计划，把中国革命推向全国的胜利。同时，这个文件不仅对中国人民，而且对整个东方民族及全世界人民都有极大的指导与鼓舞作用。指示要求各机关首长应以身作则，努力学习，并负责组织本单位中党员与非党员一起学习和讨论，成为这一时期干部学习的主要内容。"此后，各解放区掀起学习、贯彻和宣传《目前形势和我们的任务》的热潮。1960 年，《目前形势和我们的任务》被收入《毛泽东选集》第四卷。

《歧路灯》为清代李绿园撰写的一部长篇小说，讲述了起先误入歧途，而后又走上正路的封建世家子弟谭绍闻的故事。本书伪托"上海救世书局"印行，实际上当时并没有这样一家出版机构，应属虚构；所署出版时间与毛泽东做《目前形势和我们的任务》报告的时间相同。

革命文献伪装本图录题解 下

歧路燈

上海教世書局印行
民國三十六年十二月二十五日

《歧路灯》封面

目前形勢和我們的任務

——毛澤東一九四七年十二月廿五日在中共中央會議上的報告

一

中國人民的革命戰爭，現在已經達到了一個轉折點。這卽是中國人民解放軍已經打退了美國走狗蔣介石的數百萬反動軍隊的進攻，並使自己轉入了進攻。還在一九四六年七月至一九四七年六月戰爭第一個年頭內，人民解放軍卽在幾個戰場上打退了蔣介石的進攻，迫使蔣介石轉入防禦地位。而從戰爭第二年的第一季，卽一九四七年七月至九月間，人民解放軍卽已轉入了全國規模的進攻，破壞了蔣介石將戰爭繼續引向

— 1 —

《歧路灯》正文第 1 页

得全國人民的擁護。這就是戰勝蔣介石的政治基礎。十八個月戰爭的經驗，充分地證明了我們的論斷。

（三）

十七個月（一九四六年七月至一九四七年十一月爲止，十二月尚未計入）作戰，共殲滅了蔣介石正規軍及非正規軍一百六十九萬人，其中被打死打傷的六十四萬人，被俘擄的一百零五萬人。這樣，就使我軍打退了蔣介石的進攻，保存了解放區的基本區域，並使自己轉入了進攻。我們所以能夠如此，在軍事方面來說，是因爲執行了正確的戰略方針。我們的軍事原則是：①先打分散孤立之敵，後打集中強大之敵。②先取小城市、中等城市及廣大鄉村，後取大城市。③以殲滅敵人有生力量爲主要目標，不以保守或奪取城市及地方爲主要目標。保守或奪取城市及地方，是殲滅敵人有生力量的結果，往往須要反覆多次才能最後地保守

六

《歧路燈》正文第 6 頁

（二十五）《悟性修道须知》

本书为毛泽东著《目前形势和我们的任务》的伪装本。32开，正文15页，竖排铅印。封面为白底红字，左侧靠上的题签框内竖向印有伪装题名《悟性修道须知》，右上分两行竖向印有"学而时习　开卷有益"，右下竖向印有"（非卖品）"，中间底端分两行竖向印有"轮流公看　功德无量　倘不敬重　罪莫大焉"。封三为版权页，左上印有伪装题名，下面印有"发行者　何文学　新京市和顺区临河街四三""编辑者　刘纶熙　新京市东三马路奂清里""印刷者　王元庆　新京市西五马路四一ノ九""印刷所　成文印书局庆记　新京市西五马路四一ノ九""发行所　和顺区临河街四三"等，右上角分两行印有伪托的印刷时间"康德十一年六月十日印刷"和发行时间"康德十一年六月二十日发行"。本书没有题名页和目录页，翻开封面即为正文，篇首有真实题名《目前形势和我们的任务——一九四七年十二月二十五日在中共中央会议上的报告》和作者"毛泽东"。

本书未见著录，出版者待考，出版时间应在《目前形势和我们的任务》发表后不久，即1947年底或1948年初。本书伪托的出版时间是1944年。笔者在网上见到一种1945年印行的《悟性修道须知》，编辑者、发行者和印刷者分别为"魏振聪""孟敬斋""龙圭卿"，其地址为"安东市金汤区"，版式与本书完全一致，从外表看不出任何区别。这说明本书极有可能是参照伪满时期东北地区流传的民间宗教宣传册《悟性修道须知》印制的伪装本。

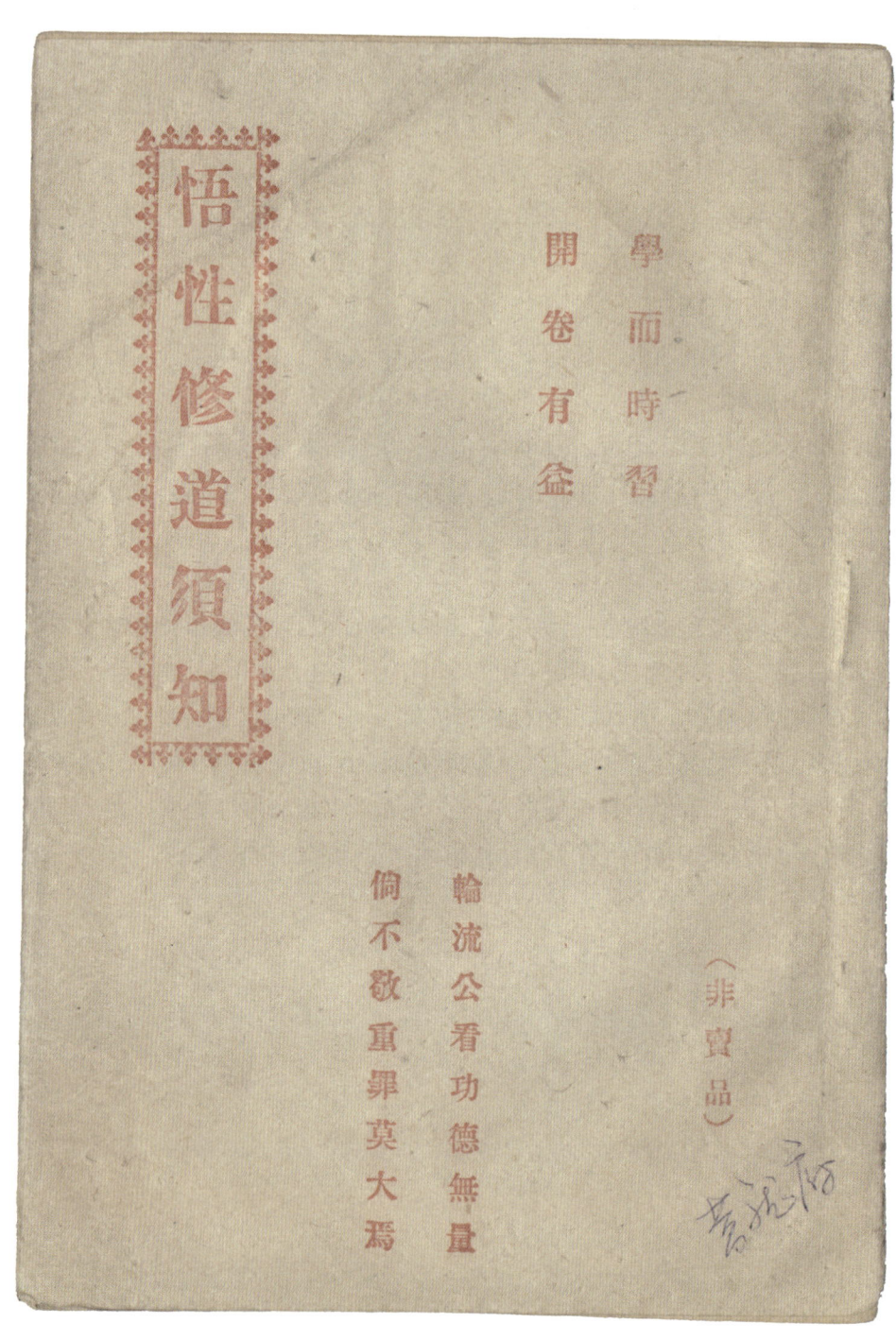

《悟性修道须知》封面

《悟性修道须知》正文第1页

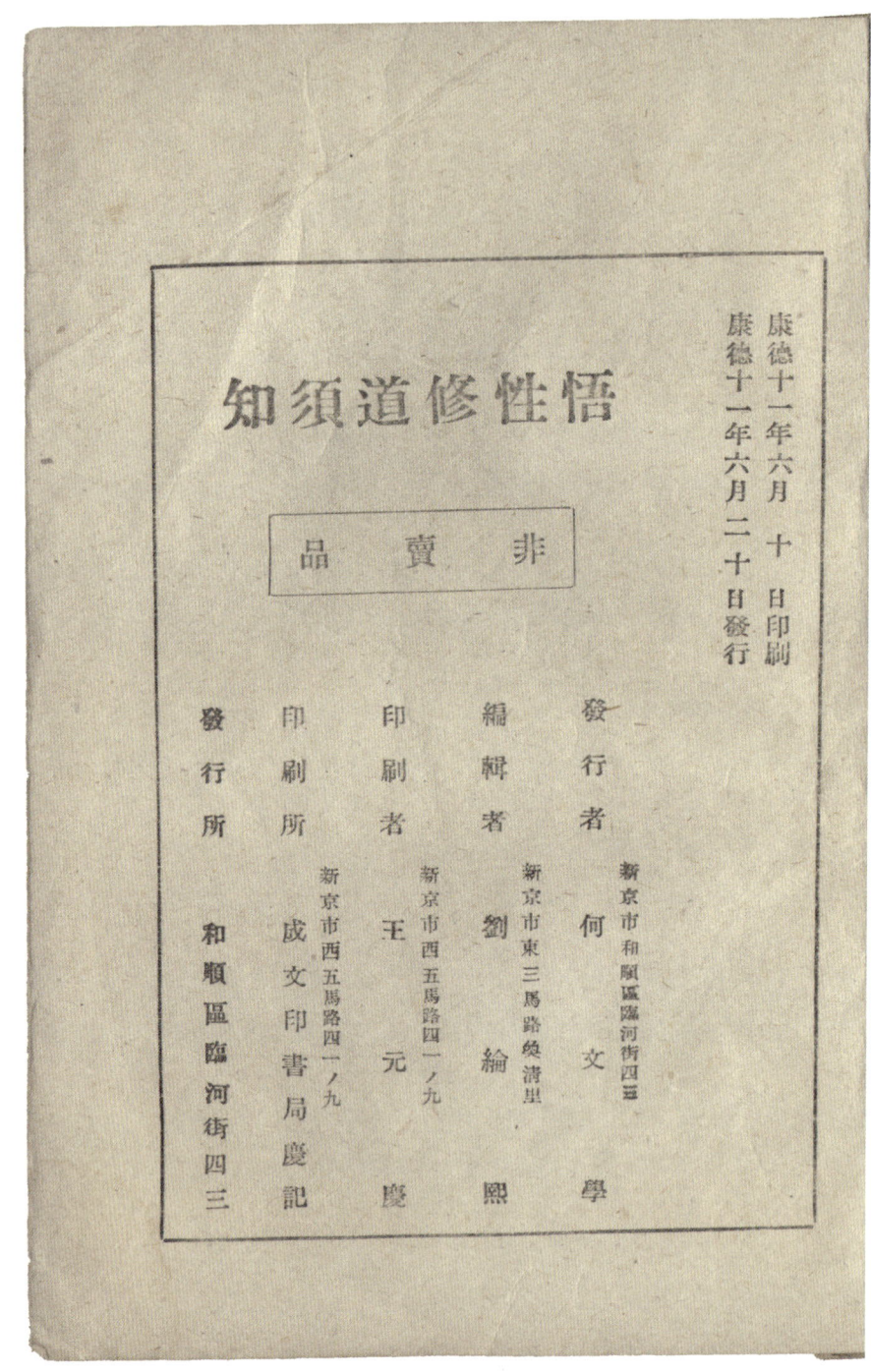

《悟性修道须知》封三上的版权页

（二十六）《时事评论》

本书为毛泽东著《目前形势和我们的任务》的伪装本。小64开，正文30页，竖排铅印。封面为白色，上半部紫红色长方框内自右向左印有紫红色的伪装题名《时事评论》，题名下印有"北平时事研究会编"。封面中部有蓝色车轮图案，最下方署"北平崇文书局印行"。题名页自右向左竖向印有伪托的编者、出版者和伪装题名。本书没有版权页和目录页。正文前印有本书的真实题名《目前形势和我们的任务——一九四七年十二月二十五日在中共中央会议上的报告》和作者"毛泽东"。

本书出版者署"北平崇文书局印行"，与前文介绍的"北平时事研究会"编《复兴宣言》和"北平地政学会"编《论田赋法案》的伪托出版者信息相同，封面紫红色和蓝色用墨一致，开本大小相同，这3种书籍当属同一家出版印刷单位印制的伪装本。

《时事评论》封面

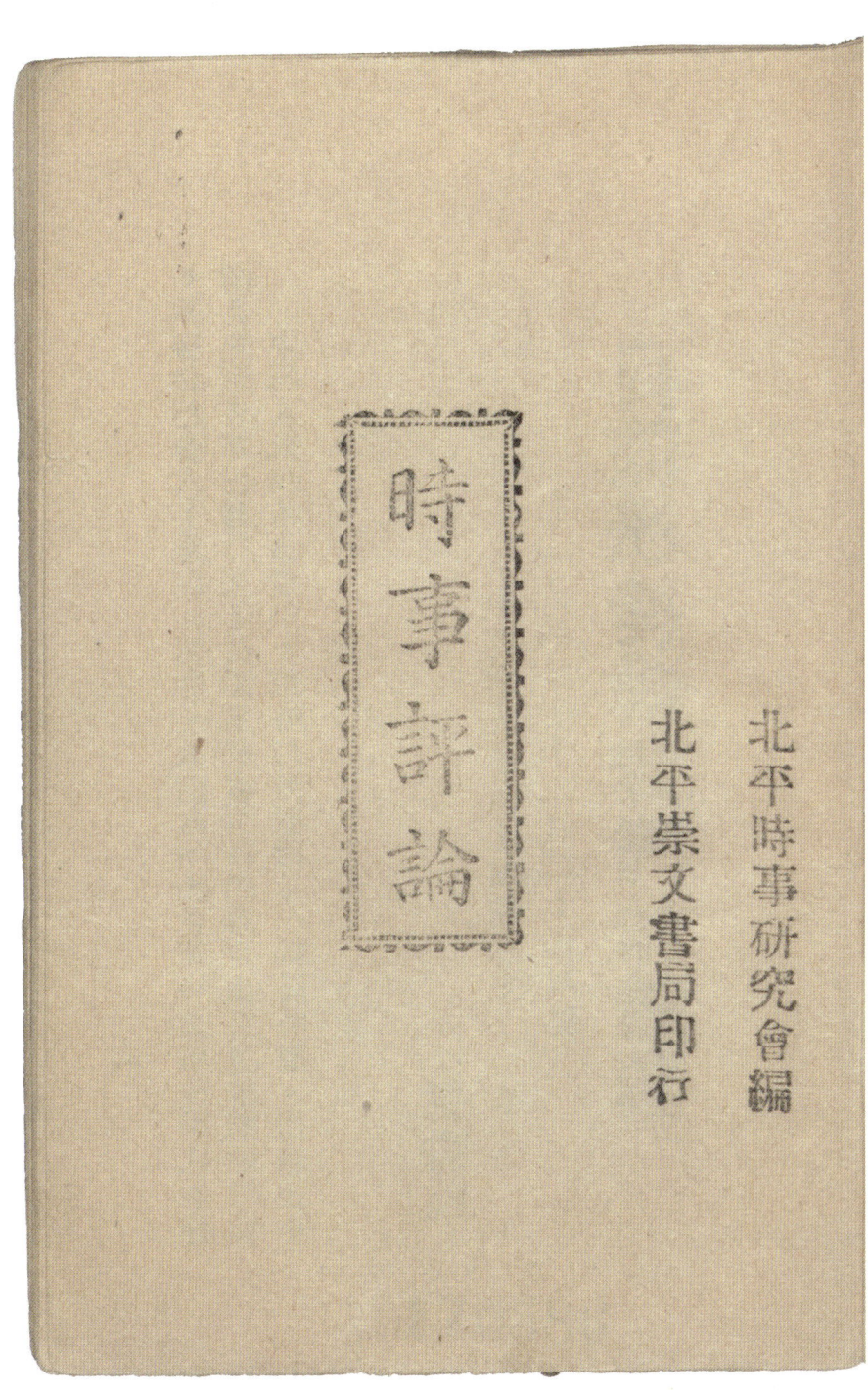

《时事评论》题名页

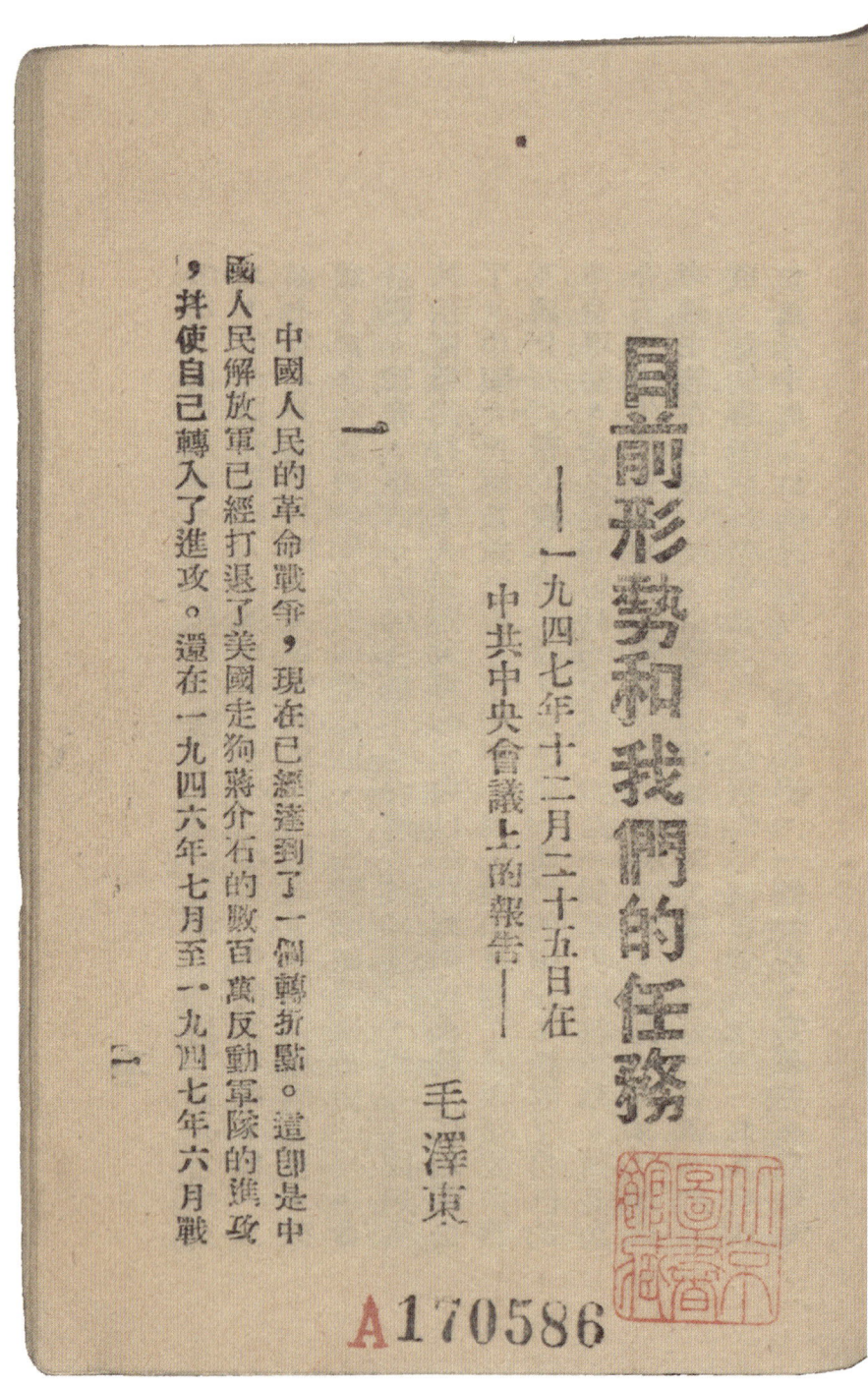

《时事评论》正文第 1 页

主义的全部国民经济。而新民主主义国民经济的指导方针,必须紧紧的跟随着发展生产、繁荣经济、公私兼顾、劳资两利这个总目标。一切离开这个总目标的方针、政策、办法,都是错误的。

七

一九四七年十月,人民解放军发表宣言,其中说:「联合工农兵学商各被压迫阶级、各人民团体、各民主党派、各少数民族、各地华侨及其他爱国分子,组成民族统一战线,打倒蒋介石独裁政府,成立民主联合政府。」这就是人民解放军的、也是中国共产党的最基本的政治纲领。从表面上看来,现在时期,比较抗日时期,我们的民族统一战线,似乎是缩小了。但是实际上,只是在现在时期,只是在蒋介石出卖民族利益给美国帝国主义,发动反人民的全国规模的国内战争之后,只是在美国帝国主义及蒋介石反动统

《时事评论》正文第 22 页

（二十七）《一九四七·十二·廿五报告》

本书为毛泽东著《目前形势和我们的任务》的伪装本。32开，正文17页，竖排铅印。封面居中的黑色线框内竖向印有伪装题名《一九四七·十二·廿五报告》。本书没有题名页、版权页和目录页，正文不标注页码。封二印有香港新民主出版社出版的《毛泽东选集》广告。封底左下角印有"有利印务公司承印"。

1945年10月，领导中共中央南方局工作的周恩来决定抽调被查封的南方局机关报刊《新华日报》及《群众》周刊的章汉夫、夏衍、乔冠华、胡绳、许涤新、林默涵、范剑涯等工作人员携款到香港建立新的宣传据点。他们与东江纵队司令部秘书长兼宣传部部长饶彰风、《前进报》社长杨奇在香港会合。1946年1月，《华商报》复刊，同时建立有利印务公司和新民主出版社，三个单位三位一体，分别向港英当局注册立案，地址均在干诺道中123号的一栋4层楼里，出版党的文件和书籍。新民主出版社的发行工作既面向海外，又面向国内。同一时期发行至内地的《群众》周刊香港版，为避免被特务发现，就曾大量采用伪装封面。本书以毛泽东的报告时间作为题名，未署作者姓名，具备一定的伪装特征，可能是有利印务公司承印、香港新民主出版社出版发行的伪装本。

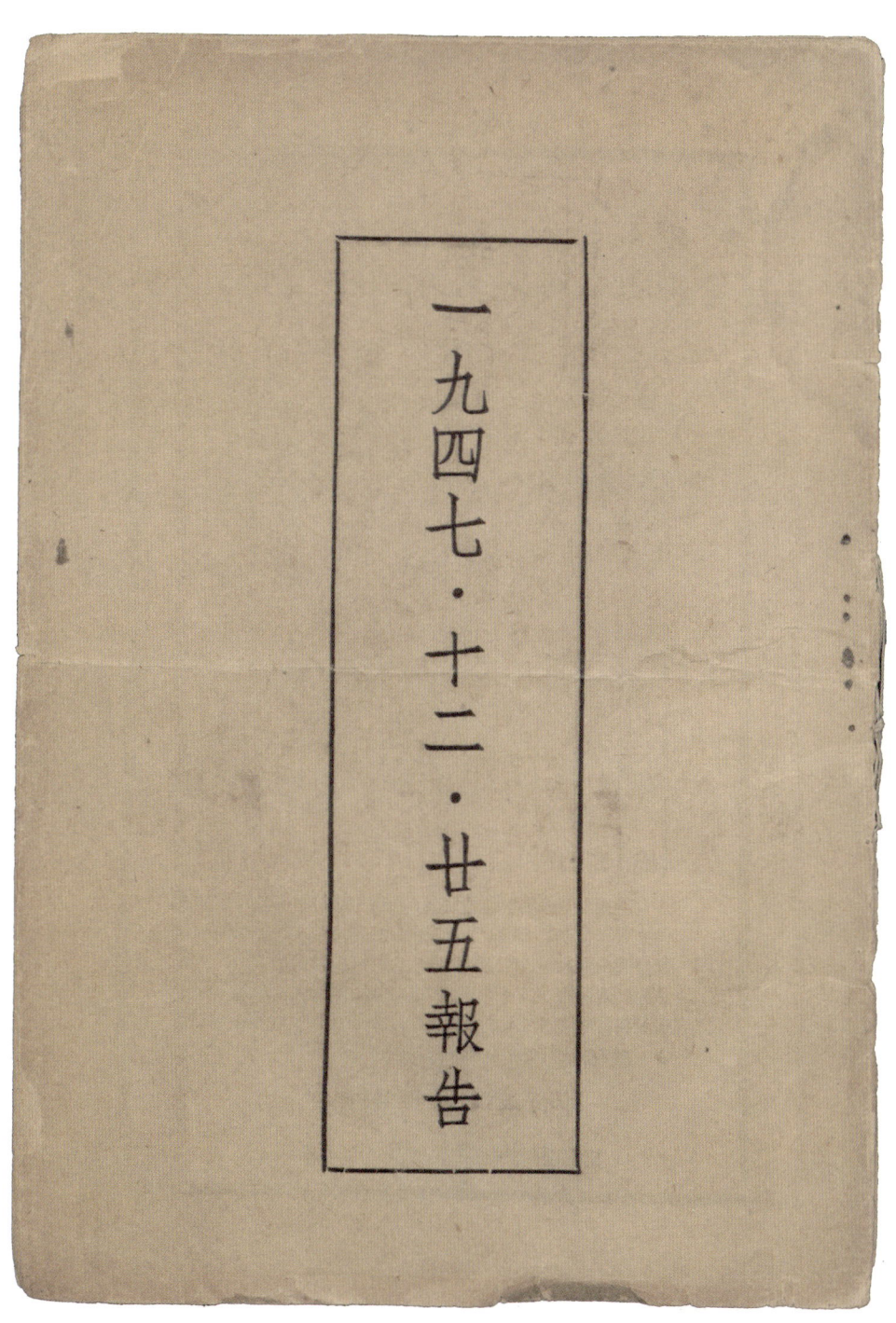

《一九四七·十二·廿五报告》封面

毛澤東選集

★ 中指
國導
革理
命論
戰四
爭種

中國革命與中國共產黨	〇·三〇
新民主主義論	〇·九〇
論聯合政府	一·二〇
經濟問題與財政問題	三·〇〇
生產組織與農村調查	一·〇〇
論文藝問題	〇·六〇
中國革命戰爭的戰略問題	一·二〇
論游擊戰爭的戰略問題	即出
論持久戰	即出
論新階段	即出

毛澤東是中國革命的太陽，是東方殖民地解放的導師。他之所以能在革命事業上有這樣的成就，是因為他生長在人民中間，盡忠於人民解放鬥爭的事業。在鬥爭的進程中，他集結了人民的智慧，提出了許多正確的政策；這些都是根據每個現實階段所必須的寶貴指示。不是高調，也不是「法律」。而是切合時弊的針砭，中國革命的燈塔。

印行者：新民主出版社

購書請滙款至香港干諾道中一二三號本社收

《一九四七·十二·廿五報告》封二

一

中國人民的革命戰爭，現在已經達到了一個轉折點。這即是中國人民解放軍已經打退了美國走狗蔣××的數百萬反動軍隊的進攻，並使自己轉入了進攻。還在一九四六年七月至一九四七年六月戰爭第一個年頭內，人民解放軍即已在幾個戰場上打退了蔣介石的進攻，迫使蔣介石轉入防禦地位。而從戰爭第二年的第一季，即一九四七年七月至九月間，人民解放軍即已轉入了全國規模的進攻，破壞了蔣介石將戰爭繼續引向解放區、企圖徹底破壞解放區的反革命計劃。現在，戰爭主要地已經不是在解放區裡進行，而是在國民黨統治區裡進行了。人民解放軍的主力已經打到國民黨統治區域裡去了。中國人民解放軍已經在中國這一塊土地上扭轉了美國帝國主義及蔣介石×幫的反革命車輪，使之走向覆滅的道路，推進了自己的革命車輪，使之走向勝利的道路。這是一百多年以來帝國主義在中國的統治由發展到消滅的轉折點。這是蔣介石二十年反革命統治由發展到消滅的轉折點。這是一個偉大的事變。這個事變所以帶着偉大性，是因為這個事變發生在一個具有四萬萬五千萬人口的國家內，這個事變一經發生，它就將必然地走向全國的勝利，這個事變所以帶着偉大性，還因為這個事變發生在世界的東方，在這裡，共有十萬萬以上人口（佔人類的一半）遭受帝國主義的壓迫，中國人民的解放戰爭由防禦轉到進攻，不能不引起這些被壓迫民族的歡欣鼓舞。同時對於正在鬥爭的歐洲與美洲各國的被壓迫人民也是一種援助。

《一九四七·十二·廿五報告》正文第1頁

这些歷史教訓，全黨同志都要牢記。

八

蔣介石反動集團在一九四六年發動全國規模的反人民的國內戰爭的時候，他們之所以敢於冒險，不但依靠他們自己的優勢的軍事力量，而且主要地依靠他們認為是異常强大的、擧世無敵的、手裏拿着原子彈的美國帝國主義，一方面，能够像流水一樣地供給他們以軍事上與財政上的需要；另一方面，狂妄地設想所謂「美蘇必戰」、所謂「第三次世界大戰必然爆發」。這種對於美國帝國主義的依賴，是第二次世界大戰結束以後，全世界各國反動勢力的共同特點，反映了第二次世界大戰給予世界資本主義的打擊的嚴重性，各國反動派力量的薄弱及其心理的恐慌與喪失信心，反映了全世界革命力量的强大，使得各國反動派除了依靠美國帝國主義的援助就感到毫無出路。但是，在實際上，在第二次世界大戰以後的美國帝國主義，是否眞如蔣介石及各國反動派所設想的那麼强大呢？是否眞能像流水一樣的從美國接濟蔣介石及各國反動派呢？並不如此。美國帝國主義在第二次世界大戰期間所增强起來的經濟力量，遇着了不穩定的日趨縮小的國內市場與國際市場。這種市場的進一步縮小，就要引起經濟危機的爆發，美國的戰爭景氣。僅僅是一時的現象。它的强大，只是表面的與暫時的危機就像一座火山，每天都在威脅美國帝國主義，美國帝國主義就是坐在這座火山上。這種情况，迫

《一九四七·十二·廿五报告》正文第 15 页

《一九四七·十二·廿五报告》封底

(二十八)《足本七剑十三侠》

本书为陈伯达著《人民公敌蒋介石》的伪装本。32开，正文226页，竖排铅印。封面为白底黑字，左半部竖向印有伪装题名《足本七剑十三侠》，右半部为一武者持剑飞檐走壁的白描画。书脊上半部同样印有伪装题名《足本七剑十三侠》；下半部印有伪托出版者，可惜被本书原收藏者的书标所覆盖，仅可见"上海大□□□□□印行"。题名页上半部自右向左以大号红色字体印有真实题名《人民公敌蒋介石》，题名之上自右向左以小号红色字体印有"陈伯达著"；下半部自右向左以小号红色字体印有"晋察冀新华书店印行""一九四八年二月"。题名页之后为目录页。

本书目录如下：

  一 帝国主义在中国的最后一个大狗牙，中国人民的第一号公敌
  二 从假革命到反革命
    （一）假革命的两面派
    （二）对于人民的第一次大谋叛——"中山舰"是烟幕
    （三）继续玩弄两面派的戏法
    （四）窃取北伐军的总司令职权
    （五）在北伐中的两大扫兴与总司令部的反革命阴风
    （六）历史的大背叛——历史的大血日
  三 代替北洋军阀而起的封建买办新王朝
    （一）大洋行买办与大封建奴隶主的法西斯统治
    （二）天字第一号的内战祸首
    （三）特务哲学的开发与法西斯主义的制礼作乐
    （四）卖国史上的大创作——不抵抗主义
    （五）蒋介石继续向内杀进去，日寇继续从外打进来
    （六）法西斯主义的新狂热
    （七）发挥亡国论，甘当日寇的臣妾
    （八）受了人民爱国运动的处罚——西安事变
  四 抗战失败主义和继续与人民为敌
    （一）多边的买卖政策

（二）从英美帝国主义及四大家族的利益出发与抗战失败主义

（三）摆出投降的价格

（四）热衷于远东慕尼黑

（五）武汉失守之后日寇与蒋介石的作战重心同时指向共产党

（六）举行三次反共高潮

（七）在国际市场上的新抛卖

（八）不打日本人，遇到日寇则一触即溃，但仍然是中国人民的囚笼

（九）以失败主义的军令和法西斯主义的政令作挡箭牌，拒绝任何改革，准备大规模的内战

五　穷凶极恶，日暮途穷，即将被人民活捉审判

（一）从峨嵋山走下来，抢夺人民胜利的果实，日寇变成了恩人，美帝代替了日帝

（二）一面谈判，一面进兵，美军也赶上来

（三）集中人民的仇恨

（四）公开的"停战令"，秘密的作战令

（五）有开口供给诺言的自由，但重要的，是他随时有开枪供给子弹的自由

（六）最后地撕碎了停战协定与政协决议，发动了冒险的战争

（七）"把一条绳索套在自己的脖子上"

（八）盗卖中国的新二十一条

（九）蒋介石匪军落入毛泽东所布置的天罗地网，在蒋管区也遭受人民的围攻

（十）"在睡梦中跑到大街上狂呼救命"

（十一）奴颜婢膝，继续大廉价拍卖

（十二）人民解放军叱咤风云大进攻，四大家族置身在全国人民的革命火海里，人民的完全胜利已成定局

（十三）很想穿上"总统"的寿衣，好到棺材中抖点威风

六　消灭蒋介石，打碎蒋家小朝廷的全部统治机构

《人民公敌蒋介石》是陈伯达的代表著作之一，全书共分 6 个部分。这部著作于 1948 年 1 月底完稿，当时正值中国共产党领导的人民解放军在粉碎国民党军队全面进攻和重点进攻后，转入全面的战略进攻阶段。该书的出版对于宣传中国共产党的方针、政策，帮助广大人民群众认清蒋介石反动统治集团的本质，起到了很好的宣传作用。

《七剑十三侠》为清末唐云洲所著武侠小说，鲁迅推其为清代侠义小说的代表作之一。本书伪装成在民间颇有影响的《七剑十三侠》，便于躲避国民党的新闻审查和文化封锁。

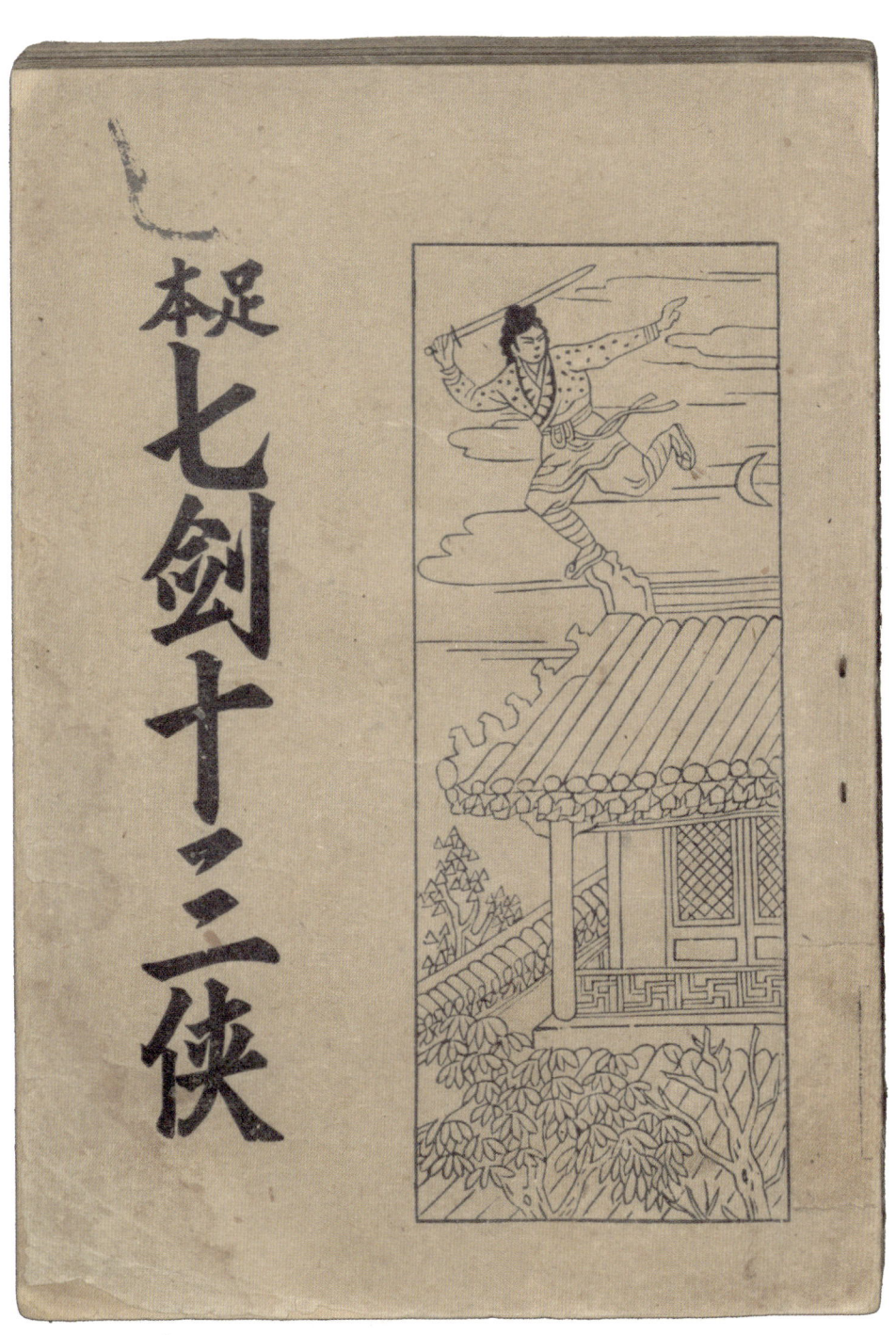

《足本七剑十三侠》封面

《足本七剑十三侠》题名页

目錄

一 帝國主義在中國的最後一個大狗牙，中國人民的第一號公敵 ……… 一

二 從假革命到反革命 ……… 七
  (一) 假革命的兩面派 ……… 七
  (二) 對於人民的第一次大謀叛——「中山艦」是烟幕 ……… 一六
  (三) 繼續玩弄兩面派的戲法 ……… 二〇
  (四) 竊取北伐軍的總司令職權 ……… 二四
  (五) 在北伐中的兩大掃與總司令部的反革命陰風 ……… 二七
  (六) 歷史的大背叛——歷史的大血日 ……… 三〇

三 代替北洋軍閥而起的封建買辦新王朝 ……… 四一
  (一) 大洋行買辦與封建奴隸主的法西斯統治 ……… 四二
  (二) 天字第一號的內戰禍首 ……… 四六
  (三) 特務哲學的闡發與法西斯主義的制禮作樂 ……… 五五

《足本七劍十三俠》目錄第 1 頁

(四) 靠國史上的大創作——不抵抗主義……………………六三
(五) 蔣介石繼續向內殺進去，日寇繼續從外打進來…………六七
(六) 法西斯主義的新狂熱…………………………………七二
(七) 發揮亡國論，甘當日寇的臣妾…………………………七六
(八) 受了人民愛國運動的虐前——西安事變………………八二

四 抗戰失敗主義和繼續與人民為敵……………………………八九
(一) 多邊的買賣政策………………………………………八九
(二) 從英美帝國主義及四大家族的利益出發與抗戰失敗主義…九二
(三) 擺出投降的價格………………………………………九六
(四) 熱衷於遠東慕尼黑……………………………………一〇一
(五) 武漢失守之後日寇與蔣介石的作戰重心同時指向共產黨…一〇五
(六) 舉行三次反共高潮……………………………………一一二
(七) 在國際市場上的新勾賣………………………………一二四
(八) 不打日本八，遇到日寇則一觸即潰，但仍然是中國人民的囚籠…一二六
(九) 以失敗主義的軍令和法西斯主義的政令作擋箭牌，拒絕任何改革，準備大規模的內戰…………………………………一三四

五 窮兇極惡，日暮途窮，即將被人民活捉審判……………一四〇
(一) 從峨嵋山走下來，搶奪人民勝利的果實，

《足本七劍十三俠》目錄第2頁

日寇變成了恩人，美帝代替了日寇

(一) 一面談判，一面進兵，美軍也趕上來 …………………… 一四八

(三) 集中人民的仇恨 ………………………………………… 一五三

(四) 公開的「停戰令」，秘密的作戰令 …………………… 一五六

(五) 有開口供給諾言的自由，但重要的，是他隨時有開槍供給子彈的自由 ………………………………………… 一五七

(六) 最後撕碎了停戰協定與政協決議，發動了冒險的戰爭 … 一六六

(七) 「把一條繩索套在自己的脖子上」………………………… 一七四

(八) 盜賣中國的新二十一條 ………………………………… 一八二

(九) 蔣介石匪幫落入毛澤東所佈置的天羅地網，在蔣管區也遭受人民的圍攻 ……………………………………… 一九一

(十) 「在睡夢中跑到大街上狂呼救命」……………………… 一九七

(十一) 奴顏婢膝，糧餉大廉價拍賣 ………………………… 一〇二

(十二) 人民解放軍叱咤風雲大進攻，四大家族置身在全國人民的革命火海裏，很想穿上「總統」的壽衣，好到棺材中抖點威風人民的完全勝利已成定局 ……………… 一〇七

(十三) 很想穿上「總統」的壽衣，好到棺材中抖點威風 …… 二一五

六 消滅蔣介石，打碎蔣家小朝廷的全部統治機構 ………… 二一九

《足本七劍十三俠》目錄第 3 頁

一 帝國主義在中國的最後一個大狗牙，中國人民的第一號公敵

毛澤東最近發出的文告「目前形勢和我們的任務」，這是一篇劃時代的中國大革命的檄文，這個檄文指出：中國人民解放軍的由防禦轉到進攻，「這是一個歷史的轉折點。這是蔣介石二十年反革命統治由發展到消滅的轉折點。這是一百多年以來帝國主義在中國的統治由發展到消滅的轉折點」。蔣介石的四大家族王朝二十年來以殘酷血腥的手段盜竊政權，從事反人民的內戰，厲行反革命的恐怖，把中國革命人民——工人、農民、覺悟的智識分子——的鮮血，還遍全中國的東西南北，以求得在帝國主義者面前稱臣稱子稱孫，為蔣、宋、孔、陳四大家族門的「光寵」，益賣我們中華祖國簡直像拋棄敝屣一樣，對於人民，橫征暴斂，巧取豪奪，取之盡錙銖，集中了二百萬萬美元左右的大財富，單在美存款也達數十萬萬美元（註），無恥奧荒淫，享盡中國歷代帝王所沒有過的豪華，而憑藉他們由帝國主義所武裝和訓練起來的反革命軍隊、憲兵、警察和黨提特務，任意吞噬中國人民的生命，覺得「天下莫予毒」，但現在這個中國歷史上空前的血

《足本七劍十三俠》正文第 1 頁

四 抗戰失敗主義和繼續與人民為敵

（1）多邊的買賣政策

蔣介石在西安事變中接受停止內戰一致對外的條件，這一方面是由於人民的民族革命高潮的壓力以及很多國民黨軍隊對於「剿共」政策的抵抗，另一方面則是英美對於日寇的態度有了新變化，這種變化直接影響到蔣介石集團。

蔣介石這個在北洋軍閥之後大買辦大封建奴隸主的集中統治，代表了各個帝國主義在中國的共同利益，同時，在一定場合，又代表了某一個帝國主義在中國的特殊利益，因此，不但蔣介石與國民黨內部各派別在各種期間內的鬥爭，是反映了各帝國主義在中國的矛盾，同時蔣介石自己的政策變化，也是各帝國主義在中國的矛盾變化的反映。蔣介石原來在交易所中所學得的本事，全部都應用到政治上來。他進行左賣國的貿易，但賣給誰，怎樣賣，完全看行情辦事，看對方所出的價格高低，看自己在這方或在那方所得的利金的比較。蔣介石和日寇「親如一家」，視日寇如神物，日寇要什麼

《足本七劍十三俠》正文第 89 頁

（二十九）《救国之路》

本书为中国共产党中央委员会发布的《中共中央纪念"五一"劳动节口号》的伪装本。64开，正文6页，竖排铅印。封面为白底红字，居中竖向印有伪装题名《救国之路》，题名右上竖向印有"军人必读"，没有作者和出版者信息。

中国共产党有在重大节庆日及纪念日发表口号、宣言及刊发文章的惯例。1948年的五一国际劳动节前夕，人民解放军势如破竹，在华东、东北、陕北等地都取得了重大胜利。4月13日，毛泽东率转战陕北的中央机关抵达河北省阜平县城南庄。4月18日，新华社向中共中央发来一封简短的电报，请示中央，五一劳动节是否要发布重要文告或社论。新华社发来的这封电报引起了毛泽东、周恩来等人的高度重视。"五一口号"初稿很快就起草完毕，共计25条。毛泽东字斟句酌地做了近30处修改，改为23条。其中最重要的是对口号第五条的修改，毛泽东删除了原来的"工人阶级是中国人民革命的领导者，解放区的工人阶级是新中国的主人翁，更加积极地行动起来，更早地实现中国革命的最后胜利"，重新起草了一条口号予以替换，也就是我们熟知的"各民主党派、各人民团体、各社会贤达迅速召开政治协商会议，讨论并实现召集人民代表大会，成立民主联合政府"。这一修改体现了中国共产党对成立民主联合政府的诚意和决心，高度概括了中共中央的建国方略，正式向国内外宣告要成立新政权，建立新中国。

4月30日，中共中央书记处在城南庄召开了扩大会议，审议通过了经毛泽东修改的《中共中央纪念"五一"劳动节口号》。同日，中共中央正式发布五一国际劳动节口号，指示新华社总社自5月1日起连播3天，以便使社会各界广泛知悉中国共产党的政治主张。5月1日，《晋察冀日报》在头版头条率先刊登了口号全文。5月2日，《人民日报》在头版头条发表了全文。

本书是以伪装本形式印刷的单行本，全书用红字印刷，以显庄重和特殊。

《救国之路》封面

中國共產黨中央委員會發佈紀念「五一」勞動節口號，全文如下：

（一）今年的五一勞動節，是中國人民走向全國勝利的日子。向中國人民的解放者中國人民解放軍全體將士致敬！慶祝各路人民解放軍的偉大勝利！

（二）今年的五一勞動節，是中國人民死敵蔣介石走向滅亡的日子，蔣介石做偽總統，就是他快要上斷頭台的預兆。打到南京去，活捉偽總統蔣介石！

（三）今年的五一勞動節，是中國勞動人民和一切被壓迫人民的覺悟空前成熟的日子。慶祝全解放區和全國工人階級的團結！慶祝全解放區和全國農民的土地改革工作的勝利和開展！慶祝全國青年和全國知識份子爭自由運動的前進！

《救国之路》封二，正文第 1 页

（四）全國勞動人民團結起來，聯合全國知識份子、自由資產階級、各民主黨派、社會賢達和其他愛國份子，鞏固與擴大反對帝國主義、反對封建主義、反對官僚資本主義的統一戰綫，為着打倒蔣介石，建立新中國而共同奮鬥。

（五）各民主黨派、各人民團體、各社會賢達迅速召開政治協商會議，討論並實現召集人民代表大會，成立民主聯合政府！

（六）一切為着前綫的勝利。解放區的職工，拿更多更好的槍砲彈藥和其他軍用品供給前綫！解放區的後方工作人員，更好的組織支援前綫的工作！

（七）向解放區努力生產軍火的職工致敬！向解放區努力恢復工礦交通的職工致敬！向解放區努力改進技術的工程師、

《救国之路》正文第2页

技師致敬！向解放區一切努力後方勤務工作和後方機關工作的人員致敬！向解放區一切工業部門和後方勤務部門的勞動英雄、人民功臣、模範工作者致敬！

（八）解放區的職工和經濟工作者，堅定不移地貫澈發展生產、繁榮經濟、公私兼顧、勞資兩利的工運政策和工業政策！

（九）解放區的職工，為增加工業品的產量，提高工業品的質量，減低工業品的成本而奮鬥！拿更大更好的人民必需品供給市場！

（十）解放區的職工，發揚新的勞動態度，愛護工具，節省原料，遵守勞動紀律，反對一切怠惰、浪費和破壞行為，學習技術，提高生產效率！

3

（十一）解放區的職工，加強工人階級的內部團結，加強工人與技術人員的團結，建立尊師愛徒的師徒關係！

（十二）解放區私營企業中的職工，與資本家建立勞資兩利的合理關係，爲共同發展國民經濟而努力！

（十三）解放區的職工會與民主政府合作，保障職工適當的生活水平，舉辦職工福利事業，克服生活困難。

（十四）解放區和蔣管區的職工聯合起來，建立全國工人的統一組織，爲全國工人階級的解放而奮鬥！

（十五）向蔣管區爲生存和自由而英勇奮鬥的職工致敬！歡迎蔣管區的職工到解放區來參加工業建設！

（十六）蔣管區的職工，用行動來援助解放軍，不要替蔣介石匪徒製造和運輸軍用品！在解放軍佔領城市的時候，自動維持城市秩序，保護公私企業，不許蔣介石匪徒破壞！

（十七）蔣管區的職工，聯合被壓迫的民族工商業者，打倒官僚資本家的統治，反對美帝國主義者的侵畧！

（十八）全國工人階級和全國人民團結起來，反對美帝國主義者干涉中國內政、侵犯中國主權，反對美帝國主義者扶植日本侵畧勢力的復活！

（十九）中國工人階級和各國工人階級團結起來，反對美帝國主義者壓迫亞洲、歐洲和美洲的民族解放運動、民主運動和職工運動！

（二十）向援助中國人民解放戰爭和援助中國職工運動的世界各國工人階級致敬！向拒運拒卸美帝國主義和其他帝國主義援蔣物資的各國工人階級致敬！向並肩反抗美帝國主義侵畧的

5

《救国之路》正文第5页

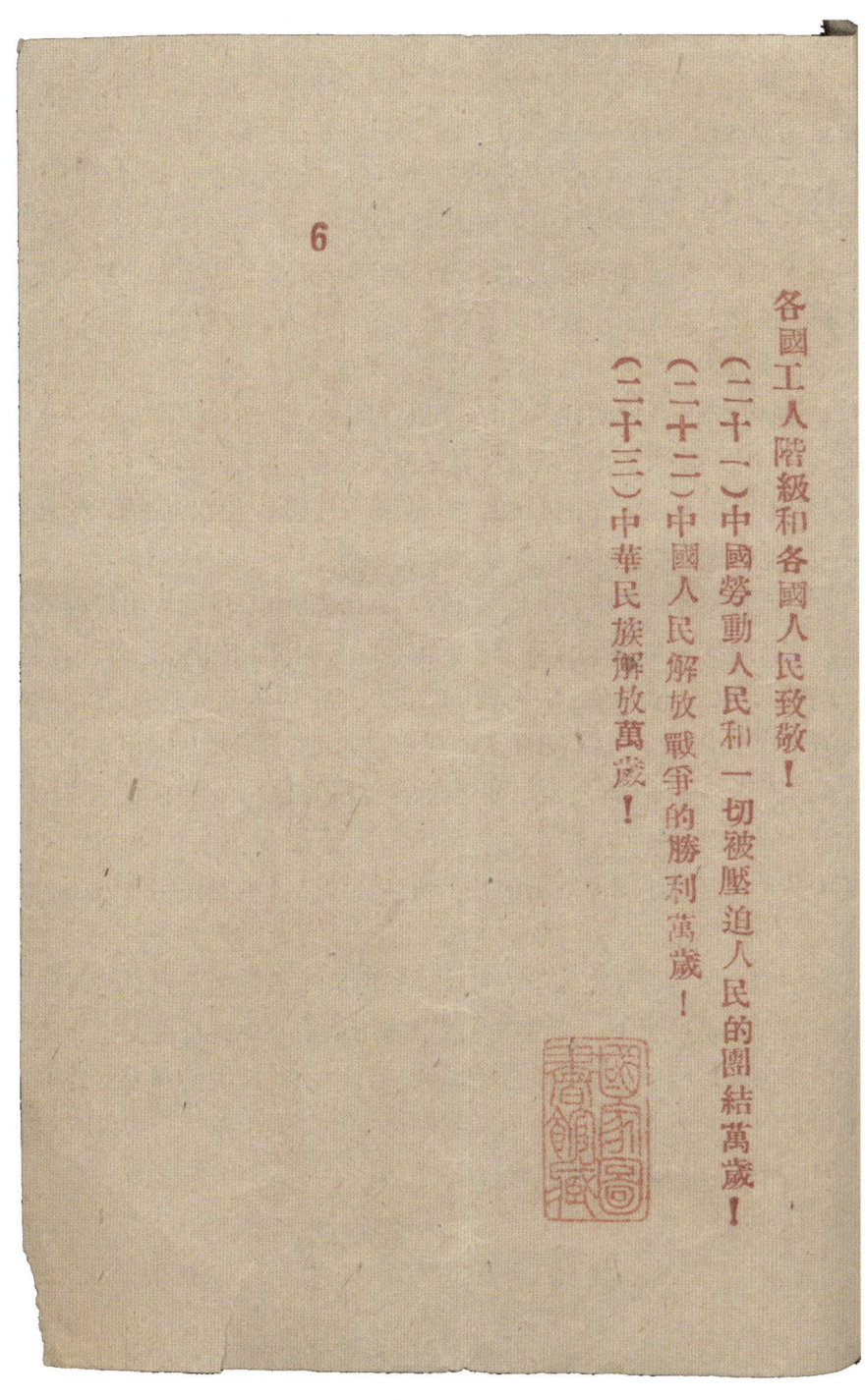

《救国之路》正文第 6 页

（三十）《中国往那里去？》

本书为解放战争时期中共时评文件汇编的伪装本。32开，正文38页，竖排铅印。封面为浅绿底绿字，上端自右向左印有伪装题名《中国往那里去》，下端印有"上海中国书店印行"，居中印有一个大大的问号。题名页的伪装题名和出版者与封面同，还印有"中华民国三十七年九月"。

本书无目录，卷首有前言，卷末有编后感。正文各篇文章前皆不加题名，仅在各篇之前加上按语，篇尾注明文章的题名、作者、发表时间等。

本书正文收录6个方面的内容，具体情况如下：

1.《目前形势和我们的任务》，系1947年12月25日毛泽东在陕北米脂县杨家沟召开的中共中央扩大会议上所做的书面报告。

2.《旧中国在灭亡　新中国在前进》，篇末注明系1948年5月23日新华社社论。

3.《中国人民解放军宣言》，系1947年10月10日中国人民解放军总部公布的政治宣言，亦称"《双十宣言》"，由毛泽东起草，朱德、彭德怀署名发布。

4.《中共中央纪念"五一"劳动节口号》，系1948年4月30日中共中央书记处在河北省阜平县城南庄召开扩大会议审议通过，同日由中共中央正式发布。

5.《消灭蒋介石，打碎蒋家小朝廷的全部统治机构》，系陈伯达著《人民公敌蒋介石》的第六部分。

6.中共毛泽东主席就召开新的政治协商会议与香港各民主党派民主人士来往函电。

本书的编者以一位江南人士的口吻，称解放军渡江南下只是时间问题，认为"战争的前途是摆明了，可是在这战争未结束前，中国可能发生那些变化，将来全国将出现怎样一个新局面？倒是我们江南人民所关心和需要的事情"，为此搜集汇编中共方面的论文和有关材料，供各界人士参考。这说明本书系针对南方国民党统治区民众的宣传册。

《中国往那里去？》封面

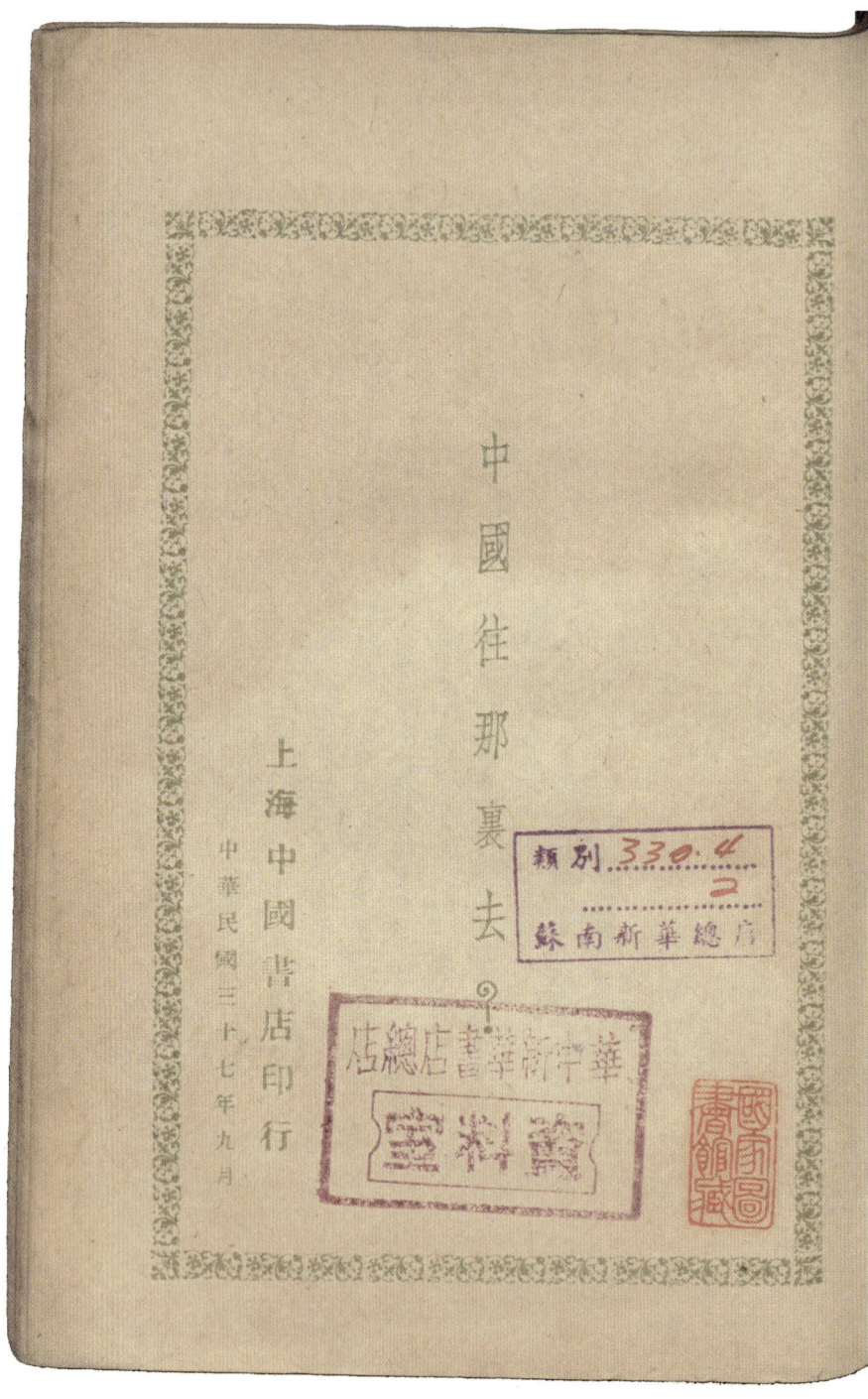

《中国往那里去？》题名页

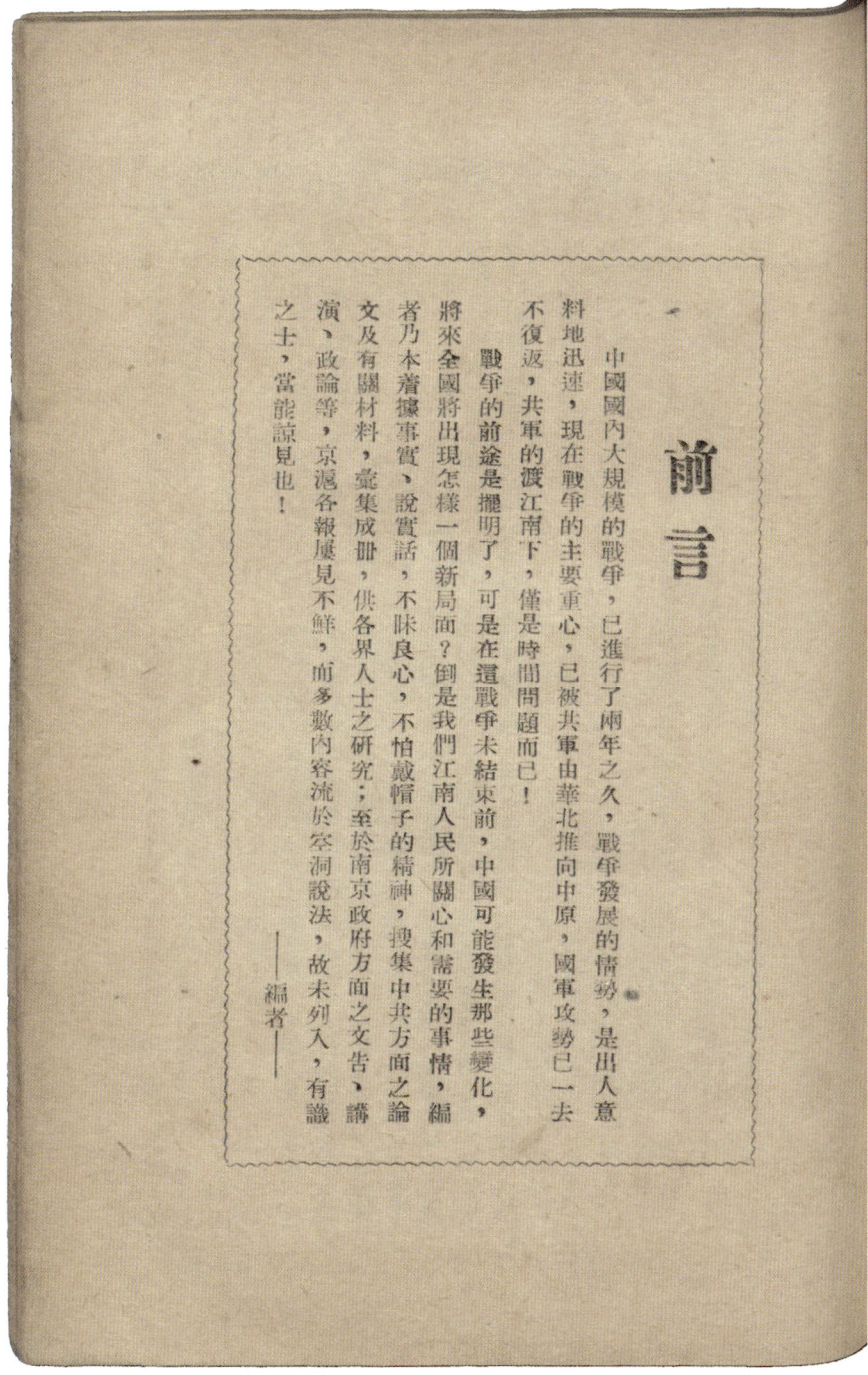

《中国往那里去？》前言

前言

中国国内大规模的战争，已进行了两年之久，战争发展的情势，是出人意料地迅速，现在战争的主要重心，已被共军由华北推向中原，国军攻势已一去不复返，共军的渡江南下，仅是时间问题而已！

战争的前途是摊明了，可是在还战争未结束前，中国可能发生那些变化，将来全国将出现怎样一个新局面？倒是我们江南人民所关心和需要的事情，编者乃本着据军实、说实话，不昧良心，不怕戴帽子的精神，搜集中共方面之论文及有关材料，汇集成册，供各界人士之研究；至於南京政府方面之文告、讲演、政论等，京沪各报屡见不鲜，而多数内容流於空洞说法，故未列入，有识之士，当能谅见也！

——编者——

这是一篇划时代的大革命檄文，是中共主席毛泽东去年十二月二十五日在中共中央会议上的报告，他明确地指出中国人民革命战争的前途，必然会走向全国胜利；同时对中共的土地改革政策及工商业政策等，亦有详细的阐明。毛泽东的报告，向为中共全党及能够给人民行动的总方向，我们有详加阅读研究之必要。——编者

（一）

中国人民的革命战争，现在已经达到了一个转折点。这即是中国人民解放军已经打退了美国走狗蒋介石的数百万反动军队的进攻，并使自己转入了进攻。还在一九四六年七月至一九四七年六月战争第一个年头内，人民解放军即已在几个战场上打退了蒋介石的进攻，迫使蒋介石转入防御地位。而从战争第二年的第一季，即一九四七年七月至九月间，人民解放军即已转入了全国规模的进攻，破坏了蒋介石将战争继续引向解放区，企图澈底破坏解放区的反革命计划。现在战争主要地已经不是在解放区里进行，而是在国民党统治区里进行了，人民解放军的主力已经打到了国民党匪帮的反革命统治区域里去了。中国人民解放军已经在中国这一块土地上扭转了美国帝国主义及蒋介石匪帮的反革命的车轮，推进了自己的革命车轮。这是一个历史的转折点。这是蒋介石廿年反革命统治由发展到消灭的转折点。这是一百多年以来帝国主义在中国的统治由发展到消灭的转折点。这是一个伟大的事变。这个事变所以带着伟大性，是因为这个事变发生在一个具有四万万五千万人口的国家内，这个事变一经发生，它就将必然地走向全国的胜利。这个事变所以带着伟大性，还因为这

— 1 —

《中国往那里去？》正文第 1 页

一九四七年十月十日，中國人民解放軍發表宣言，提出了代表人民迫切要求的八項基本政策，爲研究中國人民解放軍立場、主張之重要文件。

編者

中國人民解放軍在粉碎蔣介石的進攻之後，現已大舉反攻。南線我軍已向長江流域進擊，北線我軍已向中長、北甯兩路進擊。我軍所到之處，敵人望風披靡，人民歡聲雷動。整個敵我形勢，和一年前比較，業已起了基本上的變化。

本軍作戰目的，迭經宣告中外，是爲了中國人民與中華民族的解放。而在今天，則是實現全國人民的迫切要求打倒內戰禍首蔣介石，組織民主聯合政府，藉以達到解放人民與民族的總目標。中國人民，爲了自己的解放與民族的獨立，和日本帝國主義英勇奮戰了八年之久。日本投降後，人民渴望和平，蔣介石則破壞人民一切爭取和平的努力，而以空前的內戰災難壓在人民的頭上。這樣就逼得全國各階層人民除了團結起來打倒蔣介石以外，再無出路。

蔣介石現在的內戰政策不是偶然的，這是蔣介石及其反動集團一貫反人民政策的必然結果。早在民國十六年（一九二七年），蔣介石就忘恩負義地背叛了國共兩黨的革命聯盟，背叛了孫中山的革命的三民主義與三大政策，從此建立獨裁統治，投降帝國主義，打了十年內戰，造成日寇侵略。民國二十五年（一九三六年）西安事變時期，中國共產黨以德報怨，協同張學良、楊虎城兩將軍，釋放蔣介石，希望蔣介石悔過自新，共同抗日。但是蔣介石又一次忘恩負義，對於日寇則消極應戰，對於人民則積極鎭壓，對於共產黨則極端仇視。前年（一九四五年）日本投降，中國人民又一次寬恕蔣介石，要求蔣介石停止已經發動的內戰，團結各黨派和平建國，實行民主政治，但是毫無信義的蔣介石，在簽訂停戰協定，通過政協決議，宣佈四項諾言以後，隨卽將其全部推翻。人民方面，雖則再三忍讓求

— 19 —

《中国往那里去？》正文第19页

（三十一）《原本精校老残游记》

本书为《庆祝济南解放特刊》的伪装本。32 开，正文 60 页，竖排铅印。封面为白底黑字，左侧竖向印有伪装题名《原本精校老残游记》，右半部印有大明湖图片。封底中部用艺术字标注"益智"二字，应为伪托出版者的名号。本书未标注出版时间。

1948 年 9 月 16—24 日，中国人民解放军华东野战军经八昼夜的激烈攻坚作战，解放山东省省会济南，拉开了解放战争战略决战的序幕。济南解放后，《解放济南之战》《庆祝济南解放特刊》等宣传册先后出版。为了便于在国统区发行，对这些宣传册进行了伪装，其中最有特色的当数伪装成晚清小说家刘鹗代表作《老残游记》的《庆祝济南解放特刊》伪装本。大多数伪装本多在封面上做文章。本书的特别之处在于不仅对封面进行了伪装，还对书中内容进行了部分伪装。翻开本书的封面，是《老残游记》的目录，共 20 章。正文第 1—8 页是《老残游记》原书第一章全文。其后才是《庆祝济南解放特刊》的目录和正文。

本书收文章、文告、歌曲等 19 篇，目录如下：

　　济南介绍
　　庆祝济南解放的伟大胜利（新华社社论）
　　粟裕将军谈胜利的原因
　　人民解放军公布初步战果
　　济南被歼敌军介绍
　　王匪耀武被我俘获
　　中共中央及各方贺电
　　人民解放军与济南人民约法七章
　　军管委员会颁布入城纪律
　　军管会颁发安民布告
　　我军城市政策受到热烈拥护
　　进攻的号声响（歌曲）
　　济南战役总动员令
　　济南战斗经过
　　解放济南之战

男女老少齐动员

支前小唱（歌曲）

庆祝胜利（歌曲）

访齐鲁大学

刘鹗创作的《老残游记》以其对晚清济南市井风情的生动描绘为世人称颂，济南也因为这部小说而家喻户晓。《庆祝济南解放特刊》伪装成这本著名的谴责小说，以便在国统区进行传播。

国家图书馆还藏有《庆祝济南解放特刊》伪装本的清样稿本。稿本高20.5厘米，宽28厘米，正文60页，竖排铅印。临时加装的封面无图案文字，仅用蓝色钢笔书有"老残游记""1948.10""活版印"。稿本中有红笔、蓝笔和铅笔3种校改痕迹。例如，第9页《济南介绍》一文中"山东全省除青岛和鲁南、鲁西南的少数孤立据点外"处，在"青岛"后添"烟台"二字；第11页新华社社论《庆祝济南解放的伟大胜利》第三段"仅就目前而论，就还有长春、沈阳、承德、保定、太原、安阳、南阳、榆林等城市"，于"沈阳"后添"锦州"二字。起伪装作用的《老残游记》原书目录也经过了仔细的校对，校改达6处。经过与正式出版的《老残游记》伪装本对勘，两书排版基本一致，校改处亦相吻合。该稿本装订较为简单，册页均为对折，未裁开。《进攻的号声响》《庆祝胜利》《支前小唱》3首歌曲未按目录顺序装订，夹在书前的伪装目录和正文中间，显示了其稿本的特征。伪装本已属稀见，其清样稿本更是难得一见。

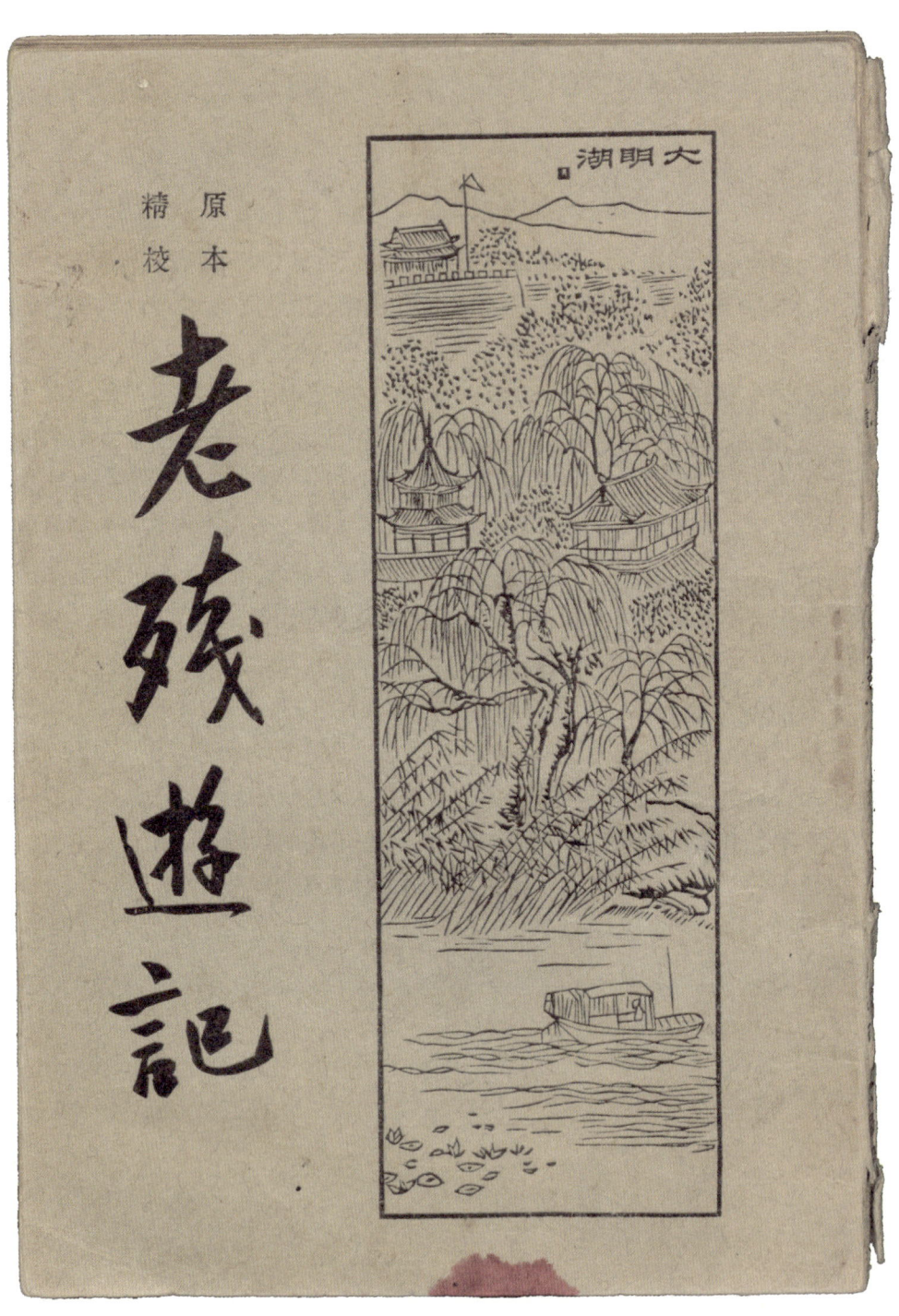

《原本精校老残游记》封面

老殘遊記目錄

第一章　土不制水厯年成患　風能鼓浪到處可危
第二章　歷山山下古帝遺踪　明湖湖邊美人絕調
第三章　金線東來尋黑虎　布帆西去訪蒼鷹
第四章　宮保求賢愛才若渴　太尊治盜疾惡如仇
第五章　烈婦有心殉節　鄉人無意逢殃
第六章　萬家流血頂染猩紅　一席談心辨生狐白
第七章　借箸代籌一縣策　納楹閒訪百城書
第八章　桃花山月下遇虎　柏樹峪雪中訪賢
第九章　一客吟詩負手面壁　三人品茗促膝談心
第十章　驪龍雙珠光照琴瑟　犀牛一角聲叶箜篌
第十一章　疫鼠傳殃成害馬　癇犬流災化毒龍
第十二章　寒風凍塞黃河水　暖氣催成白雪辭
第十三章　娓娓青燈女兒酸語　滔滔黃水觀察嘉謨

《原本精校老殘遊記》偽裝目錄第1頁

第十四章 大縣若牛蛙浮水面 小船如蟻分送饅頭
第十五章 烈焰有聲驚二翠 嚴刑無度逼孤孀
第十六章 六千金賣得凌遲罪 一封書驅走巍門星
第十七章 鐵碌一聲公堂解索 瑤琴三疊旅舍銜環
第十八章 白太守談笑釋奇冤 鐵先生風霜訪大案
第十九章 齊東打重搖鐵串鈴 濟南府巧設金錢套
第二十章 浪子金銀伐性斧 道人冰雪返魂香

《原本精校老殘遊記》偽裝目錄第2頁

老殘遊記

第一章 土不制水歷年成患 風能鼓浪到處可危

話說山東登州府東門外，有一座大山，名叫蓬萊山。山上有個閣子，名叫蓬萊閣。這閣造得畫棟飛雲，珠簾捲雨，十分壯麗。四面看城中人戶，烟雨萬家，東面看海上波濤，峥嶸千里，所以城中人士，往往於下午攜尊挈酒，在閣中住宿，准備次日天未明時，看海中出日，習以為常，這且不表。却說那年有個遊客，名叫老殘。此人原姓鐵，單名一個英字，號補殘，因慕嬾殘和秃櫰芋的故事，遂取這殘字做號。大盧因他為人頗不討厭，契重他的意思，都叫他老殘，不知不覺這老殘二字，便成了個別號了。他年紀不過三十多歲，原是江南人氏，當年也曾讀過幾句詩書，因八股文章，做得不通，所以學也未曾進得一個，教書沒人要他，學生意，又嫌歲數大，不中用了。其先他的父親，原也是個三四品的官，因性情迂拙，不會要錢，所以做了二十年實缺，回家仍是賣了袍褂做的盤川，你想可有餘資給他兒子應用呢！這老殘既無祖業可守，又無行當可做，自然飢

《原本精校老殘遊記》正文第1頁

目錄

濟南介紹	九
慶祝濟南解放的偉大勝利（新華社社論）	一〇
粟裕將軍談勝利的原因	一三
人民解放軍公佈初步戰果	一六
濟南被殲敵軍介紹	一九
王匪耀武被我俘獲	二一
中共中央及各方賀電	二四
人民解放軍與濟南人民約法七章	二八
軍管會頒佈入城紀律	三〇
軍管會頒發安民佈告	三三
我軍城市政策受到熱烈擁護	三五
進攻的號聲響（歌曲）	三七
濟南戰役總動員令	

《原本精校老殘遊記》真實目錄第1頁

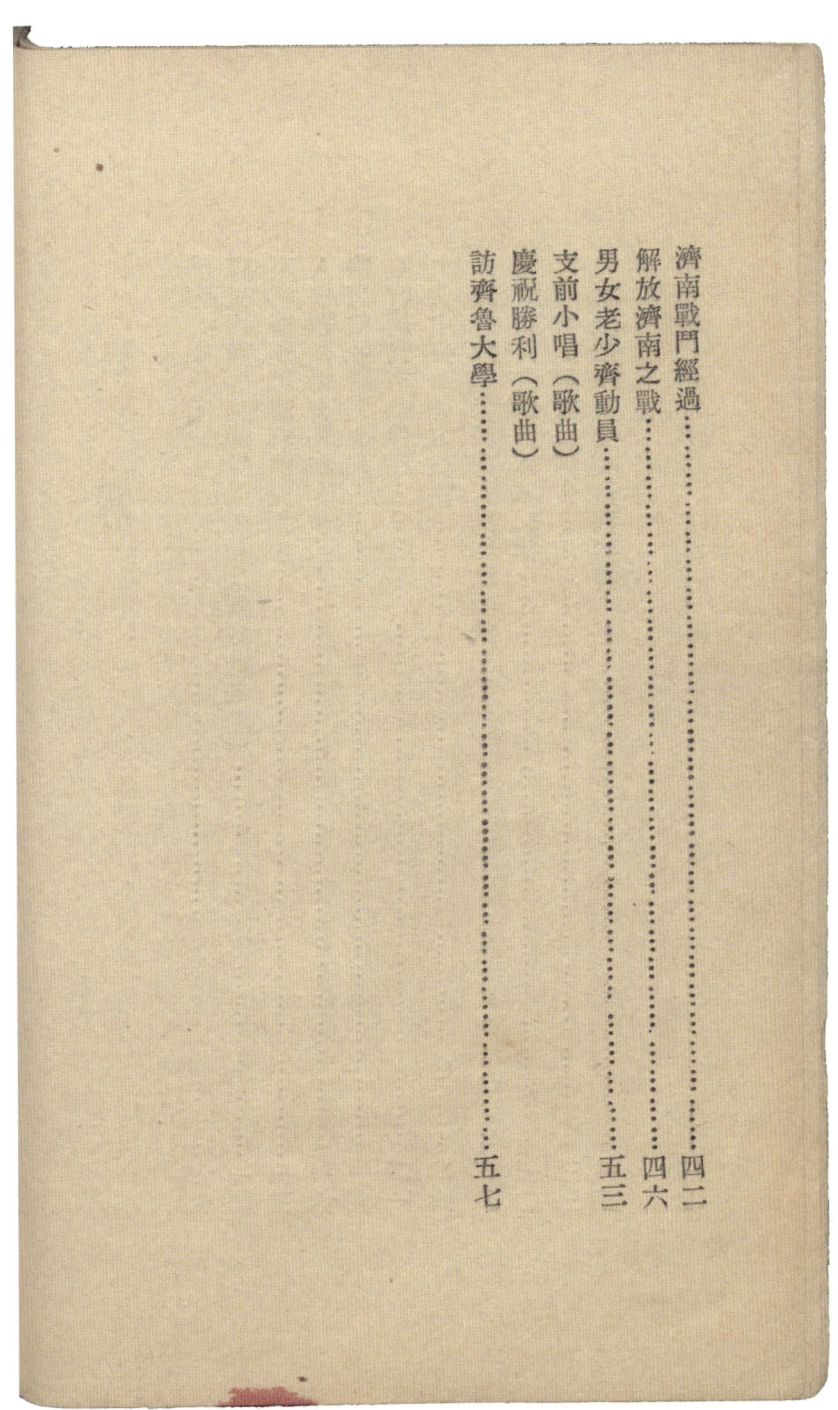

《原本精校老残游记》真实目录第 2 页

濟南戰鬥經過……四二
解放濟南之戰……四六
男女老少齊動員……五三
支前小唱（歌曲）
慶祝勝利（歌曲）
訪齊魯大學……五七

濟南介紹

濟南爲山東省省會，位於該省西北部黃河沖積的肥沃平原上，北距黃河約十里。全市人口七十萬。地當津浦、膠濟兩鐵路聯結點，爲南京、天津間的最大城市，對中國南北經濟、文化的聯系上起着很大的作用。城分內外二城，清光緒三十年（一九〇四年）在城西開關商埠，抗戰前商業頗爲繁盛，市區工場林立，與青島同爲山東的大工業城市，有麵粉、紡織、鐵工、造紙、榨油、製革等輕工業。市內教育發達，爲山東省文化中心，中私立齊魯大學，省立醫專、師範專科及農業學院等四所專科以上學校，中學二、三十所，全市大中小學生數萬人。濟南是國民黨反動派在山東的最大據點，城周數十里設有三條永久性的堅強防禦工事，環以無數衛星據點，並有十萬重兵防守。但此次人民解放軍發起攻勢僅經八晝夜戰鬥，解放軍即全部佔領該城。濟南是關內的解放軍開封後所解放的第二座省會，與開封的不同處是它長期孤立於解放區的包圍中，所以一經解放，便可以鞏固地爲人民所有。濟南解放後，津浦路北起靜海，南至徐州以北的臨城，已全爲解放軍控制，山東全省除青島煙台、和魯南、魯西南的少數孤立據點外，已全部解放，山東、華北兩大解放區亦已暢通無阻。

《原本精校老殘遊記》正文第 9 頁

慶祝濟南解放的偉大勝利

新華社社論

人民解放軍於九月十六日起開始向山東省會濟南發起攻勢。到二十四日,僅僅八天時間,就解放了敵人強固設防和重兵守禦的濟南市,全殲守敵十萬餘人,並爭取吳化文軍長率部起義。這個偉大的勝利,不但使國民黨反動派及其美國主人目瞪口呆,甚至全國的人民也因爲它的意外的迅速而驚異。

濟南的解放,對於整個戰局的重大意義是很明顯的。蔣介石在發動全面內戰以後的一年多中間,始終是把華東戰場當作他的軍事重點,他曾經使用八十幾個整編旅的兵力在這個方向,妄圖在這裏決定戰爭的勝負。當華東人民解放軍的主力在蘇中、蘇北、魯南、魯中各戰場光輝地完成了大量殲滅敵軍的任務,而於去年七月轉入外線作戰的時候,敵人曾一度在山東大肆騷擾,並曾經竭力吹噓他們的所謂「戰略勝利」。敵人曾經打通過膠濟路,打通過濟南以南的津浦路,在這個基礎上,敵人甚至還夢想過打通津浦全線,藉以溝通他們的華中和華北。但是就在那時,我們就曾指出過這並不是什麼攻勢的勝利,而只是攻勢的失敗,是敵人由全面攻勢降爲局部攻勢,又由局部攻勢轉入全面

《原本精校老殘遊記》正文第 10 頁

《原本精校老残游记》封底

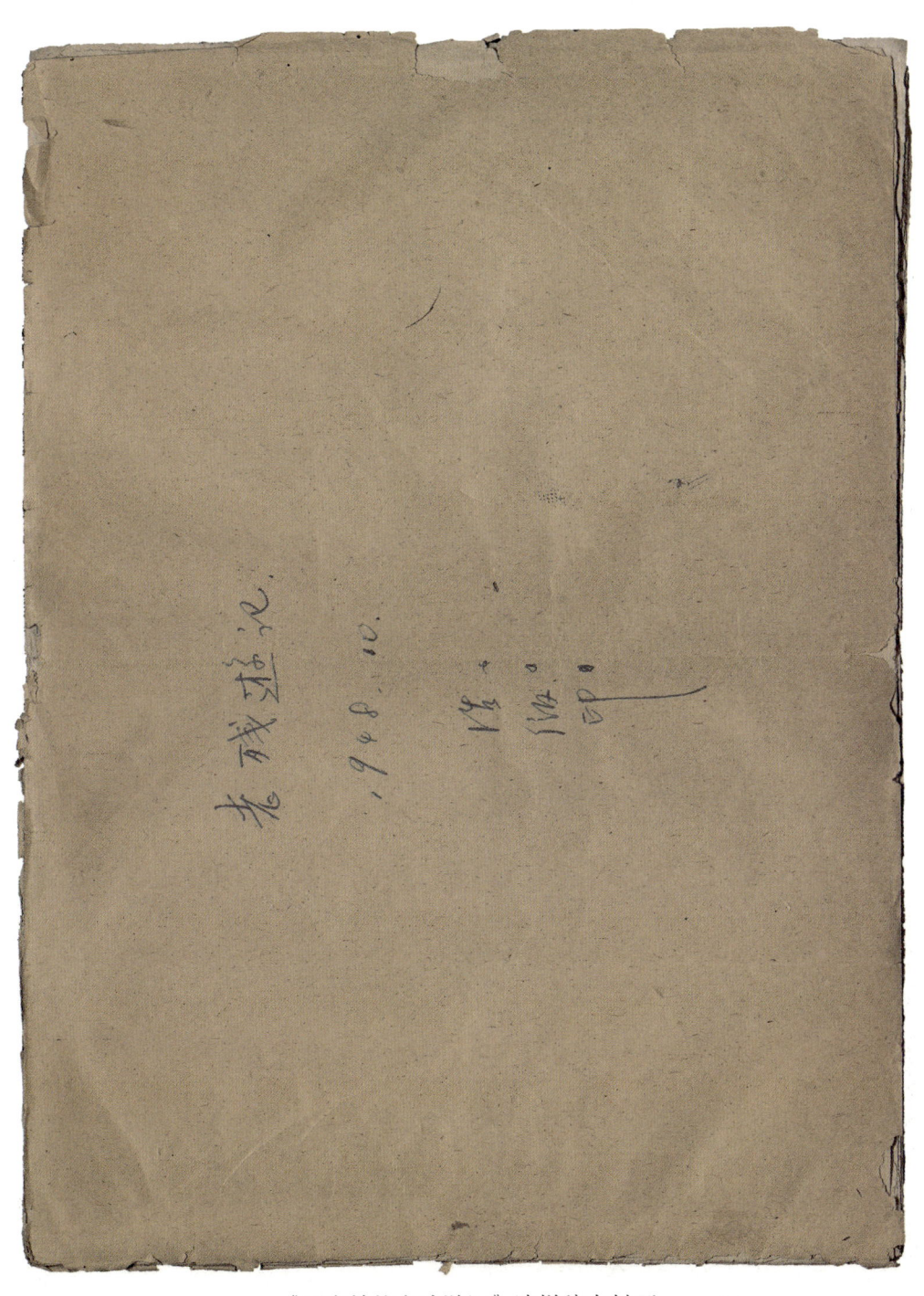

《原本精校老残游记》清样稿本封面

夹在《原本精校老残游记》清样稿本伪装目录前的歌曲《进攻的号声响》

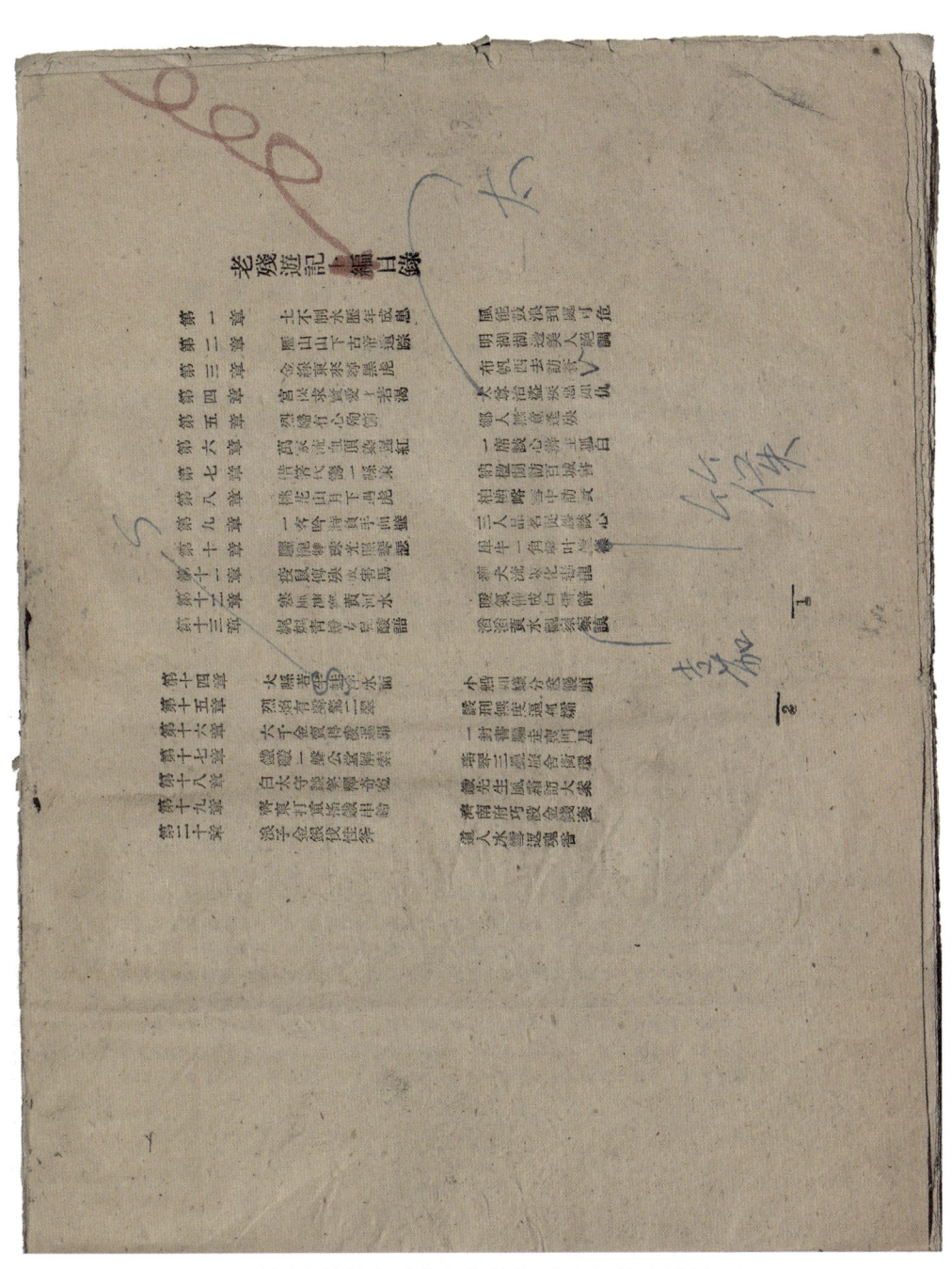

《原本精校老残游记》清样稿本的伪装目录

《原本精校老残游记》清样稿本正文第 1—2 页

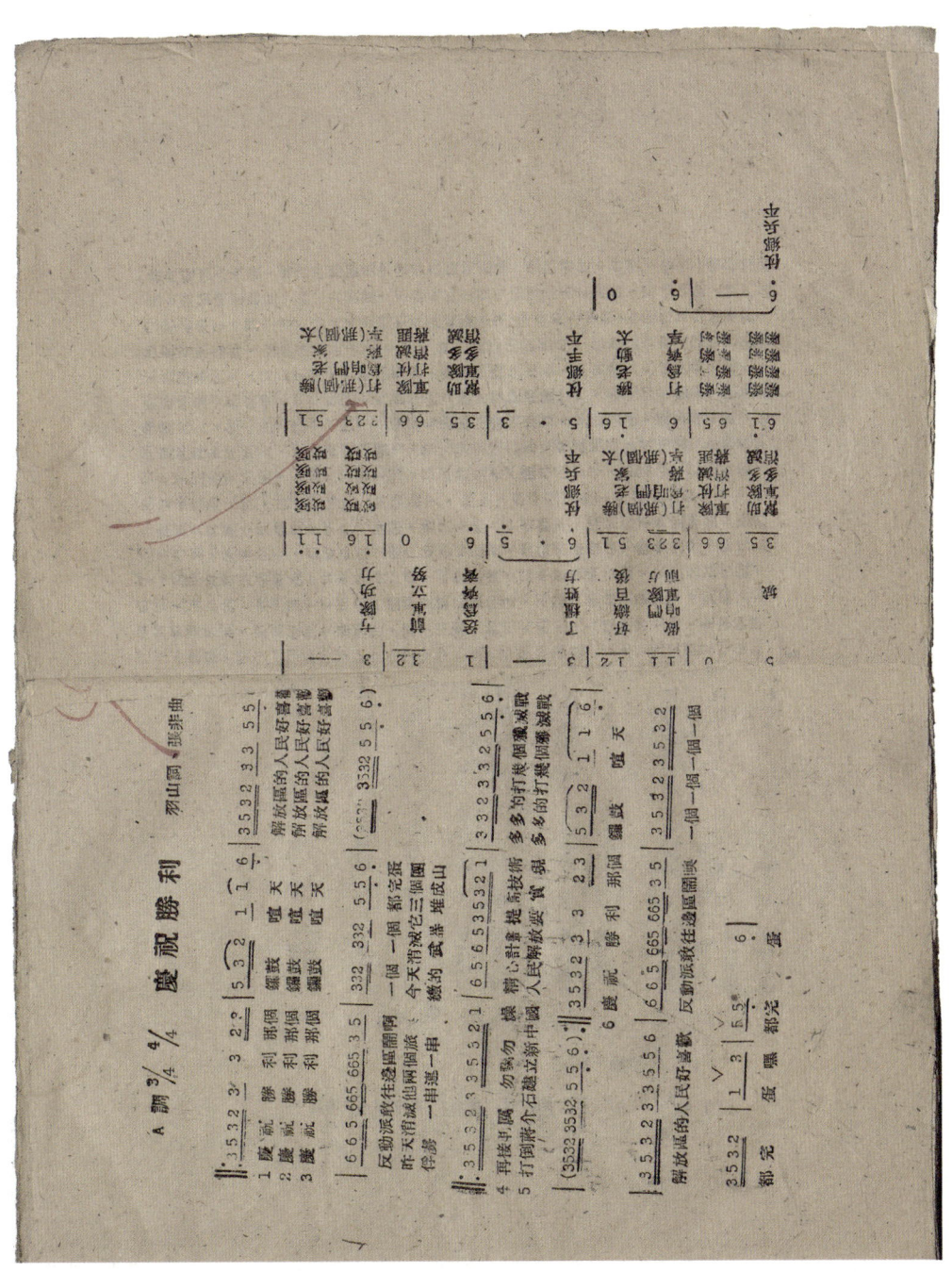

《原本精校老残游记》清样稿本中覆盖在歌曲《支前小曲》上方的歌曲《庆祝胜利》

目錄

資料介紹	
慶祝濟南解放的偉大勝利（新華社論）	一一九〇三〇
粟裕將軍談勝利的原因初步戰果	一一九六三〇
濟南戰役我軍公佈初步戰果介紹	三二
中共中央各方電賀	二三四二
王匪耀武及其參謀長變我俘虜	
軍人民解放軍與濟南人民約法七章	二三八〇
軍管會委員會發佈佈告紀律	三三五〇
濟南霞委員發表廣播演說	
濟南蔣匪軍官兵投誠受獎勵佈告	
繳械投降勸告令（歌曲）	三三七
濟南說唱門	
解放濟南之歌	三四四二
男女老少齊勸員	五三六三
支前小唱（歌曲）	
歡慶祝勝利（歌曲）	元七
訪濟南大學	

《原本精校老残游记》清样稿本目录第 1—2 页

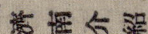

《原本精校老残游记》清样稿本正文第 9—10 页

《原本精校老残游记》清样稿本正文第 11—12 页

（三十二）《人民文丛①》

本书为中共时评和文件汇编的伪装本。32 开，正文 22 页，竖排铅印。封面为白底黑字，黑色的粗线框上端自右向左印有伪装题名《人民文丛》，中间印有"①"，下端印有"香港灯塔社出版"。

封二为目录页。本书目录如下：

一　中共中央委员会发布"五一"劳动节纪念口号
二　爱国运动的新高潮
三　华北解放区的当前任务
四　帝国主义在中国的最后一个大狗牙，中国人民的第一号公敌
五　很想穿上"总统"的寿衣，好到棺材中抖点威风

《中共中央委员会发布"五一"劳动节纪念口号》系 1948 年 4 月 30 日，中共中央为迎接全国解放、成立民主联合政府而发布的《中共中央纪念"五一"劳动节口号》。

《爱国运动的新高潮》系新华社 1948 年 6 月 18 日社论，指出美国的扶持日本和助蒋内战政策，以及国民党政府依靠美国发动内战和加强独裁统治的政策，使得国统区学生爱国运动不断壮大，成为人民斗争的一个组成部分。

《华北解放区的当前任务》系 1948 年 6 月 15 日华北《人民日报》创刊号上发表的长篇社论《华北解放区的当前任务——代创刊词》。该社论由新任华北局宣传部部长周扬和新任华北局宣传部副部长张磐石两人执笔，其主要内容是为什么要将晋冀鲁豫、晋察冀两大区合并为统一的华北解放区，华北解放区的内部条件与外部条件，两大解放区合并的好处，华北解放区的任务和工作方针。

《帝国主义在中国的最后一个大狗牙，中国人民的第一号公敌》系陈伯达著《人民公敌蒋介石》第一部分。

《很想穿上"总统"的寿衣，好到棺材中抖点威风》系陈伯达著《人民公敌蒋介石》第五部分《穷凶极恶，日暮途穷，即将被人民活捉审判》的第十三节。

本书未署出版时间，根据内容推测其出版时间当在 1948 年。

《人民文丛①》封面

一 中共中央委員會發佈〔五一〕勞動節紀念口號

二 愛國運動的新高漲

三 華北解放區的當前任務

四 帝國主義在中國的最後一個大狗牙，中國人民的第一號公敵

五 很想穿上「總統」的壽衣，好到棺材中抖點威風

註：四・五兩篇係節錄陳伯達所著「人民公敵×××」之首末兩篇

《人民文丛①》封二上的目录

中共中央委員會發佈「五一」勞動節紀念口號（新華社）

（新華社陝北四月三十日電）中國共產黨中央委員會發佈紀念「五一」勞動節口號。全文如下：

（一）今年的「五一」勞動節，是中國人民走向全國勝利的日子，向中國人民解放者，中國人民解放軍全體將士致敬！慶祝各路人民解放軍的偉大勝利。

（二）今年的「五一」勞動節，是中國人民死敵蔣介石走向滅亡的日子，蔣介石作偽總統，就是他快要上斷頭台的予兆。打到南京去，活捉偽總統蔣介石！

（三）今年的「五一」勞動節，是中國勞動人民和一切被壓迫人民的覺悟空前成熟的日子。慶祝全解放區和全國工人階級的團結！慶祝全解放區和全國農民的土地改革工作的勝利和開展！慶祝全國青年和全國知識份子爭自由運動的前進！

（四）全國勞動人民團結起來，聯合全國知識份子，自由資產階級，各民主黨派，社會賢達和其他愛國份子，鞏固與擴大反對帝國主義，反對封建主義，反對官僚資本主義的統一戰線。爲着打倒蔣介石，建立新中國而共同奮鬥！

一

《人民文叢①》正文第 1 頁

愛國運動的新高漲

新華社社論

中國人民對於美國反動派扶植日本侵畧勢力的長久憤怒，在最近上海和北平學生的大示威中，在蔣管區其他大城市的學生運動中，大規模的暴發起來了。與此同時，上海北平香港等地工商文化教育界名流接連地發出對於美國扶植日政策的抗議。不但一切民主份子，而且許多素來傾向保守的輿論機關和政治人物，甚至包括某些屬於國民黨的輿論機關和政治人物在內、對於美國反動派明目張胆的扶日政策，也不得不表示異議——至少是不得不在口頭上表示異議。在相反的方面，則有美國駐華大使司徒雷登發表直接干涉中國內政的書面聲明，搬出法西斯的「防共」理論來辯護美國政府的反動政策，並威嚇中國人民的抗議運動說：「倘仍繼續進行，可能招致不幸結果。」蔣介石的軍警憲特機關，立即馴服地執行了司徒的兇惡號令，瘋狂的壓迫、逮捕並打傷了愛國的學生。蔣介石的宣傳機關中央日報，也竭力證明他們是美國侵畧者和日本侵畧者的孝子忠臣。他們除了背誦美國大使舘所頒發的宣傳提綱以外，還提出了更兇惡而直接了當的口號，鼓吹對愛國運動「操刀一割，斬草除根」。但是不顧這一切，大無畏的蔣管區學生和人民的愛國運動，還是繼續前進。一方面，是外國侵畧者和賣國賊站在一起，原形畢露，旣兇惡而又孤立；另一方面，是全中國一切有愛國心的人民站在一起，義憤塡膺，受著迫害，但是相信自己一定能

五

華北解放區的當前任務

人民日報創刊詞

（新華社華北某地六月十九日訊）中共華北中央局機關報「人民日報」本月十五日創刊號社論，題為「華北解放區當前的任務」，副標題是 代創刊詞）。該社論詳細論述了華北解放區的形勢，和在這種形勢下的農業生產、工業生產、整黨建政、軍事鬥爭四項基本任務。該社論關於這四項所提的意見，不但適用於華北解放區，原則上也適用於一切比較鞏固的，土地改革已經大體完成的其他解放區。社論原文如下：

晉冀魯豫與晉察冀兩大解放區現已合併為一個統一的華北解放區。這兩大解放區，山川毗連、政治、經濟、文化、歷史及人民的風俗習慣，均大體相同。在抗日時間，遭受日偽的軍事分割；日本投降後，又遭受蔣介石匪幫的軍事分割，曾不得不分為兩個獨立的解放區及許多更小的獨

，中美反動派對於中國人民的愛國民主運動每實行一次壓迫，就增加一次自己的孤立，這已經成為規律了。跟以前一樣，在這一次反對美國扶日政策的愛國運動中，司徒雷登和蔣介石政府又一次地威信掃地；而愛國的學生和人民，則將更加堅決的團結前進，直到他們的奮鬥勝利為止。光明是屬於學生、屬於人民的。

—完—

（新華社陝北十八日訊）

《人民文叢①》正文第9頁

（三十三）《和平奋斗救中国！》

本书为毛泽东著《论联合政府》的伪装本。32开，正文68页，竖排铅印。封面居中竖向印有伪装题名《和平奋斗救中国！》，右上竖向印有"香港时代出版社时论丛刊之一"，左下自右向左竖向印有"文风印刷所印行""荷里活道一三八号二楼"。本书没有题名页、版权页和目录页。

本书正文前收录《中国人民胜利的指南——读毛泽东同志的〈论联合政府〉》，系延安《解放日报》社论；其次为新华社电讯《中共第七次全国代表大会在延开幕》，该电讯包括"任弼时同志宣布开幕""毛泽东同志致开幕词""朱德、刘少奇、周恩来、林伯渠、冈野进同志演说"等内容。随后是毛泽东在中共七大所做的政治报告《论联合政府》。

本书实际上是中共湖南省工委地下印刷所金国印书馆印刷的伪装本。金国印书馆原为金国印刷厂，由向愚创办。抗战胜利后由衡阳迁往长沙，改名金国印书馆。1947年9月，向愚与中共地下组织取得联系。1948年2月，金国印书馆正式接受中共湖南省工委的印刷任务。该馆印刷过《目前形势和我们的任务》《新民主主义论》《论联合政府》等多种毛泽东著作，其中《目前形势和我们的任务》伪装为《和平奋斗救中国！》一书，《新民主主义论》伪装为《中国往何去处？》一书，伪托香港时代出版社印刷发行。① 本书与"香港时代出版社时论丛刊之二"、托名《中国往何处去？》的毛泽东著《新民主主义论》伪装本特征一致，与上述记载基本吻合，故判断其属于金国印书馆的出版物。

"和平奋斗救中国"是孙中山弥留之际昭示国人的政治遗言，本书以其作为伪装题名，既有政治隐喻，又能起到很好的隐蔽作用。

---

① 参见肖功璞、向佑文：《坚持地下斗争的印刷厂：金国印书馆纪实》，《长沙党史通讯》，1986第1期。

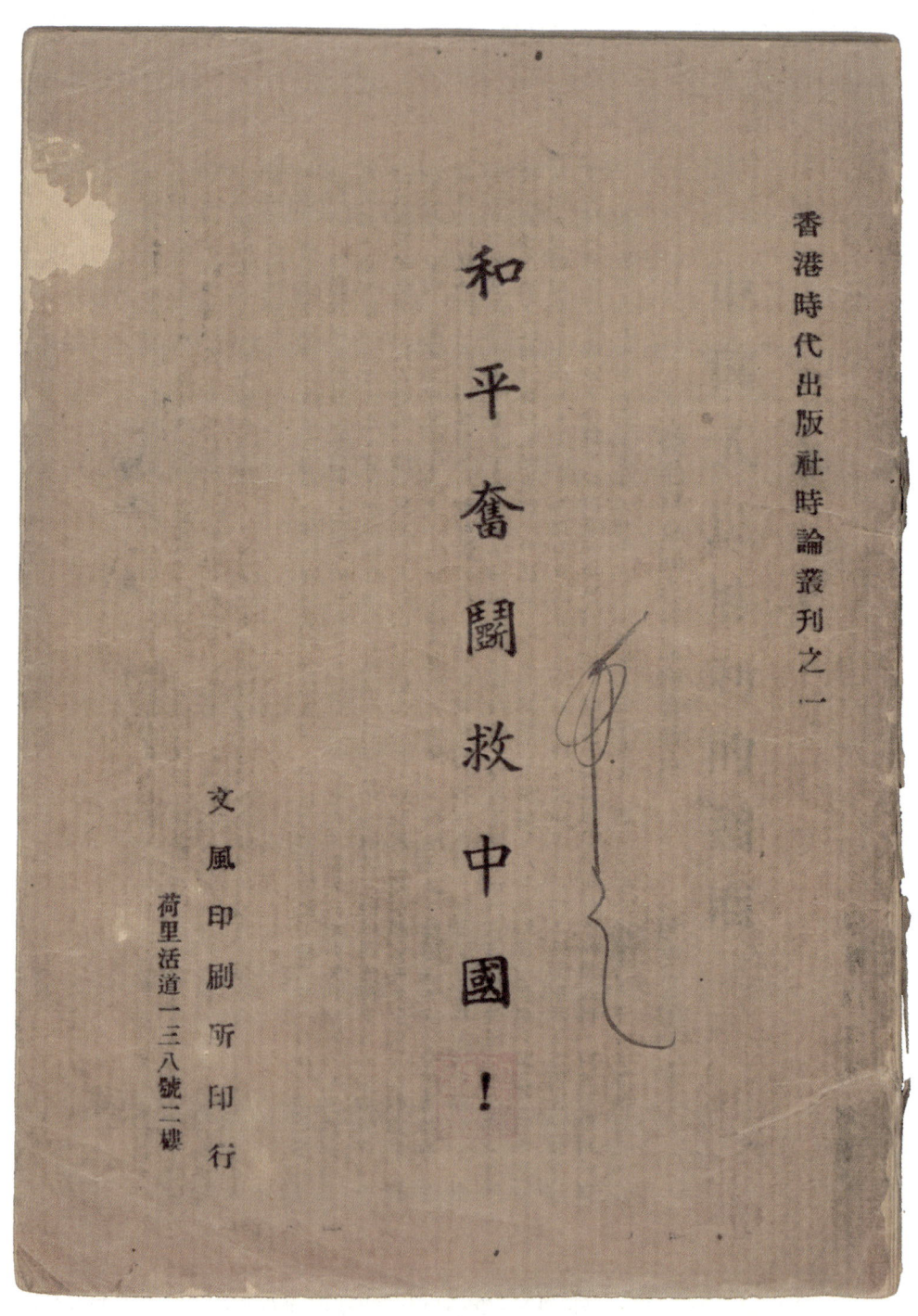

《和平奋斗救中国！》封面

中國人民勝利的指南

——讀毛澤東同志的論聯合政府

（解放日報社論）

毛澤東同志在中國共產黨第七次代表大會上面做了政治報告，題目叫做「論聯合政府」，這個報告提出了中國人民的基本要求。分析了國際形勢與國內形勢，對比了抗日戰爭中兩條不同的路線，規定了中國共產黨的一般綱領與其體綱領，規定了在國民黨統治區與解放區的工作任務，故後指示了怎樣團結全黨來實現黨的任務，這個五萬餘言的文獻，以馬克思主義的科學方法總結了二十四年來新民主主義運動的經驗；總結了百年來中國民主運動的經驗，還分析了中國共產黨內外的形勢，國民黨統治區與解放區的形勢，以及全世界的形勢。有力地和鮮明地說明了中國共產黨的代表人物在一起，成立民主的臨時的聯合政府，以便實行民主的改革，克服目前的危機；總起來是一個任務，中國急需團結各派及無黨無派的代表人物在一起，成立民主基礎之上召開國民大會，成立更廣大範圍的各黨各派與無黨無派代表人物在內的同樣是聯合性質的民主的正式政府，領導解放後的全國人民，打敗日本侵略者，使中國人民從日本侵略者手中解放出來，然後在廣泛的民主基礎之上召開國民大會，將中國建設成為一個獨立、自由、民主統一與富強的新的國家。

毛澤東同志這個中國人民的範示；在歐洲反法西斯戰爭的戰場上，以及轉到戰後世界和平的問題上來的時候，代表中國共產黨的中央委員會向全黨提出這個政治報告，其重要性就不僅限於一個中國共產黨的範圍，而且對於全世界都有其重要性，毫無疑義在全中國全世界不論是共產黨人或非共產黨人，不論是我們的朋友或敵人，

《和平奮鬥救中國！》正文第 1 頁（《中國人民勝利的指南——讀毛澤東同志的〈論聯合政府〉》第 1 頁）

中共第七次全國代表大會在延開幕

任弼時同志宣佈開幕

有關四萬萬五千萬人民命運的大會
打倒日本侵略者建設新中國的大會
團結全國並全世界人民爭取最後勝利的大會

新華社延安四月電：中國共產黨第七次全國代表大會於四月下旬某日由任弼時同志宣佈開會，毛澤東同志致開幕詞，朱德同志，劉少奇同志，周恩來同志，林伯渠同志及日本共產黨領導岡野進同志均相繼發表談話於下：

他說：「我們黨自成立以來，已有二十四年了，在這二十四年中我們黨經過了無數艱難困苦的鬥爭，經過了北伐戰爭，土地革命和抗日戰爭三個時期，我黨二十四年來英勇奮鬥的最主要的收穫是我們黨獲得了中國廣大人民的擁護，中國人民在實際生活鬥爭中體驗到我們自成立以來所提出的反帝反封建的主張，也就是我們領袖毛澤東同志所指出的新民主主義方向，以及各項具體政策都是為了人民的利益，中國人民感

《和平奋斗救中国！》正文第 5 页（《中共第七次全国代表大会在延开幕》第 1 页）

論聯合政府

一·中國人民的基本要求

同志們！盼望很久的我們黨的第七次全國代表大會，現在開會了，我代表中央委員會向你們作報告：目前的時局，要求我們的大會討論與決定許多重大問題，然後，我們將同中國人民說明我們的意見，如果他們同意我們的意見，我們就協同他們動手去做。

我們的大會是在這種情況之下開會的，中國人民在其對於日本侵略者作了將近八年的堅決的英勇的不屈不撓的奮鬥，經歷了無數的艱難痛苦與自家犧牲之後，出現了這樣的新局面，整個世界上反對法西斯侵略者的神聖的正義的戰爭，已經取得了有決定意義的勝利，中國人民配合同盟國打敗日本侵略者的時機，已經迫近了，但是中國現在仍然不團結，日本侵略者仍然在壓迫我們，中國仍然存在着嚴重的危機，在此種情況下，我們應該怎樣做呢？毫無疑義，中國急需團結各黨各派及無黨無派的代表人物在一起，成立民主的臨時的聯合政府，以便實行民主的改革，克服目前的危機，動員與統一全中國的抗日力量，有力地和同盟國配合作戰，打敗日本侵略者，使中國人民從日本侵略者手中解放出來，然後，在廣泛的民主基礎之上，召開國民

—15—

《和平奮鬥救中國！》正文第15頁（《論聯合政府》第1頁）

（三十四）《严冬的末梢》

本书系解放战争后期介绍中国共产党政策、解放军战况宣传册的伪装本。大32开，正文24页，竖排油印。封面左上印有伪装题名《严冬的末梢》，右侧印有"创作小丛之"字样，均为镂空的行书字体。因为封面已残，丛书项的文字不全。正文每一页的页眉处都印有"号角"二字。

本书正文收录篇目如下：《漫漫长夜已近破晓——加紧努力·迎接胜利》《人民解放军发布惩罚战争罪犯的命令》《人民解放军十月份战果公报》《时不我待》《关于解放军的城市政策》《一年来的石家庄》《建设热潮在解放区》《中共中央严正声明：保护领土主权愿与各国建立平等友好关系美国敌意行动应负后果责任》《短波消息》。最后一页的《短波消息》刊登的是东北、邯郸、陕北各地新华广播电台的呼号、波长、周率、时间和节目信息。

本书伪装成文艺作品，第19、21、23页均印有"请慎传""请妥存"字样。本书未署出版时间。书中中国人民解放军总部发布《惩处战争罪犯命令》的时间为1948年11月1日，中共中央保护领土主权的严正声明的发布时间为1948年11月21日，推测此书出版当在1948年末或1949年初。当时正值中国人民解放军发动战略决战，国民党政权土崩瓦解之时。本书以《严冬的末梢》为题名，喻示着严冬即将过去，春天将要来临。

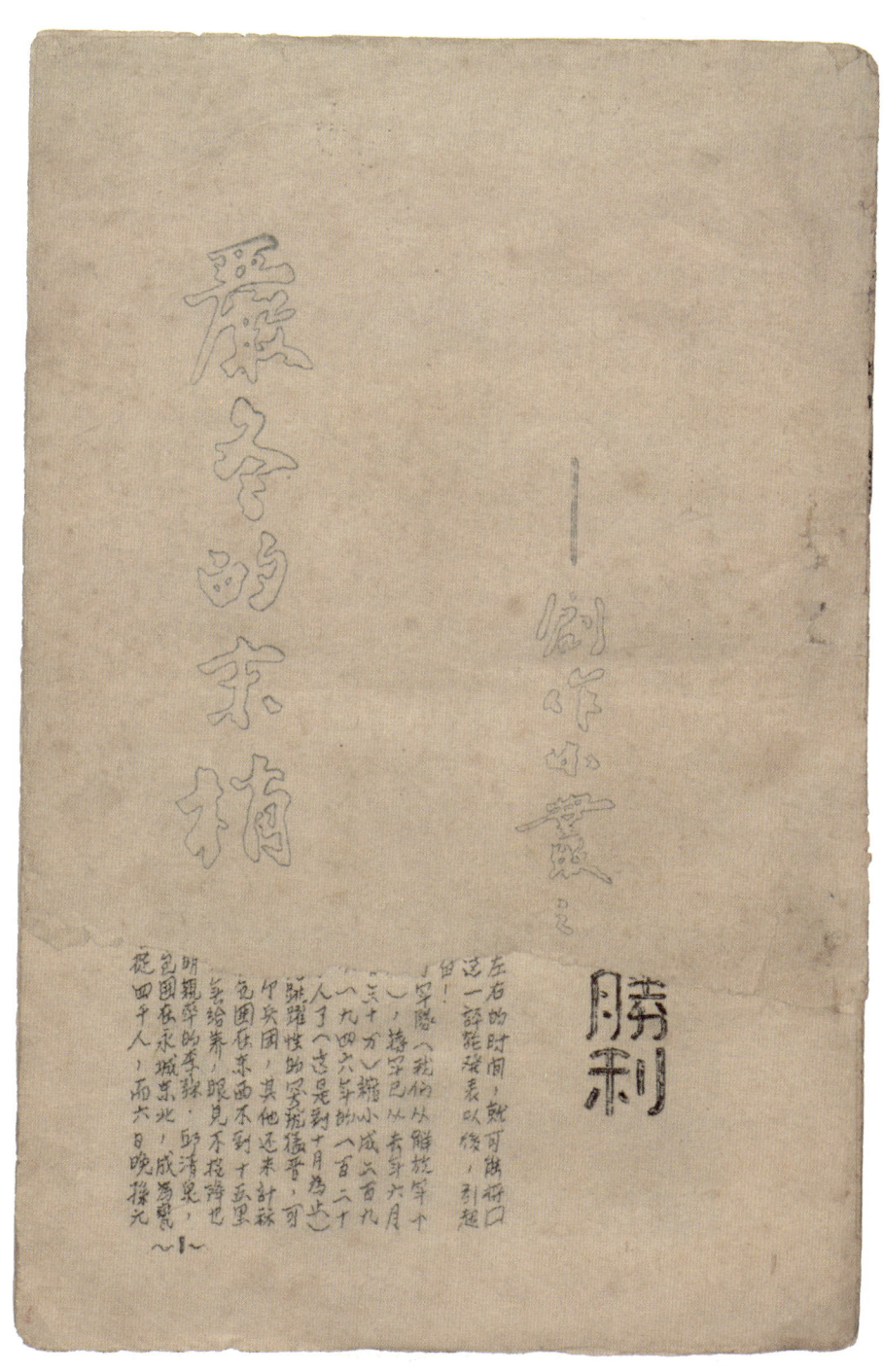

《严冬的末梢》残损的封面

·角号·

漫々长夜已近破晓
加紧努力，迎接胜利

(一)

自从中共中央发言人郭沫若军事形势，发为"再有一年左右的时间，就可能解决国民党反动政府根本上打倒"（新华社十一月十四日广播）这一声能发表以后，引起了全世界的注意，引起了全中国人民兴奋和兴奋！

因为：在战争第三年的头四个月份公家来看，蒋军在四个月内就被歼近五十四万（八、九、十月的三百六十五万人的四六年七月始战有四百三十万，一九四六年六月底的三百六十五万，反之，人民解放军已从解放军的八十六万人（这是到十月为止）到今年六月的六百一十万人，现在又增加到六百八十万人。

到目前，形势的发展真是惊人下了。蒋军的精锐更是先后被歼了。伊朗师的整军在徐州以优，黄伯韬兵团的五个师十万人早已被鲜放军像铁桶般包围在东面不到十里的小村南平集中，就等歼灭。又是给养、眼见不投降也要活活饿死了。更是逃的是丢下徐州向西南逃跑的李稣元、邱清泉、孙元良三兵团，包括九军二十多万人，无被鲜放军包围在永城东北，成为瓮中之鳖，从十二月二日到十二月六日大日已被歼四万多人，活捉四千人，而六日晚孙元

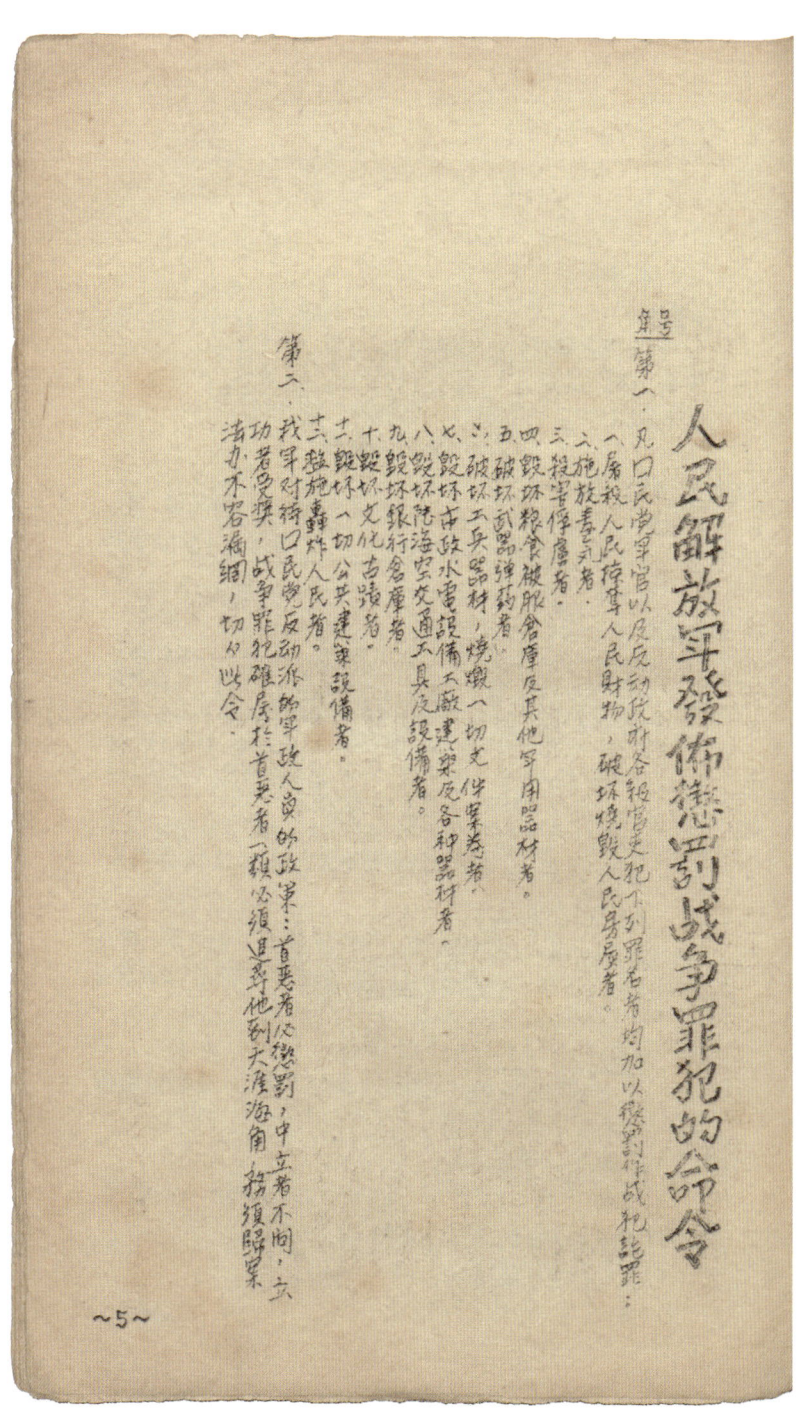

人民解放军发布惩罚战争罪犯的命令

第一、凡口头或书面以反动的政治立场犯下列罪名者均加以惩罚作战犯论罪：

一、屠杀人民掠夺人民财物，破坏烧毁人民房屋者。
二、施放毒气者。
三、投掷细菌者。
四、破坏粮食被服仓库及其他军用器材者。
五、破坏武器弹药者。
六、破坏工兵器材，烧毁一切文件案卷者。
七、破坏古政水电设备大厂建筑及反动工具设备者。
八、破坏陆海空交通工具设备者。
九、毁坏银行仓库者。
十、毁坏文化古迹者。
十一、毁坏一切公共建筑设备者。
十二、轰炸人民者。
十三、虐待俘口民党反动的军政人员的政策：首要者必惩罚，中立者不问，立功者受奖，战争罪犯确属于首要者（须退养他到大淮海角务须归案法办不容漏纲，一切以令。

~5~

《严冬的末梢》正文第 5 页

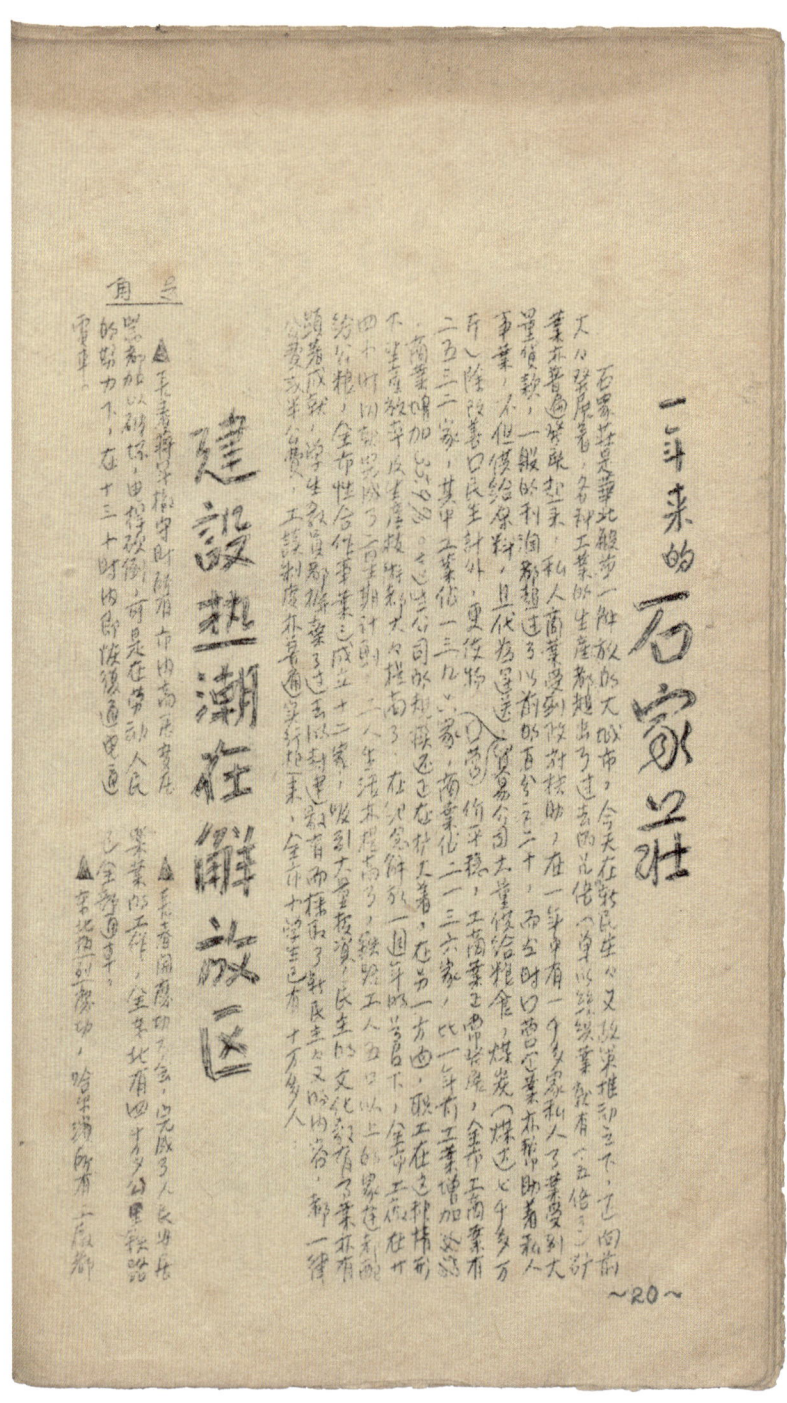

《严冬的末梢》正文第20页

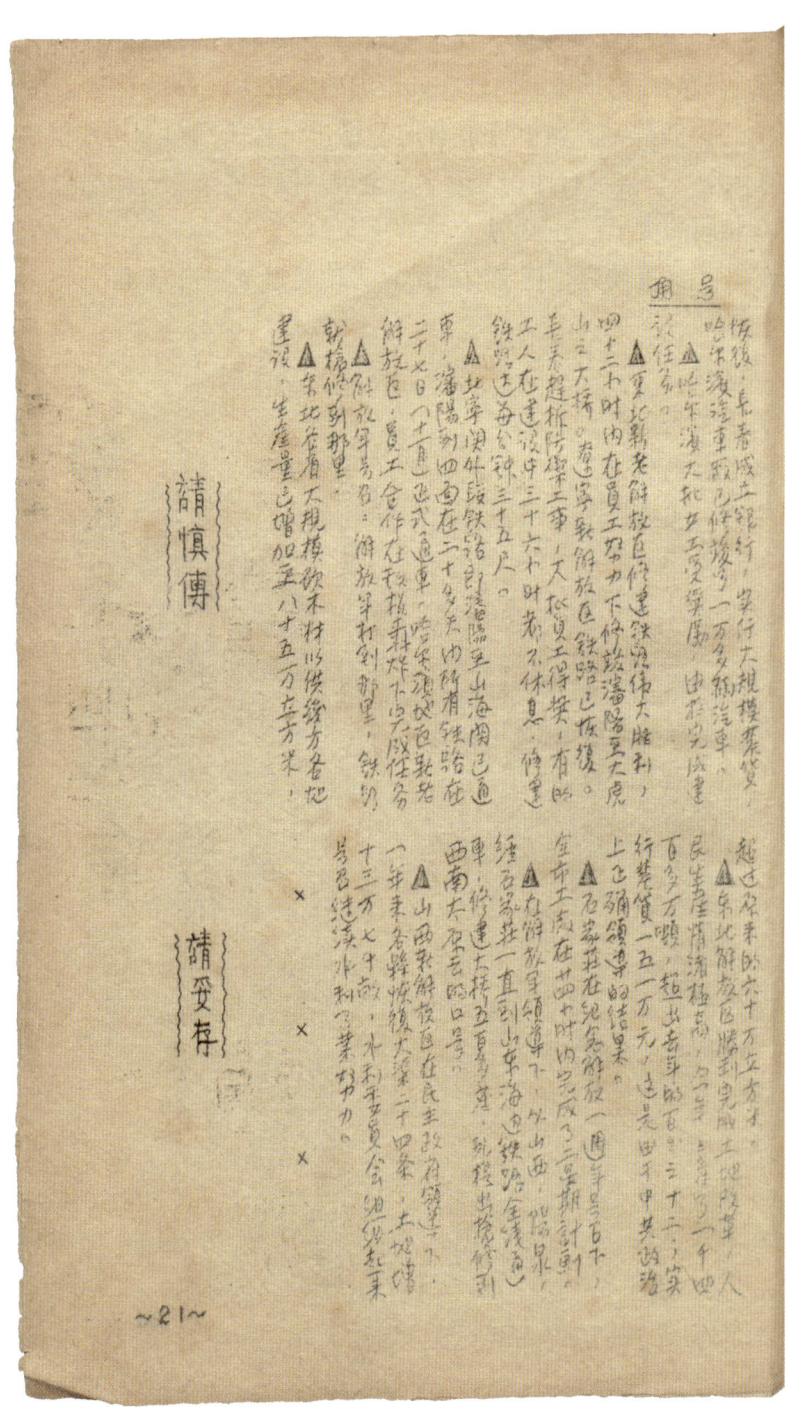

《严冬的末梢》正文第21页

（三十五）《秉烛后谈》

本书为解放战争时期中共时评文件汇编的伪装本。32开，正文69页，竖排铅印。封面为白底黑字，文字皆自右向左横排，置于绿色双边线框之中。第一行印"周作人著"，第二行印伪装题名《秉烛后谈》，第三行印"艺文丛书六"。书脊上亦有相同的文字。

本书经过了深度伪装。正文前的两页为伪装目录。目录如下：

南堂诗草

东莱博议

俞理初的诙谐

老年的书

儿时杂事

关于酒诫

谈混堂

谈宴会

谈食鳖

谈搔痒

谈过癫

女人骂街

谈卓文君

谈关公

关于阿Q

闲话桑梓

谈正经

记庙会

无所不谈

目录中的19个篇目中有15个出自周作人著《秉烛后谈》[①]。正文的每一篇

[①] 《闲话桑梓》《谈正经》《记庙会》《无所不谈》4篇系多出的篇目。而周作人著《秉烛后谈》中的《自己所能做的事》《贺贻孙论诗》《水田居存诗》《儿童诗》《谈劝酒》《谈娱乐》《谈文字狱》《两篇小引》等文章又系本书所无。

文章均用周作人文章的原名做标题，实际内容则是中国共产党领导人的讲话、报告和著作，中国共产党发布的各类文件，新华社社论，等等。伪装篇名和实际内容对应关系如表 2-1 所示：

表 2-1 《秉烛后谈》伪装本中伪装篇名和实际内容一览表

伪装篇名	实际内容
《南堂诗草》	毛泽东 1947 年 12 月 25 日在中共中央会议上所做的《目前形势和我们的任务》报告中关于工商业政策的一节摘录
《东莱博议》	陈伯达著《发展工业的劳动政策与税收政策》
《俞理初的诙谐》	刘宁一著《解放区工业政策》
《老年的书》	新华社纪念"二七"二十五周年社论《坚持职工运动正确路线 反对"左"倾冒险主义》
《儿时杂事》	《晋冀鲁豫中央局纠正"左"倾冒险主义的指示》
《关于酒诫》	《中共合江省委关于保护城市工商业的指示》
《谈混堂》	《晋察冀边府保护工商业指示》
《谈宴会》	《陕甘宁边府保护工商业布告》
《谈食鳖》	《中共冀鲁豫中央局发展工商业的指示》
《谈搔痒》	《蓬勃发展中的解放区工商业》
《谈过癫》	《新区和新解放城市的政策》
《女人骂街》	《中共东北局发布关于保护新收复城市的指示》
《谈卓文君》	《中国人民解放军平津前线司令部布告》
《谈关公》	《知识分子问题》
《关于阿 Q》	中共中原局发布的《关于争取、团结、改造、培养知识分子的指示》
《闲话桑梓》	《恢复和发展中等教育是当前的重大政治任务》
《谈正经》	东北第三次教育会议决定《改进教育办法确定教育制度》
《记庙会》	华北中等教育会议决定《改善中等教育制度》
《无所不谈》	《人民解放军总部颁发惩处战争罪犯命令》（1948 年 11 月 1 日）

本书所收 19 份文件中，工商业政策文件有 10 份，城市工作政策文件有 3 份，知识分子政策文件有 2 份，教育工作政策文件有 3 份，解放军总部发布的命令有 1 份。这些文件中成文时间最晚的系 1948 年 12 月中旬毛泽东为中央军委起草的《中国人民解放军平津前线司令部布告》，12 月 22 日中共中央以中国人民解放军平津前线司令部林彪、罗荣桓的名义对外发布，故本书的印刷时间当在 1948 年底至 1949 年初。这时正是中国人民解放军捷报频传，国民党军队节节败退之际。在中国人民革命即将在全国取得胜利、中国共产党的工作重心即将由农村转向城市的历史背景下，中共地下组织编印了这本文件汇编。

《秉烛后谈》系周作人自编文集，新民印书馆 1944 年 9 月初版，计 173 页，收《自己所能做的》《南堂诗抄》《东莱左氏博议》《贺贻政论诗》《水田居存诗》等散文 23 篇，大多为读书散记，颇具史料价值。

从外表看，本书除了比真正的《秉烛后谈》略薄，其他并无二致。最后一页印有"看完后请将此书借给你的亲友"，这正说明编印者想让更多的读者能够读到它，以加深人们对中共各项政策的了解。

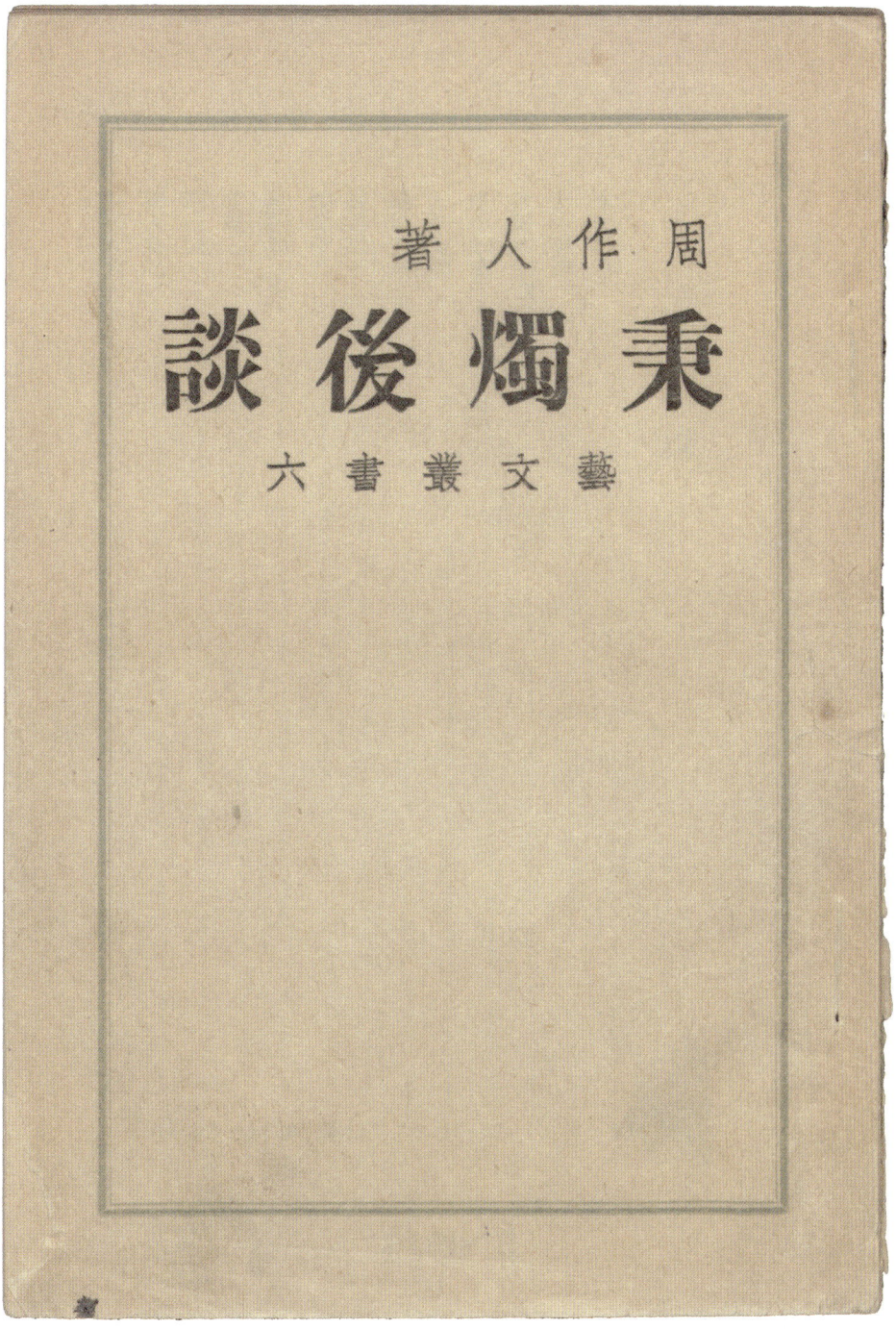

《秉烛后谈》封面

目錄

南堂詩草	1
東萊博議	4
俞理初的詼諧	12
老年的書	27
兒時雜事	32
關於酒誡	36
談混堂	37
談宴會	38
談食鱉	39
談搔痒	41
談過癩	49
女人罵街	48
談卓文君	51

《秉燭后談》目錄第 1 页

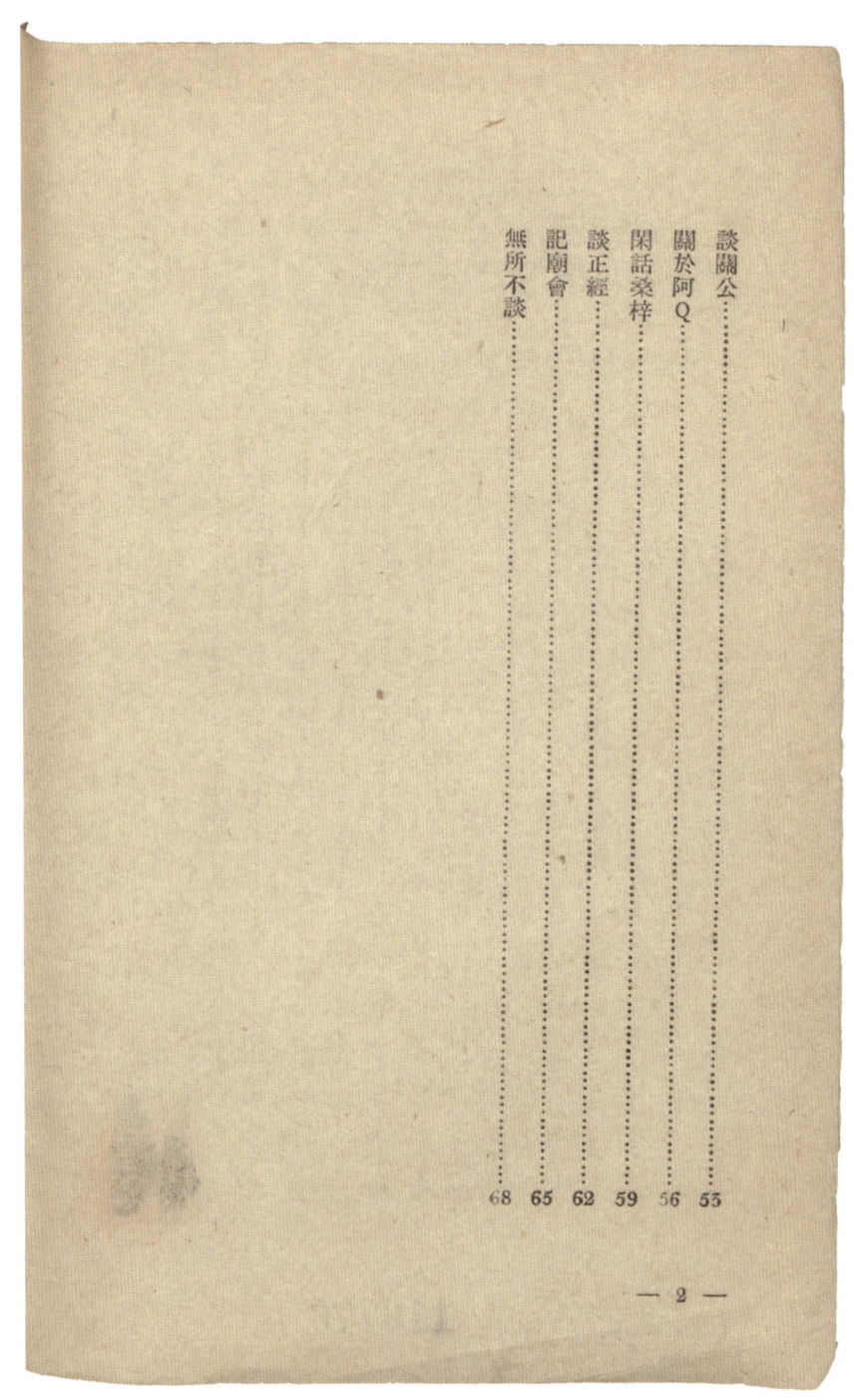

《秉烛后谈》目录第 2 页

南堂詩草

這篇是摘錄毛澤東一九四七年十二月二十五日在中共中央會議上「目前形勢和我們的任務」的報告中關於工商業政策的一節。這個文告已轉載各畫報什誌，現寫為便利讀者研究中共的工商業政策，特不厭重複，再行摘登。
——編者

沒收封建階級的土地歸農民所有；沒收蔣介石、宋子文、孔祥熙、陳立夫為首的壟斷資本歸新民主主義的國家所有；保護民族工商業；這就是新民主主義革命的三大經濟綱領。蔣、宋、孔、陳四大家族，在他們當權的二十年中，已經集中了價值達一百萬萬至二百萬萬美元的巨大資本，壟斷全國的經濟命脈，這個壟斷資本，與國家政權結合在一起，成為國家壟斷資本主義。這個壟斷資本主義，與外國帝國主義、本國地主階級及舊式富農，密切地結合着，成為買辦的封建的國家壟斷資本主義。這就是蔣介石反動政權的經濟基礎。這個國家壟斷資本主義，不但壓迫工人農民，而且壓迫小資產階級，損害中等資產階級。這個國家壟斷資本主義，在抗日戰爭期間及日本投降以後，達到了最高峯。它替新民主主義革命準備了充分的物質條件。這個資本，在中國的通俗名稱，叫做官僚資本。這個資產階級，叫做官僚資產階級，即是中國的大資產階級。新民主主義的革命對象，除了取消帝國主義在中國的特權以外，在國內，就是要消滅地主階級與官僚資產階級（大資產階級）的剝削與壓迫，改變買辦的封建的生產關係，解放一切被束縛的生產力。被這些階級及其國家政權所壓迫與損害的小資產階級及中等資產階級，雖然也是資產階級，卻是可以參加新民主主義革命，或者保守中立的。他們和帝國主義沒有聯系，或者聯系較少，他們是真正的民族資產階級。在新民主主義的國家權力到達的地方，對於這些階級，必須堅決地毫不猶豫地給以保護。蔣介

— 1 —

《秉燭後談》正文第1頁

的（如貨賑）也不應該廢除；（八）對工商業徵稅應以不妨害並保護發展工商業為原則；（九）工商資本家應在民主政府和國家經濟的領導下從事有益於國家經濟的正常活動，並應保證工人生活的適當改善（改善以不超過經濟許可為範圍）。工人應積極生產，使資本家獲得適當的利潤，在「發展生產，繁榮經濟，公私兼顧，勞資兩利」的總原則下，工人與資本家團結起來，共同為戰爭的勝利和國家的建設而奮鬥；（十）鼓勵工廠、作坊、商店及手工業者多帶學徒，學徒生活待遇除在經濟情況許可及必要的範圍內作適當的改善和廢除封建或半封建性質的待遇外，一般仍應遵照過去習慣。

——晉察冀邊府保護工商業指示——

談宴會

陝甘寧邊區政府為恢復與促進遭胡蔣軍嚴重破壞之工商業發展，繁榮經濟，特於三月三十一日發出佈告稱：（一）堅決買澈保護工商業政策，凡遭受蔣胡軍重大破壞的工商業無論屬公屬私，均應本政府保護工商業的方針鼓勵與幫助其恢復營業，在土改中切實實行土改法大綱第十二條關于「保護工商業者的財產及其合法的營業不受侵犯」的規定，地主富農所經營的工商業同樣受到保護，因訂錯成份工商業受到侵犯的尚未糾正者，應一律迅速改正，賠償損失；對某些尚顧慮害藏貨物不敢營業者，應宣傳解釋，鼓勵其恢復營業；凡屬工商業的借貸和來往賬債應予保護，不論合夥經營或個人經營的工廠作坊，政府均應保護和獎勵。（二）本年度（民國三十七年）免徵商業稅（不論固定經營或流動經營）。（三）工商業者的財產及其合法的營業得受邊區法律的保障，如被侵犯，工商業主可依法向政府司法機關提出控告。

——陝甘寧邊府保護工商業佈告——

— 38 —

《秉燭後談》正文第 58 頁

談食鱉

中共晉冀魯豫中央局最近發佈關於工商業的指示，該指示於說明目前晉冀魯豫地區工商業情況後，寫了糾正工商業中的左傾錯誤，特作出如下決定：（一）嚴厲禁止清算鬥爭工商業，保護一切工商業（包括地主富農工商業在內）。地主富農將財產轉入工商業者一律歡迎，不准鬥爭。地主富農的手工工具如紡車、織布機、織襪機、縫紉機、彈花機等，一律不沒收，不徵收，准其留下生產。（二）地主富農工商業如已被清算鬥爭但尚未分配者，僅轉作營業股份（所謂「換神不換廟」）或雖已分配而尚未損壞分光者，均應立即無條件的退還原業主。資本不足者，政府給以低利或無利貸款，務使其能繼續經營。工商業主逃亡者，其商店工廠應堅決保護，不准侵犯，俟其歸來後仍交還原業主繼續經營。工商業主無權過問。邊府行署沒收後亦不得分散，應繼續經營。（三）工會黨的支部應與廠主共同發展經濟，做到「原料足，成本低，產量多，質量高，銷路廣」。過高工資必須壓低，工資由勞資雙方自由規定，不提增加工資、減少工時的口號。但所有份子的工商業，歸邊區政府或行政署處理，其他任何機關團體或個人無權過問。真正官僚資本與最反革命者，應立即無條件的退還原業主。公私企業均禁此對工人店員學徒進行封建半封建性的虐待和剝削。實行按時計工、按件給資的工資制，成立以廠長為首的三人委員會領導生產。私人企業如廠方同意，亦實行。（四）克服國營企業中的統制壟斷思想，規定國營企業中實現「公私兼顧勞資兩利」的制度和辦法，凡對國營和民營公私企業均有利或對國營有利對民營無害或害很少者允許經營，凡對國營有利而對民營害大者一概不許經營。對敵經濟鬥爭必須實行管理，但辦法則應力求簡便。解放區內貿易完全自由，取消路條制，取消或改造貿易所，取消農村管制入口出村辦法，給人民以就業的自由。（五）銀行、貿易總公司、合作廳、財政廳共同

— 59 —

《秉燭後談》正文第 59 頁

（三十六）《不夜集》

本书为解放战争时期中共时评和文件汇编的伪装本。小 32 开，正文 42 页，竖排铅印。封面为白底红字，蓝色花边长方框内居中竖向印有伪装题名《不夜集》，题名之下以小号字印有作者名字"老舍"；右上印有"幽默文学"，左下印有"上海毅力书局印行"。

本书经过了深度伪装。正文前的一页为伪装目录。目录如下：

祭子路岳母坟

新年献辞

天下太平

离了三次婚以后

当幽默变成油抹

有声电影

不食无劳

不远千里而来

吃莲花的

买彩票

科学救命

自己的脸谱

正文辑录了 7 篇中国共产党的时评和文件，题目与目录上的前 7 篇一致，内容则偷梁换柱。本书伪装篇名和实际内容对应关系如表 2-2 所示：

表 2-2　《不夜集》伪装本中伪装篇名和实际内容一览表

伪装篇名	实际内容
《祭子路岳母坟》	《揭露人民公敌蒋介石"和平"文告的阴谋》
《新年献辞》	毛泽东发表的 1949 年新年献词《将革命进行到底》
《天下太平》	《美帝的新阴谋》（1948 年 11 月 1 日）

续表

伪装篇名	实际内容
《离了三次婚以后》	《粉碎美蒋的和谣》,系廖沫沙撰写的时评,原载1948年11月11日香港《群众》周刊总第九十四期
《当幽默变成油抹》	《新华社痛斥特务分子刘不同、民主叛徒张申府的"呼吁和平"》
《有声电影》	《中共中央负责人评当前军事形势一年内打垮国民党反动政府》,系1948年11月14日毛泽东为新华社撰写的评论《中国革命军事的重大变化》
《不食无劳》	新华社社论《加紧努力,迎接胜利》,发表于1948年11月25日《群众》周刊总第九十六期

本书正文的每一篇与目录中前七篇的页码都能一一对应,正文最后印上了文章的真实题名。目录上的页码排到了58页,而本书实际只有42页,《不远千里而来》以下系多出的伪装篇目。

从外表看不出本书是一本革命书籍,从目录和正文也难发现破绽。值得注意的是,本书伪装时所依据的实际上是一本盗印的老舍著作集。1949年以前,老舍的著作颇受冒名盗版之苦,各种各样的冒名本和盗版书有近40种之多。1946年12月,上海毅力书局出版的《不夜集》(又名《老舍幽默杰作集》)就是老舍著作的一种盗版书。该书收作品32篇,经舒济先生校勘,前24篇为老舍作品,后9篇为冒名作品①,当时已经出版至第8版。

本书未署出版时间,从内容判断当在1949年初出版。顾随在1949年初的日记《古都黎明前》中提及:"学生某君以新出版之老舍幽默文学《不夜集》见借。归时风势益狂。灯下饮咖啡,阅《不夜》。"②当时正处于北平解放前夕,姜德明先生认为,这名学生不是一名中共党员,就是一个进步青年,伪装的革命书籍有意借了老舍先生的盛名,传播中国共产党的政策和主张,做了有利于革命的好事。③

---

① 参见首都图书馆编:《老舍研究资料编目》,1981年,第259页。
② 顾随:《顾随全集》卷二,石家庄:河北教育出版社,2014年,第232页。
③ 参见姜德明:《拾叶小札》,上海:复旦大学出版社,2013年,第62页。

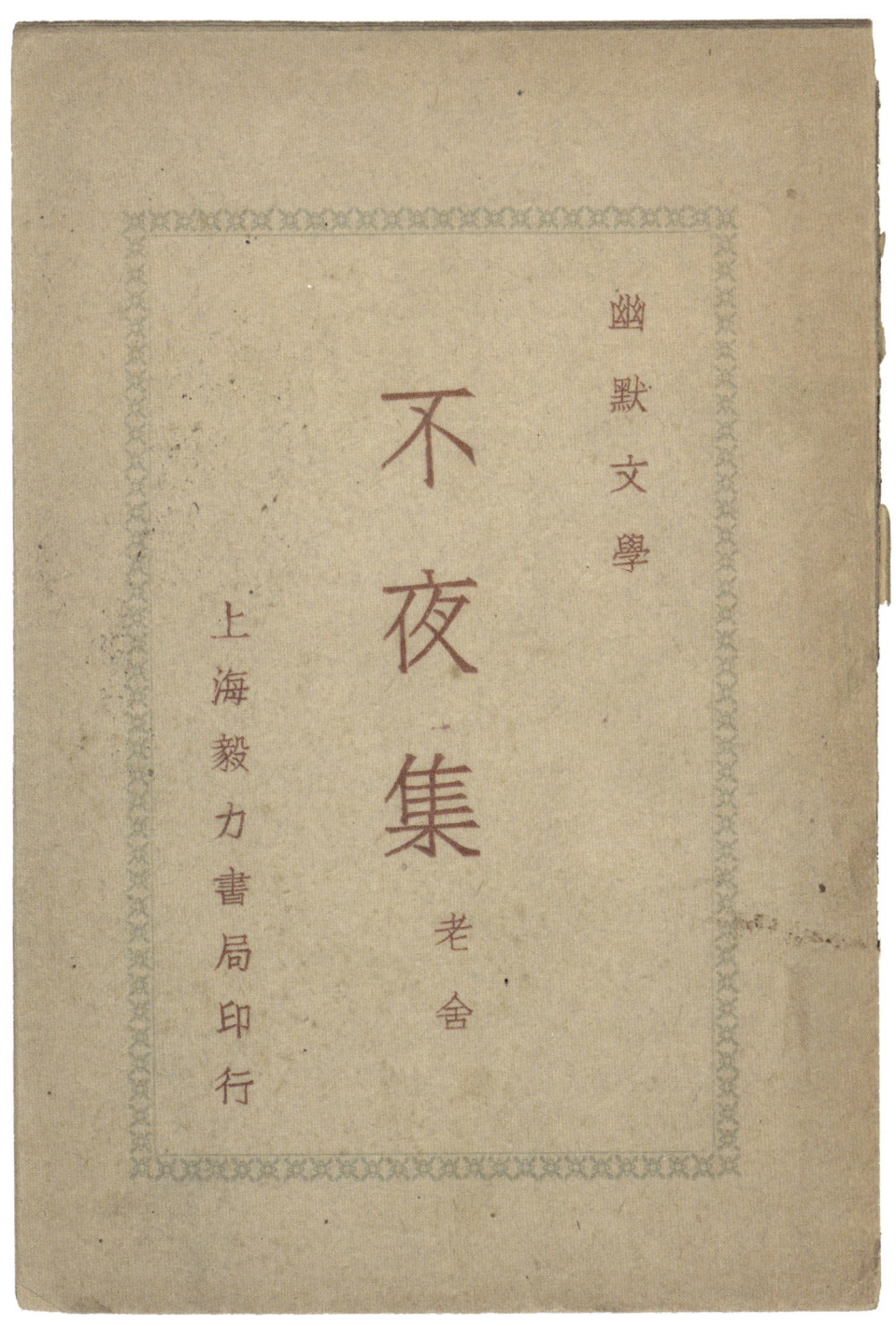

《不夜集》封面

目次

祭子路岳母文	一
新年獻辭	五
天下太平	一三
離了三次婚以後	二二
當幽默變成油抹	三一
有聲電影	三四
不食無勞	三六
不遠千里而來	四三
吃蓮花的	四八
買彩票	五一
科學救命	五三
自己的臉譜	五八

《不夜集》目次

祭子路岳母文

今年元旦，人民公敵蔣介石，以「總統」名義發表了一篇「爲民請命」的「和平」文告。在這篇文告裏，不但嗅不出絲毫和平的誠意，而且充滿了險惡的血腥的陰謀。

從這篇文告的全文裏，我們可以明顯地看出，所謂「和平」運動，只不過是一陣煙幕，一種包着糖衣的毒藥。試看他口口聲聲「向共黨要和平」，「祇要共黨一有和平的誠意，能作確切的表示，政府必開誠相見，願與商討停止戰爭恢復和平的具體方法」，口口聲聲「祇要「神聖的憲法」不由我而違反，「民主憲政」不因此而破壞，中華民國的「法統」不致中斷，軍隊有確實保障」，豈非全無誠意的瘋狂叫囂而已？豈非懷有鬼胎的政治試探而何？蔣介石不先問問自己究有幾分「誠意」，却要別人先作「確切的表示」之後才行決定，足見他對和平根本就不過「談談」而已。何況「談談」之中，他所堅持的所謂「神聖的憲法」原祇是一黨御用的主法；所謂「民主憲政」祇不過是專制獨裁制削腐化的美化詞；而確保「法統與軍隊」更無非是維持反動集團的統治地位和旣得利益而已。試問和這些專橫而瘋狂的統治者，在他們這種堅決反對人民利益、毫不準備讓步的「和平」條件下，和平的實現是否可能？

和蔣介石談和平並不是沒有試行過：一九四五年的重慶談判和一九四六年一月的政治協商會

— 1 —

《不夜集》正文第 1 页

有聲電影

中共中央負責人評當前軍事形勢稱：現已進入一新的轉折點，即戰爭雙方力量對比已經發生了根本的變化。人民解放軍不但在質量上早已佔有優勢，而且在數量上現在也已經佔有優勢。這是中國革命的成功與中國和平的實現已經迫近的標誌。國民黨軍在戰爭的第二年底，即今年六月底，總數約計尚有三百六十五萬人。這個數目，對於一九四六年七月國民黨開始發動全國性內戰時期的四百三十萬人來說，是少了六十五萬人。這是由於國民黨在兩年戰爭中雖然被殲被俘和逃亡了大約三百零九萬人（其中被殲被俘為二百六十四萬人），但因國民黨在此期內補充了約二百四十四萬人，故虧短數當只有六十五萬人。最近則起了一個突變。經過戰爭第三年度頭四個月，即今年七月一日至十一月二日瀋陽解放時，他即喪失了一百萬人。四個月內國民黨補充情形尚未查明，假定他能補充三十萬人，虧短數為七十萬人。這樣，國民黨全軍包括它的陸海空軍正規軍非正規軍作戰部隊和後勤機關都在內，他現在只有二百九十萬左右的人數。人民解放軍，則由一九四六年六月的一百二十萬人，增至一九四八年六月的二百八十萬人現在則又增至三百餘萬人。這是由於四個月內全國各戰場人民解放軍英勇作戰的結果，數量上長期佔有的優勢，急速地轉入了劣勢。而特別是南線睢杞戰役，濟南戰役，北線的錦州、長春、遼西、瀋陽諸戰役的結果。國民黨

— 54 —

《不夜集》正文第 34 頁

（三十七）《怎样在改革》

本书为解放战争后期中共政策文件汇编的伪装本。32开，正文75页，竖排铅印。封面为浅绿色，有暗纹，右上角自右向左印有"土地工商"4个小字，上半部居中自右向左印有伪装题名《怎样在改革》，左下角印有"春风社出版"，均为红色字体。正文后是版权页，黑色方框内自右向左竖向印有"怎样在改革""春风社编印""经售处各大书局""中正南路二九一弄五号""中华民国卅八年三月"等字。

本书收录中国共产党有关土地政策、劳动和税收政策、工商业政策、知识分子问题等方面的政策法令和相关文章。目录如下：

中国土地法大纲
在晋察绥干部会议上的讲话
土地改革中的几个问题
　　（一）根据甚么标准来划分农村阶级
　　（二）应该坚固的团结全体中农
　　（三）对地主富农斗争的方法
　　（四）对工商业政策
　　（五）知识分子和开明士绅问题
　　（六）打人杀人问题
停止新区土改实行减租减息
　　减租减税纲领
　　关于工商业指示
　　保护工商业
发展工业的劳动政策与税收政策
新中国工商业政纲的几个问题
　　如何处理与官僚资本合营的民营私人资本？
　　私人企业能经营多久？
　　私人资本的活动范围如何？
　　对私营商业和金融采取什么态度？
　　对于国民党员的态度？

贸易政策的原则如何？
合法利润是否被承认？
对于金圆券的态度如何？
解放区的币制如何？
欢迎华侨资本回国投资
关于知识与知识分子问题

  本书于 1949 年 3 月出版，当时国民党赖以维系统治的主要军事力量基本被消灭，解放军随时准备渡江南下，解放全中国。本书正文前有"编者话"，以局外人的口吻称"我们生活在江南的人，目前虽还未直接受到炮火的摧残，但是我们的生命财产，生存权利，都被'戡乱'所摧残或全部毁灭了"，并称解放军"渡江南下是不可避免的事情"，为此花了 3 个月时间汇集中共方面的相关政策法令，供读者参考。可知本书系针对长江以南国统区民众的宣传册。

土地工商

怎样在改革

春风社出版

《怎样在改革》封面

目 次

中國土地法大綱

在晉察綏幹部會議上的講話

土地改革中的幾個問題
（一）根據甚麼標準來劃分農村階級
（二）應該堅固的團結全體中農
（三）對地主富農鬥爭的方法
（四）對工商業政策
（五）知識份子和開明士紳問題
（六）打人殺人問題

停止新區土改實行減租減息

減租減稅綱領

關於工商業指示

— 1 —

《怎样在改革》目录第 1 页

保護工商業

發展工業的勞動政策與稅收政策

新中國工商業政綱的幾個問題

如何處理與官僚資本合營的民營私人資本？

私人企業能經營多久？

私人資本的活動範圍如何？

對私營商業和金融採取什麼態度？

對于國民黨員的態度？

貿易政策的原則如何？

合法利潤是否被承認？

對于金圓券的態度如何？

解放區的幣制如何？

歡迎華僑資本回國投資

關于知識與知識份子問題

編者話

抗戰勝利以後，全國人民都希望見到一個獨立、民主、富強與繁榮的新中國，可是中國這個多災多難的民族，勝利還不到一年，又遭遇到人類歷史上空前的大內戰；我們生活在江南的人，目前雖還未直接受到炮火的摧殘，但是我們的生命財產，生存權利，都被「戡亂」所摧殘或全部毀滅了。美國商品既泛濫着上海等大城市，同時也充滿了窮鄉僻壤，無所不有，無孔不入，我們的民族工業，被迫紛紛倒閉，工人職員大批失業，啼饑號寒，再加上徵丁、徵糧、千捐萬稅、迫使農村支離破碎，廣大農民不死於內戰即死於饑饉，無奈政府諸公，竟充耳不聞，抱着「不如打而先」的做法，只需有財可發，豪門我自豪之，縱有千萬學生青年及各界人士之呼籲反抗，而政府有的是機槍牢獄，於是搜捕、監禁、殘酷鎮壓，天堂的江南，盡變成人間地獄了。

現在內戰的炮火逐漸迫近我們了，華北東北的國軍，在共軍優勢兵力下，等待着覆滅，山西除太原外，現已全省易手；中原大戰，京滬震驚，不論親政府的消息也好，民間傳說也好，都一致承認國軍大勢已去，共軍渡江南下是不可避免的事情了。現在我們所關懷的，已不再是誰勝誰負的問題，而是我們的前途問題，明顯點談，我們關心中共的主張政策究竟是怎樣？中共會帶給我們以什麼新的生機？

關於中共的種種，各有不同的說法，譬如最近南京翁文灝在告全國國民書中說：「……中共號召的『民主聯合政府』，不過是他們政治陰謀的煙幕；……中共所宣傳的招撫富農，穩定中農，便

— 1 —

《怎样在改革》正文第 1 页

中國土地法大綱

關於公佈中國土地法大綱的決議

中國的土地制度極不合理，就一般情況來說，佔鄉村人口不到百分之十的地主富農，佔有約百分之七十至八十的土地，殘酷地剝削農民。而佔鄉村人口百分之九十以上的僱農、貧農、中農及其他人民，卻總共只有約百分之二十至三十的土地，終年勞動，不得溫飽。這種嚴重情況，是我們民族被侵略、被壓迫、窮困及落後的根源，是我們國家民主化、工業化、獨立、統一及富強的基本障礙。為了改變這種情況，必須根據農民的要求，消滅封建性及半封建性剝削的土地制度，實行耕者有其田的制度。二十年以來，特別是最近兩年以來，中國農民在中國共產黨領導之下，實行土地改革，已有巨大的成績及豐富的經驗。今年九月，中國共產黨召集了全國土地會議，在這個會議上，詳細地研究了中國土地制度的情況，土地改革的經驗，製定了中國土地法大綱，作為向各地民主政府、各地農民大會、農民代表會及其委員會的建議。中國共產黨中央委員會完全同意這個土地法大綱，並予以公佈。希望各地民主政府，各地農民大會，農民代表會及其委員會，對於這個建議，加以討論及採納，並訂出適合於當地情況的具體辦法，展開及貫澈全國的土地改革運動，完成中國革命的基本任務。

中國共產黨中央委員會
一九四七年十月十日

—4—

《怎样在改革》正文第 4 页

中國土地法大綱

（中國共產黨全國土地會議一九四七年九月十三日通過。）

第一條：廢除封建性及半封建性剝削的土地制度，實行耕者有其田的土地制度。

第二條：廢除一切地主的土地所有權。

第三條：廢除一切祠堂、廟宇、寺院、學校、機關及團體的土地所有權。

第四條：廢除一切鄉村中在土地制度改革以前的債務。

第五條：鄉村農民大會及其選出的委員會，鄉村無地少地的農民所組織的貧農團體大會及其選出的委員會，區、縣、省等級農民代表大會及其選出的委員會執行土地制度改革的合法執行機關。

第六條：除本法第九條乙項所規定者外，鄉村中一切地主的土地及公地，由鄉村農會接收，連同鄉村中其他一切土地，按鄉村全部人口，不分男女老幼，統一平均分配，在土地數量上抽多補少，質量上抽肥補瘦，使全鄉村人民均獲得同等的土地，並歸各人所有。

第七條：土地分配，以鄉或等於鄉的行政村為單位。但區或縣農會得在各鄉或等於鄉的各行政村之間作某些必要的調劑。在地廣人稀地區，為便於耕種起見，得以鄉以下的較小單位分配土地。

第八條：鄉村農會接收地主的牲畜、農具、房屋、糧食及其他財產，並征收富農的上述財產的多餘部份，分給缺乏這些財產的農民及其他貧民，並分給地主同樣的一份。分給各人的財產歸

—5—

《怎样在改革》正文第5页

在晉綏幹部會議上的講話

（一九四八年四月一日）　毛澤東

同志們，今天我想講的，主要的是一些和晉綏工作有關的問題，然後講到一些和全國工作有關的問題。

（一）

我認為過去一年內，在晉綏分局領導區域內的土地改革工作和整黨工作是成功的。這是從兩方面來看的。一方面，晉綏黨反對了右的偏向，發動了羣衆鬥爭，在全區三百多萬人口的二百幾十萬人口中，完成了或者正在完成着土地改革工作和整黨工作，因而使全部工作走上了健全發展的軌道。另一方面，晉綏黨又糾正了在運動中發生的幾個左的偏向，我認為是成功的。從這兩方面來看，晉綏解放區的土地改革工作和整黨工作，我認為是成功的。

"從此以後，再也不敢封建了，再也不敢剝削了，再也不敢貪污了"。這是晉綏人民的話。這是晉綏人民對於我們的土地改革工作和整黨工作所做的結論。他們說："再也不敢封建了"，就是說，我們領導他們發動了鬥爭，消滅了或者正在消滅着新區的封建剝削制度和老區半老區的封建剝削制度的殘餘。他們說："再也不敢貪污了"，就是說，在我們的黨和政府的組織內，過去存在着某種程度上的成份不純或者作風不純的嚴重現象，許多壞份子混入了

— 8 —

《怎樣在改革》正文第 8 頁

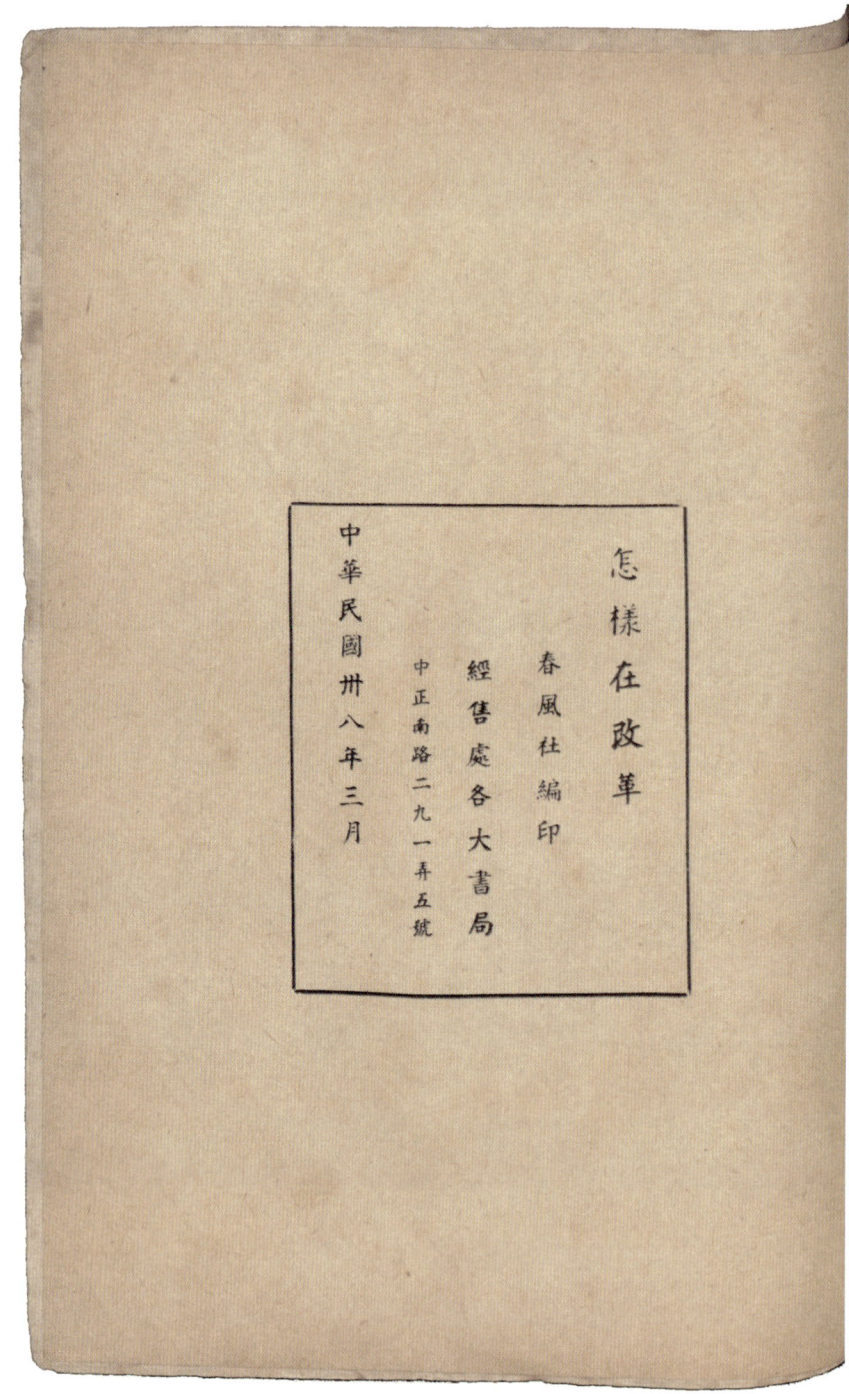

《怎样在改革》版权页

（三十八）《中国往何处去？》

本书为毛泽东著《新民主主义论》的伪装本。32开，正文32页，竖排石印。封面为白底黑字，右上侧用小字竖向印有"香港时代出版社时论丛刊之二"，居中用大字竖向印有伪装题名《中国往何处去？》，右下分两行竖向印有"文风印刷所印行""荷里活道一三八号二楼"。题名页印有真实题名《新民主主义论》和作者"毛泽东著"，出版者为"人民出版社"，出版时间为"1949"。

国家图书馆同时还藏有《中国往何处去？》的铅印伪装本一种，该书除印刷方式不同，其内容、排版、页数等均与石印本相同。

这两种伪装本，特别是铅印本《中国往何处去？》，与前述"香港时代出版社时论丛书之一"、托名为《和平奋斗救中国！》的毛泽东著《论联合政府》伪装本，在封面用纸和伪装特征上完全相同。此外，湖南省图书馆还藏有伪托"钢铁出版社发行""新知识丛刊第四期"的《中国往何处去？》伪装本[1]，与上述两种伪装本系同一时期的出版物。这3种伪装本与肖功璞、向佑文的相关记载亦相印证[2]，同属中华人民共和国成立前夕中共湖南省工委地下印刷所金国印书馆印刷的伪装本。

---

[1] 参见李龙如：《形形色色的毛泽东著作伪装本》，《文史博览》2009年第2期。
[2] 参见肖功璞、向佑文：《坚持地下斗争的印刷厂：金国印书馆纪实》，《长沙党史通讯》1986年第1期。

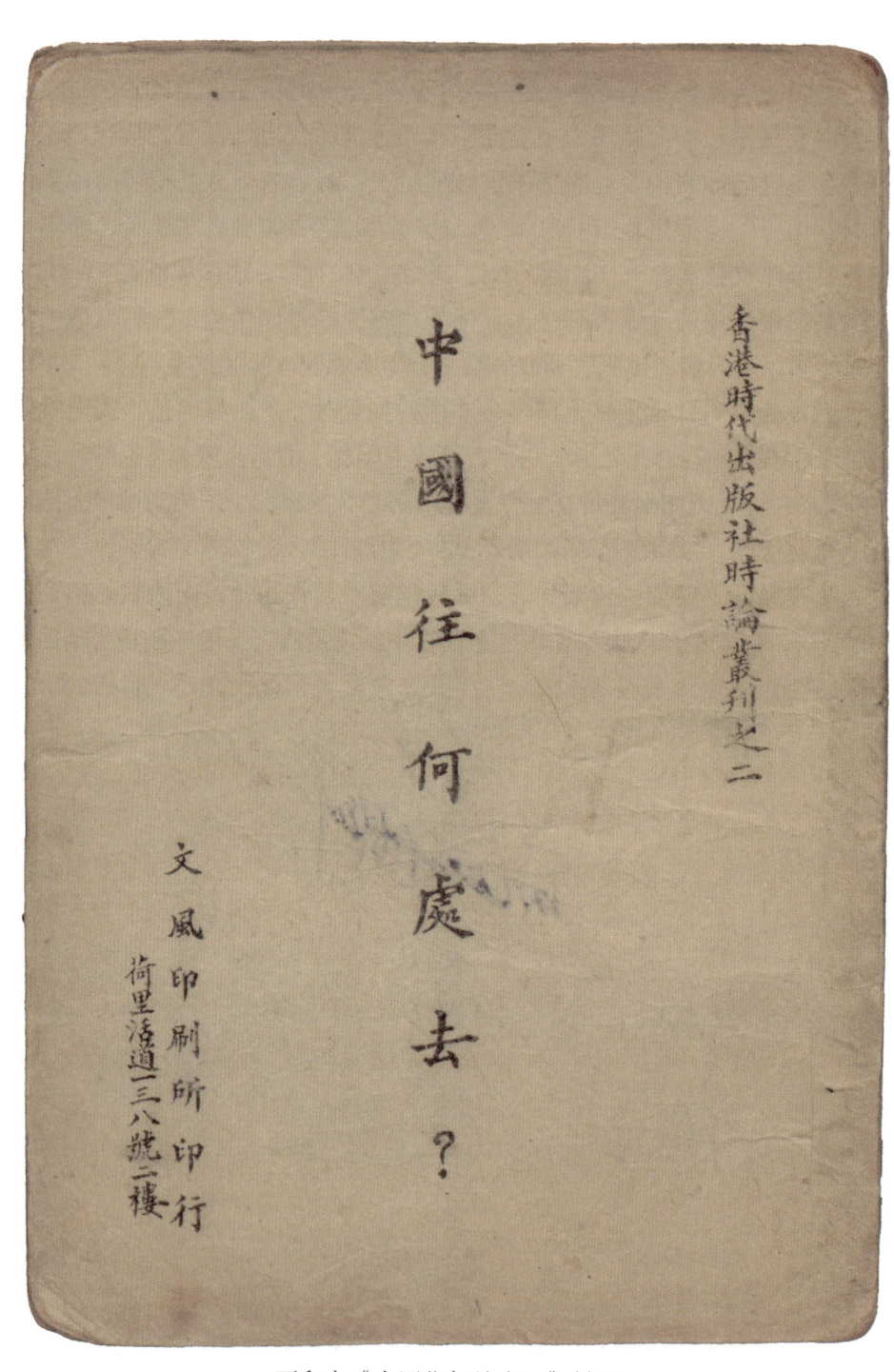

石印本《中国往何处去?》封面

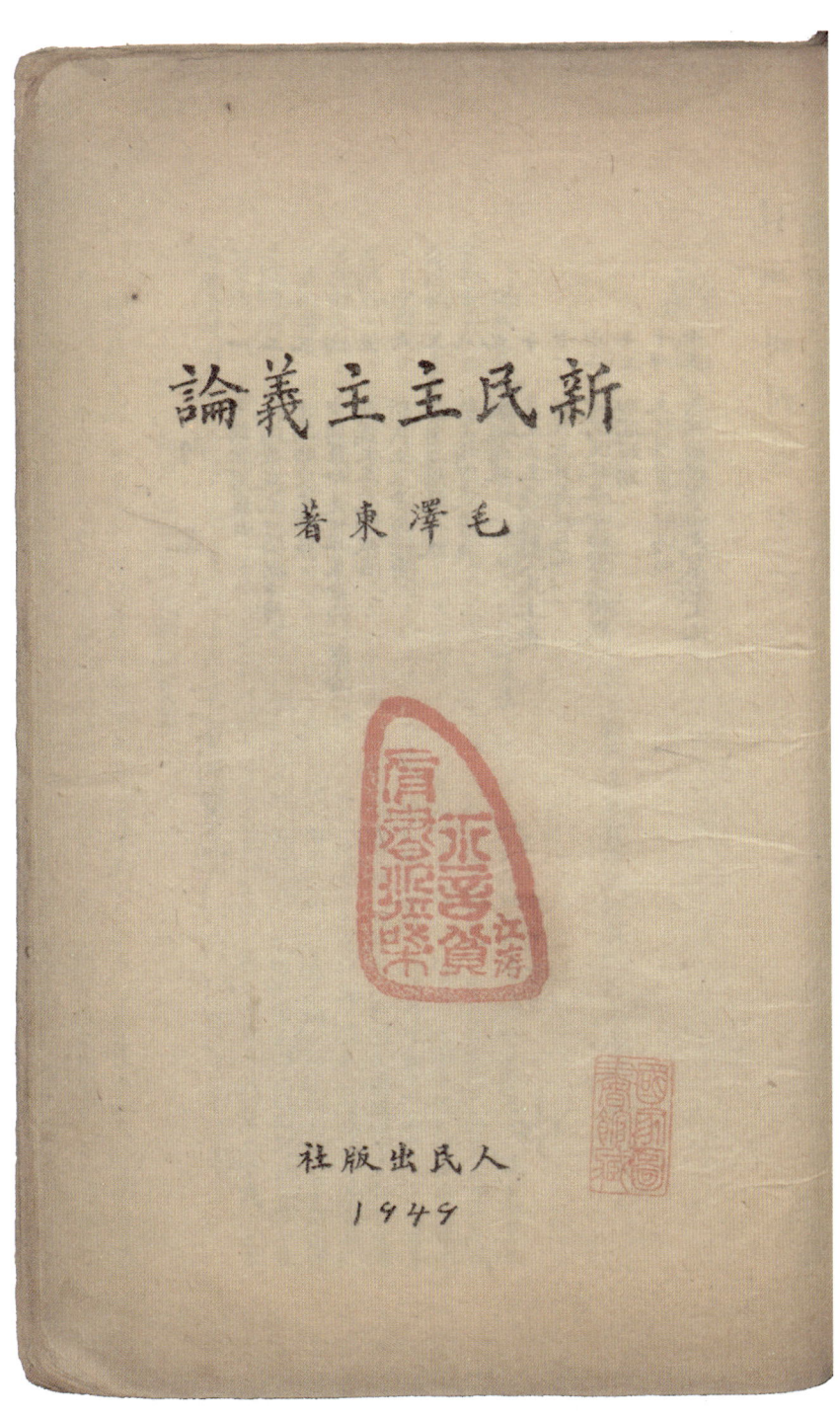

石印本《中国往何处去？》题名页

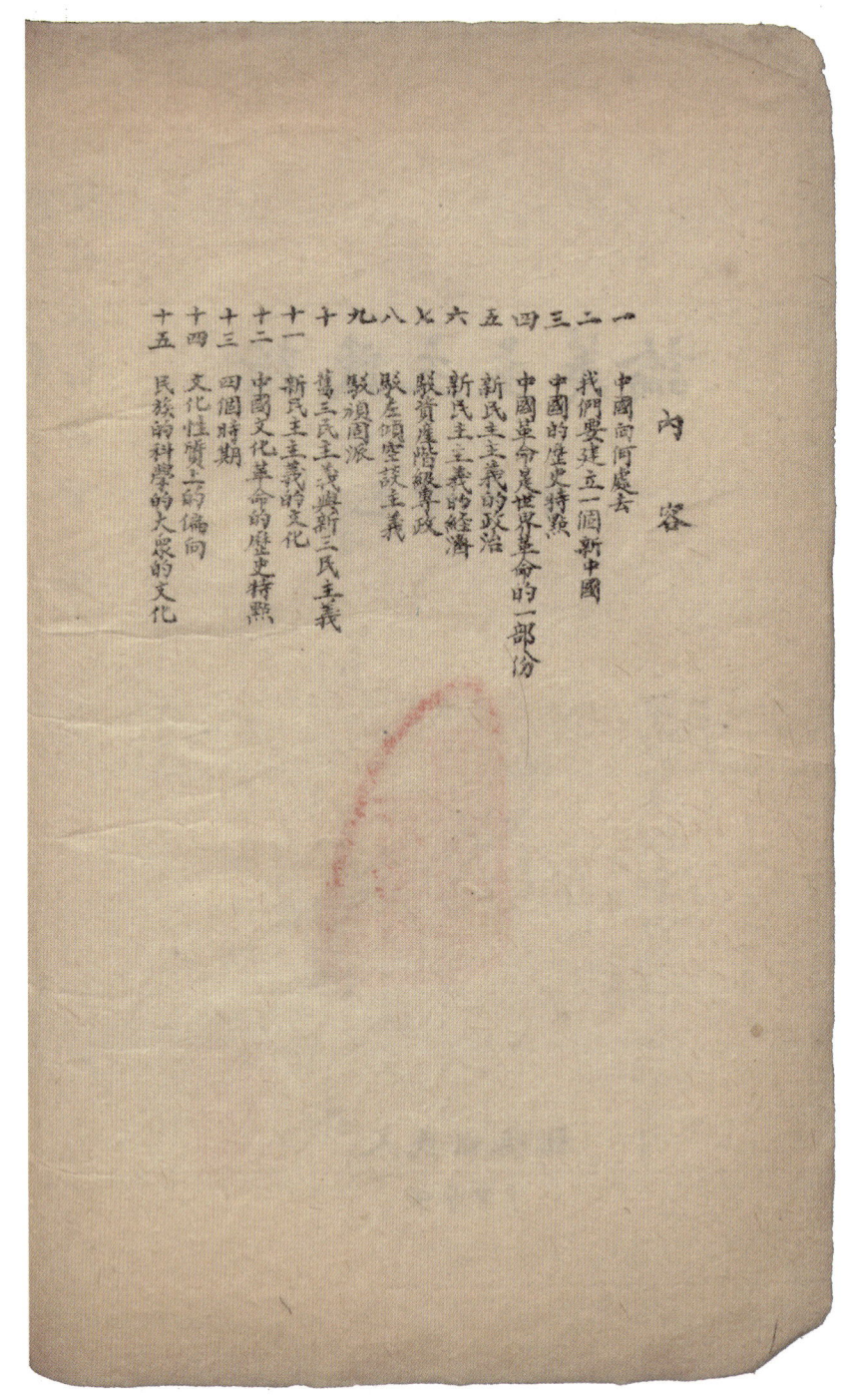

石印本《中国往何处去?》目录

内 容

一 中国向何处去
二 我們要建立一個新中国
三 中国的歷史特点
四 中国革命是世界革命的一部份
五 新民主主義的政治
六 新民主主義的經濟
七 駁資產階級專政
八 駁左倾空談主義
九 駁頑固派
十 舊三民主義與新三民主義
十一 新民主主義的文化
十二 中国文化革命的歷史特点
十三 四個時期
十四 文化性質上的偏向
十五 民族的科學的大眾的文化

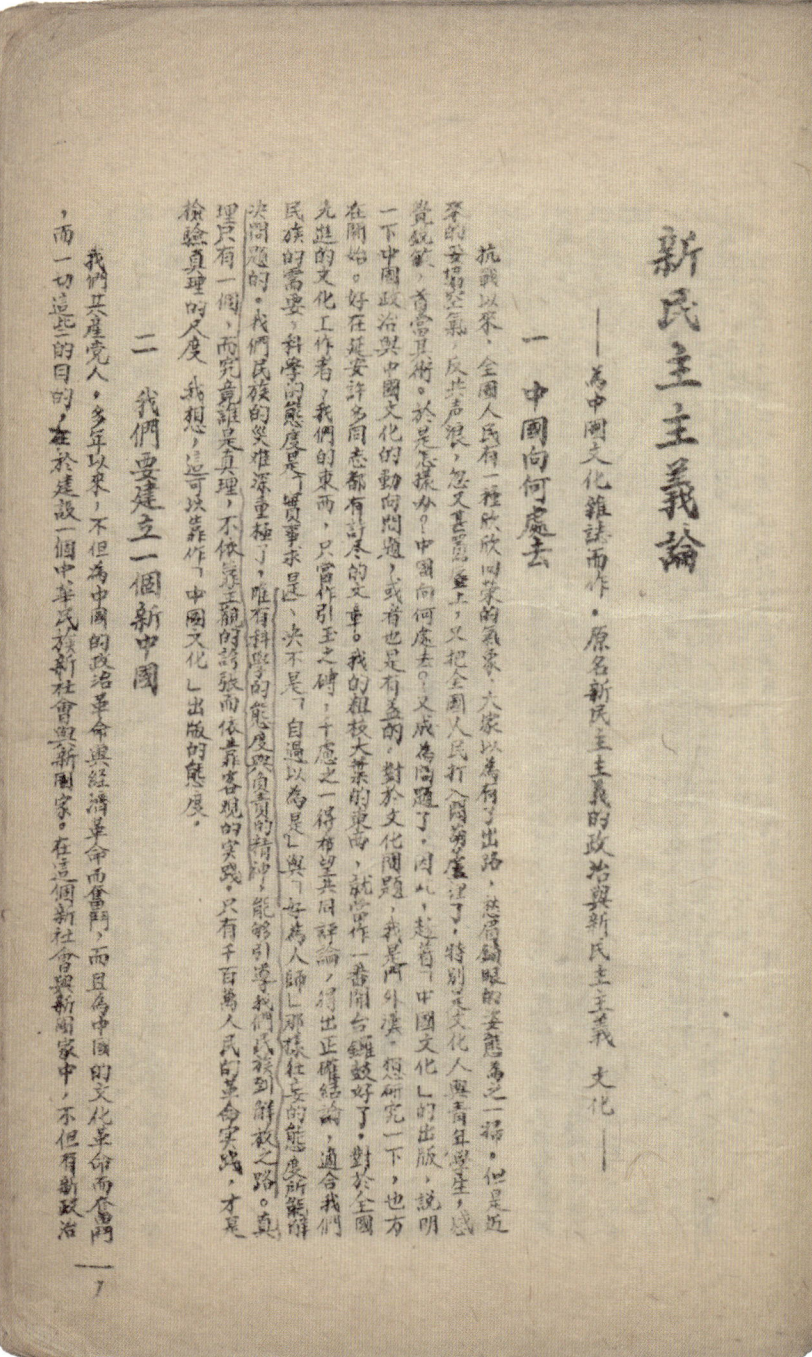

石印本《中国往何处去？》正文第 1 页

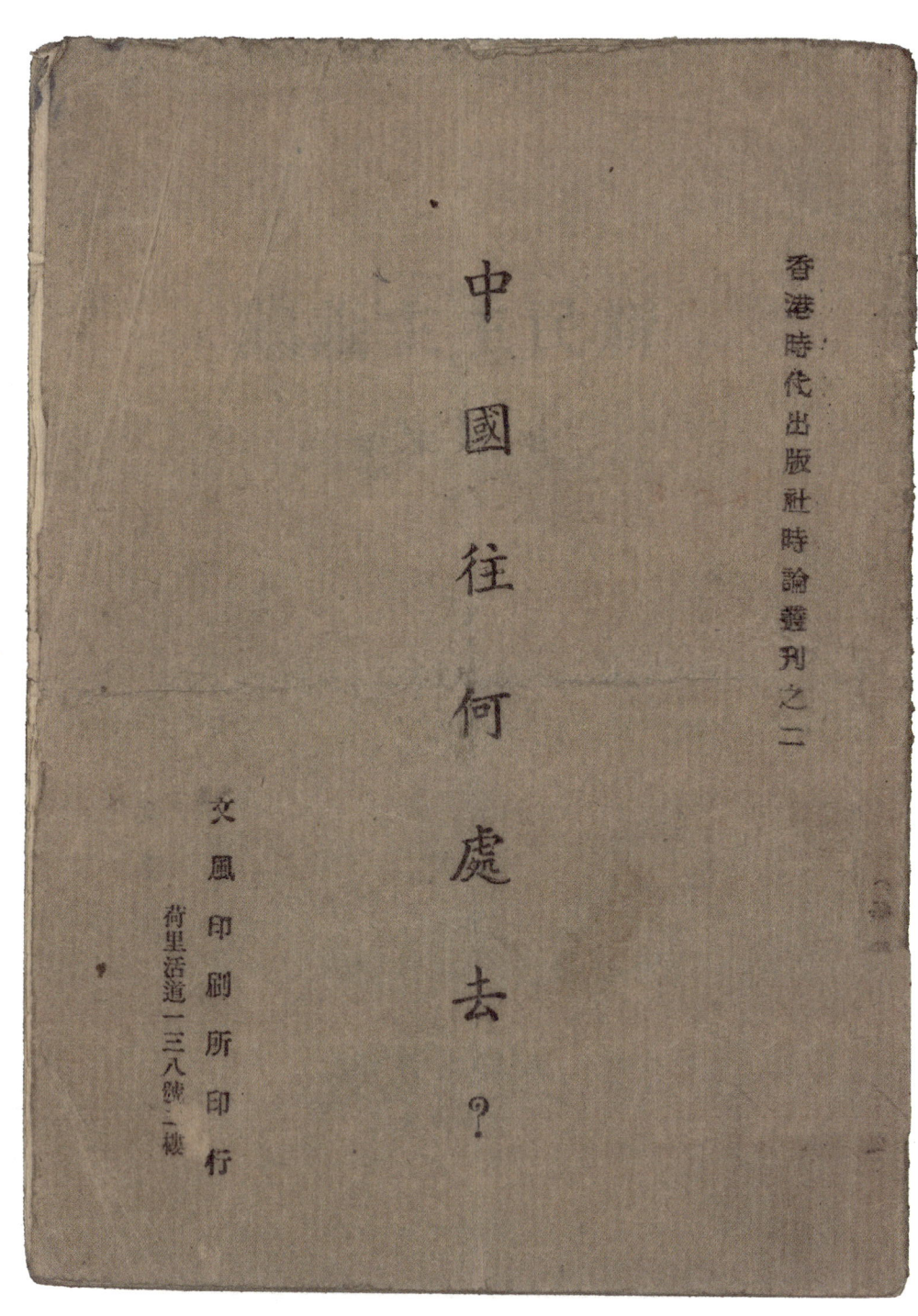

铅印本《中国往何处去？》封面

二、期刊

（一）《文萃丛刊》系列伪装本

《文萃丛刊》共有 9 辑，32 开，通常被认为是 16 开《文萃》杂志的伪装本。

1945 年 10 月 9 日，在中共中央上海工委的支持下，国际新闻社记者孟秋江、计惜英等策划创办《文萃》周刊，计惜英任主编。该刊主要转载重庆、成都、昆明、贵阳、西安等"大后方"进步报刊上的文章，并且经常转载延安《解放日报》和重庆《新华日报》的重要文章。1946 年 6 月，黎澍接任主编，逐步改变了刊物的文摘性质，以自行组稿为主，逐渐成为时事政治性刊物。胡绳、姚溱等撰写政治、军事评论，郭沫若、茅盾、马叙伦、吴晗、马凡陀、田汉、宦乡、沈志远、夏康农等成为基本作者。该刊还刊登丁聪、米谷的木刻和漫画。《中外文萃》《时事周评》《文萃信箱》等栏目颇具特色。该刊曾多次大规模组织读者进行时局问题的讨论和征答，引导读者参加民主运动，揭露国民党当局发动内战的阴谋，反映各地的民主运动，宣传中国共产党的政策主张，发行量由初期的 5000 份增至 20000 份以上。

1947 年初，国共和谈破裂，中共代表团被迫离沪，《文萃》周刊出版至第七十二期后被禁。此后，该刊被迫转入地下，黎澍撤离上海，改由陈子涛担任主编。从 1947 年 3 月 20 日第二卷第二十三期起，改出《文萃丛刊》。为适应秘密发行需要，由原 16 开杂志改为 32 开书册式，看起来像一本书，俗称"小《文萃》"。为了掩人耳目，"小《文萃》"不再用"文萃"两个大字作为封面，初期还保留了原来的"文萃"字样，但是字体缩小，不易发现。后来索性把"文萃"二字也取消了，每期都变换封面，题名多取自当期刊载的某篇文章，版权信息则隐匿在正文中间，丛书名、编辑者、出版者、出版地等也不时变更和伪装。

《文萃丛刊》共出 10 辑，最后一辑虽然印刷出来，但来不及向读者发行，故存世的只有 9 辑，第一辑至第八辑的题名分别为《论喝倒彩》《台湾真相》《人权之歌》《新畜生颂》《五月的随想》《论纸老虎》《烽火东北》《臧大咬子伸冤记》；第九辑题名为《论世界矛盾》，还有一个版本叫《孙哲生传》。1947 年 7 月下旬，文萃丛刊社和地下印刷厂遭到破坏，主要编刊人员陈子涛、骆何民、吴承德被捕，杂志被迫终刊。1948 年 12 月 27 日，陈子涛、骆何民、吴承德三人被国民党反动派杀害，史称"文萃三烈士"。

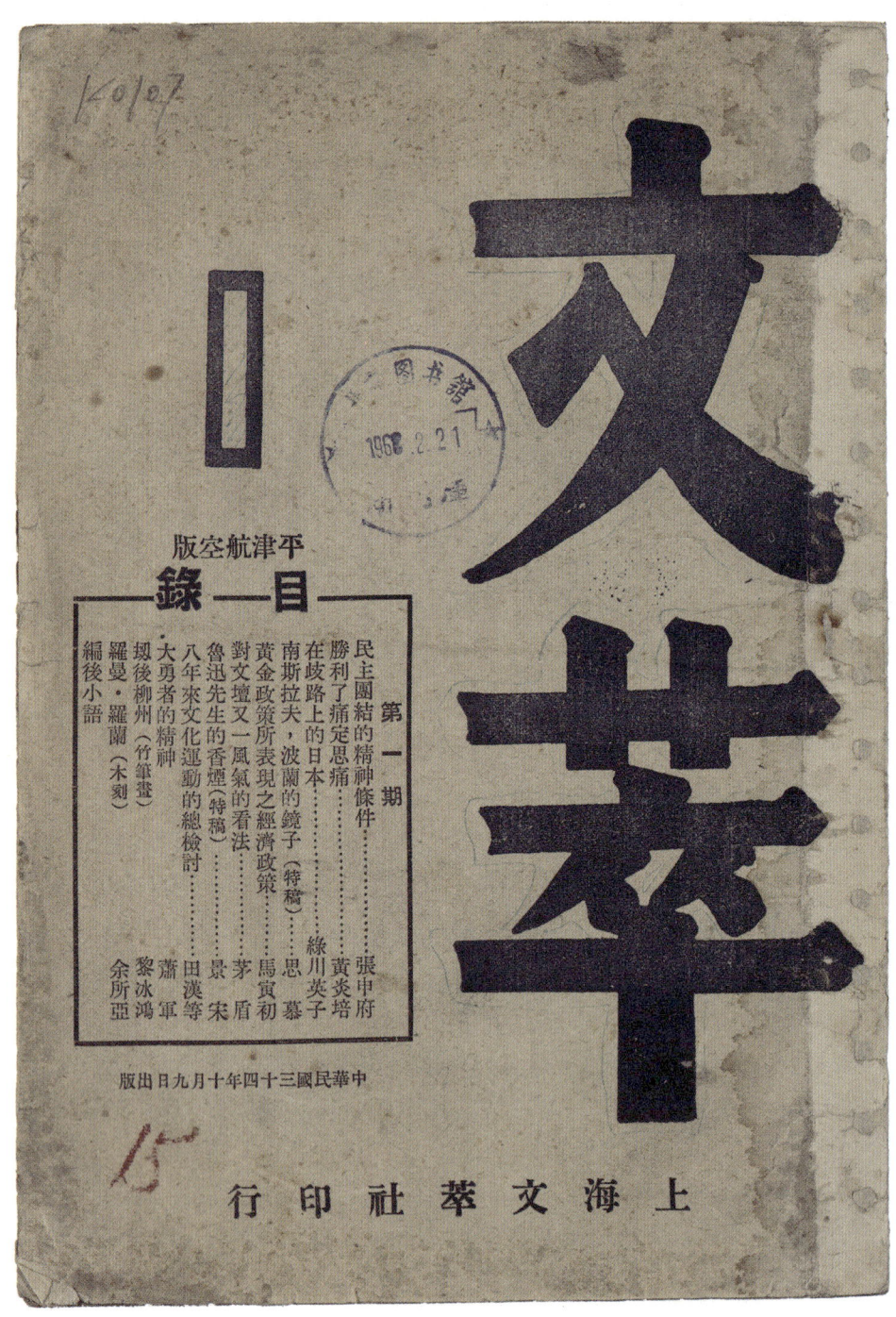

1945年10月9日出版的《文萃》周刊第一期封面

1.《论喝倒彩》

本辑为《文萃丛刊》第一辑；《文萃》杂志 1947 年第二十三期，总第七十三期。32 开，正文 51 页。封面右侧的题签框为红底白字，印有伪装题名《论喝倒彩》，题名取自本辑夏康农撰批判国民党召开六届三中全会的文章。封面左侧上面分两行印有"文萃丛刊""1"，下面是目录。封面底端印有"民国三十六年三月二十日出版"。版权信息和订阅办法印在第 43 页，版权信息中印有"文萃丛刊""第一辑""第二年第二十三期""总第七十三期"等，编辑者和出版者均为"文萃社"，地址为"上海福州路八十九号三九室"，电话为"一〇九〇九"。正文从封面背面起排，页码从"2"开始。该期有《告读者》一则，内称"从这期起，《文萃》在形式上有所改变了，这是一种书的形式，而内容则仍旧是一本杂志。这种改变，完全是为了适应发行上的需要。希望在不久的将来，仍能以本来面目与读者相见"，表明了《文萃丛刊》似书实刊的伪装性质。

本辑目录如下：

> 论战局（萧超）
> 莫斯科会议与中国问题（施复亮）
> 目前的中国政治形势（苏联·阿瓦林著，岳光译）
> 最近苏联对国际形势的新估计（李丘山）
> 再论中国的自由主义者（杜迈之）
> 失踪人物志（龚子游）
> 为什么，生活指数要冻结？（歌曲）（庄枫）
> 论喝倒彩（夏康农）
> 美国电影的毒害（李何林）

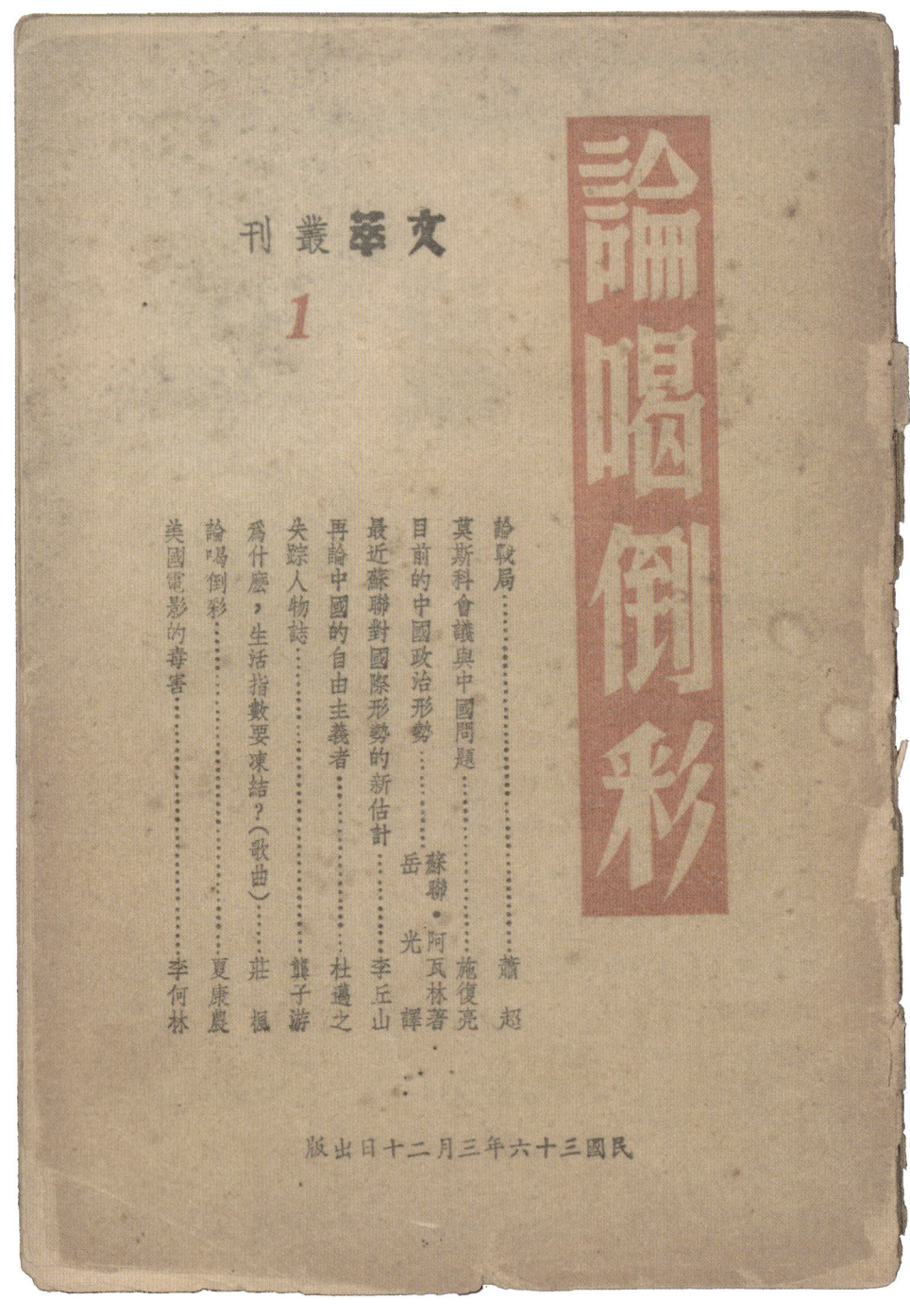

《论喝倒彩》封面

論戰局

蕭超

三月上旬以後，政府的「戰時體制」，大致是確立了。在此以前，恰如觀察週報所說，「南京的高級核心人物，在心理上已起了很大變化；這種變化是自國民黨執政以來所未有的。南京顯已淪入黯淡與苦痛之中」（該報二卷二期）。因而在這些核心人物間，會一度引起「和」「戰」的論爭。但是，到最後還是決定了「作戰到底」的方針。

決定這一方針的理由，據說有三個：一、不能接受中共的兩前提。二、軍事上即使不能致勝，至少總得打出一個比現在稍好的局面。至少要使中共被動求和，而不願讓中共估取主動。三、打過莫斯科會議，也許國際風雲又有什麼變化，這些核心人物，依然認為「恢復政協與停戰令，就是自己的失敗」不願放出既得的權益；而對於自己「未死」的優勢，還寄予極高的信託。

他們急急的要求，在軍事上，以及目下為軍事服務的政治、經濟、文化……各方面，迅速完成「戰時體制」。軍事上的其體要求則是：調集一切可能調集的兵力，集積重大的優勢，先在某些地區，殲滅共軍的一部份主力，以求「打出一個比現在稍好的局面」，從而促進喘息休整的時機早日到來。

在這些「理由」與「方針」之下，我們已經看到一陣「席捲」共軍的反攻希望推遲或幻滅。

《论喝倒彩》正文第43页

2.《台湾真相》

本辑为《文萃丛刊》第二辑；《文萃》杂志 1947 年第二十四期，总第七十四期。32 开，正文 79 页。封面右侧的题签框为蓝底白字，印有伪装题名《台湾真相》，题名取自本辑胡允恭（署名"张琴"）所撰揭露"二二八"事件经过的文章。目录排于封面。封面底端印有"民国三十六年四月五日出版"，"文萃丛刊"字样消失，仅剩一个蓝色的"2"。版权信息印在第 78 页，印有"文萃丛刊""第二辑""第二年第二十四期""总第七十四期"等，编辑者和出版者均为"文萃社"，无编辑部的地址和电话。正文从封面背面起排，页码从"2"开始。

本辑目录如下：

    救死与求生（张明）
    美金公债库券不是生意经（杨深）
    向民青两党的新贵们道喜（黎民）
    毛泽东论原子弹的失败（史特朗作，大牛译）
    科学与军事（华莱士作，毅夫译）
    台湾真相（张琴）
    我从台湾活着回来（雪穆）
    黑风（吴越）
    国民身份证（苏金伞）
    评《臧大咬子传》（令狐玄）
    苦难的小姐——杨莹（龚子游）
    梁仁达这个人（唐海作，米谷图）

台湾真相

2

救死與求生………………………………張明
美金公債軍券不是生意經………………楊深
向民青兩黨的新貴們道喜………………黎民
毛澤東論原子彈的失敗…史特朗作 大牛譯
科學與軍事……………華萊士作 毅夫譯
台灣眞相…………………………………張琴
我從台灣活着回來………………………雪穆
黑風………………………………………吳越
國民身份證………………………………蘇金傘
評「滅火咬子傳」………………………令狐玄
苦難的小姐——楊螢……………………龔子游
梁仁達這個人………………唐海作 米谷圖

民國三十六年四月五日出版

《台湾真相》封面

救死與求生

「死亡敵不過生存」
——托爾斯泰

張明

正如陳誠總長所說：「我們這次三中全會，就是決定不再與共黨言和，決心與共黨在戰場上決定生死的大會」。（聯合社三月二十日電）。這場關係「生死存亡」的大戰，當局希望在年內必須有一個結束，因而「自今天起，至十二月二十五日實施憲政為止，這九個月中，乃是國民黨最嚴重的階段」（蔣主席三月二十五日紀念週致詞）。所謂「歷史上的各種失敗，往往都在其即將成功之際，時勢的緊迫，失敗的威脅，正籠罩着南京的核心人物周邊，這九個月的鬥爭，實在是這些核心人物拯救死亡的時期；他們說：『如果共黨作戰獲勝，成立聯合政府，一定容納不下我們（這些核心人物）。那就是我們的整個失敗』。這套辦法的基礎是軍事，為了軍事上剿共的勝利，就必須依靠特務及統治的威力，在政治與經濟上採取兩件法寶為了求取這一救死鬥爭的勝利，三中全會决定了一整套的辦法。

一

第一，在政治上。一方面，封閉一切「和談可能重開」的門戶，斷絕各方對「恢復協路線」的希望與幻想，以堅定作戰的決心。另一方面，則迅速完成所謂「政府改組」。

第二，在經濟上。一方面，繼續實施全面經濟動員（經濟緊急措施方案），以公開的掠奪支持內戰經濟，不惜採取「頭痛醫頭」的枝節辦法，以公債、庫券以至尚未實行的什麼幣制改革等辦法，會取得兩大作用，首先，是對國內的：也許這樣在政治上可以實現所謂「黨內黨另一方面，也估計到這一動員的時效，決定了不惜採取「頭痛醫頭」的枝節辦法，以公債、庫券以至尚未

·第二年 第二十四期· ·75·

謝謝你們,先生:希望讓它能永遠展開在我們的眼前,為光明在奮鬥,發一點熱,發一點光吧。

讀者是決不容任何原因使它消減下去。也惟有讀者才是支持它、資助它成長的唯一力量。

時候到了:我們應該緊緊地攜起手來,努力吧。

　　　　　　　　讀者符德瑛敬上
　　　　　　　　　　　三月二十六日

介紹莊楓一首新歌

編者先生:

今閱貴刊失踪人物誌所載莊楓先生事蹟,寫得很清楚,並附莊先生近影及他手作「為什麼生活指散被凍結」歌曲,我也是莊先生一個學生,所以我對莊先生也略知一二,他是一個人民的歌手,他對人接物很謙虛和氣,因此大家都願意接近他,可是特種人物遇什麼理由要逮捕他呢?檀利自由!使我不敢想像了,今附上「美國貨害人糖」歌曲一只,此歌也是莊楓先生看到了美貨大量湧到,國貨

工廠大量倒閉,經濟危機日深,要挽救危機,非抵制美貨不可,所以就作成了此歌,還望貴刊賜載為荷。此致
撰安
　　　　　　　　讀者有鑒上 三、廿六

集體訂閱本刊的優待辦法

編者先生:

我是貴刊長期忠誠的讀者,對於二十二期符德瑛君提議之集體閱讀方法,甚為贊同,這樣,可以免得不少人的暗中摸索了,希貴刊迅定妥善的計劃!敬頌
撰安
　　　　　　　　讀者諸茵手上
　　　　　　　　　　　三月十七日

諸茵先生:

集體訂閱的辦法經符德瑛先生提出後,已有不少讀者來信贊同,並且付諸實行了。

我們決定集體訂閱的優待辦法是:凡集體訂閱十份的,除了可以享受八折優待以外,我們只收九份的價錢,其餘一份由本刊贈送,以示優待。並且集體訂閱的訂戶還可以享受本刊直接訂戶之一切優待辦法,如替報代辦部之一切優待等。

代郵

葉金、嘯聲、高膽、蕭鯤、清林、應俳村、司馬天健、懷江、梁敏、江天之淵、魏景韓、洛揚、沙鷗、黎方園、鍾人磊、張西溪、宋學琦先生,請示通訊處。

```
┌─────────────────────┐
│  文萃叢刊           │
│  第二輯             │
│                     │
│  編輯者 ┐           │
│  出版者 ┘ 文萃社    │
│                     │
│  第二年第二十四期   │
│  總第七十四期       │
│  本期定價二千五百元 │
└─────────────────────┘
```

《台湾真相》正文第 79 页

3.《人权之歌》

本辑为《文萃丛刊》第三辑；《文萃》杂志 1947 年第二十五期，总第七十五期。32 开，正文 51 页。封面中上位置的题签框为绿底白字，印有伪装题名《人权之歌》，题名取自本辑许文辛（署名"金颖"）所作词曲。目录排于封面，出版时间署"中华民国三十六年四月二十日出版"。本期没有版权信息，前后均找不到"文萃"两字，仅在封面用黑色字体印了一个大大的"3"，每页的页眉处印有"第二年　第二十五期"，表明其是《文萃丛刊》第三辑，《文萃》杂志 1947 年第二十五期。本期最大的特点就是封面左上角印有一个不到一寸见方的图案标记，是一位战士以笔为枪，扛在肩上迈步前行的形象。这原是漫画家米谷为《文萃》画的一个图案，刊于《文萃》杂志，早已深入人心。这个图记一直延续到了第八辑。尽管书中没有"文萃"两字，但是细心的读者一看到这个图案，就会想到这本书是《文萃》的继续。正文从封面背面起排，页码从"2"开始。

本辑目录如下：

> 转折点近了（张明）
> 政府改组的把戏（周仁）
> 民社党的反独裁运动（王坪）
> 内战经济的枯萎（杨深）
> 从掠夺到诈骗（毅民）
> 全世界民主力量的估计（温奇译）
> 斥杜鲁门主义（华莱士作，小鱼译）
> 可爱的"尾巴"（周之余）
> 《中国古代社会研究》后记（郭沫若）
> 评所谓"集团主义的文学"（令狐玄）
> 不明白（酒泉）
> "卫国"与经商（邑郡）
> 患难夫妻——姚永祥和乔秀娟（龚子游）
> 人权之歌（金颖词曲）

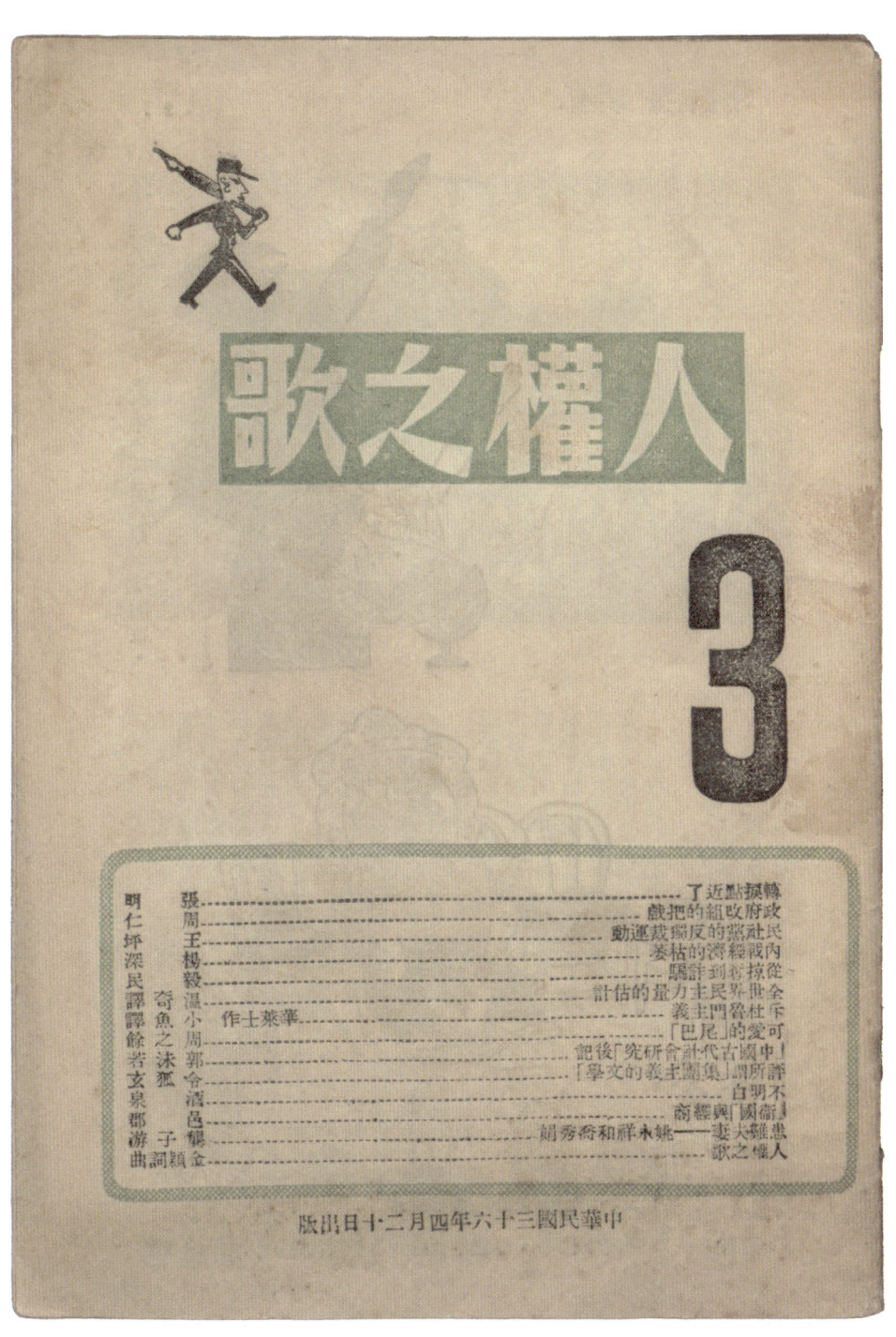

《人权之歌》封面

《人权之歌》正文第 1 页

轉捩点近了

張明

"中国人民從那些盤踞高位者歷來的貪污腐化中解放他們自己,這個決心已經愈益增長,其時機也愈益迫切了!"

三月二十九日:倫敦泰晤士報。

近兩個月的國內局勢,帶有決定今後許多歲月的性質。一方面是死亡的掙扎,一方面是生存的堅強。一方面以救死的急燥打出了最後王牌,一方面以沉着的冷靜避過了前進的岩礁。時間不容情,一個月過去了,又一個月也過去了;看了近兩個月時局的進程,中國人民更可以加強信心。我們可以肯定地說:轉捩點已經近了,祖國的民主解放的日子,可以提早到來了!

這兩個月的局勢,很明白地說明了三個問題:第一、在南京的核心方面,正遇着軍事經濟政治三大危機,這些危機的嚴重程度,乃是"國民黨當政以來從未遇到過的"(觀察週刊語)。第二、當局對於這些危機的克服,是沒有真正的辦法的。三中全會本來應當是一個決定克服危機辦法的大會,但是,對於三大危機所通過的決議與宣言,乃是文章越來越長,辦法越來越少,已經從"半年消滅中共"的信心,轉變為"今後九個月內,乃是或生或死的關頭"。第三、當局雖然決定以決戰王牌來挽救危機,但是危機是更加深與加速地到來了,而核心人物間的矛盾與爭吵,也隨着時局的演變,愈益嚴重化及表面化起來。

《人权之歌》正文第 2 页

4.《新畜生颂》

本辑为《文萃丛刊》第四辑；《文萃》杂志 1947 年第二十六期，总第七十六期。32 开，正文 51 页。封面中上位置以红色字体印有伪装题名《新畜生颂》，题名取自本辑唐崇侃（署名"梁进"）所撰寓言体杂文。题名左上方印有扛笔的战士图案标记。目录排于封面，出版时间署"中华民国三十六年五月五日出版"。封面右侧中间位置印有醒目的阿拉伯数字"4"，每页页眉处印有"第二年 第二十六期"。版权信息印在第 49 页，丛书名变为"文丛出版社丛书第四集"；编辑者和出版者均为"文丛出版社"；编辑部地址为"香港坚道二十号楼下"，实际上是香港国新社的地址；定价也用港币。编辑部试图用这个方法迷惑敌人，使其误信本辑为香港出版物。正文从封面背面起排，页码从"2"开始。本辑最大的特点就是丛书名称、编者、出版者和出版地均做了变更和伪装。此后的第五辑至第七辑也做了同样的伪装。

本辑目录如下：

  花雨吊战场（丁静）
  上台便是垮台时（周仁）
  张群失败了（温奇）
  关于"中间派政治路线"以外的话（苏平）
  民社党的糊涂账（苏幕遮）
  挽悼张君劢的"灵魂"（夏康农）
  记某党内哄（东方朗）
  让我们来大声喝彩吧（黎焚薰）
  适之博士近著抒怀诗"笺注"（张振亚）
  追怀廿年前的廿位烈士（刘清扬）
  新畜生颂（梁进）
  破桌子（蒲青编，讷江曲）

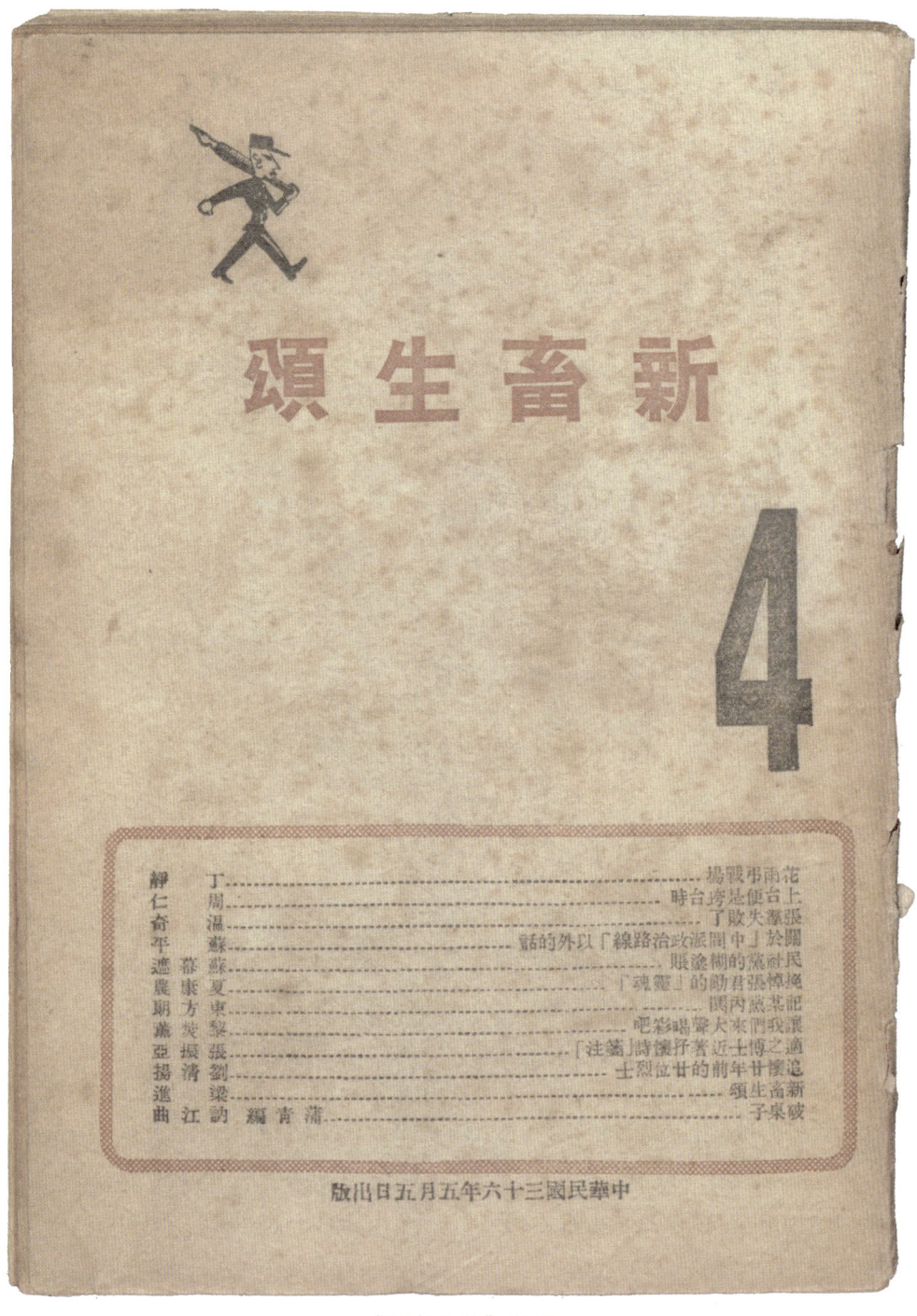

《新畜生颂》封面

第二年 第二十六期

分之廿雖不願意，却也非來握手不可。」儘管，時勢推移，CCC的路線沒有走得通；但是他的這一精神是一直保持着下來的。到了三月份，「新局面」的前夕，他的計劃已經十分明確，就是要實現這樣一個政府：以政學系為核心，以民青兩黨為外圍；對內有限度作戰，對外不積極反蘇。他以為這樣的民主面孔，會博得內外的同情。同時，網開一面，中共也不便拒絕他的派系總還是「新聯合政府」的重要力量之一。這一下子不是一石兩鳥，即使雖打得不妙，張羣和他的派系總還是他一生積累起來的政治資本，這一下子可押準了。

但是，且慢，且慢！問題多得很呢！張羣雖是一張「王牌」，使用這張「王牌」的，這位慣於「利用矛盾，掌握矛盾」的權術家，雖要用這張「王牌」，而是為了要「肅清生死大患」；如果張羣取而代之，哪又何必如此費神勞力，最後還是一個「欽賜民主」了嗎？西西早就看準這一點，豈不是早就可以「聯合政府」了你張羣，我西西有的是「黨」內生死予奪大權。這樣，三中全會就佈置了一幕「排擠傾軋」的大戰。西西一變孤獨作風，開幕前夕，聯好了黃埔，對付老太子一部份元老，聯好了西西，全心全意，集中了火力對付此學系，甚至連倒宋也只諸如宋子文身上的黃金潮，是「順帶一筆」，一切過錯，也找到一頂「督促不力」的帽子，帶到政學系的部長

吃糖的故事 ·公隹·

《新畜生頌》正文第14頁

新畜生頌

梁進·

但人們看見的，却總是：「MADE IN U.S.A．MADE IN U.S.A……」

黃鼠狼

黃鼠狼碰到敵手的時候，就放臭屁；碰到小雞，則叱咤風雲，而當小雞也生了角的日子，牠就只能在每一樣東西之前都放臭屁了。

長頸鹿

長頸鹿落水時，惟一露出水面的，是牠的「頭」。

但惟一使人感到觸目而狼狽相的，也只有牠的「頭」。

狼

狼是不高明的宣傳部長。

當牠高聲說「民主」時，牙齒就露了出來；當牠低聲說「和平」時，又總常常把愛音弄成「阿門」來把肚皮放在上面，但在白天，當翻過身就一勁也不能動了。

老鼠

老鼠只有肚皮是白的；把這極小的一塊肉緊貼在地上，牠就能够在黑色的夜裏偸裁游戏。

鴨子

鴨子搖搖擺擺連路也幾乎走不動，然而硬要稱

來和月亮同居。然而牠竟忘記了自己是一個見不得陽光的畜生。

前絕後的。

可惜火燄是啞子，否則她將說：「我真不希罕你這將要燒焦的屍體，好臭呵！」

猛猻

猛猻做了皇帝，把金鸞殿翻造爲「桃子集中營」。

但牠在那裏，牠開始發覺天下的桃子原來都是有毛的。

烏龜

烏龜一面爬，一面說：「我已經老了，對於養跑，已經毫無興趣。」

牠太信任了自己的演詞，以爲這一次，兔子又將放大胆睡了。

壁虎

壁虎歡喜在火燄裏跳舞，以爲自己的雌參是空

蛇

蛇也想做詩，用勁地把身體扭來扭去。

孔雀

孔雀翹起尾巴的時候，同着「禮義廉耻」的翎毛一同露出來的，還有一男盜女娼」的屁眼。

而如果當人們發現了「禮義廉耻」的焦點，不過是「男盜女娼」之後，他們所看見的就永遠只能是孔雀的屁眼了。

貓頭鷹

貓頭鷹想做「調解人」，牠勸太陽搬進黑夜裏

自己爲「青年」。

有一天，天下的青年都向牠鞠躬如也，說道：「鴨子先生，我們總辭職了，從今以後，青年這個名詞歸你專利了」。

牛

牛不再滴血爲奶。讓那些天字第一號的農場主人們荷荷大哭去。

象

象也覺悟了。牙齒開始是長矛，不再爲人作朝笏；鼻子開始透氣，不再爲人吸水。

狐狸

狐狸做了官，發誓要「衣錦榮歸」。但太尖的耳朵和太長的尾巴，妨礙牠佔有大禮帽和燕尾服的光榮。

跳蚤

跳蚤一跳就是十萬八千里。但在新的地方，人們還是稱牠爲跳蚤。

駱駝

駱駝把腳趾一步步地埋進沙漠裏，不管蒼蠅怎樣嘲笑。只有牠，才最最了解自己的命運。

螞蟻

螞蟻最小，然而也最多、最大。一定有一天，牠們會佔領這世界。

蒼蠅

蒼蠅開始有一點寂寞之感。因爲只有霍亂菌才尊牠爲「社會賢達」。

新畜生頌

文叢出版社叢書第四集

編輯及出版者 文叢出版社

國內通訊處 上海一三一八號郵箱
香港堅道二十號樓下

另售每本港幣一元
國內法幣二千五百元

廣告刊例

一、封底：全面每期叁拾萬元
　　　　　　半面每期拾捌萬元
二、文裏：全面每期貳拾萬元
　　　　　　半面每期拾柒萬元
　　　　　　三分之一每期拾萬元
　　　　　　四分之一每期伍萬元
三、補白：不論大小每期伍萬元

《新畜生頌》正文第49頁

5.《五月的随想》

本辑为《文萃丛刊》第五辑；《文萃》杂志1947年第二十七期，总第七十七期。32开，正文51页。封面居中以红色字体印有伪装题名《五月的随想》，题名取自本辑许觉民（署名"洁泯"）的一篇随笔。题名上方绘有一束鲜花。封面右下角有醒目的阿拉伯数字"5"。目录排于封面，没署出版时间。目录左侧印有扛笔的战士图案标记。页眉处的期数消失。版权信息印在第32页，基本信息与第四辑类同，只是多了"第二年 第二十七期"。正文从封面背面起排，页码从"2"开始。

本辑目录如下：

  自由的鲜花快结实了（张明）

  争取新的和平·展开新的斗争（移山）

  膨胀开始爆炸了（徐幼慈）

  教育眼光看会考（杨卫玉）

  会考是新的刑罚（周仁）

  民社党"清高"吗？（王坪）

  一年来国际形势的检讨（梁纯夫）

  美国的反动势力和工人运动（苏·史迁宾作，什之译）

  斥傅雷的"对美苏关系的态度"（苏平）

  五月的随想（洁泯）

  米呵！你在那里？（方滨）

  民国的功臣（徐盟）

《五月的随想》封面

《五月的随想》正文第26页

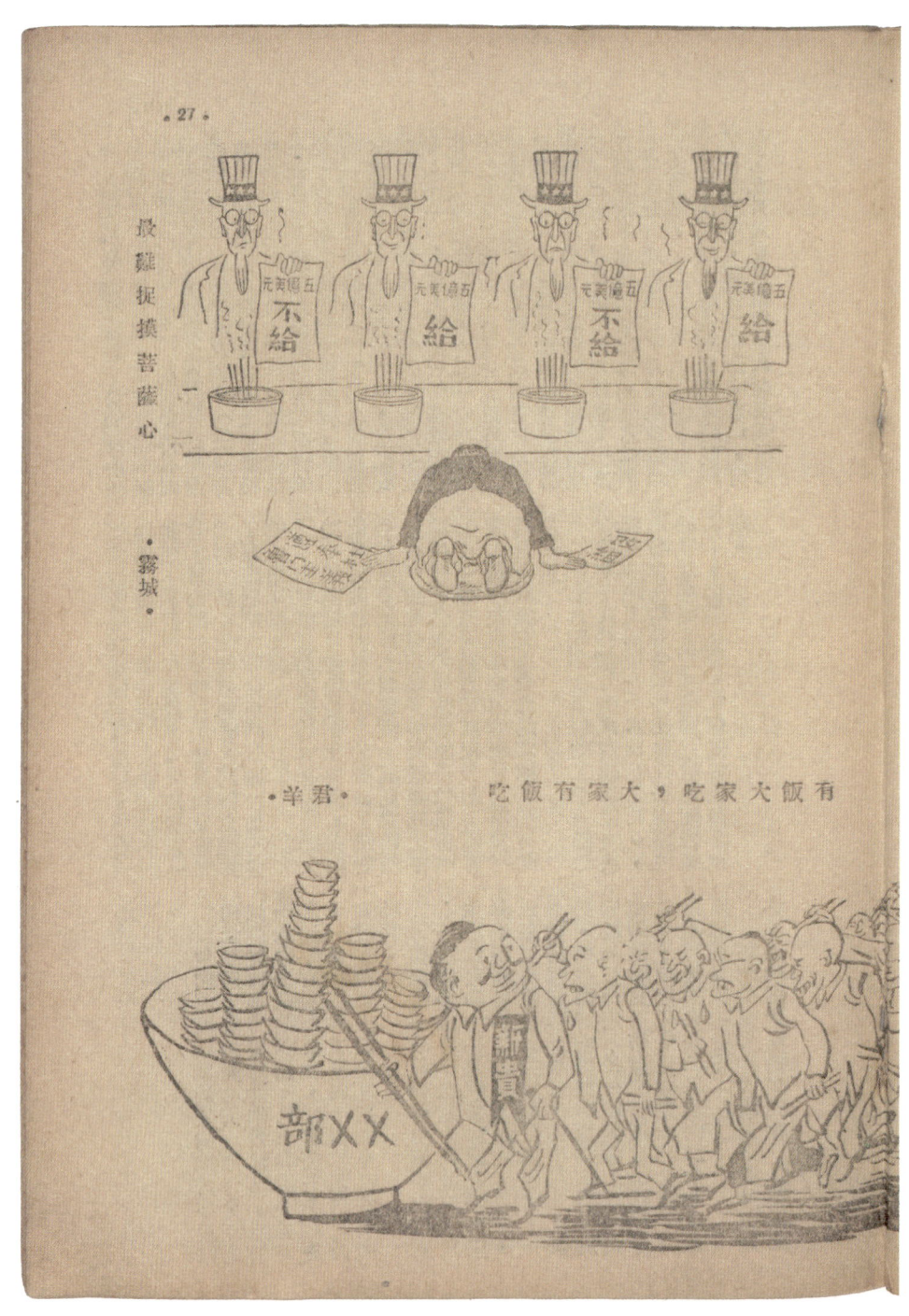

《五月的随想》正文第 27 页

民黨政府的地位，另一方面參加調解中國內爭。馬歇爾來華完成政治協商會議、停戰協定和整軍方案，其目的也不過是像美國參加聯合國機構一樣，想藉和平合作的煙幕，協助國民黨政府首先解除中共的武裝，然後進一步消滅全國的民主勢力。

不過，虛在被迫害地位的新民主解放運動，它的警覺性常常是很銳敏的正如蘇聯在聯合國機構中堅持維護安全理事會堅持否決權一樣，中共和民盟在和平談判和改組政府中也堅持維護國府委員會中的三分之一否決權者對於國內頑固派的陰謀便不落空了。

因為中國問題只是美帝國主義者所面對的廣大世界問題的一部分，它對於中國反動派信心的動搖就迫使它不能不考慮把它在遠東反民主和反蘇的中堅防線從中國轉移到西南太平洋去了。而美帝國主義者對中國問題這一蹶踏不決的心理狀態，至少在客觀上對於中國頑固份子是一種不小的打擊，而間接給與中國新民主解放運動增加了一種有利條件。

這一鬥爭也像國際上反聯合國道路和堅持聯合國道路的兩條陣線一樣，是不分地域，不加入一種族，不分信仰，不分階級的。

而由於普遍覺醒的中國人民澄在力量的雄厚和團結的日漸加強，由於國內頑固派基礎的薄弱和形勢的孤立，勝利必將是屬於堅持政協道路這一邊的。

也正是由於這一不可爭議的時顯形勢，美帝國主義者的繼續援助國內頑固派便不能不躊躇起來了。美帝國主義者當然不願看見國內頑固政權的傾覆，因此它還要利用種種方式來維持它的地位；但是根據一年來的實際發展和目前的對比形勢，美帝國主義者對於國內頑固派的信心已開始動搖了。

於是，隨着國內頑固派撕毀政協決議單獨召開「國大」之後，隨着馬歇爾宣布終止調解中國內爭之後，反政協道路和堅持政協道路的兩條陣線的鬥爭便在全中國規模上展開了。

廣告刊例

五月的隨想

文叢出版社叢書第五集

第二年 第二十七期

編輯及出版者 **文叢出版社**

香港堅道二十號樓下

國內通訊處：

上海一三一八號郵箱

另售每本港幣一元

國內法幣二千五百元

一、封底：全面每期叁拾萬元
　　　　　半面每期拾捌萬元
二、文裏：全面每期貳拾肆萬元
　　　　　半面每期拾萬元
　　　　　三分之一每期柒萬元
　　　　　四分之一每期伍萬元
三、補白：不論大小每期伍萬元

6.《论纸老虎》

本辑为《文萃丛刊》第六辑；《文萃》杂志 1947 年第二十八期，总第七十八期。32 开，正文 52 页。封面上方的题签框为棕底白字，印有伪装题名《论纸老虎》，题名取自本辑斯特朗著《毛泽东论纸老虎》。题名左下方印有扛笔的战士图案标记。封面右下角有醒目的黑色阿拉伯数字"6"。目录排于封面，出版时间署"中华民国三十六年五月三十日出版"。版权信息印在第 33 页。正文从封面背面起排，页码从"2"开始。

本辑目录如下：

和平的关键在那里？（苏平）

学潮问答（郭沫若）

血泪和流的学潮（李沛昂）

转形期的战局（附图）（丁静说明，临江绘图）

毛泽东论纸老虎（史特朗作，杜无门译）

粮荒是死症（周仁）

论上海的工会组织（祁华）

两种纪念（章迟）

寓言（雪峰）

不祥的类似（清涟）

自由主义文学论二题（令狐玄）

論紙老虎

6

和平的關鍵在那裏？⋯⋯⋯⋯⋯⋯⋯⋯蘇 平
學潮問答⋯⋯⋯⋯⋯⋯⋯⋯⋯⋯⋯⋯⋯郭沫若
血淚和流的學潮⋯⋯⋯⋯⋯⋯⋯⋯⋯⋯李沛昂
轉形期的戰局（附圖）⋯⋯丁靜說明 臨江繪圖
毛澤東論紙老虎⋯⋯⋯⋯⋯⋯史特朗作 杜無門譯
糧荒是死症⋯⋯⋯⋯⋯⋯⋯⋯⋯⋯⋯⋯周 仁
論上海的工會組織⋯⋯⋯⋯⋯⋯⋯⋯⋯祁 華
兩種紀念⋯⋯⋯⋯⋯⋯⋯⋯⋯⋯⋯⋯⋯章 遲
寓言⋯⋯⋯⋯⋯⋯⋯⋯⋯⋯⋯⋯⋯⋯⋯雪 峯
不祥的類似⋯⋯⋯⋯⋯⋯⋯⋯⋯⋯⋯⋯清 漣
自由主義文學論二題⋯⋯⋯⋯⋯⋯⋯⋯令狐玄

中華民國三十六年五月三十日出版

《论纸老虎》封面

毛澤東論紙老虎

史特朗 Anna L. Strong 作
杜無門譯自「美亞」雜誌四月號

毛澤東是亞洲著名領袖之一，也是吸引我訪問延安的主要因素。他有十九年的功夫生活在「被封鎖的」環境中。其中有一半時間係在南方產米區，江西省的中國蘇維埃區，有一半時間是在中國西北荒涼的山地裏。十九年間他一直被蔣介石的兵舍包圍着，有時又被日本的陣綫所包圍。但是就在這種被隔絕的情況的下，毛澤東觀測並策劃中國的前途，深深地影響着亞洲以至於世界的將來。

毛氏在以延安為首府的邊區政府內並不担任任何官職。他的職位是中國共產黨主席。中共在過去內戰與抗日戰爭的十九年中生生不息，現在已增加至兩百萬名黨員。他同時也是一位哲學家與一種政治制度的先知。這一種政府現在在東北轄地七十萬方哩，擁有人民一萬三千五百萬，其人口約等於整個美國。

這種政治制度名為「新民主」，實施新民主的地區就叫「解放區」。但毛澤東之名遠開於解放區外。在前幾年蔣介石避暑的四川峨帽山，某晚我的一位美籍友人與幾個農民在一起過夜。他們知道他可以信任的時候就說：「只等時機成熟。我們已有充分準備。

在朱毛底下日子要好過得多哩。」

毛澤東這位幾千民選鄉政府的領袖，這位推行廣及十幾省的土地改革的鼓勁者，這位推行蔣介石沒有美國援助就想攻擊的大軍的指導者，就生活在中國西北的山區。這裏是所謂邊選之區，在中共到來以前，其窮困每每造成五六年一場「大飢荒」。今天土地資濬的落後地方，改進灌溉，並推行軍政官員一體參加的「生產運動」才使這區域自給自足起來。

毛主席像延安其他人一樣，住在窰洞裏。他住的是就靠着無間歇的勞動，山邊臺地所鑿相連的四個洞。同一個山邊還有盡百個洞。

我們就坐在他洞門前平坦的土臺上，遠望着日落於荒漠的翠山之間。我們坐處四周與下面都是毛的園地，其中長着高高的玉米，大而又紅的番茄花生，毛夫人就由這園地裏探割了些，供作了我們這頓津津有味的晚餐。毛的小女孩圍繞在他膝前玩耍，爬上了他的膝蓋，向着外國客人探看，她的好奇心戰勝了她的羞澀。我望到洞的上面，看到離我們五十尺的高處兩家人的孩子正在長草後面觀着我這個有趣的外國女人在訪問主席。

者，我是否可以在報紙上寫出來毛主席說蔣是一隻紙老虎？」

毛笑道：「不要光說這一點，你必須報導全部討論。如果蔣擁護人民的利益，他是鐵，如果背棄人民並對人民發動戰爭，他就是紙老虎。蔣歷來的作為確實是後者。

「美國反動派也是紙老虎。人們似乎都以為他們非常強大。中國的反動份子會利用美國反動派的這種「力量」來恐嚇中國人。事實上他們的正形天頂以及地上的石板。我們一邊喝歷史上所有反動勢力一樣，事實將證明他們並沒有持久的力量。其有持久而強大的力量的是美國人民。

「世界各國的共產黨都是有力量的。我們中共只有玉米加步槍。但是事實最會證明玉米加步槍比蔣介石的飛機加大砲強。雖然我們中共與中國人民遭受著許多困難，雖然我們中共與中國人民在美國擴張主義者與中國反動派聯合進攻之下，還會遭受長久的痛苦，可是最後所有反動派將被擊敗而我們當能獲勝。這是因為反動派代表的只是反動，而我們代表着進步。」

當我們談話時，夜色漸濃，於是我們由土臺遷移到室內，因為在延安荒漠的山地，即使走夏夜也頗有寒意的，他們預備了蠟燭。我在燭光中看到刷白的弧形天頂以及地上的石板。我們一邊喝茶，一邊談，一直談到毛夫人在隔壁洞內把小女孩哄得睡着為止。

以後毛主席夫婦陪我走下山岡，一盞洋油燈照着風中不平的路。我們走到大路時，路依然崎嶇不平，路上已有一輛卡車在等我。我們相互道了一聲再會。當我的卡車沿坡下行駛向延水不平的河床時，他們還站在山坡上望着。在延安荒野而黑的山地裏星星的光照耀得異常明亮。

論紙老虎

文叢出版社叢書第五集

第二年　第二十八期

編輯及出版者

文叢出版社

國內通訊處：

上海一三一八號郵箱

香港堅道二十號樓下

另售每本港幣一元二角

國內法幣三千元

廣告刊例

一、封底：全面每期叁拾萬元

　　　　　半面每期拾捌萬元

二、文裏：全面每期貳拾肆萬元

　　　　　半面每期拾貳萬元

三、補白：不論大小

　　　　　四分之一每期捌萬元

　　　　　三分之一每期伍萬元

《論紙老虎》正文第33頁

7.《烽火东北》

本辑为《文萃丛刊》第七辑；《文萃》杂志 1947 年第二十九期，总第七十九期。32 开，正文 51 页。封面左侧为白底蓝字，印有伪装题名《烽火东北》，题名取自本辑张沛所撰反映东北局势的文章；右侧为浅蓝色底、深蓝色字，上方印有扛笔的战士图案标记，中间偏下位置印有醒目的阿拉伯数字"7"，下端印有"中华民国三十六年六月五日出版"。目录印于第 3 页，版权信息印在第 42 页。正文从封面背面起排，页码从"2"开始。

本辑目录如下：

起来！争取和平！（文汉）
"和平问题征答"总结（编者）
烽火东北（张沛）
东北战场形势图（YL 绘）
张群的狐狸相（辛萃）
联总——被出卖的事业（海澜译）
广东的民变（常明）
广西容县民变始末（何畏之）
中国的浮士德不会死（郭沫若）
文学与政治及其他（拜子加）
论学生运动里的文艺活动（令狐玄）
滚你妈的万元钞（方滨词，杜巴曲）

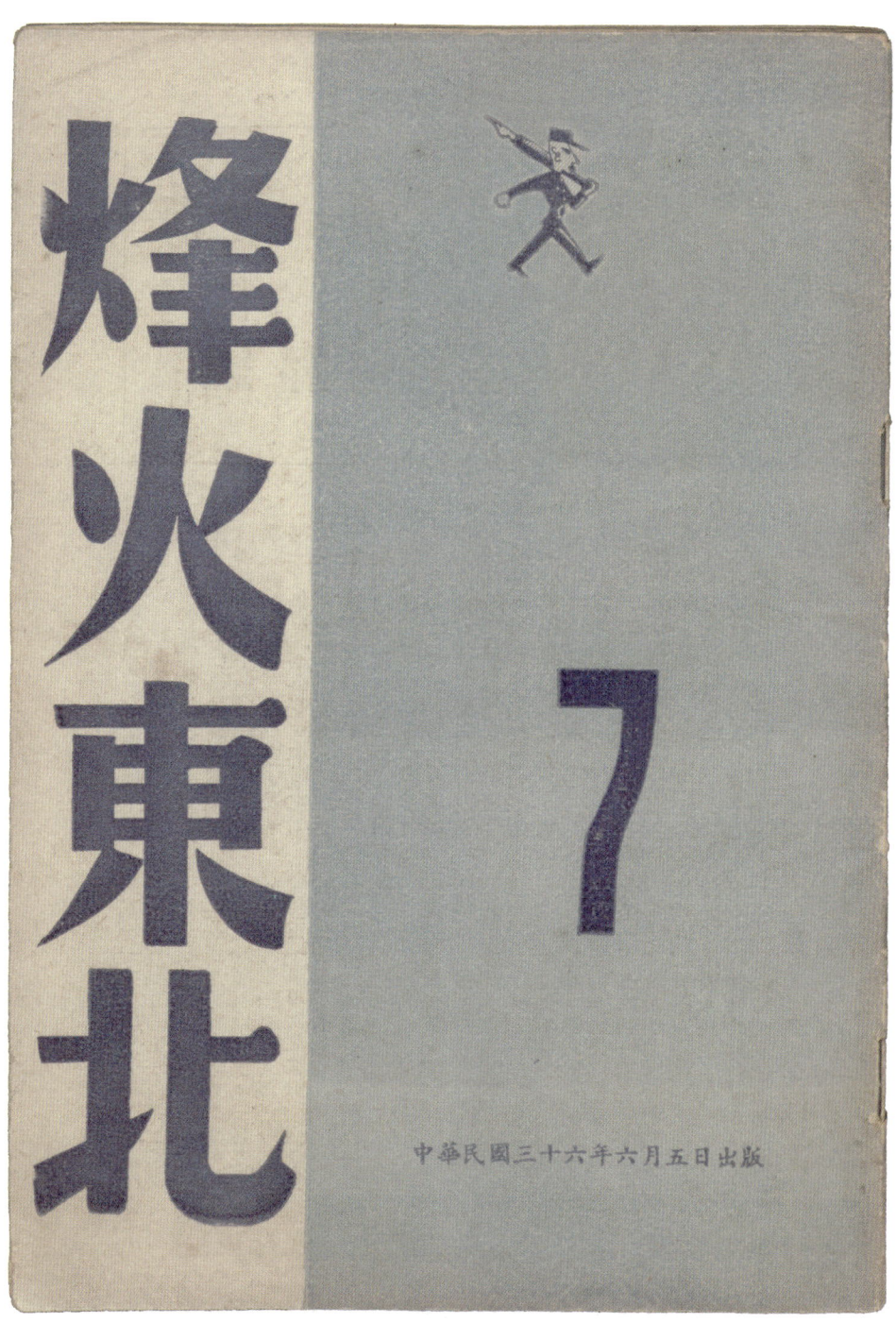

《烽火东北》封面

· 3 ·

自由主義的報紙便橫遭摧殘了。勒令停刊之不足,還要將三個報館的記者橫加逮捕,非刑逼詢,硬要把煽動學潮的罪名戴到這些記者們的身上。

這三張民營的自由報紙及其記者們並沒有絲毫罪行。假使一定要說他們有罪的話,那便是:他們太過於忠實報導事實,他們不肯造謠;他們太過於主持正義,他們不肯像官方報紙一樣做人民的幫兇舌;因為他們的利益和人民的利益結合在一起的,而人民的利益及其大害,便是政府的利益及其大害。所以這三張人民的報紙及其記者們,成了政府的敵人。

而凡是替人民說話的都是政府的敵人!學生是如此,三張報紙也是如此!

(必)

完全揭穿

自從政協被國民黨政府一手撕毀以後,國民黨政府為了欺騙全國人民,為了欺騙美國主子,遂假裝出民主的花腔,召開一黨國大,製

學生要求「和平」,政府不准;學生要求「自由」,政府不准;學生要求「吃飽」,政府不准。這中間的政府給全國人民(包括學生在內)的是:飢餓,屠殺,奴役!

從這次學生運動中,全國人民總該十分明白:政府之所謂「是」;政府之所謂「非」;政府之大利便是人民之大害。這中間所用其強辯的胡之處都沒有,也無所用其強辯的了!

(必)

倒行逆施

政府對付學生運動的辦法只有一個明證。

所謂是非之辨,利害之明,還有一個明證。

四個字:「倒行逆施」。正因為這次學生運動原是政府一向倒行逆施的後果;現在自然除了加緊「倒行逆施」以外決不會有第二條路走的。因此,三張全國惟一的民營的

目錄

編者

「和平問題徵答」總結

文漢
起來!爭取和平!

張沛
東北戰場形勢圖

YL繪
東北戰場形勢圖

辛蘅
張瑩的狐狸相

海瀾譯
郭沫若——被出賣的罪業

常明
何畏之
廣東容縣民變始末
廣東的民變

拜子
中國的浮士德不會死

介狐玄
文學與政治及其他
論學生運動裹的文藝活動

方演
詞學杜巴曲

滾你媽的萬元鈔

《烽火東北》正文第3頁

·42·

个性,这样生动的人物可以反转来照明社会背景,因为一个典型、一个社会历史人同时又是一个个人的汙物这一点,应该在下面的论点中得到解释。

而这种真实性的构成,又是作者通过自己阶层的立场选择而来的,一个阶层的立场、而来的真实性,所以在两重意义上,他都不能脱离;作者在一定的政治性的视野,的,不论作家自己的意识怎么样,他总是经常为社会阶层的人们政治的立脚点。

为一个阶层的感觉器官而存在着,来接受现实或、来具象化、来拖住现实、改变着现实,也是一个时代里而要离开、要想在现实世界上是没有的幻想的。鲁迅在〈论第三种人〉的作品里,写出时代的真实来,那作家已经在和政治发生着两面的关系,他与新政治结合的叛徒的一方面他做了一即使是极个人主义的作品,只要一写出来给人看,就有发生作用的可能

并概括现实,而现实永远是发展着的,处在新旧斗争的状态中的,在这种不停息的斗争中,文学家不能中立着,必须站在新生的一方面,才是顺应历史法则的方向,在这一方向之下,将自己的反映着现实,紧密的打击,对於新生的方面的反映现实,就是对现实的一致,所以,反映着现实,就是站在历史的前头,站在历史反映现实,这一倾向的现实。这一情况下,史所向发展的现实。这一情况下,反映这一倾向的现实。

文学艺术主要点是真实的反映现实与历史的方向的。因为这种现实与历史的方向一致,所以,反映现实,就是对新生的方面的力量的保守一方面的打击,对於新生的现实,紧密的反映着现实,将自己的反映方向,在这一方向之下,必须站在新生的一方面,才是顺应历史法则的方向,处在新旧斗争的状态中的,在这种不停息的斗争中,文学家不能中立着,并概括现实,而现实永远是发展着的,

作品的完整的社会意义与艺术价值是统一的,正是艺术本身发展法则与社会发展法则的合致飞跃,丝毫没有难以排解的冲突。

但是,假如一个作家跟旧政治结合着,那末,他将遇到一种不易克服的矛盾。倘若徹底的反映现实出来,是极个人主义的作品,只要一写出来给人看,就有发生作用的可能

烽火東北

文叢出版社
叢書第七集
第二年 第二十九期

編輯及出版者
文叢出版社
香港堅道二十號地下
零售港幣一元五角
國幣四千元

啟

茲因印刷排工增加頗巨,各項工價材料亦紛紛漲價,本叢刊為維持成本起見,迫得將售價提高為港幣一元五角國幣四千元,事非得已,敬希
亮察
文叢出版社啟

8.《臧大咬子伸冤记》

本辑为《文萃丛刊》第八辑；《文萃》杂志1947年第三十期，总第八十期。32开，正文51页。封面居中为黄底白字，印有伪装题名《臧大咬子伸冤记》，题名取自本辑《信箱》栏目登载的《臧大咬子在中共区》一文。封面未署出版时间。封面除了在右下角印有以肩扛笔的战士图案标记，又在左上角印了一只握着钢笔的手的图案，为下一期改换图案做了暗示。目录在第3页。版权信息印在第21页，丛书名变更为"华萃丛书第八种"；出版者改称"华萃出版社"，地址为"香港坚道二十号地下"。版权页还印有"15.6.1947.—2.30."，表明该期出版时间为1947年6月15日，为第二年第三十期。正文从封面背面起排，页码从"2"开始。

本辑目录如下：

  黔驴技穷的反人民攻势（何鲁梅）
  新疆"事件"的反民主暴风（炎钦等）
  蒙新界务与民族纠纷（沙戟）
  杀鸡吃鸡的财产税（杨时）
  劳资合作·向政府要生路（徐维农）
  指数解冻后的劳资纠纷（康强）
  检讨中国当前学生运动（凯宁作，余为群译）
  美共在一九四七年的任务（福斯特著，陈时枭译）
  改正偏向·深入现实（周钢鸣）
  "以文艺对文艺"小论（令狐玄）
  释"过来人言"（麦秀）
  壁虎（墙头诗）（越）
  五二一纪念歌（梅滨曲）

《臧大咬子伸冤记》封面

賊父令人失望

，無非向美國乾爹要「裝備」。不說自己不中用，只好揑着鼻子撤謊，哄騙乾爹說，中共「曾獲」多少裝備，「你再不來，我要垮了！」而乾爹說，即政治流氓曾琦最近所作的「悼亡」詩中所謂「竟作螟蛉稱賊父，直無羞恥在人間」者也！

（必）

「靈通方面並不認爲外蒙軍隊侵入新疆事有國際關係；認有此事僅新疆最近糾紛事件中最爲猛烈之一例而已。」而該社十五日南京電，更說得痛快：「中國官方對美國務卿馬歇爾關於外蒙事件之聲明，認爲此次犯境，僅爲近數月時常發生多次邊境衝突之一，一致表示失望。」內政部發言人稱：外蒙軍此次侵入國境達六百華里，任何人當此次侵犯為一普通邊事件，實為錯誤。」

「據消息靈通之權威人士說：我政府對東北之機器被拆運，大連遭接收，以及伊犂事件中蘇方供給軍火等事，處理辦法過於軟弱，致啓强鄰益肆侵略之野心。」（東南日報十二日南京電）情見乎詞地想把新疆事件擴大，擴大，再擴大，都算到蘇聯頭上去，代表國民黨的某參政員所希望的要截勁别國打蘇聯的那套一相情願的主意。無非想引起了美蘇的直接衝突來實激其反蘇反共政策，以苟延其賣國獨裁統治的殘喘。可是據合衆社十二日華盛頓電，部發言人變成了內政部發言人，似乎已經自己承認這不是外交事件了。一個濕爆竹到底放不響，怎不令人失望！可是撒泡尿照了自己的尊容，究竟憑什麼本領，居然想起乾爹的花腔想叫乾爹「火中取栗」，豈非做夢？於是中宣部不得不趕快訓令各官報，此後不准再把新疆事件作頭條了。「失望」之餘，夾在屁股裡，不得不把尾巴拖下來，傴旗息鼓，不再「憤慨」了。

嗚呼！「直無羞恥在人間！」

目錄

何魯——黔驢技窮的反人民攻勢

新疆「事件」的反民族糾紛

咨新界務與民族糾紛風

楊欽——沙蒙時殺雞吃雞的財產稅

徐維農——勞資合作、同政府要生路

康凱寳指數檢討作斯特著《中國當前的學生運動》，美共前學生運動余泉譯在一九四七年的任務

周鋼鳴——深入現實

令狐玄——改正偏向

麥秀——「以文藝對文藝」小論

越釋——「過來人言」

梅濱曲——壁虎（牆頭詩）

五二一紀念歌

殺雞吃雞的財產稅

楊 時

空前絕後的大事

財政部已擬具了一個開征臨時財產稅的方案，請求全國經濟委員會的核准。這個方案，規定了凡有田地五十畝以上的，有地產三千萬以上的，財產三千萬以上的人，都要開征財產稅，稅率是累進的，自百分之二十至四十。

這是一件中國歷史上空前的也將是絕後的大事。這次要征的款，據說可達十萬億。過去任何稅，都是取蛋，取田地生的穀子，取資本生的利息，取勞力所生的現在卻要殺雞子，這鷄子便是財產。這一年多來，政府沒有餵過雞子，而要天生蛋都不及，要吃雞子了，這也難怪，最近政府的通貨膨脹，已經到了這種程度，印鈔票都來不及。一萬元的鈔票據說有八種版子同時印，其中有用橡皮版子粗製濫造的了。五萬元的鈔票印好了，已自港運滬。平行綫本票——一百萬，二百萬的大鈔票，確實已到了上海。最近幾個月，每月印發的鈔票，傳說要達一萬多億。這種情形下，歇斯的可能都沒有了，連皮帶骨吃的財產稅方案，便拿出來了。

匯，國內有黃金、美鈔、大量財富發過國難財的人的稅。他認為自民國廿六年至廿九年完全靠通貨膨脹維持財政，是窮人出錢打仗。以後應該叫逃避外匯的人拿出錢來。

但認為私有財產不可侵犯，豈可以征稅，說這是共產主義的辦法，且認該有財產不但不採納，而且認為根據這種主張，把馬老流放到貴州和東南。

勝利以後，也有些學者主張開征財產稅，認為發國難財的人，又發了敗收財，可以課以重稅。當時是想把這錢，拿來和平重設的。

財產稅原是好稅

財產稅是什麼樣的稅？

在學理上說來，財產稅是一種直接稅，即是納稅人自行負責，不能轉嫁的捐稅。而且累進征收，有平衡社會財富的功效，錢愈多出得愈多。因此原來是一種好稅。戰時馬寅初氏便主張過征收。他主張征收在國外有外匯，已經到了這種程度，印鈔票都

走了樣的財產稅

現在要開征的財產稅是怎樣的稅？與原意是否相符？

財產稅征收總有一個目的，原來是為了抗戰，現在則為了內戰，原來是為了國民奉獻財產，總要有一個堂而皇哉的目的，才說得出口。一假定抗期間開征，人民會自動起來監督。假定抗期間開征有效，那一定比什麼檢查偵緝重法嚴刑有效，達官貴人再會逃稅

· 21 ·

也檢舉得出來。但是現在這種情形之下，人民視逃稅為能事，認納稅為倒霉，而且政府躲躲閃閃，就跟發行美金債券時一樣，要假裝為建設之用，實則明明為了打內戰，即是政府中人，也知道現在一種賭博，拿人家財產去賭博，一定釀成社會上抗稅逃稅的風氣來，財產稅只能以檢桿子來逼稅。

財產稅征收的範圍下，一定是弊竇叢生，種種情形下，財產稅征收的原意是要征收中國人在美的存款與財產。戰時存款一項，據說都有三萬萬美金，現在存款暨財產共有二十億美元（其中四大家族所有即佔十六億美金）。這一年來，出口的物資逃避外匯，華僑匯款逃避外匯，可能激增。但現在的存款與財產，是「凡本國人在本國的領土區域內，所有之財產，人在征收之列。」「外僑在華獲暴利者也在征收之列。」按這辦法，那麼，人在外國的存款是不能征收的了。結果征收的對象，是城市的

工商業和鄉村的土地。中國人的財產，若分為幾等，則上等豪門資本，主要的財富在外國，國內的公司行號，則祇充吸血管之用，他們加之官營公營關係為之掩護的，故舊實業加之官僚資本也能完全逃稅，因此一部份民族工商業，他們自不在少數，但是額外需索賄賂，一定受損失的，雖然未必如稅率明的暗的加起來，可能是寶征收之重。至於中小工商業也能照實征收，沒有，完全看財政系統的徵收率了。

按馬寅初原意是要征收中國人在美的存款與財產，戰時存款一項，據說都有農村的大地主，有的近到外油水，完全可以照樣逃稅，了頭上。對這種，負擔最重的是中小地主，他們有田無錢，勢將賣田歸官，或者去賣田償稅。同時起稅點的規定，年應為一千萬，今年改為三萬萬，開征之日到完成之時，可能四萬萬人的財產都過三千萬，這種情形下來，就跟筵席稅點一樣，連一碗蟲都要上筵席捐，弄到頭來，連中下層赤貧的人，都要當衣服也繳財產稅。

孤注一擲

財產稅如果開征，一定是最激底最專橫的掠奪，宋子文當行政院長的時候都想做，但是不敢做，認為「財產稅之開征，勢將遭遇有力之反對與重大的障礙。」是中國政府孤注一擲之時。財產稅開征，便是政府的擱奪，財產稅是否開征，也是全面的搶奪人民財產的測候器。這種情形將使人民由消極的逃稅到積極的抗稅，治的反勢將蔓延。孤注一擲的結果，問可知了。

藏大咬子伸冤記

華萃叢書第八種

出版者　華萃出版社

定　價　本港　港幣一元五角

　　　　國內　國幣四千元

香港堅道二十號地下

15.6.1947.—2.3'.

9.《论世界矛盾》

本辑为《文萃丛刊》第九辑；《文萃》杂志1947年第三十一期，总第八十一期。32开，正文52页。封面整体为绿、白两色，以艺术字体印有伪装题名《论世界矛盾》和主要著作者"乔木"，题名取自本辑登载的乔冠华（署名"乔木"）所作《论世界矛盾》。封面右下角印有一只握着钢笔的手的图案。目录在第3页。版权信息印在第44页，丛书名变为"华萃出版社丛书第九种"；著作者为"乔木等"；出版者为"华萃出版社"，地址为"香港坚道二十号地下"；出版时间和卷期标注为"25.6.1947.—2.31."，即出版于1947年6月25日，系第二年第三十一期。正文从封面背面起排，页码从"2"开始。本辑还有一种封面是白底蓝字、伪装题名为《孙哲生传》的版本。这个题名取自本辑苏平所著揭露孙科（号哲生）的《孙太子的嘴脸》。题名下以小字印有"南京独立书店印行"。这一版从装帧设计、题名到出版机构故意弄得像国民党的出版物。

本辑目录如下：

  注视豪门新阴谋（文汉）
  孙太子的嘴脸（苏平）
  告全国同胞书（冯玉祥）
  仲夏战场（张沛）
  张群如何应付七月涨风（时恩）
  经济崩溃与瘫痪（时论摘要）
  冈村宁次是什么人？（时论摘要）
  论世界矛盾（乔木）
  东北新见闻（史特朗作，杜无门译）

《论世界矛盾》封面

注視豪門新陰謀

漢文

一

歷史上一切反動統治者，愈是接近死期，他的行為的掙扎也就愈是瘋狂，愈加也殘忍，愈是卑鄙。這在二十世紀五十年代，一面保持着幾千年來野蠻的封建傳統和東方殖民地奴性，另一面又學到了西方法西斯全部反動精華的中國反動派，自然更是這樣了。

最近這兩三個月來，整個形勢的發展，顯然已說明了中國豪門反動統治的末日就將到來。在前方，東北和華北的戰線已開始全面動搖。在後方，以青年學生為先鋒的廣大人民已開始一致怒吼起來為求生存和平與自由而進行鬥爭。獨立、和平、民主的新中國快要分娩了，豪門反動統治的處境，已比三十六年前滿清皇朝更加不如了。然而，這幷沒有否定他掙扎的可能。反之，這正好說明了豪門反動統治必須要作臨死的掙扎，在今天，為着保持他們統治特權而所作的一切行動，已都成了臨死掙扎的性質買。五月下旬，為對抗全國學生的正義鬥爭所頒佈非法的「維持社會秩序臨時辦法」，以及其後封閉文匯、聯合及新民三報，有計劃的在全國各地大事鎮壓逮捕與屠殺學生和記者的恐怖行動，正就是這種臨死掙扎開始的具體表現。

但是反動派在這種掙扎中，不但沒有加強自己，反而是增速了他們自己的崩潰，牠把全國人民對他的不滿直接變成了反對他們的統治。勝利是屬於學生，屬於人民的。英勇的學生們至少已喚醒了全國同胞，如何用自己的力量來挽救自己與中國，而把中國革命運動向前推進了一步。猶如過去他們的前輩在「五四」、「五卅」和「一二九」時代之所作的一樣。

反動派在這一仗吃了大敗，而前方的軍事又愈形不利，全線幾將崩潰的時候，為着挽救自己，於是又換個更瘋狂的花樣，來作新的掙扎了。這就是最近所謂白塔山事件以及共軍中有韓人和蘇胞為題，大事宣傳「蘇聯援助中共侵略中國」；中共勾結蘇聯，公開叛國。」

然而，大家都知道得很清楚：所謂白塔山事件，不過是尋常的邊界糾紛，其基因還在於阿爾泰荒山區寘蒙古與新疆的邊界一向缺乏明確的劃分。至在於此事件中蘇聯的飛機搭獲外蒙軍作戰，則顯然是無稽之談，一如過去沈崇案中說沈女士和皮爾遜是和姦一樣。

至於所謂東北軍中的韓人以及察哈爾的蒙人部隊，則更是大家所熟知的東北的中韓支隊和內蒙的自治軍。前者是九一八事變後，當局不於一槍丟掉了整個東北之後，中共在東北韓僑中組織起來的抗日義勇軍，即東北抗日聯軍的中韓支隊，取消了抗日的番號，就改為東北民主聯軍的中韓支隊，日寇投降後，依據中山先生民族平等的原則，於抗日時代，中共在內蒙各省組織起來的蒙胞游擊隊；他和西北以回胞所組成的回民支隊完全一樣。這些部隊的存在，已各有十五年至十來年的歷史，而且都是從抗日戰爭中壯大起來的。既不是由蘇聯紅軍訓練所成，也不是來自什麼北韓或外蒙，這是誰都知道的。

至於所謂共軍「現在裝備空前精良」，那只要問一間國民黨軍事當局自己。我想就命比什麼人都來得清楚。在這十個月的內戰中，則可說國民黨所有的正規部隊已輸送了九十個整編師的軍械一齊計算在內，若加上大批重砲、坦克、火箭砲等等的新式軍火，這裏包括了國民黨所改編的國軍與地方團隊被共軍繳去的槍枝一個月中中共裝備起了美械部隊和快速運兵團等等。怎使共軍的武器不容前良呢？

所有這些事實，本來在全國的報紙和雜誌上，都曾累有記載過，是人所共知的。反動派當局自己，自比別人來得格外明白。這裏蘇聯既沒有侵犯過中國，而中共更沒有叛國，只不過是豪門反動份子在前線日夜動搖，後方日夜捏制不住的今日，故意把軸歪曲起來，想賴此作政治資本，來挽救自己的垂危罷了。

目錄

文漢 汪視豪門新陰謀
蘇平
孫太子的嘴臉
馮玉祥 告全國同胞書
張沛 仲夏戰場
時恩 張蓉如何應付七月漲風
時論摘要
經濟崩潰與癱瘓岡村寧次是什麼人？
喬木 論世界矛盾
史特朗作 社無門譯
東北新見聞

《论世界矛盾》正文第3页

既已領導了它的整個資本主義世界，它的唯一對象就只有社會主義的蘇聯了。但這只是不合事實的虛偽現象，世界人民對美帝國主義的鬥爭正勝利地打擊美帝國主義伸出的魔爪。帝國主義之間的矛盾在日漸展開，美國人民對于大獨佔資本家之內外政策的抗爭也正處于面臨堅決戰鬥的前夜，這是一方面。另一方面，就是上述那一完全不符合于事實的表面現象也是立足在懸崖的基礎上邊，那就是：美國戰後的暫時繁榮，那一繁榮所包含的巨大矛盾及其爆發的迫切性已經一天天更加顯著了。對于世界人民而言，這行將到來的經濟危機是什麼意義呢？五月十七日的倫敦「經濟學者」道出了一項真理：在資本主義幾百年的歷史上，這是第一次恐慌爆發在世界人民有了真正準備的時代。不管這句話是表示一種對于資本主義本身的警戒，或者是一種無可奈何的哀鳴，它總是道出了今天這一世界形勢最重大的一個特點。一旦危機到來的那一種以為美國人民又能夠事實上統一資本主義世界的幻象就完全粉碎了。勝利屬于世界人民，包含美國人民在內。沒有鬥爭，什麼事情都做不成的。今天，擺在全世界人民面前的課題是：第一要在思想上粉碎美帝國主義是不可克服的神話。解除

敵人的武裝，武裝自己：真正不可克服的力量是勝利的，前進的千千萬萬世界人民偉大的民主進軍，而不是一兩百個龔爾得美國獨佔資本的頭子。第二，要從千百萬不同崗位，懷着更大信心，向全世界美帝國主義攻擊前進。千百萬的反動力量及其最高主子美帝國主義攻擊前進一個角落裏的反動力量及其最高主子美帝國主義攻擊前進黎明不遠，那麼，跟我們一道黎明前進吧！

一九四七年六月二日之夜

```
論世界矛盾

著作者    喬木 等
出版者    燕京出版社
          香港堅道二十號地下
定  價    本港港幣一元五角
          國內國幣四千元

          燕京出版社叢書第九種
          25.6.1947—2,31.
```

《論世界矛盾》正文第44頁

東北新見聞

史特朗女士(Anna L. Strong)作

社無門譯自『美亞雜誌』

參觀過東北中共政權的外國人為數極少。在它那區域內鐵路上旅行過的外國人為數尤其少。一九四六年十月我由哈爾濱至齊齊哈爾，據他們說，到當時為止，我還是第一個有這種經歷的外國人。我軍調至此，飛機交通斷絕，就連由長春飛往哈爾濱的美國軍人為他們部取消後的伏特卡與皮貨時帶妻子們買些廉價的一帶出的簡單消息也沒有了。因此我報告他們以前的老家延遼的一管距他們見聞，說一下中共如何個區域，應該是有意義的。

莫衷一是。延安方面的數字有說東北中共區域的大小說法北人民在中共統治下的達二千六百萬人。以前長春軍部裏有位美國專家甚至說中共佔有東北『十分之九』。哈爾濱的中共當局就比較謙虛。他們說只有一千六百萬人。『東北各省聯合行政委員會』主席林楓是中共東北的最高常局，他曾問我解釋各個數字的所以參差；沒有人知道東北究竟有多少人口；日本人曾估計約在三千萬至三千八百萬

之間。延安當局係按這個數字作基礎，再加以東北國民黨佔區的大部鄉村人口，而哈爾濱當局就只計算到那些連他們也連到的地區，即牧到稅款，提出民選代表的一些地區。他們按此而言，所以說擁有羞東北三分之二的江山半數的人口，換言之土地三十萬方哩，人口一千六百萬，中共怎麼到東北的呢？據聯軍總司令林彪說，在一九三一年日本侵略東北以前，他們了些共黨團體。一九三一年以後共產黨人就發動農民游擊隊了。他們城市工人中已經有

肅清。但當紅軍驅出日軍時，他們開始解決鄉村區域的問題。在滿洲西南的八路軍又出現了。同時在山東向北進展的新四軍，一路解除日軍武裝，終於和東北的盟軍游擊隊會師了。林彪將軍得延安的指示，使他們統統合編為『東北民主聯軍』。一九四六年十月當記者往訪時，林氏說過，他率有正規軍三十萬，其中十五萬東

十年。到一九四一年幾乎為方所

（二）《群众》周刊香港版系列伪装本

《群众》周刊是中国共产党在国民党统治区公开出版的机关刊物。1937年12月11日在武汉创刊，最初是周刊。1938年10月25日从武汉撤退到重庆后继续出版。1943年1月改为半月刊。1946年6月3日迁至上海出版，复为周刊。1947年3月，因被国民党政府查封，出至第十四卷第九期的《群众》周刊被迫停刊。

1947年1月，《群众》周刊创立香港版，章汉夫以"章瀚"的名字登记为督印人（即发行人）兼总编辑。杂志社的日常编务主要由章汉夫、林默涵、孙岩夫妇、范剑涯和卢杰负责，后期主要由杜埃、陈夏苏两人负责。主要撰稿人有方方、华岗、许涤新、乔冠华、连贯、夏衍、胡绳、邵荃麟、廖沫沙、刘宁一等。此外，还组织知名人士为《友声》栏目写稿，其中有狄超白、邓初民、陈其瑗、王思曙、李伯球、黄药眠、曾昭抡、谭平山、马叙伦、郭沫若、李章达、侯外庐、彭泽民等人。

《群众》周刊香港版刊头的"群众"二字系从鲁迅手迹中辑出。"群众"红色字体下方为黑色的英文印刷体题名 CHUIN CHUNG WEEKLY。封面印有出版日期和目录。每期栏目和内容包括《社论》《短评》《专论》《各地通讯》《境外通讯》《读者来信》《群众中来》《漫画》等。封底印有价目表、编辑出版者、地址等。《群众》周刊香港版继承上海版的编辑方针，根据周恩来的指示，着重揭露国民党的法西斯统治；揭露国民党破坏停战协定和政协决议，进攻解放区；揭露国民党为了发动内战，不惜出卖民族利益，勾结美帝国主义；揭露国民党官僚资本的危害；等等。

《群众》周刊香港版发行数最高时达7000份，发行对象一是港澳同胞；二是海外侨胞，包括越南、暹罗（今泰国）、新加坡、马来亚（今马来西亚）、印度尼西亚、菲律宾、文莱、缅甸、印度、英国、美国、法国等，在纽约、旧金山、伦敦、巴黎以及东南亚的一些城市都有代销处和订户；三是内地的国统区。内地发行量最高时达3000~4000份，通过秘密渠道成批运往广州、上海、南京、杭州、福州、北平、天津、唐山、武汉、长沙、南昌、南宁、重庆、成都、昆明、桂林、贵阳、西安、兰州等地，还发行到华南的海南、东江、西江、粤北、南路等游击区，以及闽粤赣边区、粤赣湘边区和桂滇黔边区。

为避免运送到内地时被特务发现，杂志社采取了伪装的方法，一是发行一种用打字纸全文印刷但不包括封面的特制本,主动邮寄到国统区的工厂和大中学校;二是对封面进行伪装。

国家图书馆藏有《茶亭杂话》(34)、《茶亭杂话》(35)、《没有用了》(40)、《活不下去了》(41)、《严重的冬季》(47)、《夹缝中的人》(48)、《欧游漫记》(50)等15种《群众》周刊香港版杂志的伪装本[①]。其题名往往取自当期的某篇文章或者某个专栏的名字,如第六十七期伪装题名《打翻了粪缸》取自该期的一则南京通讯,第五十八期伪装题名《脱胎换骨》源自该期的一则名为《脱旧胎,换新骨》的胶东通讯,第三十四期和第三十五期伪装题名《茶亭杂话》则系夏衍以"汪老吉"的笔名开辟的专栏。通常情况下,该刊封面隐匿杂志名称、发行机构和目录,仅标出出版时间或者总期数。较早出版的伪装本封面带有插图,例如第三十四期至第四十八期的封面都印有1940年古元所刻反映陕北解放区农民生活的木刻图案《运草》。正常出版的《群众》周刊正文页眉处有"群众""周刊"字样,伪装本大部分无此信息。伪装本的封底多用彩色铅字印上"督印兼发行:章瀚""地址:皇后大道中三十三号二楼十室(Room 10,1st F1.33 Queen's Road C.)""承印:有利印务公司"等信息。

[①] 笔者了解到的《群众》周刊香港版的其他伪装版本及对应期号如下:《茶亭杂话》(36)、《走向光明》(37)、《历史的惩罪》(38)、《骑马者和拉缰者》(39)、《燎原》(42)、《问题就在此》(43)、《紫金山上看暮秋》(44)、《野火烧不尽》(45)、《诗人与诗片断》(46)、《迎接新年》(49)、《血不是水》(51)、《七十一个老板的商店》(52)、《迎接批评时代的一个基本问题》(53)、《我们要过年》(54)、《老巴夺》(55)、《要书读》(56)、《二月花》(57)、《虎患》(59)、《回乡杂记》(60)、《日货卷土重来》(68)。

1937年12月11日出版的《群众》周刊创刊号

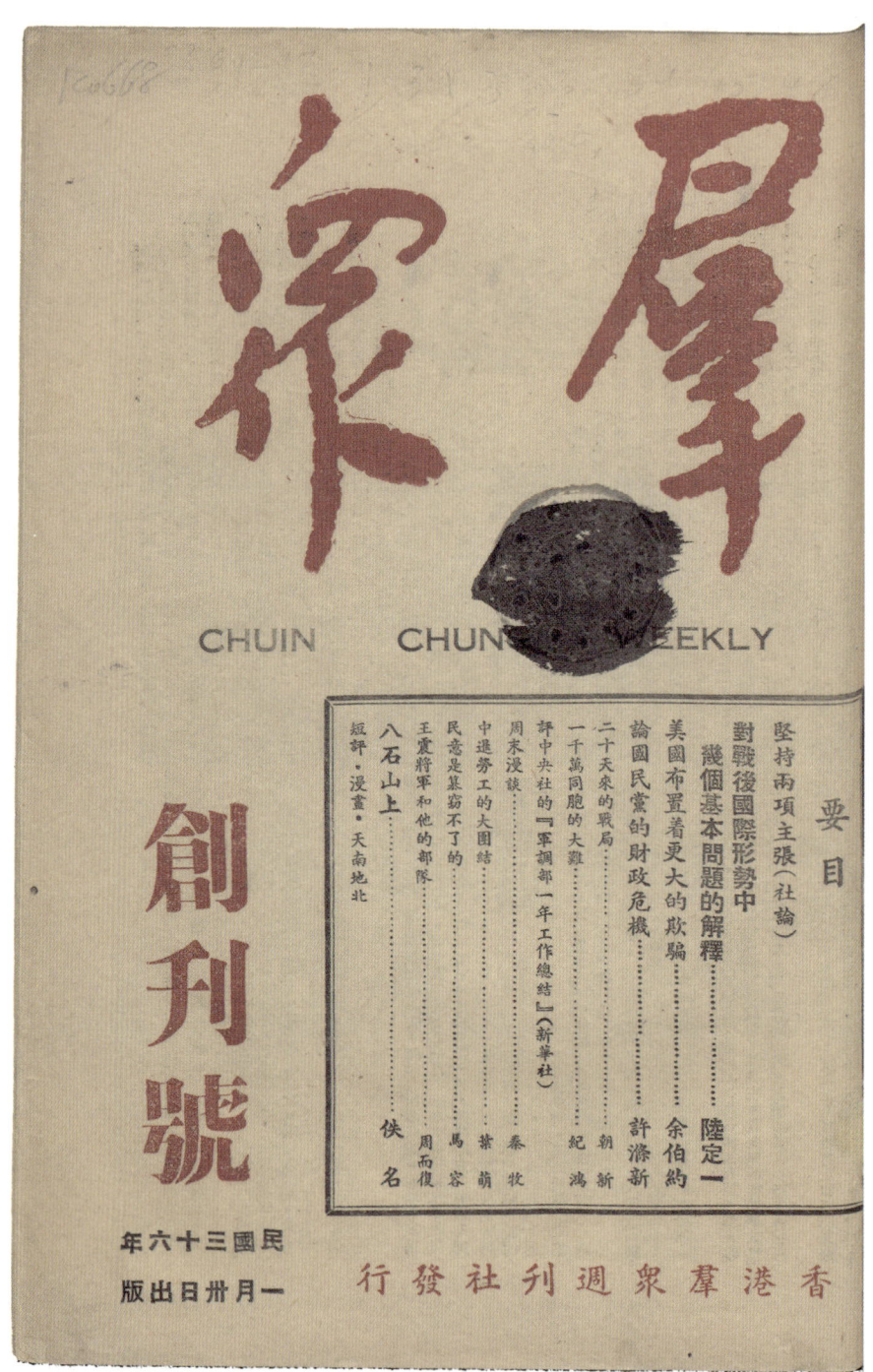

1947年1月30日出版的《群众》周刊香港版创刊号

1.《茶亭杂话》（34）

本期为 1947 年 9 月 18 日《群众》周刊香港版第一卷第三十四期的伪装本。16 开，正文连封面共 24 页。

本期正文篇目如下：

  人民解放军大举反攻（新华社社论）
  南线大反攻的形势
  东北行政委员会林枫主席报告东北解放区的政权建设（林枫）
  耕者有其田（上）——解放区纵横行（史特朗作，钟怀译）
  短评
  人民解放军大反攻略图
  说自力更生（沈友谷）
  自由幸福之邦——捷克（宁一）
  屠杀与继容（维农）
  茶亭杂话（汪老吉）
  挖起穷根安富根（雷华）
  关于孔夫子（封风）
  读者与编者
  东北蒋管区虐政一般（姜可夫）

《茶亭杂话》（34）封面

人民解放軍大舉反攻（新華社社論）

朱德總司令

彭德懷副總司令

經過一年又兩個月的內線作戰，大部殲滅蔣軍後，人民解放軍大舉反攻了。正當美國帝國主義者血腥屠夫魏德邁與中國人民的蜜熊來華「調查」，鼓勵蔣介石發佈所謂「總動員令」，白吹自擂，企圖發動他的所謂「九月攻勢」的時候，我英勇的人民解放軍卻用大舉反攻答覆了他們。七月間，我們冀魯豫及山東人民解放軍開始出擊，在豫中、魯西南各地取得勝利。特別是在魯西南連續減敵九個牛旅，獲得空前的大勝利。八月十一日，我劉伯承、鄧小平、徐向前、李先念諸將軍所部，越過隴海路，抖音渡過渦河、黃汛區、穎河、沙河、洪河、汝河、淮河，如入無人之境。八月二十七日，到達大別山地區，威震長江南北。八月二十日，我彭德懷、賀龍、習仲勛、王世泰諸將軍所部西北人民解放軍，在米脂以北殲宗南之整編第三十六師，西北戰場我軍轉入反攻。八月二十三日，我陳賡、謝富治、韓鈞、孔從周、秦基偉諸將軍所部，在洛陽、陝縣間，南渡黃河，進入隴海路以南、漢水以北廣大地區。九月八日我陳毅、粟裕、陳士渠、唐亮、葉飛諸將軍人民解放軍，在南線諸戰場上，重起蒼北、西至陝西以南之沙土集，殲滅蔣軍五十七師全部。我人民解放軍在南線諸戰場上，已紛起揭幕了。南抵長江已經轉入反攻，長江以北諸省的偉大解放戰爭，已經開始。加上我晉察冀人民解放軍現在正在進行的對平漢北段的攻勢，華東、東北、熱河、冀東人民解放軍早已於五月間就開始了的偉大攻勢，組成了人民解放軍的大舉反攻，標誌着戰爭形勢的根本改變，蔣介石的全面攻勢已經打得粉碎，人民解放軍的大舉反攻，就是全面反攻的總彩號。

贺龙将军　　刘伯承将军　　叶剑英参谋长

已经一夫不复返了！他所吹嘘的"九月攻势"，换了个方向，变为人民解放军的全面的战略攻势了，蒋介石则转到被动地位，并且因为人民反对，兵力削弱，与后方盖市愈在极其危殆的地位。

在政治协商会议以来，不到半年的过程中，特别在蒋介石发动全面内战以来的一年又雨个月内通缉中，蒋介石独我踞国殃民的罪行，已被全国人民所清楚认识，蒋介石所制造出来的经济崩溃与战争灾难，使蒋介石承人民求生无路，此次魏德迈来华执行美国帝国主义扶助日本侵略中国的政策，帮更进一步助蒋内战，"监蒋"蒋政府把中国潜成美国殖民地的政策，蒋介石竟不惜把八年抗战中全国军民牺牲新得的果实，完全出卖，让日本立即通商，让日本反动派再来侵略中国，把台湾、琼崖、青岛、成都、西安、兰州、天水等地，或者已经造给美国帝国主义作为军事基地。蒋介石匪帮的无耻罪行，激起全国人民的愤怒。全国人民不但已分清了内战中谁是罪非，而且也看清了内战中谁胜谁败的前途。因而认识了这一真理：即是要求得自己的解放，必须推翻蒋介石匪帮的反动统治，打倒蒋介石才有和平，打倒蒋介石才有饭吃，打倒蒋介石才有民主，打倒蒋介石才有独立！已经是中国人民的常识了。

蒋介石匪帮的兵力，其正规军被消灭的，到八月底止，已达一百一十四个旅九十万人，伪军、地方军和特种部队被歼的三十五万三千人，这就是说，蒋介石的正规军已有一半会被歼灭或受过毁灭性打击，其伪军地方军和各种部队，已被歼灭三分之一，因而大大的削弱了蒋匪的军事地位。匪军们不但士气低落，而且在一切高级文武官员中，在整个反动派营中，都充满了失败情绪，没有出路，灰心丧气，饥疲鹤唳，草木皆兵，贪污窃化，愈陷愈深，互相堆恨，见死不救，这就是整个匪军营垒的现状。再打一年两年，蒋介石圆匪覆灭就全军覆灭不远了。

至于蒋介石的后方，则其空虚到了极点。至八月底止，蒋介石的正规军二百四十八个旅中，用于前线作战的，已达二百二十七个旅，留在后方的，仅有二十一个旅，其中新疆及甘肃西部八个旅，川康七个旅，云南四个旅，台湾两个旅，如此包括湘、桂、黔、闽、浙、赣六省，无一个正规军，出现于蒋介石完全没有第二线部队的空虚原因之一。就在这要害人民解放军向长江以北诸省大举反攻，出现于蒋介石望风赤探裸地暴露出来。我人民解放军向蒋介石后方前进，如入无人之境，把蒋介石不得不手忙脚乱，经第一线调兵间后方增援，蒋介石后方有许多城市和战略要点，从前是不要防御的，现在却

《茶亭杂话》（34）正文第3页

《茶亭杂话》（34）封底

2.《茶亭杂话》（35）

本期为 1947 年 9 月 25 日《群众》周刊香港版第一卷第三十五期的伪装本。16 开，正文连封面共 24 页。

本期正文篇目如下：

迎接大反攻（方方）

南北胜利交相辉映（朝新）

救国必须灭蒋

陕北观察家谈蒋党四中全会

蒋介石如何出卖东北（阎宝航）

短评

美国与联合国（乔木）

中共发言人指斥加拿大助蒋内战

中国学生在世界学联（华梅）

从人生悲剧谈到青年的苦闷（林焕成）

自力更生的助学潮（萧露）

从民谣看民心（秦牧）

耕者有其田（下）——解放区纵横行（史特朗作，钟怀译）

茶亭杂话（汪老吉）

读者与编者

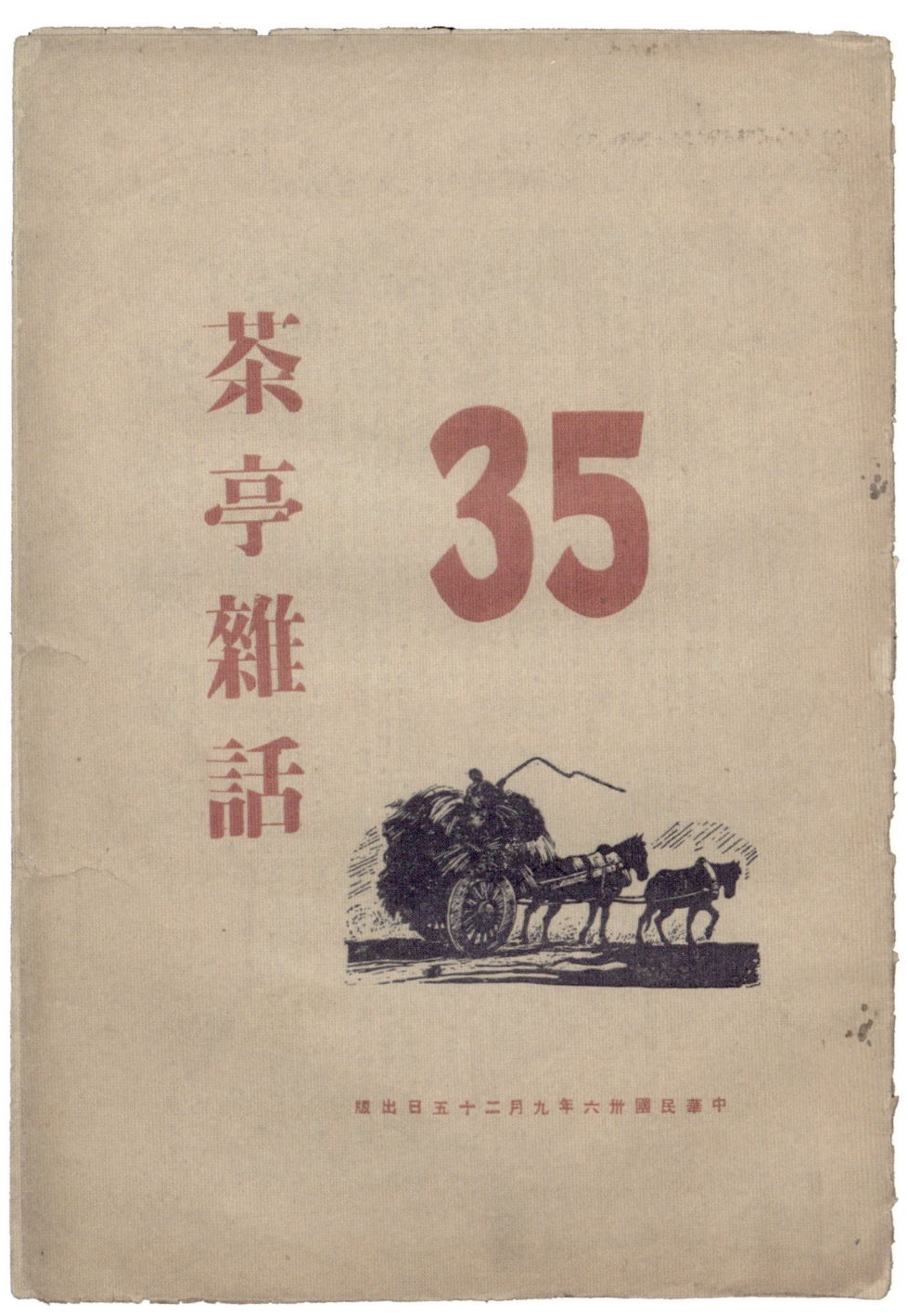

《茶亭杂话》（35）封面

南北勝利交相輝映

朝新

八月初旬開始的人民解放軍在南線的大舉反攻，迄今一個半月，進展驚人，勝利輝煌。已經迫使蔣家朝廷後方的幾個大城市，——南京、上海、武漢、九江、安慶、西安等，都宣佈了戒嚴。幾條交通大動脈，則長江封鎖、隴海、平漢南路切斷。軍心更見動搖，魯西和中原戰場有反戰起義發生，蔣軍與日俱增。蔣介石依頼美帝國主義也進了一步，把軍事大權雙手獻出，請美帝國軍專代表團正式走入了蔣記國防部。但是，除了更澈底出賣主權而外，又那能挽救其必敗的命運？

一個半月來，解放軍在南線的反攻中，光復和解放了五十三座縣城，計河南二十六、安徽十一、湖北七、山西六、陝西二、江蘇一，殲滅敵人的數字，據極不完全的統計，已達五萬以上，這裡還不包括最近在臨海路新安附近的一個團、陝縣之役的一個旅和兩個營，以及濟南、安徽方面一個團和岳西（像縣邊）和岳西。蔣方宣傳機關在內（這些戰果尚在清算中）。如果再加上北線的勝利，則蔣軍在整個戰場上的損失，數目還要可驚。

現在把南線最近的戰況，略述如下：

中原戰場 解放軍劉鄧所部在湖北東部佔浠水後，繼續南下，十五日克黃梅，十七日克蘄春皖邊的宿松，到達了長江邊，這支部隊即將和入安徽南下的一支會合起來。羅山與光山亦經再度克復。湖北境內另一個，則越過平漢路、向西挺進，已到達孝感附近。安徽方面，攻克英山（像縣邊）和岳西。蔣方宣傳機關設曉南同時告急，解放軍已渗入蕪湖西南的涇縣和南陵，這可能是江南的部隊，那兒本就是他們作戰的地區。豫東方面，九日克淮陽俘敵千餘，正向周家口和鹿邑、太康推進。

豫西戰場 解放軍陳謝所部在佔領盧氏後，向朱陽關一帶前進。盧氏是晉陝豫三省要衝，西接秦嶺，東連伏牛山，南距郟縣門戶的荊紫關六十公里，北距潼關天險八十公里。在盧師之役，消滅胡宗南七十六師新一旅全部和其他守城部隊的伊陽亦同時解放。蘇寶之役，消滅胡宗南七十六師新一旅全部和其他守城部隊偽砲兵營等，俘獲湖旅長以下五千餘人，在鹽寶西南的號路鎮又消滅一六五旅補充團大部。

魯西南戰場 解放軍陳栗所部在沙土集戰鬥殲敵一萬餘名之前，曾擊潰曹縣西北魔軍一個團，繳六百名，沙土集殲敵時，蔣方也不得不承認蔣軍敵將軍的大軍南下了。十四日，駐鄲城蔣軍劉汝珍部六十八師三五六團二千餘人，由團長鄧公

《茶亭雜話》（35）正文第4頁

3.《没有用了》（40）

本期为 1947 年 10 月 30 日《群众》周刊香港版第一卷第四十期的伪装本。16 开，正文连封面共 24 页。

本期正文篇目如下：

"耕者有其田"与爱国民主革命（方方）
"耕者有其田"是发展工商业的前提（许涤新）
解放区是这样掀起了土地改革运动的（小云）
短评
东北与江南（朝新）
捷克的土地政策和农民（宁一）
北大的请愿与胡适（颖梅）
记桂西民变（高阳）
茶亭杂话（汪老吉）
工人们前进了一步（余元）
香港渔民的血泪生活（馨远）
俘虏在解放区（续完）（林赛）
读者与编者

《沒有用了》(40)封面

耕者有其田是發展工商業的前提

許滌新

一 一件驚天動地的大事情

中國土地法的公佈，是中國人民解放運動中一件驚天動地的大事情！

在抗戰的時候，爲了團結全民族對日抗戰，因爲了對地主階級對日抗戰，我們在那個時候，進一步實行減租減息，緩和地主對農民的剝削，相當地取得農民生活的改善。我們很明白，減租，是不能解決問題的，並不能澈底的提高農民的生產能力。日本投降以後，局勢顯然不同了。以前所謂「中國的土地問題尚未嚴肅於中國人民」的矛盾，已經不復存在了。解放區的人民，奔騰澎湃地要清算漢奸和惡霸翻渾勳開展的土地問題上來。從這個時候起，必須就接受這種迫切的行動了。從這個時候起，農民之要求土地，不復只是一種呼籲，而是成爲實際的行動了。農民並不滿足於減租減息，而是突破減租減息，走上清算退租發了。

在沒收敵僞漢奸惡霸的土地清算退租以後，實現了耕者有其田的一部份地區實現了耕者有其田。但除此之外，還有歐地運動和徵購土地的辦法。前者是部份地區實現了買現了耕者有其田。農民是部份地自動的，他們自動的把土地徵購到原來耕作的佃戶，後者是去年十二月陝甘寧邊區政府所發佈的「徵購地主土地辦法草案」。這個條例規定用土地公債徵購地主超過應留數量的土地，分配給無地或少地的農民。這二種辦法都可部份地滿進推動耕者有其田的實現。不過，這些辦法，總不能澈底解決中國的土地問題，但地主依舊是地主，農民依舊是農民，封建制約依然在農村中抗拒着清，所以最近晉綏日報的社論上說：「去年『五四』指示以來，又只是實現了半個『耕者有其田』」（轉錄日本年十月二十日新華社通訊稿）。

現在土地法公佈了，二千餘年來歷史上的封建性剝削，現在公佈的土地法是最近二十年來各種現在公佈的土地法是最近二十年來各種封建性剝削的過程來說，現在公佈的土地法是最激烈的辦法。二千餘年來歷史上的封建性剝削粉碎了。現「耕者有其田」的辦法了。在這裡，不免有人懷疑中共對於土地問題改變了態度。我們認爲這種情緒是不合事實的。

二 並不是實行共產

「耕者有其田」是把土地從封建制剝削手裏轉到農民手裡，打破農民從舊式的羈絆加上獲得解放，使農業從舊式的落後的羈絆加上解放出來，這種辦法並不是社會主義的羈絆加是屬於資本主義範疇壓迫工業國的可能到近代化的水平，從而使工業獲得市場，澄成了將農業美國翻壓迫工業國的可能。

的辦法，而實現耕者有其田乃是中共一貫的主張。毛澤東同志在論聯合政府一書中，早就指出：「孫中山先生的『耕者有田』」並且指出：「在中國條件下，只有我們共產黨人把這項主張眞得特別鄭重，並且實做」。由此可見，實行「耕者有其田」是中國共產黨一貫的政策，抗日時期不堅說，抗日結束以後所採取的辦法無一不是向實現這個目標前進的，現在的平分土地澈底廢除封建制的辦法，不過是過去二年各種辦法的發展的結果罷了。換句話說，沒有過去二年各種辦法的實施，就不會有今天的土地澈底平分土地的結果不可思議的事情。

這個澈底平分土地的方針，是廣大農民的政治覺悟和信心，特別是廣大農民所要求而來的。今年九月間全國土地會議所規定的這個土地大綱，就是根據各地農民的要求而來的。晉綏日報很正確的指出。

「我黨中央的激底平分土地政策，是今天土地改革運動中的一個總方針，這個方針是完全適合農村中的基本羣衆，首先是羅農貧農的根本利益，是反映了和批准了他們激底解決土地問題的要求。實行這個方針就能夠更進一步勵耕羣運動的風暴，就能夠激底打垮地主階級，激底廢除封建政治勢迫和經濟剝削，就能夠激底解決土地問題，眞正實現耕者有其田，把農民從數千年來的封建桎梏下解放出來。」（見本年十月二十日新華社通訊稿。）

一直到現在，仍有一些人是誤解平分土地實現耕者有其田的意義的。他們把平均分配土地當作廢除私有財產，當作實行共產主義，這種看法是不對的。平均分配土地並不是社會主義的範疇，而是屬於資本主義的範疇。毛澤東同志早就覺悟了「耕者有其田」是把土地從封建制剝削手裏轉到農民手裡，壁碍農民的私有財產，使農民從封建制上獲得解放，使農業從舊式的落後的水平進到近代化的水平，從而使工業獲得市場，澄成了將農業美國翻壓迫工業國的可能。

4.《活不下去了》（41）

本期为 1947 年 11 月 6 日《群众》周刊香港版第一卷第四十一期的伪装本。16 开，正文连封面共 24 页。

本期正文篇目如下：

苏联与世界——纪念十月革命三十年（乔木）

略论马克思主义革命在世界上的发展（朱巴著、梁桓译）

疾风扫落叶

茶亭杂话（汪老吉）

春江怒潮似的攻势

人民解放军总部公布大反攻三个月光辉战绩

九月份解放军战绩蒋军被歼逾十一万

刘邓大军挺进大别山区以来的战绩

刘邓司令部发言人谈鄂豫皖前线两月来形势

法国工人与第四共和（上）（宁一）

短评

论划时代的土地改革（狄超白）

对土地法的观感（陆诒）

让农民自己动手解放自己（沈友谷）

活不下去了（颗）

读者与编者

《活不下去了》(41)封面

刘邓大军挺进大别山区以来的战绩

残灭蒋军三万三千 攻克县城二十三座

鄂豫皖前线司令部顷发表第九号公报：公佈我军自八月二十九日全部进入大别山起至十月二十九日止两个月战绩如下：

（一）歼灭蒋军正规军及地方保安团队兵力和番号：歼灭蒋军正规军有五二师八二旅全部、三三师九九旅两个营、八八师直一团、六一旅全部、四十师部一○六旅全部、三九旅全部、五八师旅十九旅两个营、四六师一八八旅五六四团全部、五师二九团一部、四六师一八八旅五六四团全部、五十旅薪十七旅旅直一部、一团二三营及二团一二两个警卫全部；另势俘一八万余人，共计歼灭蒋军正规军二三○○六八十余名。（乙）歼灭蒋军肥地方保安团队：全歼罗田、英山两个保安团，湖北以下一万九千七百○二名。（丙）共计共歼灭蒋军正规军和地方保安团共三万三千一百四十二名，内俘虏官兵一万五千七百三十名，缴获各种炮七门，小炮七二门，掷弹筒九六只，重机枪一三五挺，步机枪九九四八枝，短炮二六五枝，手枪掷杀步机弹枪一七五枚，炮弹二六三五挺，子弹一百一十四万发，各种炮弹六九六六发，电话机二八○四，汽车十一辆，骡马二七九七匹，发电机三台，其他胜利品甚多。

（次）歼灭蒋军营除有绥扶、立煌等各县保安团除，及鄂东保安团，保安第二绥队各一部，共计俘虏除长以下八百八十人，其中绥扶县长李镇简以下人。俘虏第二绥队师今部振抨县长周鸿钧等以下官兵一千八百六十二名（以上缴部共五千二百人）。内县亦辖府以下一千二百六十二名。

（二）共计攻克县城二十三座，计有光山、潢川、固始、商城、麻城、立煌、六安、霍山、黄安、罗田、英山、舒城、浠水、广济、宿松、桐城、黄梅、潜山、岳西、同始、立煌、罗田、英山、霍山、舒城、桐城、黄梅、潜山、浠水、黄梅、广济、宿松、太湖等十五座。英山两座（其中收复者计六安、潢川、霍山两座外，收复三次者有光山、潢川、商城、桐城、黄梅、扳山、浠水、周始、立煌、六安、霍山、舒城、桐城、黄梅、湖、浠水、固始、广济、太湖等十五座。）攻克山寨、孔埠镇、叶家集、鹅城、河口镇、新洲、河口镇、一百余处。解放人口五百余万。以上二十三个县城今日仍为我军控制者，有绥扶、立煌、岳西、潜山、罗

（三）建立了三十三个县望民主县政府，计皖西有岳西、霍山、舒城、桐城、立煌、舒城、霍山、舒城、立煌、舒城、舒城、舒城、桐城、舒城、舒城、舒城、舒城、舒城、舒城、舒城、舒城、舒城、舒城、舒城、舒城、舒城、舒城、舒城、舒城、舒城、舒城（在霍山西北）、广济、潜山、光山、罗田等三县，但仅临时县内，广水、光山、黄冈、广安、黄陂、蒲圻、麻城、广安、广安、麻城、广安、广安、黄冈、蒲圻等十六个县，豫东南有临城、光山、罗田、麻城、广安等十个县，大部已被控制，目前除还有国军整顿。

（新华社鄂豫皖前线一日电）

刘邓司令部发言人谈

鄂豫皖前线两月来形势

解放军站稳脚跟和民众紧密结合
蒋军一团慌乱东奔西调窘态百出

鄂豫皖前线刘邓司令部发言人於二十九日就人民解放军挺入大别山后两个月来的形势，对记者发表谈话称：

我军自八月二十九日全部渡淮河渡淮渡汜到大别山区以来，在清剿地方团队中队的同时，又与蒋军主力决战。当时蒋军在河南信阳至湖北汉口以东江流域西部地区以及鄂豫皖广大地区，共有三十三个旅。由于我军连连发动主力大部决战，并汇合南下突围以后，蒋军主力部分被围困于大别山，不能渡淮河，兵力分散之势已形成。今天我们部队来了，而且已经实际占领到鄂豫大部地区，蒋介石才恍然大悟，可是蒋介石等到到十二天的时间，以秋风扫叶的气势攻占了豫皖南、鄂东、皖西四大县域，直逼江汉流域，完成了殷商新唐，直当中国历史壮举。

「我们滑次在毛主席正确的战略方针指挥之下，渡江西渡汉江，蒋家王朝踞皖中时，我无反顾指挥华地步之广阔顿时前黄沪渡到之民族战争，这是中国人民的伟大胜利，道表示人民解放军踞伪石蒋伪军的战斗发扬，不能不承认既往越南，我猛力纵大军反攻祖陕，蒋介石亦再次一千骑，鹭鹿鸟，陆聚大军海陆沿江江一带，因此中国人民的恐怖大戏，已无法在大别山上搬演。因此蒋介石作困兽之斗，会将人民武装是绝不会起来，更永远是不能被打破，已感到人活不下去了！」

《活不下去了》（41）正文第10页

5.《严重的冬季》（47）

本期为 1947 年 12 月 18 日《群众》周刊香港版第一卷第四十七期的伪装本。16 开，正文连封面共 24 页。

本期正文篇目如下：

  把农民队伍组织好（彭真）

  为纯洁党的组织而斗争

  把反蒋统一战线的革命战争进行到底（方方）

  解放军驻沪办事处主任林仲发表最后声明

  在是非之间没有"超然"（巴人）

  和平方法能得到民主吗？（默涵）

  "严重的冬季"（朝新）

  一年来蒋管区学生爱国民主运动

  "经济戡乱"是在"戡"谁（许涤新）

  强盗式的公开抢掠（怀庶）

  茶亭杂话（汪老吉）

  大沙浮沉图录（特伟作）

  英国人民永远不会忘记——火（宁一）

  谣言诊断录（解放区报导）（林赛）

  读者与编者

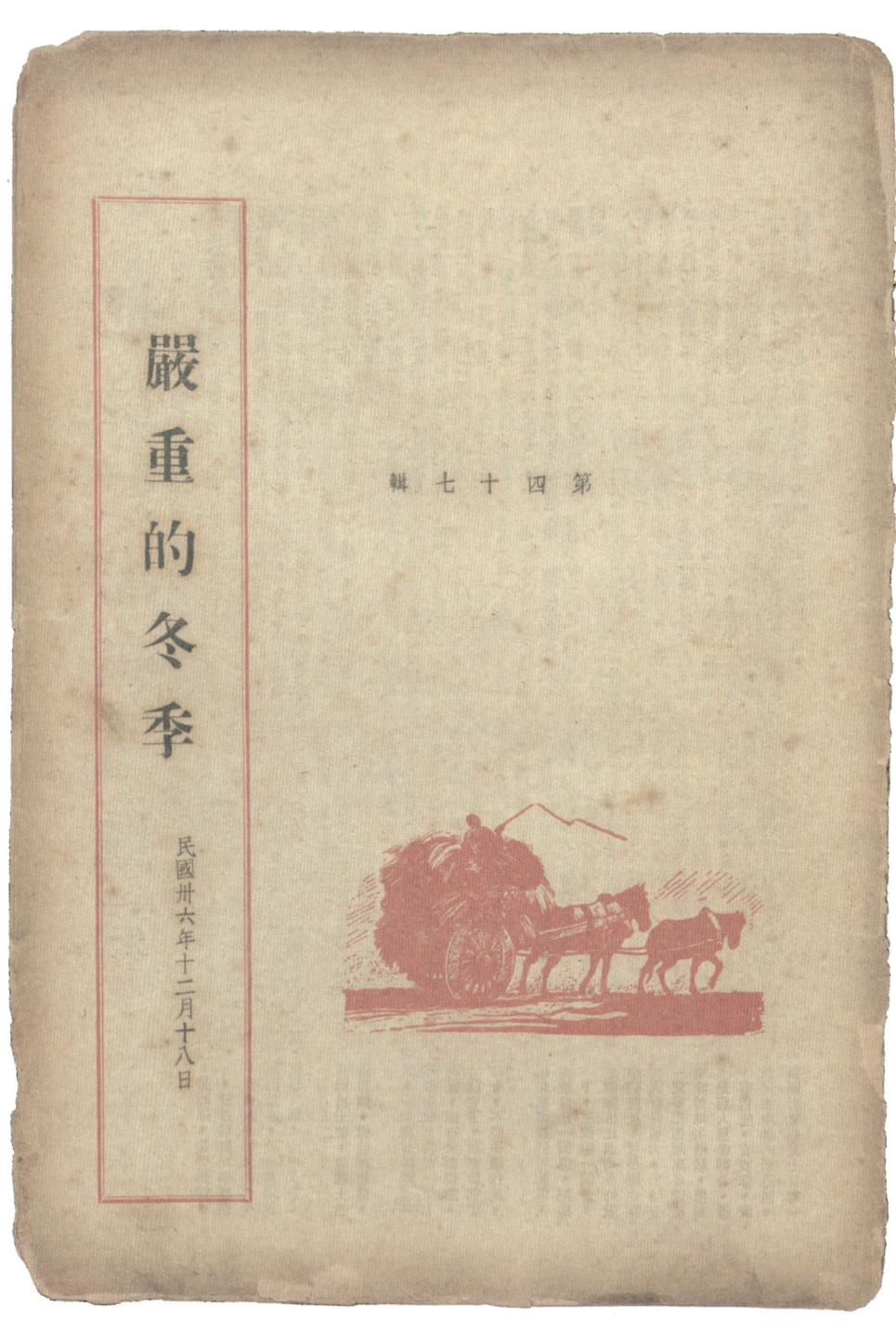

《严重的冬季》（47）封面

"严重的冬季"

战事带到平汉两侧

朝新

对於这一週来战局的发展，读者一定最关心大别山区的情形吧，让我们就从那兒谈起。

大别山的战事已经过，目前蒋介石是把大力放在这方面的。

在本刊上一期里，我们已说过，对於大别山的战事已经进行了两星期了，虽然解放军还没有公布战爭的胜利消息（这是毋须着急的，解放军一向是先将着打，等到胜利的基础奠定了，然后詳細發表戰鬥經過），但从军讯动态中，多少看看所謂「大別山蔣方大吹大擂」，究竟是怎麼一回事吧。

第一，迄今為止，大别山區仍無大的战事，尽管蒋方宣传战事剧烈，連路透社也限着报导「大别山區蔣方激戰達七十小時以上」，但部湶有进展。「共军不是那麼同事」。這是因為「第一步要使敵人的兵力分散」，所以很可能蔣軍一些城市來，這樣並不會有大的戰事，問是解放軍的作戰方針是「第一步集中兵力守大據點」，而解放军则正要使敌人的兵力分散，所以很可能蔣軍一些城市來，這樣並不會有大的戰事，問是解放军的作战方针是「第一步集中兵力守大据点」，而解放軍則正要使敵人的兵力分散，所以很可能蔣軍出一些城市來，這樣並不會有大的戰事，問是解放軍的作战方针是「第一步集中兵力守大据点」。蔣軍閃閃（?）退入絞小據點」，这樣儘管不會有大的戰事，似乎仍在躲避就是。」

第二，蔣軍被了解放軍「似乎仍在躲避就是」。

第三日在宋埠殲滅了敵保安隊八個團中隊兩千人及陳康將軍所部從豫南東進，逼近平漢。這三支軍來，為了達到使敵人潰散的目的，於是將大小城市，為了達到使敵人潰散的目的，於是將大小城市，為了達到使敵人潰散的目的，於是將大小城市。

大軍的靠拢，意味着直貫河南全境的平漢路，將纏繞海之後，成為廢物，而三軍的會師，也將造成河南全境解放的形勢的。

因此，這個戰鬥所造成的形勢將是：一方面，蔣軍的一部分兵力被凍結在大别山區的幾個城市裡遲遲退，等待着就餓的命運。捷說：蔣軍「負責人頭疼的是各縣的共軍地方武裝和民變武裝」，「九區的經扶」，「八區的新蔡，更因城失縣長亡，陳毅将军的一部再攻鄴城，闢聞新汴鄭交通」，「陳唐將軍的一部再攻洛陽，剛切斷汴鄭交通」；「陳唐將軍的一部再攻洛陽，以南的嵩縣，另部進攻內鄉西北豫陝之西峡口，又一部則由陕南段過漢水，向四川方面移動」（合眾電）。而鄭酉情形，「亦相當緊迫，故當地」，「防軍已向軍事當局請求援兵」（合眾電），「四川北部的廣元，已設立指揮所，將軍正在建造所西北、漢口積極建築防禦工事」，準備在市郊建六十座碉堡，现已進行招募，「一切表明了戰局的一些远景。這一切表明了戰局的一些远景。

郭豫綏勝利捷音，不久將到公佈的時候，謹以數語。

城市上沒有經過什麼戰鬥佈進入了大别山區的一些城市，可是，蔣軍卻因此無力再吞下其他的城鎮，廣大的鄉村更不用說了。這大概就是鄧文儀所說的「第一步的成功」，因為敵人已經潰過，而且是解放軍所宣傳的「包圍」，是「圍藏」。

第三，解放軍把戰爭帶到了平漢線兩側。蔣軍原來所宣傳的計劃（第一步的成功）卻明白告訴我們，將軍撲了空，所有蔣方的戰事的發展，卻明白告訴我們，將軍撲了空，所有蔣方的戰訊都說，已到了豫鄂邊的平漢兩側，因而「戰事重心西移平漢路沿線」，「戰事已移平漢路西側」。這就說明了敵人既撲了個空，又企圖在攻勢防禦中爭得主動權是完全失敗了。由於解放军主力打到了平漢路，佔據湖北省增化店與武勝關山地戰略據點，信陽附近國軍仍受威脅，」（蓉傷日報上海息）因此，兵力本來短絀的蔣軍，經過一份滲透大別山側之後，不得不「在河南境內擴大作战」（路透社九日電）。

第四，解放軍正「在河南境内擴大作戰」（路透社九日電）。劉伯承將軍的一部主力打到了平漢線側之後，據白崇禧的參謀長徐諶貽報告中，「大别山區已交由李先念將軍負責，因此，在這個戰鬥中，解放軍不僅要在大別山區大量殲敵，並且要把這個戰鬥更加擴大。還說是陳毅將軍從豫東，陳康將軍所部從豫南東進，逼近平漢。這三支軍來，為了達到使敵人潰散的目的，於是將大小城市都是可以斷言的。

恢復華中進逼長江

蔣軍擔子到處加重

[新華社陝北十三日電] 解放軍且已攻克漵縣與南通的天生港，同時，各地的地方武裝配合出擊，恢復了靖江泰興兩縣長江邊的七十四百平方里的地方，並且且能從蔣介石所統包補線、電話下全部破壞。克復了沿江的許多據點和港口，也摧毀了敵人一千以上。這一攻勢，立刻震撼京滬，蔣政府馬上封鎖沿江各港口，加建慈禁欄堡，以防解放軍渡江，向美帝國主義留在京滬的軍隊，更外地區，都已重人人民之手，龍口附近賣縣縣城一線，萊陽、海陽附近孤立據點又被圖困圍住，此及沿海重鎮黃山館，亦於七日重點解放。膠東蔣軍的另一付重擔是膠東。膠東蔣軍目前面臨的，有人說是「邵劇潮克」，如是其內的爛，從上撤退了一些，那或者有些相像，可是蔣軍在膠東的沿海狹長已被縮四萬，現在偏據在烟台、龍口附近的沿海狹長之地。北寧線日漸息傳來，華北與東北的戰爭將再度爆發。北寧線日漸息傳來，華北與東北的戰爭將再度進冀東，一面向錦州附近集結，「第一步恢復平州益危」，這不慎給傳作義妄想「百分之三十津保三角地帶的交通」當頭一棒。解放軍一面挺進冀東，一面向錦州附近集結，「第一步恢復平津保三角地帶的交通」當頭一棒。解放軍一面挺進冀東的陳誠一支 待命中。

新華社記者會指出，決定華中進入反攻的內部條件，乃是華中人民力量的空前強大。還首先是因為放軍浴血抗群眾，普遍和深入的實行土地改革後，廣大翻身農民成為堅持敵後並轉入反攻的決定力量；其次是解放軍與地方武裝在質與量方面同時大大的發展與提高，隊伍增強了四五倍；他們從蔣軍手中取得了優良的裝備，在無數次的戰鬥中，戰術與戰鬥力都有了高度發展，其三是敵人在大量折損後被追轉入了戰略防禦，蔣軍現役在華中兵力，正規軍與地方團隊合計共四十四個旅，且大部份是被殘後新補充的，所以戰鬥力很低，能作為機動兵力的僅有五個旅。這是此次攻勢以前的情形。經過了「大力用於戰中」的今天，更加衰弱了。敵人正「大力用於戰中」的今天，解放軍在冀東又加上了一付千斤重担。

蔣介石是要把戰線從長江沿岸推向北去，冒險進入大別山地區，就是為了這個目的，但是在蔣中（江蘇省長江口以北的部分及安徽省津浦以東的部分），並進逼長江了。這一戰場自八月解放軍挺進以來，三個月中已轉入戰略反攻階段。一六九處，敌爾十萬七千餘名，收復城鎮據點一六九處，敌 城二萬七千餘名。從敵後戰場一變而為江北復失地一萬餘方里。成為郊鄰南路兩路反攻大軍岸南線戰場的側翼，成為郊鄰南路兩路反攻大軍的一個絕成部分。雖然大部分的重要城鎮仍在蔣軍手中，但敵人的防禦力量一天天薄弱起來，解放軍已控制大動脈榆公路阜寧至東台段三百餘里，東合以北葉挺阜寧一線以東，及阜寧蓮水之間五萬餘方里內，除阜寧城外，已無敵踪。啊通、如皋、海門、啟東道個一萬七千餘里的地區，過去被敵人「血洗洗劑」的，現在也已恢復了十分之八。海安泰綠以南的如皋、泰興、泰縣、靖江，也已恢復了四分之三。淮南淮北區，除已解放藨壁、泗縣淮城以外，洪澤湖以東及宿遷以南及盱眙、鳳陽、嘉山三角地區，蔣增重點鎮寧以北失陷，亦瀟告恢復。鹽河以東段新安至白塔坪，在上月底重歸人民掌握。

這個戰場與京漢復一江之隔，由於解放軍三月底開始的大舉反攻而更顯北重要了。海安以東至栟茶全線的敵人，攻克蘇中東部大門戰略要點李堡，殲敵三千餘名。並乘勝南下，直廹如皋，南通外圍天（廿日至三日午）內即掃清了海安以東至栟茶全線的敵人，攻克蘇中東部大門戰略要點李堡，殲敵三千餘名。並乘勝南下，直廹如皋，南通外圍鎮市多處。

羣衆週刊
（逢星期四出版）

督印兼發行人：章 漢
編　輯：羣衆週刊社
地　址：皇后道中三三號二樓十室
定　價：每冊港幣八分
有利印務公司承印

6.《夹缝中的人》（48）

本期为 1947 年 12 月 25 日《群众》周刊香港版第一卷第四十八期的伪装本。16 开，正文连封面共 24 页。

本期正文篇目如下：

平分土地与整顿队伍——彭真同志在晋察冀边区土地会议上的报告和结论述要（彭真）

伦敦四外长会议

"象征"援蒋与军事援蒋

彻底平分土地与妇女工作的新任务（邓颖超）

关于苏联的币制改革（许涤新）

还只是冬天的开始（朝新）

"和平"乎？"中立"乎？（巴人）

夹缝中的人（依群）

记国际妇联第四次执委会（江枫）

茶亭杂话（汪老吉）

如大旱之望云霓（道明）

破坏学运的特务训练所（方子惠）

新的农民（史特朗作，文珊译）

读者与编者

夾縫中的人

第四十八輯

民國三十六年十二月廿五日

《夾縫中的人》（48）封面

平分土地與整頓隊伍

——彭真同志在晉察冀邊區土地會議上的報告和結論述要

一 大會的收穫

這次邊區土地會議，彭真同志對於邊區人民是一件具有歷史意義的大事。關於這次大會的收穫，彭真同志作了如下的估計。大會一致接受了我們黨中央公佈的「中國土地法大綱」，確定了今後鬥爭工作的方針，明確地確定了邊區土地改革的具體政策及其實現的路線，確定了在土地改革中整頓黨的方針，計劃與步驟，並且在到會幹部中初步澄清了黨內某些混亂的思想，使幹部的階級立場、階級觀點、階級政策，比較明確了。關於作風的改善，也在思想上作了初步的準備。

二 準備迎接高潮

邊區在土地革命運動中會不會有高潮？彭真同志肯定的說，這個高潮必然會來的。因為邊區大部份地區農民的土地問題還沒有解決，或者沒有澈底解決。有些地方農民邊受隱蔽化形的地主份子壓迫，沒有翻身。前邊區又是經過了十年複雜鬥爭的革命根據地，有共產黨的領導，有強大的軍除，民主的政權，廣大人民群眾有豐富的鬥爭經驗，有相當的政治覺悟，有相當的組織與鬥爭力。目前全國形勢又處在我們的職爭更不滿了勝利的信心，在這樣新的革命高潮到來的時期，因此邊廣大農民群眾更不滿了勝利的信心，在這樣的情況下，再加上一些主觀的努力及運動的處置，農民群眾革命的高潮要到來，是無疑問的，就是最後消滅地主這一個階級，消滅封建社會。而即將到來的土地革命

的高潮則是邊區革命群眾為實現此方針與地主階級的決戰。

封建殘餘勢力是不會坐斃等死的，他們必然要採用一切兇惡與毒辣的手段來作掙扎的抵抗。彭真同志提醒我們，切不可有輕敵的思想。任何的輕微疏忽都將增加土地改革的破壞土地改革的陰謀與隱藏土地和財產，裝窮叫苦，是一種，打入革命營壘內部逃避鬥爭目標，利用部份幹部的自滿和官僚主義，大喊「我們這裡沒有貧農了」。「土地改革已澈底了」。又是一種，挑撥幹部與群眾關係，分裂農民內部的團結，更是地主階級慣用的陰謀。彭真同志並告訴我們在這樣複雜的情況之下，如果我們不以明確的階級立場，明確的階級觀點加以系統周密的調查研究，特別是精確的階級分析，便不能勝利地領導群眾運動的高潮到來，便不能戰勝敵人。

彭真同志要求我們各級領導同志對於高潮中群眾運動的迅猛和劇烈的程度，必須作充分估計與精神準備。革命不是繡花，不是請客，而是推翻一個舊世界，建立一個新世界的劇烈鬥爭。如果沒有像火山爆發一樣的烈火，沒有把舊社會制度澈底摧毀的暴烈行動，就不能盡清幾千年傳統的封建殘餘與罪惡，農民就不能有經濟上、政治上、特別是精神上的澈底解放。

三 關於中國土地法大綱內容的說明

中國土地制度極不合理。地主階級佔有大量的土地，藉以殘酷地剝削農民，而廣大農民群眾則缺少土地和完全沒有土地，終年勞動，不得溫飽，這是我們民族被侵略、被壓迫、窮困落後的根源，是我們國家民主化、

7.《欧游漫记》（50）

本期为 1948 年 1 月 8 日《群众》周刊香港版第一卷第五十期的伪装本。16 开，正文连封面共 24 页。

本期正文篇目如下：

消灭垄断资本与建设新民主主义经济（许涤新）

《目前形势和我们的任务》一文重要正误

人民歌颂毛泽东（贺敬之辑）

东北解放区一九四八年经济建设基本计划大纲要点

东北解放区一九四八年经济建设方针

东北全面解放近了

东北人民解放军奋战一年歼俘蒋军廿八万余，攻占县城六十五座

东北攻势两周间（朝新）

东北解放区土地改革概况（醒华）

瞒病者必死（熊飞）

门是大开的（达伍）

活跃在京沪线上的人民武装（荫文）

杂亭杂话（汪老吉）

关于新民主主义国家政策的见闻录（宁一）

他们在向前挺进（史特朗）

读者与编者

《欧游漫记》(50)封面

東北攻勢兩週間

朝新

在整個戰場上，人民解放軍的攻勢不僅（後浪緊跟前浪，而且浪浪相推，將瀋陽灌遇的偉大場面，與中原之戰開時，東北的冬季攻勢配合了。據東北解放軍總部公報，攻勢的兩週米（十二月十五至廿八），已解放縣城七座，消滅將軍二萬三千餘名，其中包括一個整師，兩個師部及其他部分營，並且完全擊潰了新六軍的一個師及骑兵第十師。從殲滅敵人力量這一勝利的觀點來看，一個師及其他部隊之久，據〇部公報，平均每週九千八百，這超過夏秋戰役每週平均敵六萬，比這超過夏秋兩次戰役中大量消耗的一萬一千五百。連續數字的驟然上昇，說明了解放軍的作戰能力在躍躍上昇，而蔣軍兵力上的劣勢，由於夏秋兩戰役中大量消耗，更不得不把瘋狂奉中的一部分殘伍，裂連到大北式武器落入人民手中而逐漸喪失。合衆社報導說，東北蔣軍戰鬥能力歉缺「有些前哨陣地目動證有在用。」「由於階級覺悟普通提高，人民解放軍氣魄旺，目前戰情逐漸改善。」「各野戰兵團作戰的逐漸殞長，裝備的改善，以及他們仍一致請求出擊隨宜就沒有」（新華社東北二日電）他們不但上戰場就能『表示決心，必在遭幾戰鬪零下三十餘度，殺敵在冰雪上』他們不怕

東北蔣軍關於上優勢的逐漸轉弱，是作戰中連續立功。解放軍聯蹄敵人的軍事要期之一，並在瀋陽的西北和西南、勝利會師。這是第一個進攻的大波浪。它淹沒了瀋陽外圍的七座縣城許多據點及置于平伏下去的時候，另外一個波浪，又一個海南大鄭村。據道：天斟紙的電訊滑來，這一個大波浪接及平伏下去的時候，另外一個波浪，又掀起……向長春、撫慘、熊岳縣、錦州、大批解放軍微徵花江一帶涌去，攻擊長春，『一千多人攻入長春城』。這與是日間該軍作戰中，相傳蔣軍一個兵一日依降，長春早已被困在解放軍的後方。在這波瀾式連續攻擊戰中，長春早已被困在解放軍的後方。在這波瀾式連續攻擊戰中，長春早已被困在解放軍的後方。在這波瀾式連續攻擊戰中，則長春敵人的防禦一定削弱了，在可能的條件下，還個新的波浪，或許將把長春淹沒。

蔣介石於二十八日曾下令陳誠，死守東北。怎樣死守呢？有一個記者說，『解放軍於從四面封鎖阻塞在牛角灣中（意思是關內），因欲解除圖再長吉』。但這一個意圖而增兵，多方面從告失敗，加邀禮了。蔣介石抱救東北敗局的唯一辦法是：將瀋陽、長春的蔣軍一部兵力撤至四平，如是是員的作戰中，長春敵人的防禦一定削弱了，在可能的條件下，還個新的波浪，或許將把長春淹沒。

（即預期內不休息地接連打幾仗）」（毛主席報告），這種原則，解放軍中日普通地且電地接受下來，有準一般了，沒有說這連續的人的陣伍了，對於此次東北攻勢的開頭，一下子殺入了瀋陽的內層防線，把瀋陽外圍的孤訓軍的特點。解放軍進佔入鄰，都第第第第外圍守敵十幾個師的陳點，都第第夜失眠，且日消眼眶却到步槍聲、民兵砲砲陣陣，戰車夜未眠，且日消眼眶却到步槍聲、民兵砲砲陣陣，戰車夜未眠，且日消眼眶却到步槍聲、民兵砲砲陣陣，戰車夜未眠，且日消眼眶却到步槍聲、民兵砲砲陣陣、戰車夜未眠，且日消眼眶却到步槍聲、（路透社電）「少數部隊分岐入城內郊外小槍聲」（合衆電），這使將軍特別感到驚慌失措與兵工廠）（合衆電），這使將軍特別感到驚慌失措方面同時進行的：北邊，沿中蔣將通到瀋陽的整個鐵石佛寺之西及西南境，在北寧、錦承兩條之間的整個鐵西地區，展開戰減。解放軍渡河測演之河東岸，向泰沿中長路南段兩側北上、一突如其来的鋒刃，追使瀋陽南的蘇家市。『片刻之後、解放軍的餘綫戰車、追使瀋陽外界哭竺！』。「入夜、一突如其來的餘綫戰車、追使瀋陽的蘇家市。『片刻之後、解放軍的餘綫戰車、追使瀋陽的蘇家市。『片刻之後、解放軍的餘綫戰車、追使瀋陽的蘇家市外界哭竺！』。「入夜，一突如其來的餘綫戰車、追使瀋陽南的蘇家市。」即使戰場將軍的已退保證，對各季作戰可能遇到的種種困難，亦作了其體的研究和準備，對於敵人嗚過氣來。」（新華社東北二日電）而且能『表示決心，要在遺戰場立功，每個人都訂出計劃，向上級提出連續戰打的種類，禦電報。）解放軍則如破風掃落葉，繼續自如，殲滅了敵人。

（美聯列戰事評論在保定以北的戰略治要兩個關開、徐水

8.《脱胎换骨》（58）

本期为 1948 年 3 月 4 日《群众》周刊香港版第二卷第八期（总第五十八期）的伪装本。16 开，正文连封面共 24 页。

本期正文篇目如下：

中共中央关于在老区与半老区进行土地改革工作与整党工作的指示
绥德黄家川村的土地改革
整党与发动群众相结合
彻底推翻封建制度，纪念三八妇女节（苏惠）
加强团结，迎接胜利（龚澎）
面向贫苦妇女（萧霖）
脱旧胎，换新骨（艾琴）
营口的解放（朝新）
历史的指南——纪念《共产党宣言》发表一百周年（荃麟）
上海申新九厂工人流血惨案真相（陈杰）
杂话蒋朝（赵世）
台湾见闻（憬之）
茶亭杂话（汪老吉）
苦难中的苏北蒋管区（路凡）
第三党运动旗开得胜（季方）
读者与编者

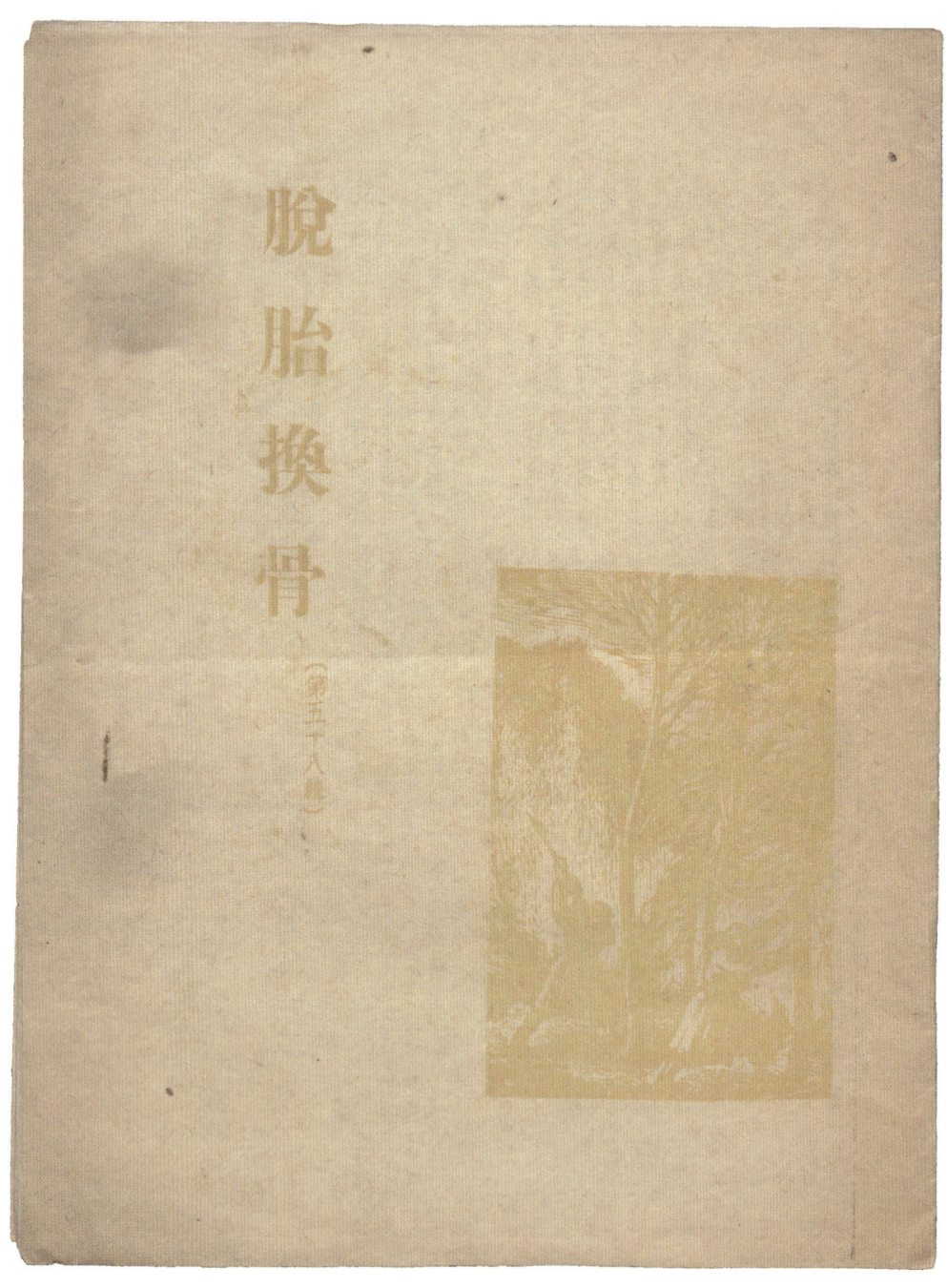

《脱胎换骨》（58）封面

营口的解放

朝新

在东北的地图上，解放军正迅速地据守那些连接着敌人的据点，这速度似乎越来越快。攻克鞍山及法库之后继（一星期）又接连解放了营口与新闻原（按即彰武的开原）两座城市。对营口的进袭，是二十五日晚，一下佔领了敌人的飞机场，当晚由师长王家善策动光荣起义，刘逮捕了该师明新及国方军政军官三十多名敌人，翌年该敌师长王家善率领光荣起义了，那第二天早晨蒋军又把頑抗的蒋方交通警察第一六一团部千余名全部解决，於是营口即告解放。

营口是东北的海港之一，有铁路通沈阳，在军事上当有极高价值尤其是目前当东北敌军溃败逃窜之时候更不待言，敌利用的情况下，东北与关内的陆上交通已陷於瘫痪的境地，闵海道一海港的地位形更为重要。

对东北蒋军的补给增援，便的苍陵地点。朝鲜岛是最近的後陵基地。但它们那样便利，们眼看蒋方最后从大事宣传，什么军舰开入港口等等。又是什么准备在营口与解放军展开大战，从此使晓得了一条敌人从海上陆血到东北的重要路线，加强东北敌人的困锁，使蒋介石企图死守满洲残存据点的打算，由於这个原因，将军在东北的防禦力量，也薄弱。儘管没有很好的补给，就连强迫抓丁的措施，解放军在东北进行了一个比较重要的铁路城镇，因而加强解放区的控制。

南京同盟社记者对於营口的表示，他不能不承认这一点。因此，营口的解放，对解放战争今后全部肃清东北敌人推翻了满洲统治的神圣任务，提供了有利的条件。

营口/捷中更可重视的，是蒋军一个整师的举行起义，经然退出反人民内战。这件事反映了蒋介石阵营的崩溃，已卖了接近最后崩溃的信号。我们在本刊第五期中曾道。东北战士蒋军上似乎疑军少少亦武以至失奇军新政府方面殺罪。承諾本溪巳失陷，路透社二十七日南京电则说：「新民战事已停，钦城巳

据亲政所方面殺罪。承諾本溪巳失陷，路透社二十七日南京电则说：「新民战事已停，钦城巳陷落。」当然，运令为止，还没有得到证明，但据新民与本溪，都会传出其被攻克的消息。磨如合衆社十七日南京电：「北大门鐵灵囪的威胁。这將灭來，英勇霎電訊对於东北战争情况的报导也更重了，蒋军装备的损失大，据点新民与本溪，都会传出其被攻克的消息。磨如合衆社十七日南京电：「北大门鐵灵囪的威胁。这將灭來，英勇霎電訊对於东北战争情况的报导也更重了，蒋军装备的损失大

（中略）

解放军在二十七日下午七时，又攻克了新原，歼灭骑兵十小时，新闻原在落陽以北的中长路原，骑兵勝三个小时，新闻原在落陽以北的中长路上，是一個比较重要的鐵路城鎮，因向加强解放區稱稱。

9.《灿烂的春季》（61）

本期为 1948 年 3 月 25 日《群众》周刊香港版第二卷第十一期（总第六十一期）的伪装本。16 开，正文连封面共 24 页。

本期正文篇目如下：

  消灭×××打碎×家小朝廷的全部统治机构——《人民公敌蒋××》的最后一章（陈伯达）
  再虚心来学习毛主席的报告（方方）
  美帝援蒋初步统计（新华社）
  洛阳之战
  前线记者评洛阳的解放
  陈赓将军接见邱行湘
  《东北日报》号召东北人民为完全解放东北而战
  辉煌灿烂的春战场（朝新）
  中国解放区工联筹委会通告召开全解放区工人代表大会（刘宁一）
  解放军在大城市（柯凡）
  捷克人民怎样取得胜利的！（吴拙申）
  茶亭杂话（汪老吉）
  中国学联代表团在缅甸（王嘉）
  同济大学的怀念晚会（吴祺）

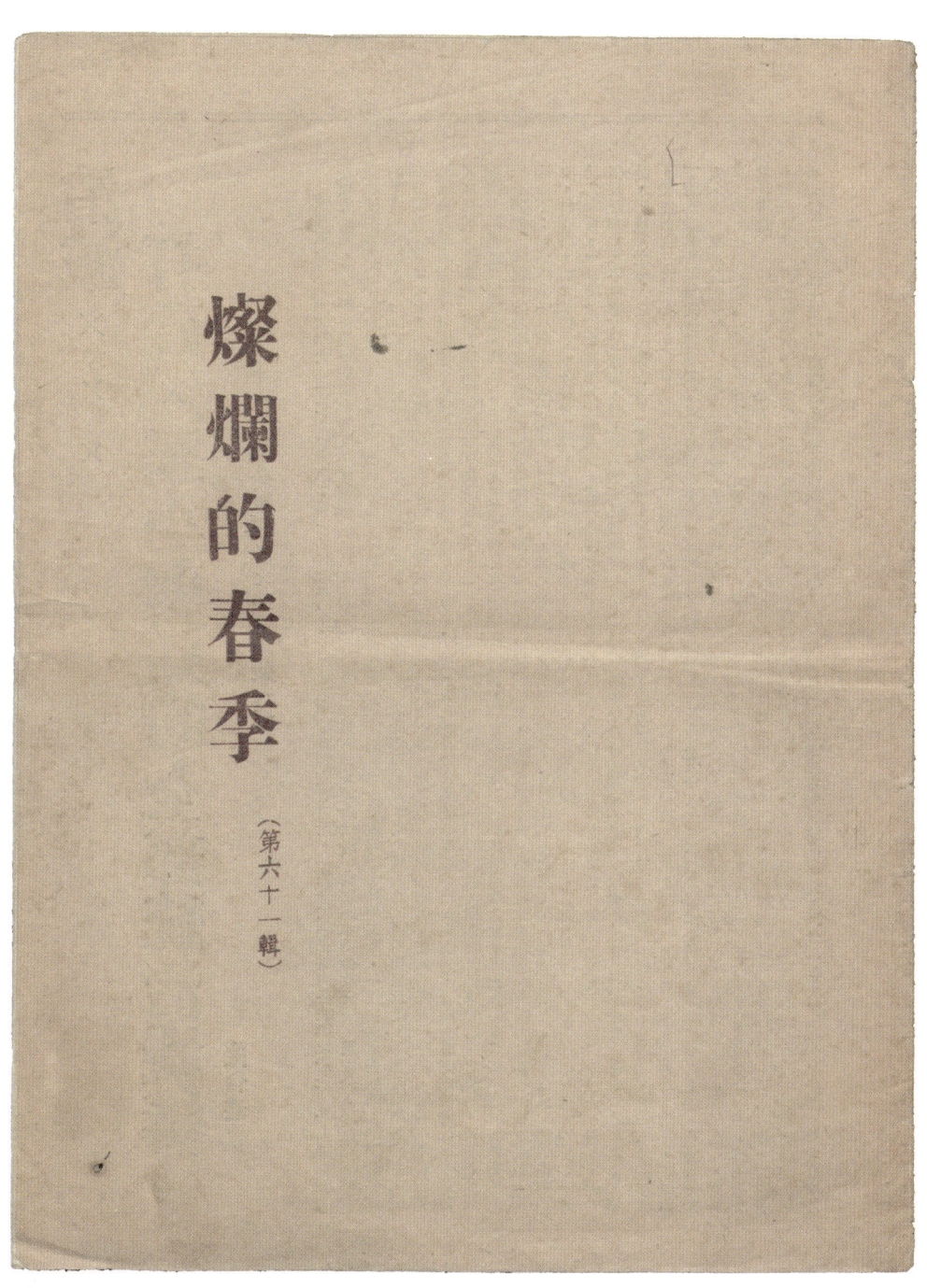

《灿烂的春季》(61)封面

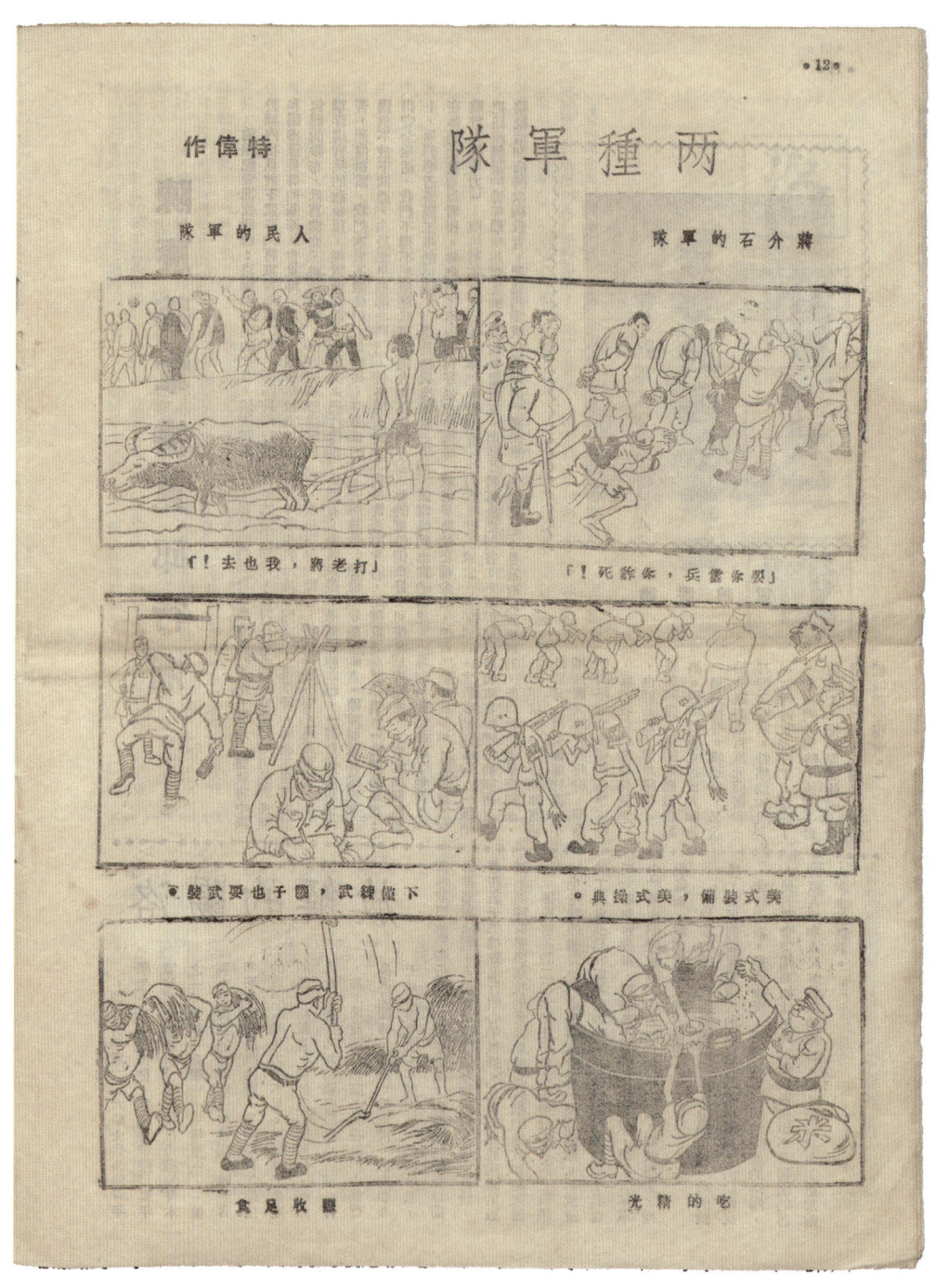

《灿烂的春季》（61）正文第12页

東北日報號召東北人民

為完全解放東北而戰

東北日報頃以「為完全解放東北而戰」為題，發表社論稱：我軍收復四平後，由吉林撤寒的蔣×興困守長春的蔣×賴以逃竄的後門已牢實關閉，通向瀋陽的一塊踏腳石也被拔掉，瀋陽的包圍已日益緊縮，其孤立情況並不好於長春多少。

在我軍冬季攻勢之前，蔣×曾妄想藉寄奇襲氣候型東北戰局對時「冬眠」，而囈喝一口氣，但是我軍冒當零下卅度的嚴寒，鏖戰千里，縱橫中長北寬沿線，至今為時不及三個月，已把收復城市十六座，計為昌圖、雙檯河、法庫、營口、吉林、四平以及董家堡隘、大石橋、打虎山、遼陽、鞍山、新聞屯等地，繼滅蔣×正規軍及地方軍共八個整師，共十三萬人以上，停捕蔣校尉軍官一百八十餘名（內軍師長十一人），另推動了一個師的起義。多季攻勢之前，蔣×在東北的城市倚有二十八座，至今閒下長春、瀋陽、本溪、無順、遼陽、新民、義縣、錦州、繪西、綏中、興城、鐵嶺、末陵、葉映誠、形換上海立場。採用羅卓英的「圓圈」，果卻是失卻、阻梱、無面。一個月來，我軍攻克的有影武、新立屯、遼陽、鞍山、法庫和四平，守的城鎮共妻離其守敵的有彰武、新立屯、遼陽、鞍山、法庫和四平，說明我軍戰鬥力日益堅強，戰無不勝，也證明東北蔣×潰亡之期已不在遠。社論號召東北軍民共同澈底全部殲滅東北蔣×軍，並提而支援全國戰爭。為達到這個目的，必須辦好兩件大事：第一是發展農業生產，保證今年農業生產的任務完成；第二是保護和發展城市工商業。解放城市就是愛護革命物資，就是增加戰爭勝利的糧食和棉花，必須充分發揮城市對戰爭的貢獻。我們不僅要有農村生產的糧食和棉花，而且要有城市生產的工業品。爭取完全解放東北，並使東北真正做到支援全國的戰略總后坦的任務。

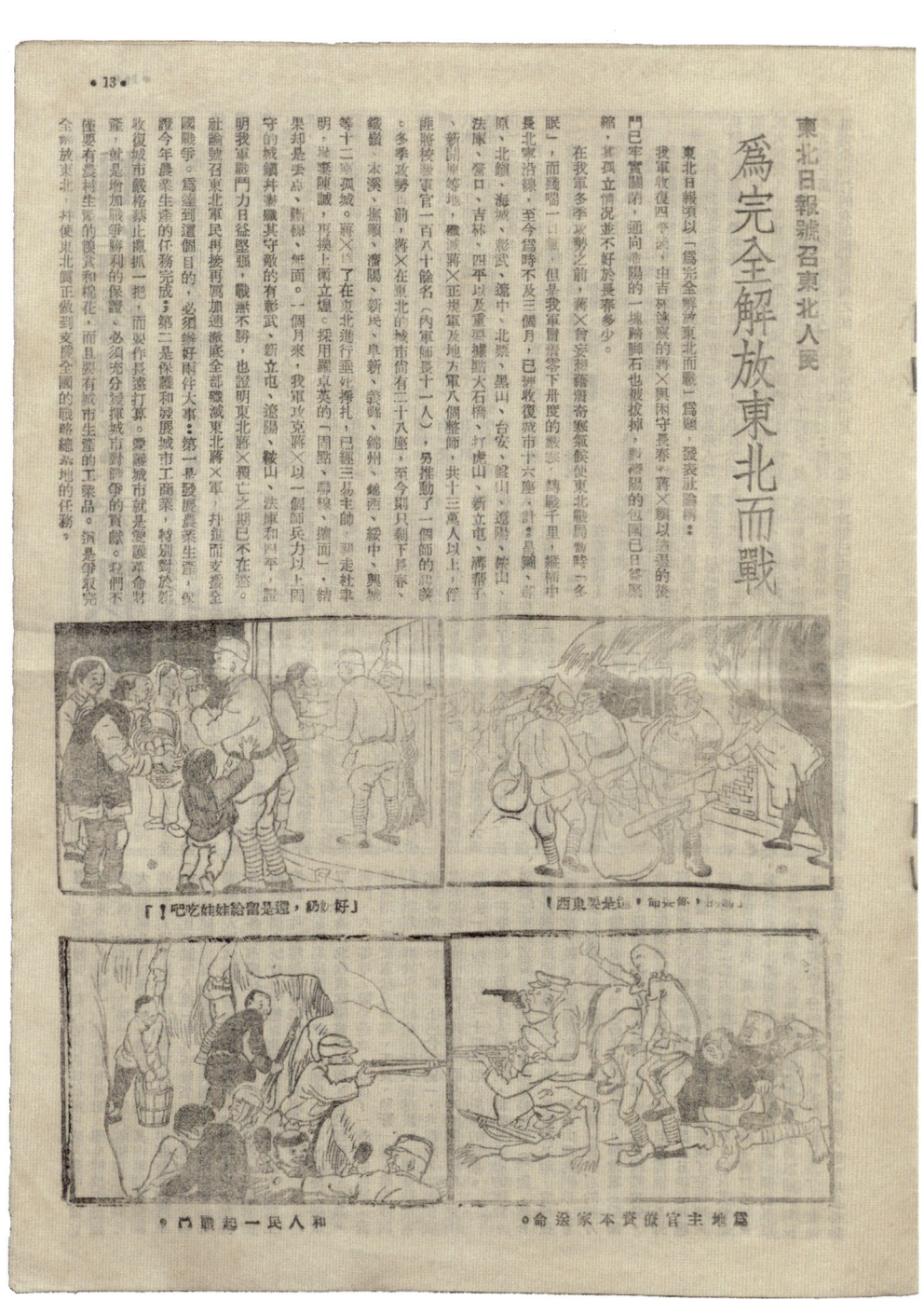

「吧吃娃娃給當是還，妙好」　「東西要是」「你定不」

「和人民一起戰」　「篇主地官做貨本家發命」

《燦爛的春季》（61）正文第13頁

10.《打翻了粪缸》（67）

本期为 1948 年 5 月 6 日《群众》周刊香港版第二卷第十七期（总第六十七期）的伪装本。16 开，正文连封面共 24 页。

本期正文篇目如下：

中共中央发布纪念五一劳动节口号
发展工业的劳动政策与税收政策（陈伯达）
晋冀鲁豫中央局对太岳区党委指示纠正"左"倾冒险主义的偏向
晋察冀平定县纠正执行工矿政策的错误偏向
要做革命行动家，不做革命清谈家（方方）
二十一条与"第二十一条"（沈友谷）
"五四"的历史意义（荃麟）
茶亭杂话（汪老吉）
警惕美帝的文化侵略（伍启明）
福建被出卖了（王思诚）
沪杭学生大联欢（钱琏）
拿出力量来，救济陕北灾民！（李健、左木）
打翻了粪缸（南京通讯）（于时）

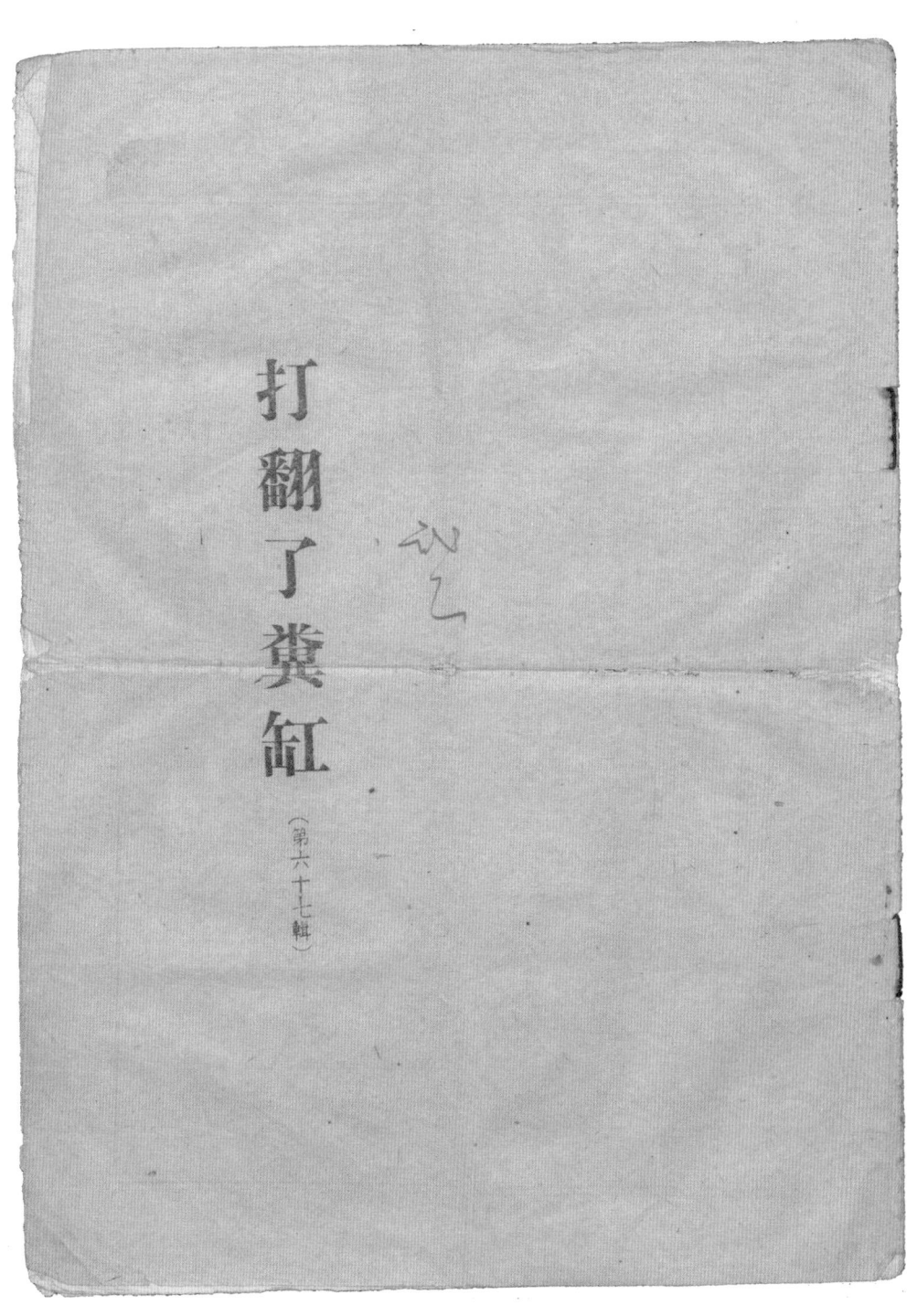

《打翻了粪缸》（67）封面

《打翻了糞缸》（67）封底

11.《武汉散记》（77）

本期为 1948 年 7 月 15 日《群众》周刊香港版第二卷第二十七期（总第七十七期）的伪装本。16 开，正文连封面共 24 页。

本期正文篇目如下：

中国共产党中央委员会关于南斯拉夫共产党问题的决议
欧洲各国共产党情报局公报
欧洲各国共产党情报局关于南斯拉夫共产党状况的决议
自我批评——共产党的锐利武器（潭于译）
反对新"日汪协定"（乔木）
解放军六月份战绩
豫东大歼灭战（朝新）
从开封之战看人兽的分水岭（韦芝）
华北东北十七院校河南同学哀悼开封十万冤魂控诉大会宣言
区别资产阶级的大中小没有必要吗？（胡芮茛）
蜗楼随笔（任晦之）
北平大血案（杜霞）
中小教师大请愿（李丰）
"光洋"的故事（吴刚）
杜威的当选（季方）

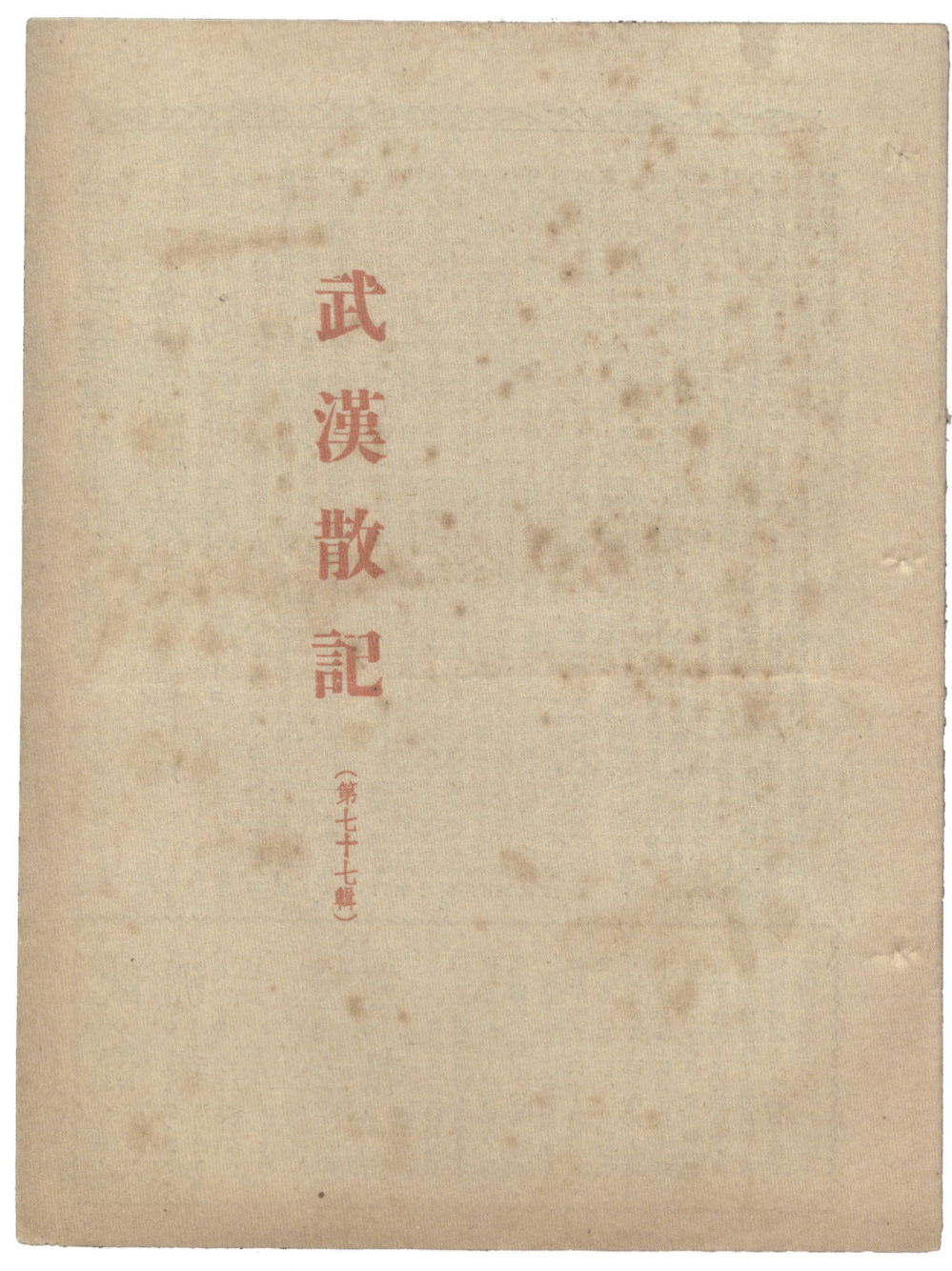

《武汉散记》（77）封面

解放軍六月份戰績

殲俘蔣軍十五萬餘　收復縣城二十二座

人民解放軍總部頃發表六月份戰績如下：

（一）殲敵營以上正規軍（北線未整編的軍、師照南線已整編的軍、旅計算），兩個師部（整編六十六師師部、整編五十八師師部），兩個整旅（整編六十六師之十三旅、六十一軍之七十二師），兩個旅部（整編五十八師之一百八十三旅部、四十三軍之七十師師部），一個整團、十八個整營。以上除兩個師部外，折合七個旅又一個整團、二個整營。連同營以下被消滅兵力計算，共消滅敵正規軍八萬七千六百八十人，內斃傷三萬九千五百人，俘四萬八千一百八十人。

（二）殲敵營以上非正規軍四個整旅（河南保安第一旅、河南保安第二旅、交通警察第八縱隊、交通警察第五總隊）、十三個整營。以上折合三十三個團整圖，三十二個整營。以上連同營以下被消滅長力計算，共消滅敵非正規軍六萬八千一百八十人。

正規軍六萬八千二百七十人，內斃傷二萬一千三百三十人，俘四萬五千九百四十人。

（三）以上兩項合計，共殲敵營以上敵軍兩個師部，五十五個團，二個營，內斃傷六萬軍兵力十五萬五千五百六十人，俘九萬四千一百二十人。

（四）俘敵將級官七名：內正規軍將級軍官六名，即十九軍代理參謀長李文唐、整編五十八師參謀長游凌雲，該師十三旅旅長萆潔；俘敵非正規軍將級軍官四名，即駐北寧路交輩支隊中將司令湯毅生，少將參謀長楊惠林，交警第五總隊少將副司令徐子良，參謀長薛澈修，交警第五總隊少將總隊長周銘勳，山西平遙民衛軍少將副司令徐子良，殲敵正規軍將級軍官二名，即整編六十六師師長李仲辛及七十師師長侯侯駱俊。

（五）繳獲步馬槍八萬四千零七十八支，短槍三千一百零二支，戰防槍一千；輕機槍二千七百廿七挺，重機槍二百五十七挺；手提衝鋒槍一千四百一十八挺，擲彈筒一百二十六門，六零砲砲二十四門，迫擊砲一千四百一十八門，小砲六百二十二門，山砲四一百四十七門，平射砲一門，火箭砲五十三門，戰防砲十四門，機關砲五門，步兵砲一門，高射砲十二門，榴彈砲三門，擲彈筒二百七十四個，槍榴筒二百一十八個，火焰噴射器三具，探照燈二架，各式子彈九百一十一萬零四百二十八發，各式砲彈三萬一千四百七十九發，手榴彈四萬一千一百七十個，炸藥四千一百八十二斤又十三箱，汽車五十一輛，坦克二輛，火車頭九個，火車廂一百二十六節，汽艇二艘，電台卅六部，報話機四十八個，地雷探測器三具，剌刀一千七百三十一把，電話機九百一十六部（內總機廿一部），戰馬及騾馬九千七百八十三匹，內斃傷八千八百六十七匹，汽油三千一百桶，飛耀三十三百八十六斤，汽油三千一百桶，大車六輛，自行車一百廿輛，擊毀汽車四十三輛，降落傘一萬三千輛，裝甲車二輛，坦克三輛，裝甲火車三列。

（六）我收復與解放縣城四十二座，敵佔我縣城廿座，得失相抵我得二十二座。

12.《永生的坚强》（89）

本期为 1948 年 10 月 7 日《群众》周刊香港版第二卷第三十九期（总第八十九期）的伪装本。16 开，正文连封面共 24 页。

本期正文篇目如下：

庆祝济南解放的伟大胜利（新华社社论）
东北华北的两局残棋（朝新）
双十节的三大教训（郭沫若）
揭穿所谓勤俭运动的大阴谋（蔡馥生）
突破迫害，灵活斗争（彰枫）
经济"戡乱"与蒋区工商业（怀庶）
血债只能用血来偿还——抗议敌机的暴行
论中国官僚资本主义（续）（康仲平）
谈出身（黄磷）
工作·学习·前进（张放）
炮声震撼石头城（温奇）
永生的坚强（意和）
上海人民在一路哭（徐照林）
蜗楼随笔（任晦之）
英美工业合作之谜（太阿）

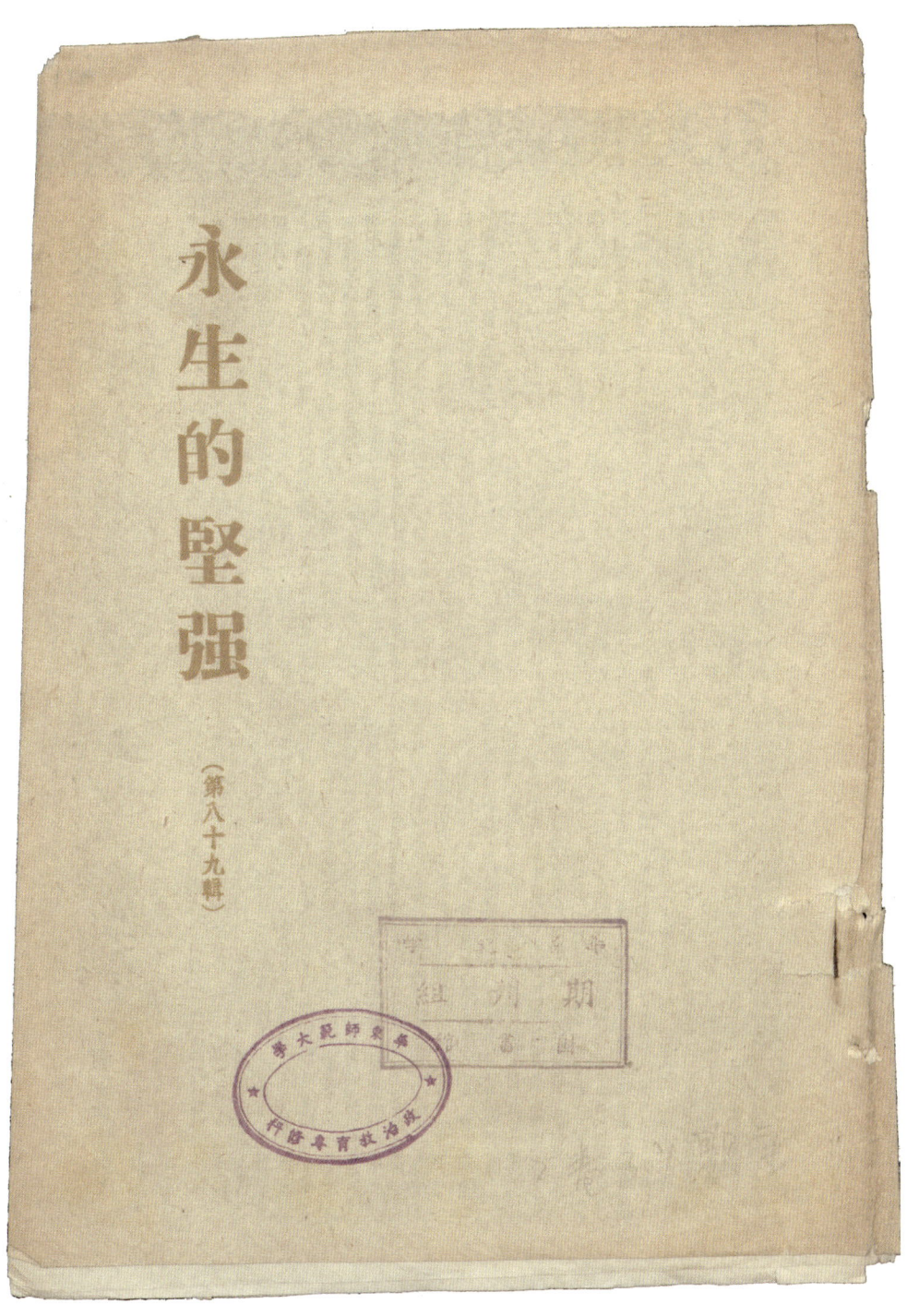

《永生的坚强》（89）封面

慶祝濟南解放的偉大勝利

· 新華社社論 ·

濟南是國民黨長期困守的孤立據點之一。與濟南處於同樣情形的，陸就目前而論，就還有長春、瀋陽、錦州、永德、保定、太原、安陽、南陽、楡林等城市。這些城市中的人民和國民黨軍隊，從濟南的解放中，應該得到一些什麼敎訓呢？雖然濟南有十萬國民黨守軍，雖然他們有美國的裝備，有永久性的層層工事掩蔽，有鄰近長期尙守的援軍集結在徐州附近，還有空軍的掩護和配合，又有蔣介石所允許的大量搜軍民財物，已經是蔣介石所能給予國民黨的有名將領王耀武指揮，但是在人民解放軍的進攻之下，只在八天裡面就全軍覆沒。這就證明人民解放軍無論強大的攻擊能力，已經是國民黨軍隊無法抵禦人民解放軍的攻擊了。任何一個國民黨城市都無法抵禦人民解放軍的攻擊了。這邦麼，國民黨今天不願人民的死活、硬要困守許多孤城，究竟是爲著什麼？難道不是等候滅亡嗎？當國民黨守城的時候，他們強迫市民忍受種種勒梁，擔負種種苦役，甚至驅迫他們大批地餓死凍死。到了國民黨失敗了，卻又馬上對市民濫施轟炸。難道這還不是故意拿老百姓不當作人嗎？而國民黨軍隊的廣大官兵，也只能是做著莫明其妙的進攻的犧牲品。既然明明沒有援兵出動，爲什麼又一定要下令死守呢？既然明明沒有援兵出動，爲什麼又一定要令死守待援呢？雖道不是騙人入途死嗎？守濟南的國民黨軍有一部分是明白了這一點，這就是吳化文軍長和他的部下，他們避免了無謂犧牲的命運，並且得到了人民的歡迎和歡迎，給予他們今後爲人民服務的機會。但另一部分就沒有選明白這一點，而他們或者是做了俘虜，或者是白白地喪失了他們的生命。道是兩種相反的道路，兩種相反的結果。這是值得國民黨軍隊的廣大官兵加以思索和選擇。濟南的職工正告訴國民黨軍隊的同胞們你們一切白白途死！你們不應當白白途死！你們更加不應當強迫長官被國民黨軍隊的官兵們正在接踵而來。在接踵而來的廣大官兵，無謂的同胞發動你們、營、主家醫師和濟南吳化文軍長的道路，這樣，不但可以使我們的祖國和同胞少受一些損失，使人民解放戰爭早日在全國勝利，而且你們自己也穩到一個將功折罪，重新改造自己和爲人民服務的機會。

人民解放軍於九月十六日起開始向山東省會濟南發起攻勢，到二十四日，僅僅八天時間，就解放了敵人強固設防和重兵守禦的濟南市，全殲守敵十萬餘人，並爭取吳化文軍長率部起義。這個偉大的勝利，不但使國民黨反動派及其美國主人目瞪口呆，甚至全國的人民也因爲它的意外的迅速而驚異。

濟南的解放，對於整個戰局的重大意義是很明顯的。蔣介石在發勁全面內戰以後的一年多中間，始終是把華東城當作了他的軍事重點。經使用八十幾個整編旅的主力在這個方向，妄圖在這裡完成中央軍事戰爭的勝利。當然，人民解放軍的任務，而在去年七月轉入進攻以後，在華東、蘇北、魯南、魯中各戰場光斃地完成了大量殲滅敵軍的任務，並曾經竭力吸嚙他們的所謂「聖喜勝利」。敵人曾經一度在山東大肆肆擾，並曾經竭力吸嚙他們的所謂「聖喜勝利」。敵人甚至還夢想通過膠濟線，打通過菁南以南的津浦線。在這個基礎上，敵人甚至還夢想過打通津浦全線，將以滋通他們的華中和華北。但是現在那裡，我們就指出過遠並不是什麼攻勢的失敗，而只是攻勢的時候，敵人的顯曇企圖是不可能實現的。果然，人民戰場轉入進攻以後，在華東人民解放軍河那攻勢。曾經喪失的膠濟中段的許多城鎭已經全部收復。現在段的勝利，四月至十一月間膠濟東段的勝利，今年三月膠濟西段的勝利，十一月膠濟中段的勝利，五月至七月津浦沿路的勝利，經過去年十月膠濟東段的勝利，四月至十一月間膠南的勝利，現在濟南的勝利，在不滿一年中間，就造成了整個山東戰局的徹底轉變。敵人在山東的戰爭計劃是被擊敗了，青島、煙台、菏澤等少數據點外是被全部解放了，山東軍隊得到了比以往任何時候更大的自由。在這個情況下，不但在山東的敵人已經更加孤立，而且整個華東和中原的敵人也遭受深沉重的打擊，華東和中原的廣大匯得了比以往任何時候更大的自由。在這個情況下，不但在山東的敵人已經更加孤立，而且整個華東和中原的敵人也遭受深沉重的打擊，華東和中原的全部解放已經發展成爲可能，而且整個華東和中原的敵人在幾個月以內「驅逐黃河以南」的監獄，已經成爲普遍的笑柄了。

13.《论品质》（107）

本期为 1949 年 2 月 10 日《群众》周刊香港版第三卷第七期（总第一〇七期）的伪装本。16 开，正文连封面共 24 页。

本期正文篇目如下：

中共中央发言人声明惩办战争罪犯条件，包括日本战犯在内
中共中央郑重声明保留追回冈村重审权利
抗议卖国政府放走战犯冈村（怀湘）
北平完全解放
北平和谈解决经过
中共中央电贺平津解放
关于官僚资本的逃遁和变形（许涤新）
中华全国总工会颁发纪念"二七"通知
解放了的工人（曹来）
华南人民的威风（赵千山）
揭破敌人最后挣扎的幻梦（朝新）
论品质（荃）
台湾一定要解放（谈辉）
美国的新战争经济（美·艾伦）
广东向何处去？（未茗）

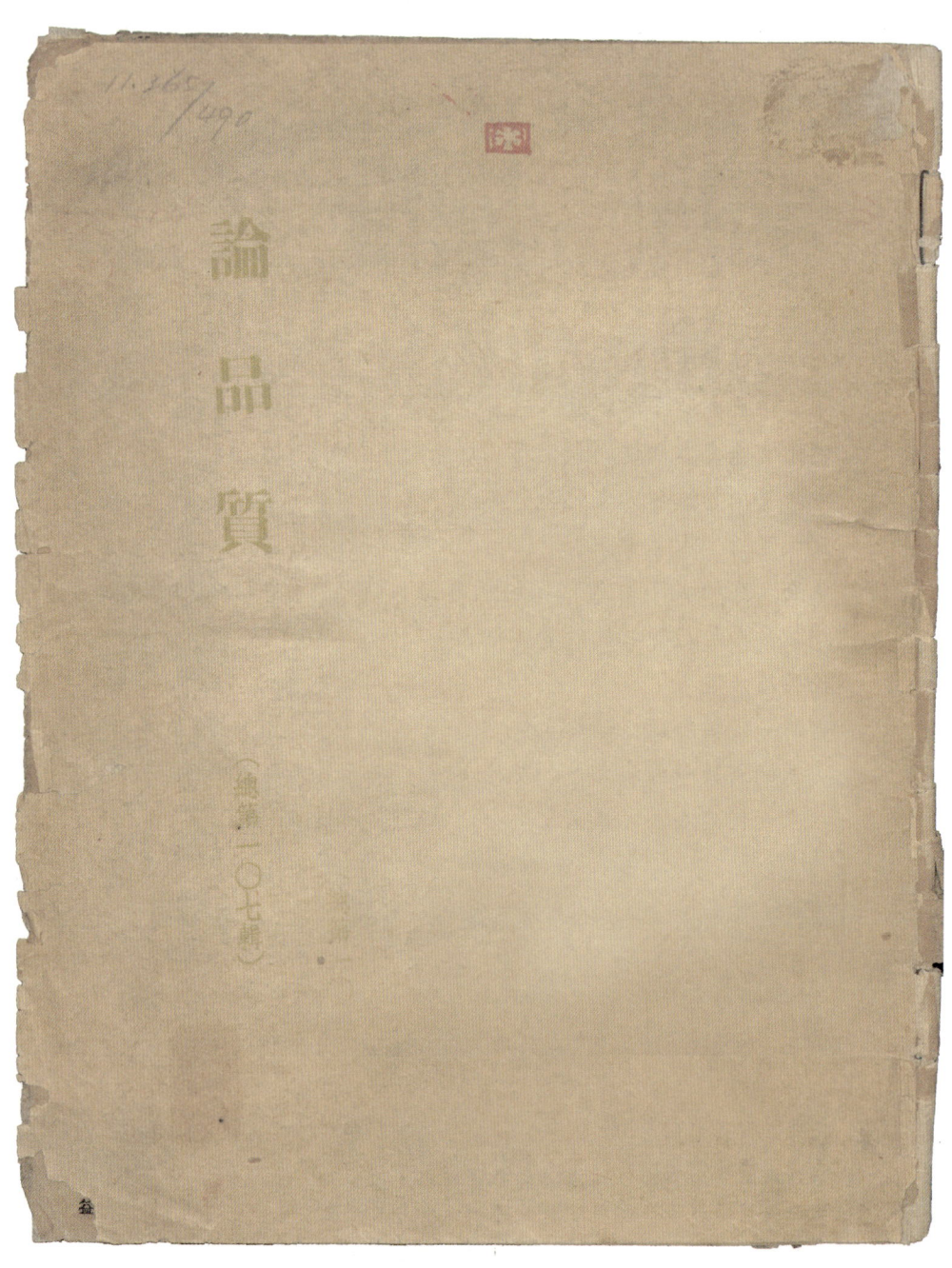

《论品质》（107）封面

中共中央發言人聲明

懲辦戰爭罪犯條件包括日本戰犯在內

上月二十八日中國共產黨發言人關於和平談判問題的聲明，於上月三十一日得到了國民黨反動賣國政府發言人的答覆（全文另發）。國民黨反動賣國政府的發言人在這個答覆裡，對於中共發言人所提出的各項問題，提出了狡辯。對於中共要求國民黨反動賣國政府負責重行逮捕日本侵華罪魁岡村寧次，準備押送人民解放軍，並負責看管其他日本戰犯勿令逃逸一節，該發言人說：「這是一個司法問題，還完全與和談無關，更不能作為和談的先決條件。」對於中共要求國民黨反動賣國政府逮捕戰爭罪犯蔣介石等人一節，說是「真正的和平不應該有先決條件」，並且說中共發言人的聲明：「態度上幾乎不夠鄭重」，而且是「節外生枝」。對此，中共發言人說：在一月二十八日那種時候，我們的態度確乎不夠鄭重。我們還把國民黨反動賣國政府說成是一個政府，在這点上說來，這個所謂「政府」究竟還存不存在呢？它是存在於南京嗎？南京沒有行政機關。它是存在於廣州嗎？廣州沒有行政首腦。它是存在於上海嗎？上海既沒有行政機關，又沒有行政首腦。因此它應當把它看成了的為總統，别的什麼都沒有。奉化只有一個宣佈「退休」了的為總統，别的什麼都沒有。因此我們仍然假定它了的為總統，别的什麼都沒有。但是假定有一個足以代表國民黨反動賣國政府的發言人，那麼，發言人應當知道，這個假定的象徵的國民黨反動賣國政府，現在不但對於和平談判毫無建樹，而且確確實實地是在不斷地發出急切地要求談判的時候，又把岡村寧次無罪生枝。例如當著你們如此急切地要求談判的時候，又把岡村寧次宣佈無罪釋放，並且準備予以重行逮捕以後，又把他送往日本，並把其他二百六十名戰犯也送往日本，這難道不是節外生枝嗎？在中共要求予以重行逮捕以後，又把他送往日本，並把其他二百六十名戰犯也送往日本，這難道不是節外生枝嗎？難道是日本人民統治而不是帝國主義分子在統治日本現在是什麼人統治呢？難道是日本人民統治而不是帝國主義分子在統治

嗎？日本是你們如此熱愛的地方，以致於使你們相信日本戰犯們生活在你們統治的區域，還不如使他們生活在日本較為安些，較為舒服些，較為受到正當待遇些。這是一個司法問題嗎？這是一個司法問題呢？難道日本侵略者和我們打了八個整年這件事，你們也忘了嗎？完全與和談無關嗎？一月十四日中共提出八條的時候，並應提出了，就與和談有關了。一月二十六日這件事情發生了，就應提出了，就與和談有關了。一月三十一日你們接受麥克阿瑟的命令，又將日本戰犯二百六十名連同岡村寧次一起送往日本，算更與和談有關了。為什麼你們發動反人民的命令，又將日本戰犯二百六十名連同岡村寧次一起送往日本，算更與和談有關了。為什麼你們發動反人民的命令，又將日本戰犯二百六十名連同岡村寧次一起送往日本，算更與和談有關了。為什麼你們發動這次國內戰爭是打誰呢？除了在抗日戰爭中立了大功的人民解放軍和人民方面以來和刮來的力量來打呢？中國人民和日本侵略者一場大決鬥剛剛完畢，戰爭剛剛完畢，你們就發動這次的對內戰爭。你們打了敗仗。你們為什麼打敗仗呢？是因為你們在什麼時候發動反人民的國內戰爭？是在日本投降以後，又是在你們統治區域從人民解放來又宜告日本首要戰犯交給人民解放軍，一個對外戰犯剛剛送日本首要戰犯交給人民解放軍，一個對外然又宣告日本首要戰犯交給人民解放軍，一個對外我們從新監禁並準備交給人民解放軍的岡村及其他二百六十名日本戰犯一齊送往日本，國民黨反動賣國政府的先生們，你們這件事做得太沒道理了，太違反人民意志了。我們現在特地在你們的頭銜上加上賣國二字，你們應當承認了。你們的政府早已以來就是賣國政府，現在不能省了。你們剛剛又犯了一次賣國罪，現在不能省了。你們剛剛又犯了一次賣國罪，國罪以外，現在又犯了一次賣國罪，而且這一次犯得很嚴重，不叫節外生枝也好，無論你們叫節外生枝也好，這件事上必得談這個問題。因為這件事是發生在一月十四日以後的，沒有包括在我們原

14.《向太阳》（108）

本期为 1949 年 2 月 17 日《群众》周刊香港版第三卷第八期（总第一○八期）的伪装本。16 开，正文连封面共 24 页。

本期正文篇目如下：

  争取真正的民主的和平（瀚若）
  任何外国政府无权干涉中国内政
  美帝加强军事干涉的新动向（乔木）
  美国干涉中国内政的新政策（廖盖隆）
  由"苦撑"到"待死"（桐庐）
  刘宁一同志在世界职工联合会执行局会议上的发言，痛斥破坏世界工联会的阴谋
  世界工联执委会决定召开亚洲职工代表大会
  北平人民抗议美两记者造谣
  全国学生代表大会筹委会成立
  学联筹委会通告召开全国学生代表大会
  没有诽谤中国人民的自由
  波、保两国迈向社会主义（舒翰）
  美国新战争经济（续）（美·艾伦）
  一个觉醒了的乡村（乌门）
  兄弟们！向太阳、向自由！（纪于）

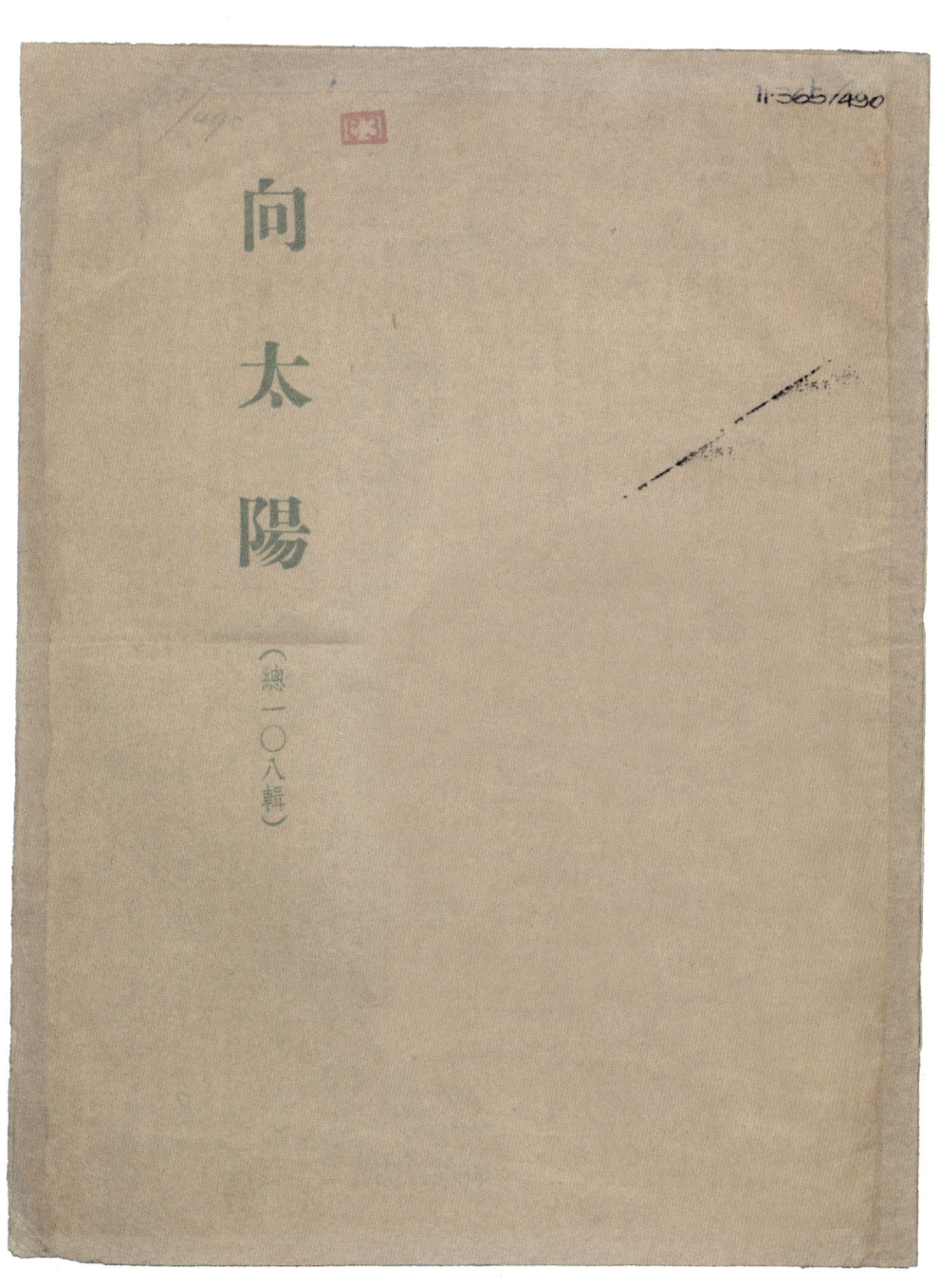

《向太阳》(108)封面

爭取眞正的和民

鐵一般的事實，證明南京僞政府的求和，完全是一種陰謀，這種陰謀的作用，是在於拖延時間，是在於麻痺中國人民，以便收拾殘餘準備犧牲他們的第二步的作戰。在這裏事情是表露得清清楚楚的：

第一、全國人民的第一號公敵蔣介石表面上說是「引退」，實際上仍在幕後指揮一切，他每天依然會發出幾百份電報，忙碌地指揮着國民黨內妥協繼續以武力抵抗人民解放軍的一羣反動份子。法新社下面的報導是不錯的：「蔣介石儘管已經引退到奉化，事實上仍在繼續領導國民黨的把戲，據可靠消息，奉化和南京之間的電話和無線電很忙碌。代總統李宗仁照蔣介石的命令而行動。」這是千眞萬確的事情，蔣介石的「引退」絕不是下台，只不外是從前台走到後台來吧了。一切的大事情，無一不是經過他決定的。上月底親往溪口請示後，才決定離開南京飛向廣州；在華南、西南、西北和京滬地區，國民黨的軍隊也是在蔣介石的命令之下，建立抵抗陣地的。大批國民黨軍，一方面由江北撤往江南佈防，一方面由滬杭路南撤，退往浙江江西佈防；為廣東老主席薛岳，正在建立孫科吳鐵城在上月底所謂「四省聯防」；以孝品仙為首的桂林公署參謀長黃杰王天鳴，在最近飛往貴陽與偽貴州省當局商討所謂聯防問題，偽西北軍政長官張治中於一月底飛蘭州偽長沙綏靖公署參謀長夏威馬步芳，偽西安「綏靖」公署新疆警備司令陶峙岳等討論「保衛西北」了。其在東南，湯恩伯的軍隊正在京滬地區集中，李宗仁、徐永昌、顧祝同、湯恩伯以及陳大慶等交頭接耳的在大舉行與秘密軍事會議。這一連串的事實，說明了什麼呢？這不是說明：南京僞政府的所謂和平只是在嘴巴上說的已嗎？

第二、守着南京空城的僞代總統李宗仁，雖然在口頭上宣稱願意接受中國共產黨的八項和平條件以為談判基礎，並且宜稱這種態度不是僞裝，但實際上卻在繼續替美帝國主義者和蔣介石擔任看守長江，以便他們在後台裝備作戰。李宗仁的這種掩護戰爭的作用，從他的私人代表甘介侯本月五日在上海談話中，可以得到證明。甘介侯堅持向李宗仁與孫科的意見完全相同，並「稱僞政院遷穗實有充足理由」。甘介侯對北平的和平解決，聲明「僞府對任何局部和平之建議，絕不加以考慮」。甘介侯反對這樣的眞實的和平解決，亦就可以看出李宗仁的所謂要求和平是有多少「誠意」了。

第三，南京僞政府如果有求和誠意，必須有具體的行動表現。陝北觀察家鄭重指出：「只有他們（指李宗仁政府——引者）實實在在的執行了八項條件的第一步，即將戰爭罪犯們加以扣留交給人民政府審判，他們才有將功折罪而獲得人民寬恕的可能」。可是，事實表現出來的，正正相反。假和平的陰謀家們，不但以偽組織不能視事」而離開南京，就算是懲辦戰爭罪犯，不但護陳立夫、谷正綱及宋子文等首要戰犯安然逃逸，而且竟把日本戰犯前中國派遣軍總司令官岡村寧次大將，宣判無罪。在中共要求將日本戰犯逮捕以後，又把他送往日本。並且把其他二百六十名戰犯一道送往日本。這難道不是勾引日本反動派來中國和他們一道殘殺中國人民的做法嗎？否則，為什麼這樣勤快，這樣迅速把岡村次和其他二百六十名戰犯，恭恭敬敬送到日本去呢？

第四，南京僞政府在表面上大吹大擂地發出一連串的「民主」措施，但實際上，暴行却有增無已，封閉報館及捕拘記者的恐怖行為是不斷的出現，如上海法學院的周女士與經濟學家張錫昌，先後被捕。特務的恐怖，有加無已，而對於解放區和平城市，又不斷進行爆炸（如陳官屯和南苑），這一切，說明南京僞政府的所謂和平完全是一種偽裝，這還說什麼「和平」呢？
這還說什麼，正如新華社所指出：南京反動政府的工作，現在集中在二方面：

《向太阳》（108）正文第 2 页

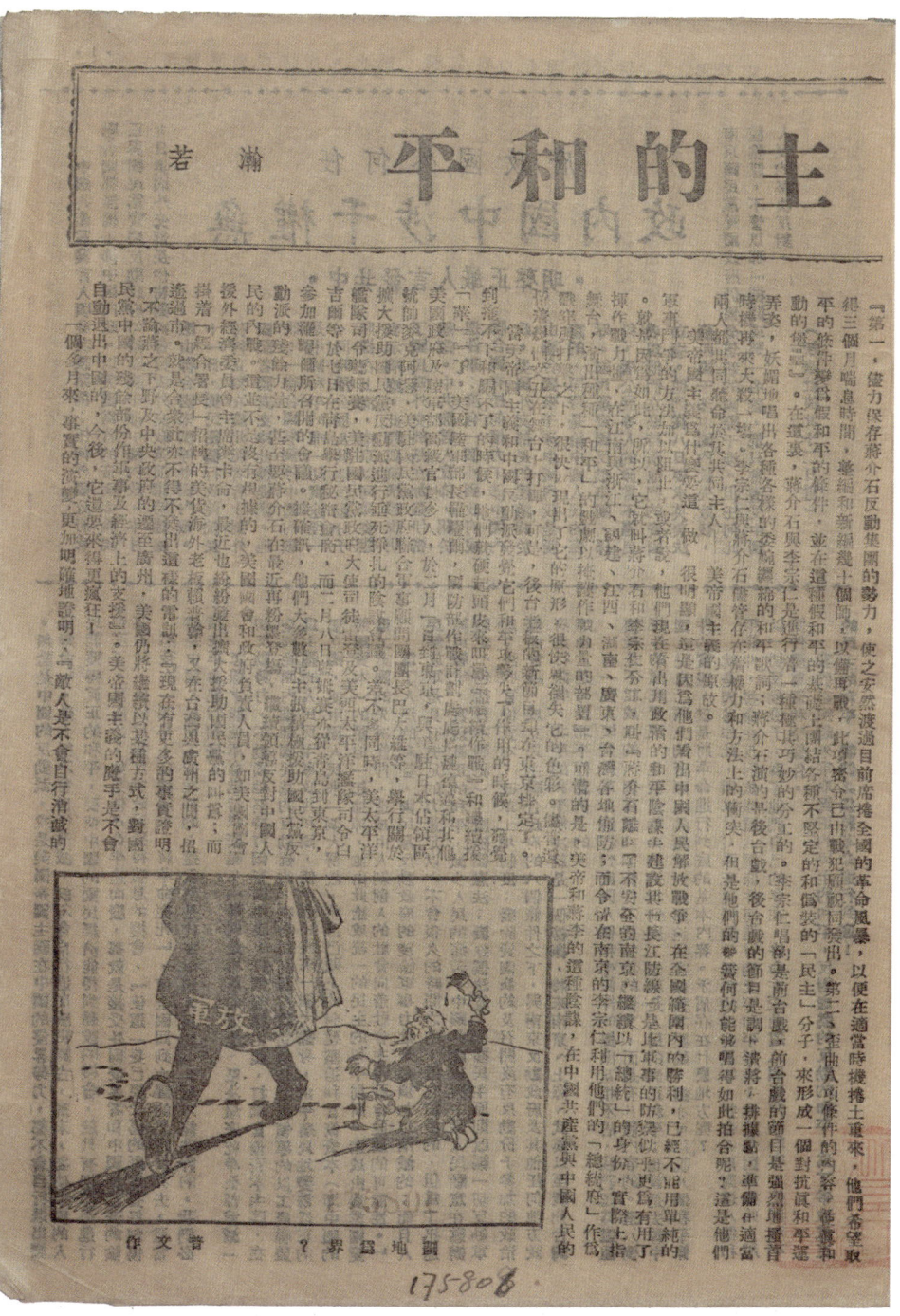

15.《奇迹》（118）

本期为 1949 年 4 月 28 日《群众》周刊香港版第三卷第十八期（总第一一八期）的伪装本。16 开，连封面 24 页。

本期正文篇目如下：

毛主席、朱总司令下令全面总攻（毛泽东、朱德）
国内和平协定全文
庆祝南京解放
垂死前的挣扎（林石父）
解放军进军江南形势图
百万雄师大进军（朝新）
庆祝新的劳动节（方方）
一九四九年一月至三月华南各区作战情势
广东反动派往何处去？（王江）
薛岳扩军有名无实（蓝川）
"北平号"火车头（张若嘉）
"北平号"（金毓春）

《奇迹》(118)封面

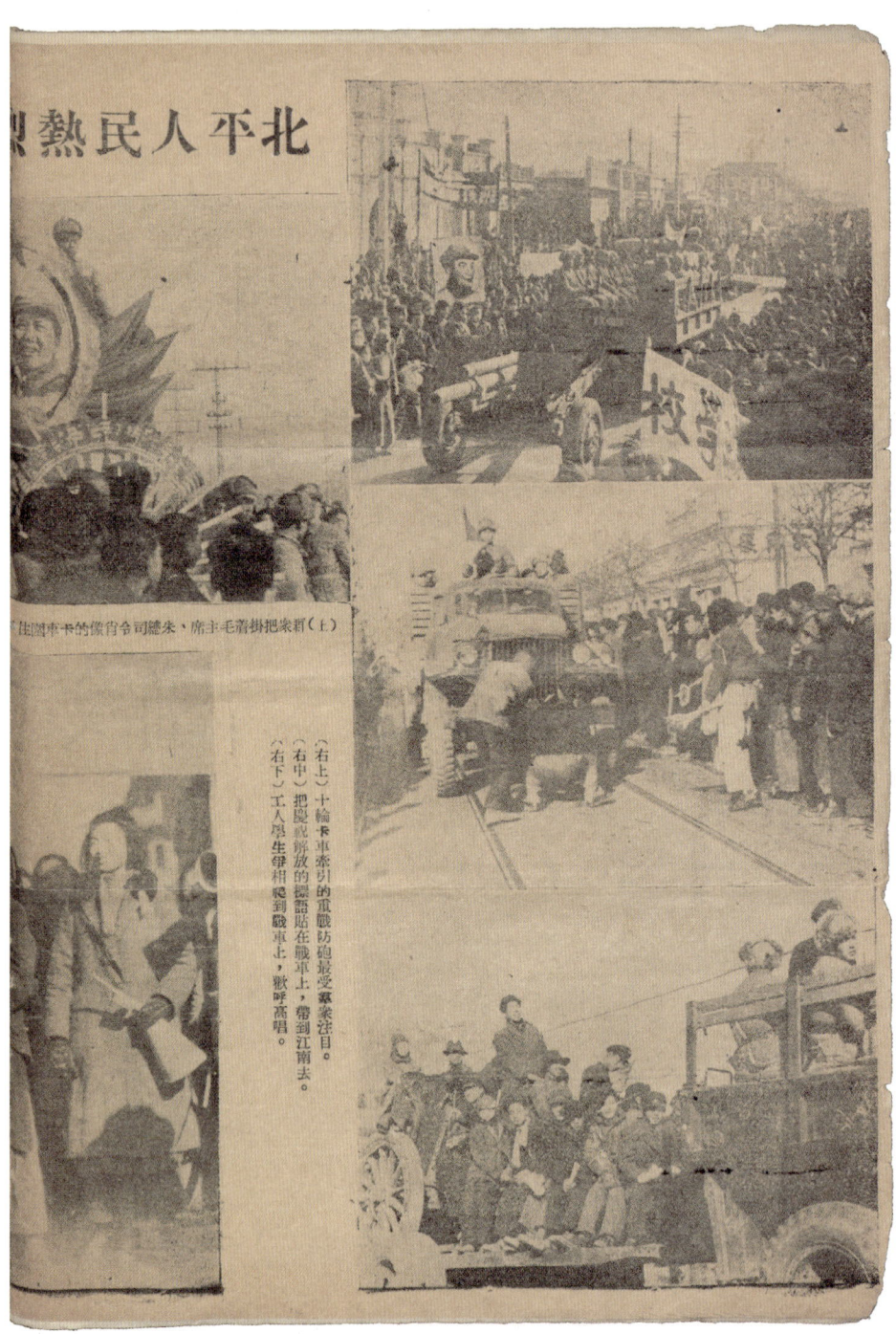

《奇迹》（118）正文第 14 页

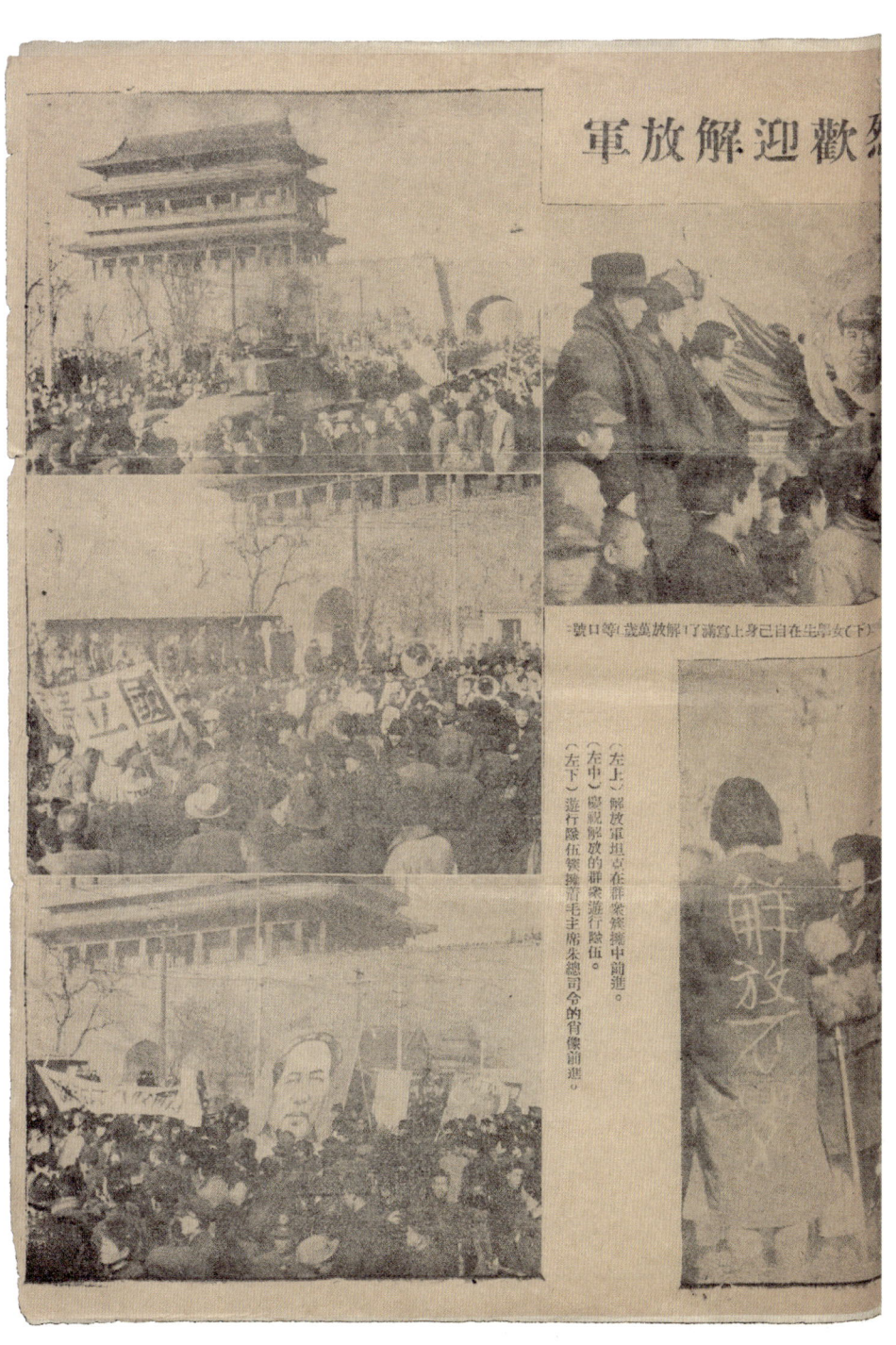

《奇迹》(118) 正文第 15 页

第三章　革命文献伪装本知见录

伪装本最早见于20世纪初产生过巨大影响的《革命军》《猛回头》等宣传资产阶级民主革命思想的读物，民国成立后的北洋军阀统治时期续有出现。大革命失败后，国民党反动派大肆屠杀共产党人，中国共产党开始实行土地革命和武装反抗国民党反动派的斗争，文化领域也展开了一场"围剿"和反"围剿"的斗争，这一时期伪装本开始大量出现，成为传播马列主义、毛泽东思想，宣传党的路线、方针和政策的一种重要手段。

本章共计收伪装本500多种（期刊每期作为1种统计），所辑书目来自3个方面：

一是已经公布的伪装本目录，如《革命书刊伪装本目录》《革命书刊化名录》等。

二是其他文献史料的相关记载，如民国时期的档案资料，从事革命出版、印刷、发行等工作者的回忆文章，学界的研究和介绍，等等。

三是笔者从事革命文献整理和征集工作过程中新发现的未见著录的伪装本。

本章大致按照伪装本出版或者产生的时间顺序进行编排，分为清末至大革命时期（1900年1月—1927年7月）、土地革命战争时期（1927年8月—1937年7月）、全民族抗日战争时期（1937年7月—1945年8月）和全国解放战争时期（1945年8月—1949年9月）4个时期。每一个时期又按图书（包括宣传品）和报刊两类整理。每一条目著录文献的伪装题名、真实题名和版本特征。版本特征按照书籍上的责任者（著者、译者、编者）、出版时间、开本、页码，以及封面、题名页、目录、版权页、正文的内容等客观著录，以方便读者鉴别。由于查证难度极大，每种书刊著录的要素多寡不一，详略亦不一致。

伪装本具有很强的隐蔽性，现在已知的伪装本有许多辑录自档案资料、国民党和日伪统治时期的各类查禁目录，这也意味着许多成功躲过查禁的伪装本反而不容易为我们掌握。同时，对伪装本的鉴别带有一定的主观性，整理时有所择选，少量没有旁证且不具备典型特征的书刊没有被收录进来，读者需要注意。

第一节　清末至大革命时期的革命文献伪装本
（1900年1月—1927年7月）

一、图书

（一）伪装题名：《图存编》　真实题名：《革命军》

邹容著。32开，28叶，线装，竖排铅印。封面为浅黄色，右上角印有"天运甲辰年"，左下角印有"皇汉丛书之一"。封二印有"甲辰年夏排聚珍版"字样。之后依次为《革命军序》（署"余杭章炳麟撰"）和《革命军》（作者自序，署"革命军中马前卒邹容记"），均为红色字体。随后为目次和正文。自序后印有石达开所作对联："忍令上国衣冠沦于夷狄，相率中原豪杰还我河山。"目次后题霍去病名言："匈奴未灭，何以家为。"正文卷首印有真实题名《革命军》，署名"蜀人邹容泣述"。书末附刘伯温《烧饼歌》节录。

（二）伪装题名：《革命先锋》　真实题名：《革命军》

邹容著。大32开，48叶，线装，竖排铅印。题名叶上"革命先锋"四字为朱红色。出版地点、出版时间和出版者均不详。全书由《革命军序》、《革命军自序》、目次、正文等部分组成。目次后题有霍去病的名言："匈奴未灭何以家为。"《革命军自序》后书石达开的对联："忍令上国衣冠沦为夷狄，相率中原豪杰还我河山。"该书见藏于中国人民大学图书馆。

（三）伪装题名：《流血革命》　真实题名：《革命军》

邹容著。高30厘米，28叶，线装，手写体刻印本。左右双边，下黑口，单黑鱼尾。封面署"章炳麟　邹蓉"。出版地点、出版者和出版时间均不详。全书内容由题名叶、目次、正文三部分组成。目次列有《校正光复论》《序》《自序》，但正文中无相关文字内容。该书见藏于复旦大学图书馆。

（四）伪装题名：《流血革命》　真实题名：《革命军》

邹容著。高20.5厘米，宽13厘米，手写体刻印本。封面署"章炳麟　邹蓉"。出版地点、出版者和出版时间均不详。题名叶上有章太炎和邹容的绣像。章炳麟作序。该书见藏于杭州章太炎纪念馆。

（五）伪装题名：《扬州十日记》《救急真言》　真实题名：《革命军》

邹容著。1904年出版。32开，80页，线装，竖排铅印。

（六）伪装题名：《目兵须知》　真实题名：《猛回头》

陈天华著。封面印有伪装题名《目兵须知》。近代民主革命者陈作新任湖南炮兵营排长时曾在新军中秘密散发该书。

（七）伪装题名：《黄帝之魂》　真实题名：《黄帝魂》

大32开，正文218页。封面居中印有一半身裸露的美人图，顶端从右至左以隶书横向印有伪装题名《黄帝之魂》。封面右下角有"上海四""剧"字可辨，另有"曼陀"签名和阴文印文。正文前除了收录黄帝肖像，还增收了《明文待诏曲水流觞》《明张积仁林泉小景》两幅扇面画。版权页上的出版时间为"中华民国三年十二月再版"，印刷者和发行者署"新中华书社"，特约发行者为"扫叶山房（上海四马路棋盘街）"。该书即黄藻编《黄帝魂》，收文30篇。

（八）伪装题名：《万应救急方》《新爱国歌》《男女合读》《新四书》《民国还魂记》　真实题名：不详

该书为伪装成医书的反袁读物。1914年12月，被北洋政府交通部以"诬诋政府，宣传革命""煽惑印刷物"为由将其查禁。

（九）伪装题名：《金刚卖国记》　真实题名：《外交大痛史》

32开，正文51页，竖排铅印。封面为白色，居中以蓝色篆体竖向印有伪装题名《金刚卖国记》，左下印有"吉门署嵩"和"吉门"方章。"卖国金刚"指的是曹汝霖、章宗祥和陆宗舆三人，书前有三人肖像。卷首有1915年5月9日袁世凯政府外交代表被迫接受日本"二十一条"中12条内容的中日外交会议照片一幅，照片旁注"四年五月九日中日外交会议""民国历史上之耻辱纪念"。全书分5章记述五四运动的背景和五四运动在各地的情形。

（十）伪装题名：《约翰福音》　真实题名：《共青团中央第三次扩大会议各项决议案》

64开，每页11行，每行28个字，正文95页，竖排。封面为黄底黑字，除了印有伪装题名，还印有"一九二六年八月"。题名页印有"神爱世人，甚至将他的独生子赐给他们；叫一切信他的，不至灭亡，反得永生。　约翰三章十六节"。版权页印有"非卖品""赠送者：司密斯""印刷者：中美印书馆广州文明路"。正文包括《对于出席少年国际扩大会代表报告决议案》等10个文件。附录包括《CP 中央政治报告》《CP 第二次扩大会对于中国共产主义青年团工作决议案》两份文件。

（十一）伪装题名：《老残游记》　真实题名：《中山全集》

北伐时期由上海泰东图书局出版。

二、报刊

（一）伪装题名：《康敏主义周刊》《无政府》《安那其》等　真实题名：《共产党月刊》

上海共产主义小组机关报，1920 年 11 月 7 日创刊。据中共早期党员袁振英回忆，该刊曾以《康敏主义周刊》《无政府》《安那其》等伪装题名出版，发表文章也多不署真名。

（二）伪装题名：《教育杂志》　真实题名：《教育杂志》

中共江浙区委赵世炎主编的党内刊物，1926 年 10 月出版。刊名与沪上名刊《教育杂志》同名。

第二节　土地革命战争时期的革命文献伪装本
（1927年8月—1937年7月）

一、图书

（一）伪装题名：《妙手回春》　真实题名：《团员须知》

32开，正文17叶，筒子页装，竖排油印。封面和封底为灰绿色，封面伪装题名《妙手回春》上方印有"济善堂"，题名之下印有"益光印刷局印"，题名左右两侧印有伪装的广告语。封面右上角印有出版时间"一九二八，三，十五，"，左下角印有"潮安济善堂监印"。封二为目录页，印有真实题名《团员须知》和目录。全书分《绪言》《共产主义》等8个部分。

（二）伪装题名：《三民主义》　真实题名：《三民主义批判》

瞿秋白著。中山书局1928年3月出版。封面为胡汉民的题字。题名页印有孙中山先生遗影和遗嘱。该书由瞿秋白发表在《布尔塞维克》上的《三民主义倒还没有什么？》《马克思主义还是民生主义》《民权主义与苏维埃制度》《世界革命中的民族主义》4篇文章组成，并以《"青天白日是白色恐怖的旗帜！"》一文代序。1930年11月，国民党中宣部曾通令各地查扣该书。

（三）伪装题名：《东山周刊》　真实题名：《中国共产党第六次全国代表大会决议案之政治决议案》

东山中学校学生会编辑部1928年11月10日出版。毛装，油印。封面横向印有伪装题名《东山周刊》。该书内容为中国共产党第六次全国代表大会通过的政治决议案。

（四）伪装题名：《科学的社会主义之梗概》　真实题名：《卡尔·马克思》

列宁著，画室译。上海泰东图书局1929年2月出版。该书系冯雪峰据日译本重译。

（五）伪装题名：《汉江潮》　真实题名：《菊芬》

蒋光慈著，上海现代书局出版。1930年12月，国民党政府以"宣传共产主义及阶级斗争"为由查禁该书。

（六）伪装题名：《新出绘图国色天香》 真实题名：《中国共产党第六次全国大会议决案》

32开，正文272页，竖排铅印。封面为浅绿色底色，黑色双边长方框中印有莲花图案，图案上印有"新出绘图"四字，左下印有"国色天香"四字，无出版者和出版时间。封面后的第一页印有真实题名《中国共产党第六次全国大会议决案》和目次。正文收录中国共产党第六次全国代表大会通过的决议案及党章，共计16个文件。

（七）伪装题名：《吴稚晖论政及其他》 真实题名：《列宁主义概论》

斯大林著，新青年社出版，1927年1月21日初版，1929年5月21日第三版。32开，正文155页。封面为白底蓝字，除了印有伪装题名，还印有"第二集""出版合作社""1928"。

（八）伪装题名：《祈祷宝训》 真实题名：《目前中国党的组织问题》

周恩来著，约1929年5月出版。32开，每页16行，每行38个字，正文44页，竖排。封面为白底黑字，除了印有伪装题名，还印有"Teachings on Prayer"。无版权页和目次。全书分4章。正文前有《作者前言》，说明该书是为解释中共中央三十六号通告而写的。

（九）伪装题名：《民族革命论》 真实题名：《马克思主义的民族革命论》

1929年5月出版。32开，每页12行，每行35个字，正文202页，竖排。封面为绿底黑字。正文包括《中国及欧洲的革命》等15篇文章。

（十）伪装题名：《恋爱的故事》 真实题名：《过去一年来职工运动发展的形势和目前的总任务》

项英著。32开，每页16行，每行38个字，正文111页，竖排。封面为灰底黑字，除了印有伪装题名，还印有"商务印书馆出版"。无版权页。内容系1929年项英在中华全国总工会第二次扩大会议做的报告。

（十一）伪装题名：《艺术论》 真实题名：《武装暴动》

32开，每页12行，每行36个字，正文162页（包括序言25页），竖排。封面为浅绿色底黑字，除了印有伪装题名，还印有"时代丛书""共学社""1929"。版权页印有"1929年6月1日出版""代售处：各省各大书坊"等。正文有补白两方，引列宁给俄罗斯社会民主工党（布尔什维克）中央执行委员会的信及列宁关于武装暴动的语录。有1928年5月16日诏玉（即王明）所撰序言。正文包括《第二国际与暴动》等 6 个部分。

（十二）伪装题名：《溺情记》 真实题名：不详

1929 年，南京国民党政府训令直辖各机关查禁该书，称其内容"均系关于共产党秘密组织"。

（十三）伪装题名：《帝国主义与战争》 真实题名：《反帝国主义大战的斗争与共产党员的任务》

36 开，每页 12 行，每行 36 个字，正文 112 页，竖排。封面为浅灰色底红字，除了印有伪装题名，还印有"上海新文化书社发行"。正文有补白两方，引列宁等人的语录。版权页印有"1929 年 7 月 1 日出版""时代丛书"等字。本文为 1928 年共产国际第六次大会通过的决议案，包括《帝国主义战争的危险》等 5 章。末附《共产国际第六次世界大会对国际反对战争运动的决议案》。

（十四）伪装题名：《脑膜炎预防法》 真实题名：《政治材料》第一期

封面上除了印有伪装题名，还印有"上海特别市政府卫生局印行"。1929 年 7 月，国民党湖南省党务指导委员会宣传部呈报称该书系"中共化名宣传品"。

（十五）伪装题名：《满洲现状》 真实题名：《中国共产青年团二中全会决议案》

32 开，每页 12 行，每行 36 个字，正文 128 页，竖排。封面为灰底黑字，除了印有伪装题名，还印有"野泽源之亟著　徐焕奎译"。无版权页。正文包括《政治决议案（青年运动的形势与团的任务）》等 6 个文件。

（十六）伪装题名：《一九二九第六次大会后的政治工作》 真实题名：《第六次大会后中国共产党的政治工作第一集》

32 开，正文 282 页，竖排铅印。封面为灰色，双黑线框内居中用大字竖向印有"政治工作"，右首分两行印有"一九二九""第六次大会后的"，左边印"上海民志书局发行"。版权页在正文之后，亦进行了伪装，题名作《政治工作》，出版时间署"一九二九年十月出版"，总发行处为"上海民志书局"，代售处为"各省各大书坊"，另有"每册实价大洋四角"。正文收录《第六次全国代表大会的总结与精神（中央通告第二号）》等 12 个文件。

（十七）伪装题名：《万王之王》 真实题名：《全国第五次劳动大会宣言》

1929 年 11 月第五次全国劳动大会通过。中华全国总工会出版。

（十八）伪装题名：《新战术》　真实题名：《中华全国工人斗争纲领》

1929年11月第五次全国劳动大会通过。中华全国总工会出版。

（十九）伪装题名：《联合精神》　真实题名：《工会组织问题决议案》

1929年11月第五次全国劳动大会通过。中华全国总工会出版。

（二十）伪装题名：《铁路世界》　真实题名：《铁路工作决议案》

1929年11月第五次全国劳动大会通过。中华全国总工会出版。

（二十一）伪装题名：《好兄弟》　真实题名：《农村工人运动工作大纲决议》

1929年11月第五次全国劳动大会通过。中华全国总工会出版。

（二十二）伪装题名：《好兄弟》　真实题名：《工农联合决议案》

1929年11月第五次全国劳动大会通过。中华全国总工会出版。

（二十三）伪装题名：《好兄弟》　真实题名：《告全国农民书》

1929年11月第五次全国劳动大会通过。中华全国总工会出版。

（二十四）伪装题名：《工农世界》　真实题名：《拥护苏联决议案》

1929年11月第五次全国劳动大会通过。中华全国总工会出版。

（二十五）伪装题名：《航海指南》　真实题名：《海员工作决议案》

1929年11月第五次全国劳动大会通过。中华全国总工会出版。

（二十六）伪装题名：《工厂常识》　真实题名：《第五次劳动大会工厂委员会决议案》

1929年11月第五次全国劳动大会通过。64开，每页10行，每行28个字，正文14页，竖排。封面为白底黑字。无版权页和目录页。

（二十七）伪装题名：《伏狗术》　真实题名：《第五次劳动大会对黄色工会决议案》

1929年11月第五次全国劳动大会通过。中华全国总工会出版。

（二十八）伪装题名：《平民之友》　真实题名：《中国共产党、中共青年团江苏省委对目前时局宣言》

64开，每页11行，每行28个字，正文19页，竖排。封面为白底黑字，除了印有伪装题名，没有印其他文字。无版权页和目录页。正文末署"中国共产党、中共青年团江苏省执行委员会　1929年12月16日"。

(二十九)伪装题名:《社会科学研究初步》 真实题名:《社会科学概论》

32开,正文85页,竖排铅印。封面为蓝底红字,居中有双边线框,框内自上而下横向印有"社会科学丛书""社会科学研究初步""1930"。题名页居中竖向印有伪装题名,作者署"布浪得耳原著 杨霄青翻译"。版权页上印有"一九二九年十二月十日初版""发行者:社会科学研究社""经售处:华兴书局"等信息。有译者序。全书分《总论》《社会之意义》等12个部分。北方人民出版社曾翻印该书。

(三十)伪装题名:《政治理想》 真实题名:《江苏政治状况与党的任务和策略》

该书为1929年11月16日镜松向江苏省第二次代表会做的报告。32开,每页16行,每行36个字,正文146页,竖排。封面为白底红字,除了印有伪装题名,还印有"新文化丛书"和"上海中华书局印行"。无版权页。文前附有作者写这个报告的简单经过,末署"镜松"和"一九二九年十二月二十九日"。正文包括《帝国主义侵略下的江苏民族工业》等9个部分内容。

(三十一)伪装题名:《中国革命》 真实题名:《共产国际对中国革命决议案》

1930年1月出版。封面除了印有伪装题名,还印有"上海民志书局发行"和"1930"。内容包括《代序》《1925—1927中国大革命的教训》等5个部分。末附《中国党对于国际第七次扩大会议中国问题决议案的解释》《"八七"会议告全党同志书》。

(三十二)伪装题名:《伦敦海军会议》 真实题名:《青年反军国主义斗争的意义和方法》

列宁青年社编辑,约1930年2月出版。64开,每页11行,每行28个字,正文44页,竖排。封面为白底黑字。无版权页。正文包括《军国主义的性质与根源》等5个方面内容。

(三十三)伪装题名:《群经概论》 真实题名:《关于苏维埃区域的宣传材料》

小32开本,油印。封面印有"群经概论""经学丛刊第一辑""朱勤蒙编"。题名页印有"关于苏维埃区域的宣传材料""中国共产党中央宣传部编""1930年3月25日出版"等真实的版本信息。全书共13章。

（三十四）伪装题名：《人口粮食问题》 真实题名：《共产国际纲领》

共产国际第六次世界大会制定，中国共产党中央委员会印行，1930年3月出版。36开，每页12行，每行36个字，正文115页，竖排。封面为灰底黑字，除了印有伪装题名，还印有"上海交通路"和"新学会社出版"。正文包括《导言》《资本主义的世界系统其发展与其必然的灭亡》等7个部分内容。

（三十五）伪装题名：《环球旅行指南》 真实题名：《共产国际纲领》

封面右上角印有"常惺翁著"，左下角印有"天津书店发行"字样。

（三十六）伪装题名：《资本主义之解剖》 真实题名：《共产主义ABC》

布哈林著。32开，正文176页，竖排铅印。封面黑色方框内自上而下横向印有"社会科学丛书""资本主义之解剖""1930"等字。题名页自右向左竖向印有"布若布软斯基著""陈文瑞翻译""资本主义之解剖""上海社会科学研究社印行"等字。版权页上的出版时间为"一九三〇年三月初版"，发行者署"上海华兴书局"。北方人民出版社曾翻印过此书。

（三十七）伪装题名：《工会的政治运动》 真实题名：《全总的政治工作》

1930年7月中华全国总工会编印。封面为灰底黑字，其后为目录页。正文包括"目前的政治形势与工会的任务"等6个部分内容。末附《拥护苏维埃区域全国代表大会宣言》等多份文件。

（三十八）伪装题名：《监狱》 真实题名：《黑色青年》

厦门出版。1930年7月，国民党中央宣传部以"言论反动"为由将其查禁。

（三十九）伪装题名：《卫生常识》 真实题名：《赤色职工国际五次大会对殖民地问题的决议案》

32开，每页16行，每行38个字，正文41页，竖排。封面为白底黑字。无版权页和目录页。

（四十）伪装题名：《社会科学教科书》 真实题名：《马克思学说体系》

审姻甫士基著，刘心仪译，春秋书店出版，共3册。国民党中央宣传部在1930年7月、8月和9月的《审查全国报纸杂志刊物总报告》中称此书与平凡书局发行的《马克思学说体系》系同一著述，通令查禁。

（四十一）伪装题名：《殖民地革命》 真实题名：《殖民地与半殖民地革命运动大纲》

该书为共产国际第六次世界大会决议，民志书局发行，1930 年 4 月出版。32 开，每页 12 行，每行 36 个字，正文 98 页，竖排。封面为蓝底黑字，除了印有伪装题名，还印有"上海民志书局发行"和"1930"。书中包括《序言》《殖民地经济与帝国主义殖民政策两者的特性》等 4 个方面内容。

（四十二）伪装题名：《浪潮》 真实题名：《第五次全国劳动代表大会决议案》

中华全国总工会编印，1930 年出版。每页 12 行，每行 36 个字，正文 124 页，竖排。封面为灰底黑字，除了印有伪装题名，还印有"乐山书店印行"和"1930"。无版权页。书中包括《弁言》《中国工人斗争纲领》等 16 个部分。末附《中国共产党致大会书》。

（四十三）伪装题名：《民权初步》 真实题名：《中国苏维埃》

32 开，每页 12 行，每行 36 个字，正文 180 页，竖排，附插图 10 幅。封面为绿色底黑字，除了印有伪装题名，还印有"上海三民公司印行"。书中包括《插图》《论文》《苏维埃区域的状况》《附录》等 4 个方面内容。书末附《编者言》，说明该书编辑经过。最后印有"编者一九三〇年'五卅'五周年纪念日全国苏维埃区域代表大会开幕日"。

（四十四）伪装题名：《宣传集》 真实题名：《不要再上当了》

劳顿编。64 开，每页 11 行，每行 28 个字，正文 36 页，竖排。封面为白底黑字。无版权页。

（四十五）伪装题名：《中国劳动运动的现状》 真实题名：《一九二九至三〇年中国职工运动状况》

罗章龙著。32 开，竖排铅印。封面上除了印有伪装题名，还印有"柏格森著""上海乐山书店印行""1930"。

（四十六）伪装题名：《中央月刊》 真实题名：不详

第三党刊物。1931 年 3 月，国民党通令各邮检所查扣，称其"冒用中央月刊封面"。

（四十七）伪装题名：《旅行须知》 真实题名：《国民党行动委员会秘密文件》

第三党刊物。1931年出版。

（四十八）伪装题名：《日用医药》 真实题名：《国民党行动委员会秘密文件》

第三党刊物。1931年出版。

（四十九）伪装题名：《世界经济危机》 真实题名：《世界经济危机与武装进攻苏联》

32开，序言5页，正文107页，竖排铅印。封面为灰底黑字，上端横向印有伪装题名《世界经济危机》，题名下印"沈贯雷著"，下端印有"1931，8."。题名页居中竖向印有真实题名《世界经济危机与武装进攻苏联》。版权页印有"一九三一年八月出版""发行者　春耕书店"等字。内有1931年3月3日沈贯雷所撰序言。全书分《引言》《世界资本主义总危机的发展和深入》等5个部分。

（五十）伪装题名：《怎样团结》 真实题名：《为拥护中国红军苏维埃区域告工人农民和兵士》

64开，每页11行，每行28个字，正文55页，竖排。封面为白底黑字。无版权页。书中包括《为拥护中国红军苏维埃区域告工人农民和兵士（中国共产党中央委员会1931年11月1日）》等7份文件。

（五十一）伪装题名：《时时周报》第二卷第四十五期　真实题名：《对于白军"剿共"的研究》

32开，每页14行，每行37个字，正文86页，竖排。封面为白底绿字。无版权页。正文包括《绪言》《敌我之对比》等8个方面内容。

（五十二）伪装题名：《土地农民问题指南》　真实题名：不详

神农老叟编，人民出版社1931年12月第五版。32开，正文185页。封面除了印有伪装题名，还印有"社会科学丛书"。内容包括中国共产党第六次全国代表大会通过的决议案和第五次全国劳动大会通过的决议案。

（五十三）伪装题名：《指南针》　真实题名：《国际七月决议及最近来信》

约1931年出版。32开，每页16行，每行37个字，正文86页，竖排。封面为青灰色，除了印有伪装题名，还印有"1931"。无版权页。正文包括《中国问题决议案——共产国际执委政治秘书处1930年8月23日通过》等8份文件。

（五十四）伪装题名：《妇女须知》 真实题名：《女工工作指南》

约1931年由中央妇女部出版。32开，每页15行，每行38个字，正文44页，竖排。封面为白底黑字，除了印有伪装题名，还印有"朱湘青女士编"和"上海神州国光社出版"。正文包括《篇首》《远东国家中之赤色工会》等4个部分内容。

（五十五）伪装题名：《生活秘诀》 真实题名：《苏大会文汇（一）》

约1931年出版。64开，每页11行，每行28个字，正文34页，竖排。封面为白底黑字，除了印有伪装题名，还印有"小丛书第一种"和"生活周刊社出版"。无版权页。正文包括《中华苏维埃第一次全国代表大会告全中国工人与劳动民众（中华苏维埃第一次全国代表大会1931年11月9日江西瑞金）》等4个部分内容。

（五十六）伪装题名：《文字教育概要》 真实题名：《武装暴动概要》

封面上除了印有伪装题名，还印有"东方文化丛书社小丛书"。1931年遭国民党反动派查禁。

（五十七）伪装题名：《科学原理》 真实题名：《拥护苏维埃与红军》

1931年遭国民党反动派查禁。

（五十八）伪装题名：《艺术论》 真实题名：《武装暴动》

32开，正文164页，竖排铅印。封面为浅绿色底红字，居中竖向印有伪装题名《艺术论》，右上印有"马克斯 列宁"，左下印有"中外艺术研究社校印"，底端印有"1932"。封三为版权页，除了列出题名、作者等信息，还标注该书为1932年2月再版。全书分《第二国际与暴动》等6个部分内容。

（五十九）伪装题名：《取消派的秘密》 真实题名：《托洛斯基主义——反革命的资产阶级的先锋》

博古著。约1932年2月出版。64开，每页11行，每行28个字，正文46页，竖排。封面为白底黑字，除了印有伪装题名，还印有"此书没有版权，翻印不究。奉送他人一本，功德无量"。无版权页。正文包括《中国托洛斯基—陈独秀主义与苏俄评论的反苏联的统一战线》等4个部分内容。

（六十）伪装题名：《孙文主义理论与实际》 真实题名：《民众革命与民众政权》

封面上除了印有伪装题名，还印有"甘乃光著"和"中山书社印行"。版权页印有"一九三二年一月初版""一九三二年三月再版""出版委员会刊""定价洋一角五分"等字。内容选辑自《红旗周报》。北方人民出版社曾翻印过此书。

（六十一）伪装题名：《粮食问题》 真实题名：《苏维埃政府怎样为粮食问题的解决而斗争》

32开，每页16行，每行37个字，正文38页，竖排。封面为红底黑字，印有黑色图案。无版权页。正文包括《苏维埃政府怎样为粮食问题的解决而斗争》《鄂豫皖区苏维埃与党关于粮食问题的文件（鄂豫皖苏区第二次苏维埃代表大会文件之五）》两个部分内容。

（六十二）伪装题名：《青年生活指南》 真实题名：《粉碎帝国主义国民党的四次"围剿"》

约1932年8月出版。64开，每页11行，每行28个字，正文27页，竖排。封面为白底黑字，除了印有伪装题名，还印有"一九三二年八月印发"。无版权页。正文包括《粉碎帝国主义国民党的四次"围剿"》和《附录》两个部分内容。

（六十三）伪装题名：《科学常识》 真实题名：《党员常识》

1932年9月15日出版。64开，每页11行，每行28个字，正文49页，竖排。封面有红旗、灯塔图案，由红、蓝、黑三色组成，伪装题名为白字。题名页印有伪装题名及印行日期。无版权页。正文包括《共产党与共产主义》等3个方面内容。

（六十四）伪装题名：《新生活》 真实题名：《苏维埃政权能否统治中国？》

约1932年10月出版。32开，每页16行，每行37字，正文24页，竖排。封面为白底绿字，除了印有伪装题名，还印有"逸民编辑""1932""上海生活社印行"等字。无版权页。正文包括《苏维埃政权是工农民众自己的政权》等4个方面内容。

（六十五）伪装题名：《新中国》 真实题名：《苏维埃的中国》（第一集）

苏维埃研究社编，上海中华书店发行，1932年11月出版。32开，每页16行，每行37个字，正文228页，竖排，附图22幅。封面由红、黑、蓝三色组成，除了印有伪装题名，还印有"印月居士"。正文前印有"献给于革命的战士们！"。正文包括《苏维埃的中国》《向着全中国苏维埃政权的胜利前进》等8个方面内容。

（六十六）伪装题名：《将来的战争》 真实题名：《军队底参谋工作》

法尔佛洛默夫著，军学研究社印行，约 1932 年出版。32 开，每页 12 行，每行 37 个字，正文 142 页，竖排。封面为灰底黑字，上方有图画一幅，除了印有伪装题名，还印有"石国柱编""上海精武书局出版""1923 年"等字。无版权页。正文前有序言和导言，正文包括《规定参谋勤务技术的必要》等 11 章。书内附图表 21 幅。附录有《指挥机关底发展》等 21 个方面的内容。

（六十七）伪装题名：《工厂经营及管理法》 真实题名：《职工运动的任务》

1931 年太平洋职工秘书处出版。32 开，每页 12 行，每行 37 个字，正文 134 页，竖排。封面为灰底黑字，除了印有伪装题名，还印有"工商业丛书""黄天芳著""上海工商业研究社""一九三二年"等字。无版权页。题名页上除印有真实题名，还印有"赤色职工国际第五次大会对职工运动的提纲和决议"和出版者、出版年月，上端印有"全世界无产阶级和被压迫民族联合起来啊！"。正文包括《世界恐慌经济斗争与革命职工运动的任务》等 3 个方面内容。

（六十八）伪装题名：《暴日寇满记》 真实题名：《河南省委党报委员会对北方红旗的检查》

1932 年东北救国会出版。

（六十九）伪装题名：《国民政府建国大纲》 真实题名：《中国共产党第六次全国大会议决案》

32 开，正文 234 页，竖排铅印。封面为红色，居右竖向印有伪装题名《国民政府建国大纲》，左下角印有"上海三民学社出版"。题名页也进行了伪装。题名页后为真实题名《中国共产党第六次全国大会议决案》和目录。书末版权页上出版时间为"中华民国二十年初版，中华民国廿一年再版"，编者为"中共六次大会"，印有"欢迎翻版"。正文收录中国共产党第六次全国大会通过的决议案和党章共计 16 个文件。

（七十）伪装题名：《宣言》 真实题名：《共产党宣言》

32 开，正文 52 页，横排铅印。封面为蓝底黑字，伪装题名为《宣言》，略去了"共产党"三个字，作者署"马克斯著"，底端印有"1932"。题名页上印有伪装题名《宣言》，译者署"华岗"，出版者署"上海中外社会科学研究社印行"。

（七十一）伪装题名：《美人恩》 真实题名：《共产党宣言》

马克思、恩格斯著，陈望道译。据蒋锡金回忆，他和冯乃超在武昌横街头的旧书店曾买到陈望道翻译的《共产党宣言》，封面用《美人恩》改装了。①

（七十二）伪装题名：《政治问题讲话》 真实题名：《斯大林同志在联共（布）第十六次大会上的政治报告》

铁江、晓红译，1930年初版，1931年第5版，1932年第10版。小32开，每页16行，每行38个字，正文70页，竖排。正文前有《介绍史达林先生的政治报告》一文，正文结尾印有"反对帝国主义瓜分中国和进攻工人祖国苏联"。北方人民出版社也曾出版过此书的伪装本。

（七十三）伪装题名：《艺术论——武装暴动》 真实题名：《武装暴动》

约1932年北方人民出版社出版。封面上印伪装题名《艺术论》，而"武装暴动"四字印得很小，不易引人注意；作者署"史共生编"。

（七十四）伪装题名：《国际政治法典》 真实题名：《第三国际议案及宣言》（新订本）

约1932年北方人民出版社出版。

（七十五）伪装题名：《中国革命论》 真实题名：《共产国际对中国革命的决议案》

约1932年北方人民出版社出版。

（七十六）伪装题名：《中国革命与中共的任务》 真实题名：《国际代表在中共六次大会上的政治报告》

约1932年北方人民出版社出版。

（七十七）伪装题名：《世界全史》 真实题名：《列宁选集》第十二卷

列宁著，苏联列宁选集中文版编译部译，苏联外国工人出版社1932年出版。大32开，横排铅印。封面自左向右横题伪装题名《世界全史》，内页有真实题名《列宁选集》和"共二十卷"等版本信息。

（七十八）伪装题名：《宣言》 真实题名：《共产党宣言》

32开，正文60页，竖排铅印。封面为黄色，伪装题名为《宣言》，作者署

---

① 参见蒋锡金：《冯乃超在武汉》，载政协南海县委员会文史组编《南海文史资料》第9辑，1986年，第111页。

"马克司、恩格斯合著",译者署"仁子",托名上海春江书店1933年印行。题名页有红黑套印线框,红色线框内印有"共产党宣言"和"1933";黑色线框内除了印有著译者和出版者信息,还印有"全世界无产阶级联合起来"的口号。正文末尾为版权页,印有"一九三三年二月出版""原著者 马克司 恩格斯""翻译者 仁子""出版者 魏寒涛""代售处 全国各大书局""总发行所 上海四马路山东路口春江书店 北平东安市场"等信息。

(七十九)伪装题名:《怎样发展组织》 真实题名:《怎样发展党的组织》

1933年2月出版。32开,每页16行,每行38个字,正文90页,竖排。封面为白底黑字,除了印有伪装题名,还印有"建设丛书之二"和"秋田雨雀题二月一日"。无版权页。正文包括《国际指示(代序)》《关于发展党的组织决议案(中央)》等11项内容。

(八十)伪装题名:《战术与策略》 真实题名:不详

斯徒夸夫著,浦江书店1925年2月初版,1933年3月第3版。32开,每页11行,每行36个字,正文182页,竖排。封面为绿底黑字,除了印有伪装题名,还印有"斯徒夸夫著""浦江书店印行""1933"等字。正文包括《阶级与政党》《战术与策略》两编。

(八十一)伪装题名:无 真实题名:《拥护劳动法》

中国共产党江苏省委宣传部编,"红五月小丛书"第四种,1933年5月1日出版。8开报纸型,单面黑色油印。正文前印有时装妇女画像一幅,上有"老九和号""全部大减价,落得便宜"等字。正文包括"《关于工作的时间》等4个方面内容。

(八十二)伪装题名:无 真实题名:《红色的五月节》

中国共产党江苏省委宣传部编,"红五月小丛书"第五种。8开报纸型,单面红色油印。正文前印有人物画像一幅,还印有"儿童故事第五种"等字。全文分《五一纪念》《五三纪念》《五四纪念》《五五纪念》《五七纪念》《五卅纪念》等节。

(八十三)伪装题名:《民间文艺》第四期 真实题名:《用克服社会民主党传统这个方法来使资本主义各国共产党布尔塞维克化》

32开,正文60页,毛边本,竖排铅印。封面上除了印有伪装题名,还印有"我们呼唤出我们的灵魂/我们呼唤出人们的同情/我们不到民间去说教/我们是从民间来说唱／——这便是我们的态度""二十二年八月一日"等字。题名页和卷首印有真实题名《用克服社会民主党传统这个方法来使资本主义各国共产党布尔塞维克化》。正文后为版权页，印有"一九三三年八月二十日出版""著者：皮亚特尼茨基""译者：樵夫""出版者：中华书店"。正文包括《布尔塞维克与战前第二国际时代西欧各社会党的改良主义、机会主义以及适应主义》等15节。

（八十四）伪装题名：《法国名家小说杰作集》 真实题名：《第一个五年计划的总结与第二个五年计划的前途》

斯大林、莫洛托夫著，1933年8月20日出版。32开，每页16行，每行38个字，正文112页，竖排。封面为绿底黑字，有版画一幅，印有伪装题名和"包文伟译"。版权页印有出版时间、作者和出版者"中华书店"。

（八十五）伪装题名：《爱的巡礼》 真实题名：《共产国际执委第十二次全会》

中华书店编，1933年10月出版。32开，每页16行，每行38个字，正文121页，竖排。封面为蓝底黑字，除了印有伪装题名，还印有"朱云影著"和红字"神州国光社刊"。正文包括《共产国际执委第十二次全会的通告（共产国际执委政治秘书处）》等10个方面内容。

（八十六）伪装题名：《我们的任务》 真实题名：《关于我们的组织任务——给一个同志的信》（"党底建设丛书"第一种）

列宁著，1933年十月革命日出版。32开，每页12行，每行36个字，正文25页，竖排。封面为淡绿色底黑字，除了印有伪装题名，还印有"列宁著""建设丛书第一种""上海中华书店发行"。

（八十七）伪装题名：《三十年建设概况》 真实题名：《布尔塞维克党的三十年（1930—1933年）》

江源译，1933年十月革命日出版。32开，每页14行，每行38个字，正文35页，竖排。封面为绿色底黑字，除了印有伪装题名，还印有"建设丛书第二种""江源译""上海中华书店发行"。内容译自1933年7月30日的《真理报》。

（八十八）伪装题名：《英国之新关税政策》 真实题名：《社会法西主义是奸细行动底政党》

安里·罗兰著，上海中华书店1933年10月20日出版。32开，每页16行，每行38个字,正文36页,竖排。封面为绿底黑字,印有伪装题名和"果夫题"。正文包括《社会法西主义是奸细行动底政党》等10个部分。

(八十九)伪装题名:《好公民实施法》 真实题名:《共产主义青年团的基本任务》

列宁著,密茨译,中华书店1933年10月20日出版。32开,每页16行,每行38个字,正文27页,竖排。封面为灰底黑字,除了印有伪装题名,还印有"徐振东著"和"上海晓星书局印行"。无目录页。内容为列宁在俄国共产主义青年团第三次全国代表大会上的演说,不分章节。

(九十)伪装题名:《银行会计概要》 真实题名:《共产主义青年团的基本任务》

列宁著,密茨译,中华书店1933年10月20日出版。32开,每页16行,每行38个字,正文27页,竖排。封面为红底黑字,除了印有伪装题名,还印有"吴宗焘编""经济小丛书""一九三三"。内容为列宁在俄国共产主义青年团第三次全国代表大会上的演说。

(九十一)伪装题名:《哲学之研究》 真实题名:《什么是赤色职工国际》

洛佐夫斯基著,中华书店1933年10月20日出版。32开,每页16行,每行38个字,正文30页,竖排。封面为蓝底黑字,除了印有伪装题名,还印有"罗素著"和"徐扬灵译"。

(九十二)伪装题名:《怎样争取街道》 真实题名:《怎样争取街道?》("党的建设丛书"之一)

"党的建设丛书"之一,约1933年出版。32开,每页16行,每行38个字,正文62页,竖排。封面为橘红色底黑字,除了印有伪装题名,还印有"建设丛书之一"和"秋田雨雀题元月廿日"。无版权页。正文包括《卷头语》《一月十号追悼会的教训》等10个方面内容。书末附《党的建设》启事一则,内容是为丛书征稿。

(九十三)伪装题名:《处方学浅说》 真实题名:《粉碎五次"围剿"为苏维埃中国而斗争》

中华书店出版发行,约1933年出版。64开,每页11行,每行28个字,正文87页,竖排。封面为白底黑字,印有伪装题名和"余岫云医师著"。正文包括《中央关于帝国主义国民党五次'围剿'与我们党的任务的决议(中共中央委员会一九三三年七月二十四日）》、《为粉碎敌人的五次'围剿'与争取独立自由的苏维埃中国而斗争——在七月二十四日中央一级党的活动分子会议席上的报告》（博古）两篇文章。

（九十四）伪装题名：《新歌集》 真实题名：《苏区新歌集》

1933年遭国民党反动派查禁。

（九十五）伪装题名：《第二次大会特刊》 真实题名：《二次全苏大会》

1934年3月1日出版，上海中国书店发行。封面印有伪装题名和"一九三四年"。

（九十六）伪装题名：《新生活运动专刊》（第一号） 真实题名：《真正的新生活》

32开，正文15页。封面为白底黑字，印有伪装题名、"新生活研究社出版"、"一九三四年三月二十八日出版"和目次。无版权页。正文收录《真正的新生活》等4篇文章。

（九十七）伪装题名：无 真实题名：《革命危机，法西主义与战争》

该书系曼努意斯基在共产国际执委第十三次全会上的演说，1934年印行。50开，每页10行，每行28个字，正文68页，竖排。封面上印有国画一幅，无文字。正文包括《国际环境内的新现象》等4个部分内容。

（九十八）伪装题名：《风车》 真实题名：《资本主义底危机与世界共产主义运动的任务》

上海中国书店1934年出版。1934年12月12日国民党反动派以"赤匪刊物"为由将其查禁。

（九十九）伪装题名：《世界之动向》 真实题名：《共产国际第七次全世界代表大会底决议案》

法国巴黎出版。32开，正文96页，竖排铅印。封面为白底红字，正中竖向印有伪装题名《世界之动向》。题名页印有真实题名《共产国际第七次全世界代表大会底决议案》，题名左下印有"一九三五年九月印行"。封底为法文版权信息，右上角印有"Prix:1fr."，中间分4行印有"Imprimerie Spéciale de 'Asie Librairie Edit10ns' 3,Rue Valette,Paris–5e（France）"。正文收录《关于共产国际执行委员会工作（共产国际第七次全世界代表大会根据皮克同志底报告所通过之决议，一九三五年八月一日通过）》等8篇文献。

（一〇〇）伪装题名：《中国问题》 真实题名：《中国革命基本问题》

1935年1月30日，国民党反动派以"共党刊物"为由将其查禁。

（一〇一）伪装题名：《时代文选》（第一集） 真实题名：不详

32开，正文109页，竖排铅印。封面为蓝底黑字，除了印有伪装题名《时代文选》，自上而下还印有"第一集""史仁 编""新华书局""一九三七年七月一日印"。正文收录《时代文选的开场白》《日本议会解散和其政治趋势》等18篇文章。

二、报刊

（一）伪装题名：《繁华世界》《青天白》《满江红》《孙逸仙》等 真实题名：《平民日报》

中共上海区委和中共江苏省委编印，1927年2月27日创刊。四一二反革命政变后开始出版伪装本。

（二）伪装题名：《昭觉禅师传》《催眠术》《离骚》《宋六十名家词》等 真实题名：《中央通讯》

《中央通讯》（又称"《中央政治通讯》"）为中共中央委员会主办的秘密刊物，发行时间为1927年8月—1930年6月。32开，分油印和铅印两种，出过多种伪装本。

（三）伪装题名：《快乐之神》 真实题名：《红旗》第六期

1928年12月25日出版。封面有一个手持火炬的女性人物图案。

（四）伪装题名：《快乐之神》 真实题名：《红旗》第七期

封面有一个手持火炬的女性人物图案。

（五）伪装题名：《快乐之神》 真实题名：《红旗》第八期

封面有一个手持火炬的女性人物图案。

（六）伪装题名：《快乐之神》 真实题名：《红旗》第九期

1929年新生活出版。

（七）伪装题名：《快乐之神》 真实题名：《红旗》第十期

封面有一个手持火炬的女性人物图案。

（八）伪装题名：《快乐之神》 真实题名：《红旗》第十一期

封面有一个手持火炬的女性人物图案。

（九）伪装题名：《红妮姑娘艳史》 真实题名：《红旗》第十二期

封面印有 3 个女性图案。

（十）伪装题名：《经济统计》 真实题名：《红旗》第十三期

封面上除了印有伪装题名，还印有"上海银行周报社编纂"和"民国十八年二月十九日印行"。

（十一）伪装题名：《经济统计》 真实题名：《红旗》第十四期

封面上除了印有伪装题名，还印有"上海银行周报社编纂"和"民国十八年二月二十六日印行"。

（十二）伪装题名：《经济统计》 真实题名：《红旗》第十五期

封面上除了印有伪装题名，还印有"上海银行周报社编纂"和"民国十八年三月八日印行"。

（十三）伪装题名：《经济统计》 真实题名：《红旗》第十六期

封面上除了印有伪装题名，还印有"上海银行周报社编纂"和"民国十八年三月十五日印行"。

（十四）伪装题名：《出版界》第十八号 真实题名：《红旗》第十七、十八期合刊

封面上除了印有伪装题名，还印有"上海商务印书馆发行"和"十七年八月"。

（十五）伪装题名：《五一特刊》 真实题名：《红旗》第十九期特刊

封面上印有伪装题名和"一九二九年五月一日"。

（十六）伪装题名：《出版界》（第二十号） 真实题名：《红旗》第二十期

封面上印有伪装题名和"上海商务印书馆发行"。

（十七）伪装题名：《出版界》（第二十二号） 真实题名：《红旗》第二十二期

封面上印有伪装题名和"上海商务印书馆发行"。

（十八）伪装题名：《快乐之神》 真实题名：《红旗》第五十二期

1929 年新生活出版。

（十九）伪装题名：《一顾倾城》　真实题名：《红旗》

据国民党中央宣传部公布的《共产党刊物化名表》，《红旗》曾出过题名为《一顾倾城》的伪装本。

（二十）伪装题名：《劝世文》　真实题名：《上海工人特刊》

1928年上海总工会编印。64开，正文22页，竖排。封面为白底黑字，印有伪装题名和"君子广布，功德无量"。无版权页。正文收录《各地工农继起暴动》等7个方面内容。文末附《征稿启事》一则，上注"本刊欢迎工友投稿"。

（二十一）伪装题名：《观音得道》[①]　真实题名：《上海工人特刊》

1928年上海总工会编印。64开，正文22页，竖排。封面为白底黑字，除了印有伪装题名，还印有"一九二八年四月十日印""欢迎参观，不收票价"等字。无版权页。正文收录《广东各县民众拥护苏维埃政府》等7个方面内容。

（二十二）伪装题名：《漫画集》　真实题名：《中国工人》第五期

1929年出版。32开，正文70页，竖排铅印。封面为白底黑字，印有伪装题名《漫画集》和松鹤图。

（二十三）伪装题名：《漫画集》　真实题名：《中国工人》第六期

1929年出版。32开，正文88页，竖排铅印。封面为白底黑字，印有伪装题名《漫画集》和松鹤图。

（二十四）伪装题名：《红拂夜奔》　真实题名：《中国工人》第七期

1929年出版。32开，正文62页，竖排铅印。封面为绿底黑字，印有伪装题名《红拂夜奔》和红拂女画像。

（二十五）伪装题名：《爱的丛书》　真实题名：《中国工人》第八期

1929年5月15日出版。32开，正文188页。封面为灰底蓝字，斜向印有伪装题名《爱的丛书》。无版权页。

（二十六）伪装题名：《南极仙翁》　真实题名：《中国工人》

据国民党中央宣传部公布的《共产党刊物化名表》，《中国工人》曾出版过题名为《南极仙翁》的伪装本。

[①] 《上海工人特刊》除了出版过上述两种伪装本，还出版过《自由之花》《时新毛毛雨》《春花秋月》《滑稽大王》《散花舞》《佛祖求道记》《西厢记》《苏东坡走马看花》《好姊妹》《冬天的故事》等题名的伪装本。

（二十七）伪装题名：《少女怀春》 真实题名：《布尔塞维克》第二卷第三期

中共中央机关报。1929年1月1日出版。16开，正文130页。封面印有一个少女图案。

（二十八）伪装题名：《中央半月刊》第二卷第四期 真实题名：《布尔塞维克》第二卷第四期

中共中央机关报。1929年2月1日出版。16开，110页。封面为白色，除了印有伪装题名，还印有"中华邮政特准挂号认为新闻纸类""中央执行委员会宣传部印行"等字。

（二十九）伪装题名：《中央半月刊》第二卷第五期 真实题名：《布尔塞维克》第二卷第五期

中共中央机关报。16开，正文108页。封面为白色，右上角印有"中华邮政特准挂号为认新闻纸类"，居中竖向印有伪装题名《中央半月刊》，题名之下印有"第二卷第五期"和"（三十三期）"，左下角印有"中央执行委员会宣传部印行"，底端印有"中华民国十八年三月一日出版"。

（三十）伪装题名：《中央半月刊》第二卷第六期 真实题名：《布尔塞维克》第二卷第六期

中共中央机关报。16开，正文107页。封面为白色，右上角印有"中华邮政特准挂号认为新闻纸类"，居中竖向印有伪装题名《中央半月刊》，题名之下印有"第二卷第六期"和"（三十四期）"，左下角印有"中央执行委员会宣传部印行"，底端印有"中华民国十八年四月一日出版"。

（三十一）伪装题名：《新时代国语教授书》第七册 真实题名：《布尔塞维克》第二卷第七期

中共中央机关报。1929年7月1日出版。32开，正文151页。封面为灰底红字，除了印有伪装题名《新时代国语教授书》，还印有"第七册""小学校高级用"和"商务印书馆出版"。

（三十二）伪装题名：《新时代国语教授书》第八册 真实题名：《布尔塞维克》第二卷第八期

中共中央机关报。1929年8月1日出版。32开，正文114页。封面为灰底红字，除了印有伪装题名《新时代国语教授书》，还印有"第八册""小学校高级用"

和"商务印书馆出版"。

（三十三）伪装题名：《新时代国语教授书》第九册　真实题名：《布尔塞维克》第二卷第九期

中共中央机关报。1929年8月1日出版。32开，正文173页。封面为灰底红字，除了印有伪装题名《新时代国语教授书》，还印有"第九册""小学校高级用"和"商务印书馆出版"。

（三十四）伪装题名：《新时代国语教授书》第十册　真实题名：《布尔塞维克》第二卷第十期

中共中央机关报。1929年9月1日出版。32开，正文97页。封面为灰底红字，右上角印有"小学校高年级用"，中间印有伪装题名《新时代国语教授书第十册》，题名下方印有"第十册"，左下角印有"商务印书馆出版"。

（三十五）伪装题名：《新时代国语教授书》第十一册　真实题名：《布尔塞维克》第二卷第十一期

中共中央机关报。1929年12月5日出版。32开，正文120页。封面为灰底红字，除了印有伪装题名《新时代国语教授书》，还印有"第十一册""小学校高级用"和"商务印书馆出版"。无版权页。

（三十六）伪装题名：《新时代国语教授书》第一册　真实题名：《布尔塞维克》第三卷第一期

中共中央机关报。1930年1月15日出版，为"共产国际第十次全体执委会议特号"。32开，正文147页。封面为灰底红字，除了印有伪装题名《新时代国语教授书》，还印有"第一册""小学校高级用"和"商务印书馆出版"。

（三十七）伪装题名：《新时代国语教授书》第二、三册　真实题名：《布尔塞维克》第三卷第二、三期合刊

中共中央机关报。1930年3月15日出版。32开，正文198页。封面为灰底红字，除了印有伪装题名，还印有"第二、三册""小学校高级用"和"商务印书馆出版"。无版权页。目次印在正文末页。

（三十八）伪装题名：《新时代国语教授书》第四、五册　真实题名：《布尔塞维克》第三卷第四、五期合刊

中共中央机关报。1930年5月15日出版。32开，正文171页。封面为灰底红字，除了印有伪装题名，还印有"第四、五册""小学校高级用"和"商务印书馆出版"。

无版权页。目次印在正文末页。书中还附《列宁青年》第二卷第十二期（《五一特刊》）目次。

（三十九）伪装题名：《中国文化史》 真实题名：《布尔塞维克》第三卷第六期

中共中央机关报。1930年6月15日出版。32开，正文106页。封面为灰底黑字，除了印有伪装题名，还印有"顾伯康编"和"1928"。无版权页。

（四十）伪装题名：《中国古史考》 真实题名：《布尔塞维克》第四卷第一期

中共中央机关报。32开，正文92页。封面为蓝灰色，伪装的丛书名、题名、作者、出版时间等信息自上而下横排印在封面的双边线长方框中，第一行为"历史研究学会丛书"，第二行是伪装题名《中国古史考》，第三行是伪托作者"钱玄同编著"，长方框底线上方印出版时间"1931"。

（四十一）伪装题名：《金贵银贱之研究》 真实题名：《布尔塞维克》第四卷第二期

中共中央机关报。约1931年3月出版。32开，正文134页。封面为白底黑字，除了印有伪装题名，还印有"中国经济协会出版"和"一九三一年五月"。无版权页。文间有补白两则，摘录共产国际关于中国问题的政治决议案和《红旗周报》第六期增刊目次。

（四十二）伪装题名：《金贵银贱之研究》第三集 真实题名：《布尔塞维克》第四卷第三期

中共中央机关报。1931年5月10日出版。32开，正文172页。封面为白底黑字，除了印有伪装题名，还印有"中国经济协会出版"和"一九三一年六月"。无版权页。

（四十三）伪装题名：*BOLSHEVIK* 真实题名：《布尔塞维克》第四卷第四期

中共中央机关报。1931年7月28日出版。32开，正文162页。封面印用红色英文伪装题名*BOLSHEVIK*，镶以黑色图案。题名页印有"金贵银贱之研究第四集""一九三一年七月""中国经济协会出版"。

（四十四）伪装题名：《平民》 真实题名：《布尔塞维克》第四卷第五期

中共中央机关报。32开，正文114页。封面用红、绿、棕三色印刷，中上位置横向印有伪装题名《平民》。目录页所标出版时间为1931年9月10日。

（四十五）伪装题名：BOLSHEVIK 真实题名：《布尔塞维克》第四卷第六期

中共中央机关报。1931年11月10日出版。32开，正文122页。封面印用红色英文伪装题名BOLSHEVIK，镶以黑色图案。题名页印有"经济月刊""第四卷第六期""上海经济月刊社出版"。

（四十六）伪装题名：《虹》 真实题名：《布尔塞维克》第五卷第一期

中共中央机关报。1932年7月出版。32开，正文170页。封面为蓝底白字，有红色图案。无版权页。刊物最后印有列宁、斯大林著作广告5则。

（四十七）伪装题名：《美满姻缘》 真实题名：《列宁青年》第一卷第八、九期

中国共产主义青年团中央机关刊物。1929年1月15日出版。

（四十八）伪装题名：《何典》 真实题名：《列宁青年》第一卷第十期

1929年2月15日出版。封面印有伪装题名《何典》和副题名《吴稚晖先生的文学老师》。题名页印有《何典》一书的提要。

（四十九）伪装题名：《何典》 真实题名：《列宁青年》第一卷第十一期

1929年3月10日出版。封面印有伪装题名《何典》和副题名《吴稚晖先生的文学老师》。题名页印有《何典》一书的提要。

（五十）伪装题名：《列强在华经济的政治的势力及其外交政策》 真实题名：《列宁青年》第一卷第十二期

1929年4月1日出版。32开，正文76页。封面为白底黑字，除了印有伪装题名，还印有"吕一鸣编译"。无版权页。正文包括《追悼苏兆征同志》等12篇文章，附"更正"1则、书目广告3则。

（五十一）伪装题名：《列强在华经济的政治的势力及其外交政策》 真实题名：《列宁青年》第一卷第十三期

1929年4月15日出版。

（五十二）伪装题名：《青年杂志》 真实题名：《列宁青年》第一卷第十四期

1929年5月1日出版。

（五十三）伪装题名：《青年杂志》 真实题名：《列宁青年》第一卷第十六期

1929年6月1日出版。

（五十四）伪装题名：《青年杂志》 真实题名：《列宁青年》第一卷第十七期

1929年6月16日出版。

（五十五）伪装题名：《青年杂志》 真实题名：《列宁青年》第一卷第十八期

1929年6月26日出版。

（五十六）伪装题名：《青年杂志》 真实题名：《列宁青年》第一卷第十九期

1929年7月20日出版。

（五十七）伪装题名：《青年杂志》 真实题名：《列宁青年》第一卷第二十期

1929年8月1日出版。

（五十八）伪装题名：《青年杂志》 真实题名：《列宁青年》第一卷第二十一期

1929年8月10日出版。

（五十九）伪装题名：《青年杂志》 真实题名：《列宁青年》第一卷第二十二期

1929年8月25日出版。

（六十）伪装题名：《青年杂志》 真实题名：《列宁青年》第一卷第二十三期

1929年9月10日出版。

（六十一）伪装题名：《青年杂志》 真实题名：《列宁青年》第一卷第二十四期

1929年9月25日出版。

（六十二）伪装题名：《国庆纪念》 真实题名：《列宁青年》第二卷第一期，总第二十五期

1929年10月10日出版。

（六十三）伪装题名：《青年半月刊》 真实题名：《列宁青年》第二卷第二期，总第二十六期

1929年10月20日出版。

（六十四）伪装题名：《青年半月刊》 真实题名：《列宁青年》第二卷第三期，总第二十七期

1929年11月5日出版。

（六十五）伪装题名：《青年半月刊》 真实题名：《列宁青年》第二卷第四期，总第二十八期

1929年11月10日出版。

（六十六）伪装题名：《青年半月刊》 真实题名：《列宁青年》第二卷第五期

1929年12月10日出版。32开，正文63页。封面为白底黑字，除了印有伪装题名，还印有"第二卷 第五期"和"1929年12月10日出版"。无版权页。正文包括《C·C·Y中央纪念广州暴动及反对军阀战争宣言》等9个方面内容。

（六十七）伪装题名：《青年半月刊》 真实题名：《列宁青年》第二卷第六期

1930年1月1日出版。

（六十八）伪装题名：《青年半月刊》 真实题名：《列宁青年》第二卷第七期

1930年1月16日出版。

（六十九）伪装题名：《青年半月刊》 真实题名：《列宁青年》第二卷第八期

1930年2月10日出版。

（七十）伪装题名：《青年半月刊》 真实题名：《列宁青年》第二卷第九期

1930年2月25日出版。

（七十一）伪装题名：《青年半月刊》　真实题名：《列宁青年》第二卷第十期

1930年3月20日出版。

（七十二）伪装题名：《青年半月刊》　真实题名：《列宁青年》第二卷第十一期

1930年4月10日出版。32开，正文55页。封面为白底灰字，除了印有伪装题名，还印有"第二卷第十一期"和"1930"。无版权页。正文包括《又是一笔血债》等9篇文章。

（七十三）伪装题名：《青年半月刊》　真实题名：《列宁青年》第二卷第十二期

1930年5月1日出版。

（七十四）伪装题名：《青年半月刊》　真实题名：《列宁青年》第二卷第十三期

1930年5月25日出版。

（七十五）伪装题名：《青年旬刊》　真实题名：《列宁青年》第二卷第十四期（总第三十八期）

1930年6月10日出版。

（七十六）伪装题名：《青年旬刊》　真实题名：《列宁青年》6月号第二期（总第三十九期）

1930年6月20日出版。

（七十七）伪装题名：《青年旬刊》　真实题名：《列宁青年》6月号第三期（总第四十期）

1930年6月30日出版。

（七十八）伪装题名：《青年之路》　真实题名：《列宁青年》第五卷第二期

1932年3月20日出版。封面上除了印有伪装题名，还印有"中华邮政特准挂号认准新闻纸类"和"上海青年之路社出版"。

（七十九）伪装题名：《光明之路》第三十八期　真实题名：《列宁青年》第五卷第三期

1932年5月10日出版。

（八十）伪装题名：《光明之路》 真实题名：《列宁青年》第五卷第四期

1932年5月10日出版。32开，正文54页。封面为白底红字，除了印有伪装题名，还印有"周报第三十八期"和"一九三二年四月廿九日出版"。无版权页。正文包括《关于上海"反帝战争周"工作的总结决议（团中央）》等10个方面内容。

（八十一）伪装题名：《建设杂志》① 真实题名：《列宁青年》第五卷第四期

1932年5月10日出版。

（八十二）伪装题名：《志夫新话》 真实题名：《支部生活》第二十六期

中共中央直属机关支部创办于上海，邓颖超主编，1930年5月17日出版。油印本。正文包括《本刊启事》《第一支分给各小组同志的信》等7篇文章。

（八十三）伪装题名：《卓别麟故事》 真实题名：《工人宝鉴》第一期

1929年2月1日中华全国总工会出版。32开。封面印有卓别林画像一幅。

（八十四）伪装题名：《红拂夜奔》 真实题名：《工人宝鉴》第二期

1929年2月7日中华全国总工会出版。32开。封面印有红拂女画像一幅。

（八十五）伪装题名：《童话（第一集）》② 真实题名：《少年先锋》第六期

共青团中央在上海创办的刊物，1929年2月28日出版。封面印有"童话""第一集""儿童世界丛刊""目录：一、怪戒子；一、鹅笛；三、黑布丁"等。封二印有"少年先锋""第六期"。因"鼓动工潮"，遭国民党政府邮检查扣。

（八十六）伪装题名：《上海报》《天声》《晨光》《沪江日报》《海上日报》等 真实题名：《白话日报》

中共江苏省委和上海总工会机关报，1929年4月17日创刊，当天即遭国民党反动派查禁，后改题名为《上海报》等继续出版。1930年8月与《红旗》三日刊合并，改出《红旗日报》，成为中共中央和中共江苏省委共同的机关报。

---

① 《列宁青年》除了出版过上述各种伪装本，还出版过《灾荒里的青年》《青年生活》等题名的伪装本。

② 《少年先锋》还出版过题名为《闺中丽影》的伪装本。

（八十七）伪装题名：《恋爱的故事》 真实题名：《中国海员》第十一期

1929年5月1日中华海员联合总会出版。

（八十八）伪装题名：《叛逆》《半叶》 真实题名：《烈火》

北京烈火社编印，1926年5月30日创刊。1929年7月遭国民党反动派查禁。

（八十九）伪装题名：《华字通报》 真实题名：《中央通告》

1929年出版。该刊内容系中国共产党的秘密文件。

（九十）伪装题名：《前线月刊》 真实题名：《全总通讯》

1930年2月15日中华全国总工会创办的秘密刊物，由全总秘书处编辑，前线月刊社出版。因遭国民党反动派的破坏，第四期延至6月15日出版，8月15日出至第五期后停刊。该刊封面印有"前线月刊"和"前线月刊社出版"，卷首印有"全总通讯月刊"、"全总秘书处编印"、目录和出版日期。正文主要刊载中华全国总工会重要文件、各地工运通讯和讨论工运问题的文章等。

（九十一）伪装题名：《少年的朋友保罗》 真实题名：《共产国际月刊》第一卷第一期

1930年2月25日出版。32开，正文164页。封面为橘黄色底黑字，除了印有伪装题名，还印有"上海广学会印行"和"1930"。

（九十二）伪装题名：《到光明之路》 真实题名：《共产国际月刊》第一卷第二期

1930年3月15日出版。32开，正文208页。封面为黄底黑字，印有伪装题名《到光明之路》和"1930"。

（九十三）伪装题名：《世界大事记》 真实题名：《共产国际月刊》第一卷第七期

1931年6月出版。32开，正文218页。封面为白底黑字，印有伪装题名《世界大事记》和"1931.6"。无版权页。

（九十四）伪装题名：《建设的A.B.C》 真实题名：《党的建设》第二期

1931年2月5日出版。32开，正文44页。封面为白底黑字，除了印有伪装题名，还印有"建设丛书第二册"和"上海世界书局印行"。无版权页。

（九十五）伪装题名：《南极仙翁》 真实题名：《党的生活》第六期

1930年4月1日出版。32开。

（九十六）伪装题名：《前期小学国语读本》第七册 真实题名：《党的生活》第七期

1930年4月15日出版。32开，竖排。封面为灰色，居中印有伪装题名《前期小学国语读本》，题名下方自右向左横向印有"第七册"，右上角印有"新主义教科书"，左下角印有"上海世界书局出版"。书内首页为《党的生活》第七期目录及出版时间。

（九十七）伪装题名：《灵学研究》 真实题名：《党的生活》第七期

周省民作，天津复活书店发行。

（九十八）伪装题名：《前期小学国语读本》第八册 真实题名：《党的生活》第八期

1930年5月1日出版。32开，竖排。封面为灰色，居中印有伪装题名《前期小学国语读本》，题名下方自右向左横向印有"第八册"，右上角印有"新主义教科书"，左下角印有"上海世界书局出版"。书内首页为《党的生活》第八期目录及出版时间。

（九十九）伪装题名：《世界书局》 真实题名：《党的生活》第八期

1930年5月1日出版。

（一〇〇）伪装题名：《文学研究》 真实题名：《党的生活》第八期

周省民作，天津复活书店发行。

（一〇一）伪装题名：《前期小学国语读本》第九册 真实题名：《党的生活》第九期

1930年5月15日出版。32开，竖排。封面为灰色，居中印有伪装题名《前期小学国语读本第九册》，题名下方自右向左横向印有"第九册"，右上角印有"新主义教科书"，左下角印有"上海世界书局出版"。书内首页为《党的生活》第九期目录及出版时间。

（一〇二）伪装题名：《卫生丛书》第十种 真实题名：《党的生活》第九期

32开，正文46页，竖排铅印。封面为白底黑字，居中分3行自右向左印有"卫生丛书""第十种""日本松田著"，另印有"上海医学出版社印行"和"1930"。

目录页印有"党的生活第九期目录　一九三〇年五月十五出版"和目录。

（一〇三）伪装题名：《知难行易浅说》　真实题名：《党的生活》第十期

1930年5月30日出版。封面上印有伪装题名和"上海三民书店印行"。

（一〇四）伪装题名：《学校生活》第十一期　真实题名：《党的生活》第十一期

1930年6月15日出版。封面上印有伪装题名和"国民大学出版部印"。

（一〇五）伪装题名：《社会建设浅说[①]》　真实题名：《党的生活》第十一期

封面上除了印有伪装题名，还印有"党义小丛书（一）"和"中华书局印行"。

（一〇六）伪装题名：《银行周报》　真实题名：《革命行动》

中国国民党临时行动委员会1930出版。

（一〇七）伪装题名：《三字经》　真实题名：《士兵的话》第一期

1930年5月1日南京士兵委员会出版。64开，铅印。封面为粉红色。

（一〇八）伪装题名：《精神讲话》　真实题名：《士兵的话》第二期

南京士兵委员会出版。64开，铅印。素色封面。

（一〇九）伪装题名：《洪秀全初集》　真实题名：《士兵福音》第五期

福建省士兵委员会出版，约1930年创刊。64开，油印本。

（一一〇）伪装题名：《国民必读》《工商周刊》等　真实题名：《满洲红旗》

中共满洲省委机关刊物。满洲红旗社编印，1930年9月15日创刊。见存第一、三、十五期。

（一一一）伪装题名：《海光日报》《东方日报》《小沪报》等　真实题名：《红旗日报》

中共中央和江苏省委合办的机关报。1930—1931年出版。

[①] 《党的生活》除了出版过上述各种伪装本，还出版过《南寿仙翁》《学校生活》等题名的伪装本。

（一一二）伪装题名：《最近日帝国主义在中国屠杀民众的残酷》　真实题名：《列宁青年》闽西版第四期

小32开，正文28页，横排铅印。封面为白底黑字，印有一幅漫画，画中的日本帝国主义者趾高气扬，手中牵着两条狗，其中一条狗注明为"国民党"；画的下方有一倒毙在地的妇女，身上写着"中国民众"。

（一一三）伪装题名：《少年时代》第二册　真实题名：《转变》第二期

1931年3月2日出版。封面除了印有伪装题名，还印有"第二册"和"上海神州国光出版社出版"。

（一一四）伪装题名：《演说术》第二集　真实题名：《宣传者》第二期

中共中央宣传部编，1931年3月5日出版。封面上除了印有伪装题名，还印有"第二集"和"上海广益书局印行"。

（一一五）伪装题名：《实业周报》第十期　真实题名：《红旗周报》第十期

32开，正文41页。封面为白底黑字，除了印有伪装题名，还印有"第十期""上海实业周报社出版""1931年6月20日""中华邮政认为新闻纸类特准挂号"。无版权页。刊末附《布尔什维克》第四卷第二期目次一则。

（一一六）伪装题名：《实业周报》第十一期　真实题名：《红旗周报》第十一期

32开，正文29页。封面为白底黑字，除了印有伪装题名，还印有"第十一期""上海实业周报社出版""1931年6月27日""中华邮政认为新闻纸类特准挂号"。无版权页。刊末附补白一则，节录列宁《论革命军队与革命政府》的语句。

（一一七）伪装题名：《实业周报》第十二期　真实题名：《红旗周报》第十二期

封面上除了印有伪装题名，还印有"上海实业周报社出版""一九三一年七月一日"等。

（一一八）伪装题名：《实业周报》第十三期　真实题名：《红旗周报》第十三期

32开，正文43页。封面为白底黑字，除了印有伪装题名，还印有"第十三期""上海实业周报社出版""1931年8月1日""中华邮政认为新闻纸类特准挂号"等。无版权页。刊末附"更正"和"启事"各1则。

（一一九）伪装题名：《实业周报》第十四期　真实题名：《红旗周报》第十四期

封面上除了印有伪装题名，还印有"第十四期""上海实业周报社出版""一九三一年九月一日"等。

（一二〇）伪装题名：《实业周报》第十五期　真实题名：《红旗周报》第十五期

封面上除了印有伪装题名，还印有"第十五期""上海实业周报社出版""一九三一年九月七日"等。

（一二一）伪装题名：《实业周报》第十六期　真实题名：《红旗周报》第十六期

封面上除了印有伪装题名，还印有"第十六期""上海实业周报社出版""一九三一年九月十日"等。

（一二二）伪装题名：《实业周报》第十七期　真实题名：《红旗周报》第十七期

32开，正文37页。封面为白底黑字，除了印有伪装题名，还印有"上海实业周报社出版"和"1931年9月15日"。无版权页。

（一二三）伪装题名：《时时周报》第二卷第四十五期　真实题名：《红旗周报》第十八期

1931年10月13日出版。32开，正文52页。封面为白底绿字，除了印有伪装题名，还印有"第二卷第四十五期"、"民国二十年十二月二日出版"和本期要目。无版权页。

（一二四）伪装题名：《实业周报》第十九期　真实题名：《红旗周报》第十九期

32开，正文34页。封面为白底黑字，除了印有伪装题名，还印有"第十九期""上海实业周报社出版""一九三一年十月十八日""中华邮政特准挂号认为新闻纸类"等。无版权页。

（一二五）伪装题名：《实业周报》第二十期　真实题名：《红旗周报》第二十期

32开，正文27页。封面为白底黑字，除了印有伪装题名，还印有"第二十期""实业周报社出版""1931年10月21日""中华邮政特准挂号认为新闻纸类"等。无版权页。刊末附该刊第二十一期目录。

（一二六）伪装题名：《实业周报》第二十一期　真实题名：《红旗周报》第二十一期

32开，正文21页。封面为白底黑字，除了印有伪装题名，还印有"第二十一期""上海实业周报社出版""1931年10月25日""中华邮政特准挂号认为新闻纸类"等。无版权页。

（一二七）伪装题名：《实业周报》第二十二期　真实题名：《红旗周报》第二十二期

32开，正文25页。封面为白底黑字，除了印有伪装题名，还印有"第二十一期""上海实业周报社出版""1931年10月30日""中华邮政特准挂号认为新闻纸类"等。无版权页。

（一二八）伪装题名：《时时周报》第二卷第四十五期　真实题名：《红旗周报》第二十三期

1931年11月20日出版。32开，正文96页。封面为白底绿字，除了印有伪装题名，还印有"第二卷第四十五期"、"民国二十年十二月二日出版"、本期要目等。无版权页。

（一二九）伪装题名：《时时周报》第二卷第四十五期　真实题名：《红旗周报》第二十四期

1931年11月27日出版。32开，正文60页。封面为白底绿字，除了印有伪装题名，还印有"第二卷第四十五期"、"民国二十年十二月二日出版"、本期要目等。无版权页。

（一三〇）伪装题名：《时时周报》第二卷第四十五期　真实题名：《红旗周报》第二十五期

32开，正文68页。封面为白底绿字，除了印有伪装题名，还印有"第二卷第四十五期"、"民国二十年十二月二日出版"、本期要目等。无版权页。

（一三一）伪装题名：《实业周报》 真实题名：《红旗周报》第二十六期

32开，正文72页。封面为白底黑字，除了印有伪装题名，还有"实业周报社印行"和"1932"。无版权页。

（一三二）伪装题名：《平民》 真实题名：《红旗周报》第二十七期

1931年12月17日出版。32开，正文104页。封面用红黑双色套印，印有风景图案，题名为白字。无版权页。

（一三三）伪装题名：《平民》 真实题名：《红旗周报》第二十八期

1932年1月18日出版。32开，正文83页。封面用红绿双色套印，印有风景图案，题名为白字。无版权页。

（一三四）伪装题名：《平民》 真实题名：《红旗周报》第二十九期

1932年1月25日出版。封面用双色套印，印有风景图案。

（一三五）伪装题名：《光明之路》第三十期 真实题名：《红旗周报》第三十期

1932年2月15日出版。正文62页。封面为白底红字，除了印有伪装题名和风景图案，还印有"周报""第三十期""一九三二年元月卅日"等。无版权页。

（一三六）伪装题名：《光明之路》第三十一期 真实题名：《红旗周报》第三十一期

1932年3月11日出版。正文58页。封面为白底红字，除了印有伪装题名，还印有"周报""第三十一期""一九三二年三月十日出版"等。无版权页。

（一三七）伪装题名：《光明之路》第三十二期 真实题名：《红旗周报》第三十二期

1932年3月18日出版。正文46页。封面为白底红字，除了印有伪装题名，还印有"周报""第三十二期""一九三二年三月三十日出版"等。无版权页。

（一三八）伪装题名：《光明之路》第三十三期 真实题名：《红旗周报》第三十三期

封面上除了印有伪装题名，还印有"周报""第三十三期""一九三二年三月廿五日出版"等。

（一三九）伪装题名：《光明之路》第三十四期　真实题名：《红旗周报》第三十四期

1932年4月1日出版。封面上除了印有伪装题名，还印有"周报""第三十四期""一九三二年四月二日出版"等。

（一四〇）伪装题名：《光明之路》第三十五期　真实题名：《红旗周报》第三十五期

封面上除了印有伪装题名，还印有"周报""第三十五期""一九三二年四月八日出版"等。

（一四一）伪装题名：《光明之路》第三十六期　真实题名：《红旗周报》第三十六期

1932年4月15日出版。正文57页。封面为白底红字，除了印有伪装题名，还印有"周报""第三十六期""一九三二年四月十五日出版"等。无版权页。

（一四二）伪装题名：《光明之路》第三十七期　真实题名：《红旗周报》第三十七、三十八期合刊

1932年4月25日出版。封面上除了印有伪装题名，还印有"周报""第三十七期""一九三二年四月廿二日出版"等。

（一四三）伪装题名：《光明之路》第三十九期　真实题名：《红旗周报》第三十九期

1932年5月2日出版。正文64页。封面为白底红字，除了印有伪装题名，还印有"周报""第三十九期""一九三二年五月七日出版"等。无版权页。

（一四四）伪装题名：《光明之路》第四十期　真实题名：《红旗周报》第四十期

1932年5月15日出版。正文66页。封面为白底红字，除了印有伪装题名，还印有"周报""第四十期""一九三二年五月廿一日出版"等。无版权页。

（一四五）伪装题名：《机联会刊》第四十一期　真实题名：《红旗周报》第四十一期

1932年5月20日出版。正文62页。封面为黄底红字，除了印有伪装题名，还印有"第四十一期"和"上海机联会出版"，中间是"月里嫦娥牌"牙膏广告图案。无版权页。

（一四六）伪装题名：《机联会刊》第四十二期　真实题名：《红旗周报》第四十二期

1932年5月30日出版。正文59页。封面为黄底红字，除了印有伪装题名，还印有"第四十二期"和"上海机联会出版"，中间是"月里嫦娥"牌牙膏广告图案。无版权页。

（一四七）伪装题名：《现代生活》第四十三期　真实题名：《红旗周报》第四十三期

1932年6月1日出版。正文50页。封面为白底黑字，除了印有伪装题名，还印有"李石曾著""现代生活社出版""第四十三期"等。无版权页。

（一四八）伪装题名：《真理》　真实题名：《红旗周报》第四十四期

1932年6月8日出版。正文54页。封面用红、黑、白三色套印，印有图案。无版权页。卷首有《为捐助一架飞机给红军》募捐启事一则。

（一四九）伪装题名：《新生活》（45）　真实题名：《红旗周报》第四十五期

1932年7月10日出版。正文74页。封面为白底绿字，除了印有伪装题名，还印有"严盾著""上海大中书局印行"等，并有"中"字图案。无版权页。

（一五〇）伪装题名：《新生活》（46）　真实题名：《红旗周报》第四十六期

46页。封面装帧同第四十五期。无版权页。

（一五一）伪装题名：《新生活》（47）　真实题名：《红旗周报》第四十七期

1932年8月10日出版。正文78页。封面装帧同第四十五期。无版权页。

（一五二）伪装题名：《新生活》（48）　真实题名：《红旗周报》第四十八期

1932年9月出版。68页。封面除了印有伪装题名，还印有"逸民编辑"和"上海生活社印行"。无版权页。

（一五三）伪装题名：《大潮》四十九期　真实题名：《红旗周报》第四十九期

1932年9月1日出版。32开，正文58页。封面为白底黑字，印有红黑色图案。无版权页。刊末附《苏维埃的中国》出版预告。

（一五四）伪装题名：《新生活（50）》 真实题名：《红旗周报》第五十期

1932年9月10日出版。32开，正文78页。封面为白底绿字，除了印有伪装题名，还印有"严盾著""上海大中书局印行""50"等。无版权页。

（一五五）伪装题名：《大潮》五十一期 真实题名：《红旗周报》第五十一期

1932年11月1日出版。32开，正文83页。封面为白底黑字，印有红黑色图案及"五十一期"。无版权页。刊末附《苏维埃的中国》出版预告。

（一五六）伪装题名：《晨钟》第五十二期 真实题名：《红旗周报》第五十二期

1932年11月15日出版。32开，正文61页。封面由红、白、黑三色构成，有图案，除了印有伪装题名，还印有"第五十二期"。无版权页。

（一五七）伪装题名：《新生活（53）》 真实题名：《红旗周报》第五十三期

1932年12月10日出版。32开，正文93页。封面为白底绿字，除了印有伪装题名，还印有"53""逸民编辑""上海生活社印行"等。无版权页。

（一五八）伪装题名：《摩登周报》第五十四期 真实题名：《红旗周报》第五十四期

1933年1月10日出版。32开，正文82页。封面为白底红字，有紫色照片一幅，除了印有伪装题名，还印有"第五十四期"和"摩登周报社"。无版权页。封底有中华第一针织厂广告。

（一五九）伪装题名：《摩登周报》第五十六期 真实题名：《红旗周报》第五十五、五十六期合刊

1933年1月31日出版。32开，正文108页。封面装帧同第五十四期。无版权页。刊末附更正表。

（一六〇）伪装题名：《摩登周报》第五十七期 真实题名：《红旗周报》第五十七期

32开，正文162页。封面装帧同第五十四期。无版权页。目录后面附第五十五、五十六期两期合刊的更正。

（一六一）伪装题名：《摩登周报》第五十八期　真实题名：《红旗周报》第五十八期

1933年3月8日出版。32开，正文56页。封面装帧同第五十四期。无版权页。

（一六二）伪装题名：《大众文艺》第五十九期　真实题名：《红旗》第五十九期

1933年8月31日出版。32开，正文98页。自本期起，《红旗周报》改为半月刊。封面为绿底黑字，除了印有伪装题名，还印有"新中华文艺丛书""第五十九期""一九三三年八月三十一日出版"等。版权页刊印编辑、出版、发行者为"红旗社"。

（一六三）伪装题名：《佛学研究》第六十期　真实题名：《红旗》第六十期

1933年9月30日出版。32开，正文82页。封面为白底黑字，除了印有伪装题名，还印有"叶公绰题""上海佛学研究会印行""第六十期"等。版权页刊印编辑、出版、发行者为"中华书店"。封底附有广告。

（一六四）伪装题名：《佛学研究》第六十一期　真实题名：《红旗》第六十一期

1933年10月30日出版。32开，正文102页。封面装帧同第六十期。封底附有广告。

（一六五）伪装题名：《佛学研究》第六十二期　真实题名：《红旗》第六十二期

1933年11月20日出版。32开，正文95页。封面装帧同第六十期。封底附有广告。

（一六六）伪装题名：《新医药刊》二卷三期第六十三号　真实题名：《红旗》第六十三期

32开，正文90页。封面为白底黑字，除了印有伪装题名，还印有"二卷三期第六十三号""本期要目"等。版权页上印有"民国二十三年一月一日出版""出版者：中华书店"等信息。封底有广告两则。

（一六七）伪装题名：《建筑界》（NO.64）　真实题名：《红旗》第六十四期

1934年3月1日出版。32开，正文65页。封面为白底红字，有图案，除了印有伪装题名，还印有"中国建筑学会出版""NO.64"等。版权页上印有"民国二十三年三月一日出版""出版者：中华书店"等信息。

（一六八）伪装题名：《新生活》 真实题名：《红旗周报汇刊》第五十二期

中华书局1933年1月31日出版。

（一六九）伪装题名：《伊斯克拉》 真实题名：《火花》

陈独秀主编，1931年9月5日创刊。油印。1931年10月，国民党中央宣传部以"宣传共产主义"为由，通令各省市党部、邮检所查扣该刊。

（一七〇）伪装题名：《青年之友》 真实题名：《北方列宁青年》第一～三期

中国共产主义青年团河北省委机关刊物，1932年7月1日创刊。北平中国大学北方列宁青年社1932年出版。见存第一～三期，均用《青年之友》的伪装封面。

（一七一）伪装题名：《哲学旬刊》 真实题名：《北方互济生活旬刊》第一期

河北革命互济会编印。1932年8月1日创刊。见存第一期。

（一七二）伪装题名：《农业浅说》 真实题名：《北方红旗》第八、九期合订

中共顺直省委机关刊物。北方红旗社1932年8月出版。

（一七三）伪装题名：《救国方案》 真实题名：《北方红旗》第十三、十四期合刊

1932年10月15日出版。32开，正文87页，竖排铅印。封面居中竖向印有伪装题名《救国方案》，右上印有"中华民国二十一年十月廿六日"，左下印有"北平各界救国会印"。封二印有"本刊重要启事"。目录页印有"北方红旗第十三四期合刊目录"。

（一七四）伪装题名：《救国方案》 真实题名：《北方红旗》第十五期

1932年10月25日出版。32开，正文78页，竖排铅印。封面居中竖向印有伪装题名《救国方案》，右上印有"中华民国二十一年十一月十二日"，左下印有"北平各界救国会印"。从目录页可以看出，本卷为《北方红旗》第

十五期，为"十月革命十五周年纪念专号"。

（一七五）伪装题名：《现代哲学》 真实题名：《工运指南》第六期

中华全国总工会编，1932年10月15日出版。

（一七六）伪装题名：《万岁》 真实题名：《工运指南》

1932年10月出版。油印本。

（一七七）伪装题名：《实报》 真实题名：《斗争周刊》第四期

中共中央机关报。约1933年上海出版。油印本。

（一七八）伪装题名：《珠算口诀》 真实题名：《列宁生活》第二十期

32开，竖排油印。封面上除了印有伪装题名，自上而下还印有"南洋高级商业学校""数学科讲义""第二十册""1933""No.20"等。

（一七九）伪装题名：《珠算口诀》 真实题名：《列宁生活》第二十三、二十四期合刊

32开，竖排油印。封面上除了印有伪装题名，自上而下还印有"南洋高级商业学校""数学科讲义""No.23、24""C.310""第廿三四期"等。

（一八〇）伪装题名：《无线电浅说》 真实题名：《列宁生活》第二十六期

32开，竖排油印。封面上除了印有伪装题名，还印有"中萃学艺研究会""第廿六期""地址：上海老靶子路天福里""C.404"等。

（一八一）伪装题名：《针灸医报》[①] 真实题名：《列宁生活》第二十七期

32开，竖排油印。封面上除了印有伪装题名，右边自上而下印有"上海针灸学社"，左边印有卷期号"第廿七期"，中部印有"No.27"，下方印有"一九三三年四月十日出版"。目录页印有"列宁生活第廿七期""一九三三年四月十日""江苏省委编印"等信息和目录。

（一八二）伪装题名：《建设半月刊》 真实题名：《党的建设》第十一期

1933年1月24日出版。32开，正文36页。封面为白底红字，有绿色图案。

---

① 《列宁生活》从第十八期起使用伪装题名。除了上述伪装题名，还出版过题名为《春天的快乐》的伪装本。参见《特殊的伪装本》，《档案春秋》2017年第5期。

无版权页。正文末附《编者启事》及《摘录共产国际执委十二次全会决议》的补白。

（一八三）伪装题名：《建设》　真实题名：《党的建设》第十二期

1933年3月8日出版。32开，正文50页。封面为白底黑字，除了印有伪装题名，还印有"1933"和"No.12"。无版权页。

（一八四）伪装题名：《摩登杂志》　真实题名：《党的建设》

32开，铅印。

（一八五）伪装题名：《常识课本》　真实题名：《士兵的话》第二期

约1934年3月创刊，陕西省革命士兵委员会编辑出版。油印本。该刊是中共陕西党组织在国民党统治区秘密出版的兵运刊物。

（一八六）伪装题名：《国民须知》　真实题名：不详

16开，12页。原刊名及出版日期均不详。封面为白底黑字，除了印有伪装题名，无其他文字和图案。无版权页。正文收录《论反帝国主义的统一阵线和中国民族解放运动》等5篇文章。

第三节　全民族抗日战争时期的革命文献伪装本
（1937年7月—1945年8月）

一、图书

（一）伪装题名：《宣言》　真实题名：《共产党宣言》

马克思、恩格斯著，陈望道译，1937年11月汉口人民书店出版发行。32开，正文44页。封面有黑色的马克思和恩格斯头像。卷首印有真实题名《共产党宣言》。版权页上的出版时间为"中华民国廿六年十一月出版"，著者为"马克思、恩格斯"，译者为"陈望道"，出版和发行为"汉口人民书店"。

（二）伪装题名：《恩格斯和马克思的宣言》　真实题名：《共产党宣言》

马克思、恩格斯著，陈望道译，1937—1938年印制。32开，正文60页。封面上以红色字体横向印有伪装题名，题名上方有马克思和恩格斯的圆形头像，题名之下为目次。无版权页。

（三）伪装题名：《世界之动向》　真实题名：《共产国际第七次全世界代表大会底决议案》

32开，正文81页，竖排铅印。封面和题名页伪装题名均为《世界之动向》。题名页的背面载有版权信息，显示该书系1938年3月29日火炬出版社出版。版权页之后为真正的题名页，印有真实题名《共产国际第七次全世界代表大会底决议案》和"一九三八年三月印行"。正文收录《关于共产国际执行委员会工作（共产国际第七次全世界代表大会根据皮克同志报告的决议，一九三五年八月一日通过）》等8篇文献。

（四）伪装题名：《战国策注解》　真实题名：《论持久战》

毛泽东著，1938年7月出版。封面为蓝色，除了印有伪装题名，还印有"知己知彼，百战不殆""癸未荷月中浣""北平文化服务社"等。

（五）伪装题名：《虞初新志》　真实题名：《论新阶段》

毛泽东著。

（六）伪装题名：《建国真旨》　真实题名：《论新阶段》

32开，正文107页，横排。封面用红蓝两色套印，除了印有伪装题名，还印有"南京兴华书局出版",居中印有国民党士兵举着青天白日旗立于中国版图上的彩色图案。题名页印有毛泽东题写的真实题名《论新阶段》和"抗日民族战争与抗日民族统一战线发展的新阶段——一九三八、十月十二日至十四日在中共扩大的六中全会的报告 毛泽东"。目录共4页。正文包括《论新阶段》等10篇文献。

（七）伪装题名：《政党讲话》 真实题名：《论政党》

翟放著,又名《论政党问答》。

（八）伪装题名：《怎样干政治工作》 真实题名：《抗日军队中的政治工作》

该书可能是1938年罗瑞卿著《抗日军队中的政治工作》的伪装本。

（九）伪装题名：《革命的建设》 真实题名：不详

香港时代出版社1939年4月出版。32开,正文66页。正文分5章论述中国共产党的产生与发展、党员、组织、组织原则、纪律以及党在两条战线斗争中的巩固和发展。

（十）伪装题名：《论青年修养》 真实题名：《论共产党员的修养》

刘少奇著。32开,正文104页,竖排铅印。封面为白色,除了印有伪装题名,还印有"刘少奇著""播种社""二十七年十二月出版"等。

（十一）伪装题名：《论青年修养》 真实题名：《论共产党员的修养》

刘少奇著。32开,正文78页,竖排铅印。封面为白底绿字,从左至右竖向印有"刘少奇著""论革命的修养""1940"等。正文前印有真实题名《论共产党员的修养》和"七月八日在延安马列学院讲演"。封底左下印有"播种社"。

（十二）伪装题名：《论革命家的修养》 真实题名：《论共产党员的修养》

刘少奇著,正理出版社出版。48开,正文93页。

（十三）伪装题名：《党修养论宪政》 真实题名：《论共产党员的修养》

刘少奇著。

（十四）伪装题名：《论修养》 真实题名：不详

正文包括《论共产党员的修养》（刘少奇）、《苏联利益与人类利益一致》（毛泽东）等文章。

（十五）伪装题名：《青苗》（《新文艺集刊》1） 真实题名：不详

32开,正文13页,竖排油印。封面右上为红底白字,印有伪装题名《青苗》,

题名左边印有红字"新文艺集刊"。题名之下以蓝色油墨印有阿拉伯数字"1"。正文包括"什么是革命"等 4 节内容。

（十六）伪装题名：《青苗》（《新文艺集刊》6） 真实题名：《论政党问答》

刘宁一编。32 开，正文 27 页，竖排，蓝色油印。封面右上为红底白字，印有伪装题名《青苗》，题名左边印有红字"新文艺集刊"。封面正中以蓝色油墨印有阿拉伯数字"6"。该书设置了 104 个问题，共 7 章。

（十七）伪装题名：《论战争》 真实题名：不详

32 开，正文 157 页，竖排铅印。封面居中的题签框为红底白字，框内竖向用大字印有伪装题名《论战争》。题名页印有伪装题名、"前卫出版社"和"15.2.1940."。正文收录《纪念诺尔曼·白求恩博士》等 16 篇文章。

（十八）伪装题名：《新文化运动论》 真实题名：《抗战以来中华民族的新文化运动与今后任务》

张闻天著。32 开，正文 45 页，竖排铅印。封面左上有浅绿色暗纹方框，内为蓝色字体，竖向印有伪装题名《新文化运动论》，作者署"洛甫"。题名页的题名和作者与封面同，还印有"1940"。书尾版权页显示出版者为"光大出版社"，出版时间为"中华民国二十九年九月出版"。正文包括《日寇灭亡中国的奴化活动与奴化政策》等 15 个部分内容。

（十九）伪装题名：《新民主主义》 真实题名：《新民主主义论》

毛泽东著。32 开，正文 40 页，毛边本，竖排铅印。封面上端用红色字体印有伪装题名《新民主主义》，配有知识分子、学生、农民、商人等手举青天白日旗的彩色图片；下端印有"北平文化服务社"。正文前印有真实题名《新民主主义论》，注明系为"《中国文化》杂志作，原名《新民主主义的政治与新民主主义的文化》"。正文最后标注定稿时间"一九四〇年一月十五日"。

（二十）伪装题名：《满园春色》 真实题名：《新民主主义论》

手工装订，竖排铅印。封面右侧为彩色舞女形象，左上角印有"热情小说"，左侧中间用艺术体字印有伪装题名《满园春色》。出版者、出版时间不详。《新民主主义论》分两部分装订在原小说的前后。

（二十一）伪装题名：《救国言论集》 真实题名：《新民主主义论》

32 开，正文 38 页。封面除了印有伪装题名，还印有"北京东亚书店"和一人持国民党青天白日旗奔走的插图。内文实为毛泽东著《新民主主义论》。

（二十二）伪装题名：《验方大全》 真实题名：《新民主主义论》

毛泽东著。

（二十三）伪装题名：《七侠五义》 真实题名：《新民主主义论》

毛泽东著。

（二十四）伪装题名：《到自由幸福之路》 真实题名：不详

1941年7月出版。32开，每页17行，每行43个字，正文67页，竖排。封面为白底红字，除了印有伪装题名，还印有"独立书店印行"和电影《摩登时代》的一帧画面。正文收录《论陕甘宁边区施政纲领》等7篇文章。

（二十五）伪装题名：《皖南问题的报告》 真实题名：不详

32开，30页。封面为白底黑字，居中竖向印有伪装题名《皖南问题的报告》，还印有"公民出版社出版"和"1941"。正文收录《中共军委谈亲日派皖南阴谋与前途》等7篇文献。

（二十六）伪装题名：《修道新介绍》 真实题名：《中国革命和中国共产党》

毛泽东著。32开，正文29页，竖排铅印。封面为白底黑字，左上题签处印有伪装题名《修道新介绍》，还印有"辛巳年菊月""（非卖品）""轮流公看 功德无量 倘不敬重 或有隐匿 罪莫大焉"等。

（二十七）伪装题名：《婴儿保育法》 真实题名：《中国革命和中国共产党》

毛泽东著。

（二十八）伪装题名：《中国往何处去》 真实题名：不详

联合出版社1941年出版。32开，正文44页。辑录《中国往何处去》等"皖南事变"后呼吁停止分裂、团结抗战的5篇文章。

（二十九）伪装题名：《日语》第五册 真实题名：不详

32开，正文18页，筒子页装，竖排油印。封面印有"日语""第五册""六年级伏期用""文登县第一区翻印会印""一九四二，七"等。书口也进行了伪装，印有"高级日语第五册"。正文包括《东北红军的故事（一）》等16个部分的内容。

（三十）伪装题名：《可爱的小公园》 真实题名：《整顿三风文件二十二种》

小32开，活页装订成册，无统一页码。封面以红底为主，绘有图案，除了印有伪装题名《可爱的小公园》，还印有"王人路著""中华书局印行""儿童艺术丛书""第五种第三集"等。封三为版权页。封底中间印有中华书局的标记。正文收录整顿"三风"文件22种（实际为21种，缺康生的两次报告）。

（三十一）伪装题名：《东厂实录》 真实题名：不详

64开，正文47叶，筒子页装，竖排铅印。封面为黄色，居中用红色字体竖向印有伪装题名《东厂实录》，还印有"高一轩编""邢德仁校""上海光华书局印行"等。正文收录《解放日报》和《新华日报》（华北版）发表的5篇社论、文章和材料。

（三十二）伪装题名：《大乘起信论》 真实题名：不详

毛泽东著，《新民主主义论》和《论持久战》合订本。32开，正文102页，线装，竖排铅印。封面为黄色，左半部的双黑线框内竖向印有伪装题名《大乘起信论》，右上方印有"阅毕送人 功德无量"，下端印"北京佛教总会印"。题名页竖向印有伪装题名和"修真道人题"。正文前37页为《新民主主义论》，后65页为《论持久战》。

（三十三）伪装题名：《中国之命运》 真实题名：《评〈中国之命运〉》

陈伯达著，解放社1943年7月出版。32开，每页18行，每行42个字，竖排。封面为青灰色。正文收录《关于中华民族》等5个部分的内容。

（三十四）伪装题名：《大东亚之路》 真实题名：《评〈中国之命运〉》

陈伯达著。32开，正文28页，毛装，竖排铅印。封面自右至左竖向印有"民国三十二年""大东亚之路""东亚书局发行"等。题名页自上而下依次印有"评《中国之命运》""陈伯达等著""大众日报社出版""1943.10重版"等。

（三十五）伪装题名：《大东亚之路》 真实题名：《评〈中国之命运〉》

陈伯达著。32开，正文84页，竖排铅印。封面为白底黑字，印有伪装题名和"新国民书店印行"。正文收录《评〈中国之命运〉》等5篇文献。

（三十六）伪装题名：《不惑集》 真实题名：不详

64开，正文51页，竖排铅印。封面自左至右竖向印有"龚冠球编""不惑集""上海南强书局印行"。正文收录《没有共产党就没有中国》等5篇文章。

（三十七）伪装题名：《秦袁新史》 真实题名：不详

64开，正文38页，竖排铅印。封面为黄底红字，左边竖向印有伪装题名《秦袁新史》，标题上有双行小字"新式标点"，底端偏右的位置印有"启智书局印行"。正文收录《真愿为秦桧耶？》等5篇文章。

（三十八）伪装题名：《中国之命运》 真实题名：《评〈中国之命运〉》

32开，正文84页，竖排铅印。封面为白底黑字，正中竖向印有伪装题名《中国之命运》，右上印有"民国三十二年出版"，左下印有"正中书局印行"。题名页上的题名、出版者和出版时间与封面一致。内收陈伯达《评〈中国之命运〉》等5篇文章。

（三十九）伪装题名：《论说指南》第一册 真实题名：《评〈中国之命运〉》

陈伯达著。封面上印有伪装题名和"广益书局出版"。

（四十）伪装题名：《醒世恒言》 真实题名：《评〈中国之命运〉》

《评〈中国之命运〉》一书的伪装本。

（四十一）伪装题名：《我们往那里走？》 真实题名：不详

大64开，正文20页，毛装，竖排石印。封面绘有一幅寓意青年奔向光明的图片，除了印有伪装题名，还印有"青年必读丛书之三""文化书店翻印"等。封底的版权处有出版者、发行者和定价信息。正文收录《延安青年代表纪念国际青年节大会致国民政府及国民党中央委员会电》等4篇文章。

（四十二）伪装题名：《高小论说精华》 真实题名：《中国共产党与中华民族》

32开，正文35页，竖排铅印。封面为白底黑字，封面上除了印有伪装题名，还印有"王景胜编"和"汉口大达书局刊行"。正文收录《中国共产党与中华民族——为中共二十二周年纪念而作》等6篇《解放日报》社论和时评文章。

（四十三）伪装题名：《回答两个问题》 真实题名：不详

32开，正文32页，竖排铅印。封面为白底黑字，除了印有伪装题名，还印有"团结丛书第二种"和"播种社出版"。封二有目录和前言。封底居中印有农人播种图，左下印有"1943年8月1日出版"及定价。正文收录《抗战的六年与中国共产党诞生的二十二年——毛泽东在延安七一晚会上报告的摘要》等5篇文章。

（四十四）伪装题名：《秦庭泪痕》 真实题名：《谁给冀南制造下了灾荒？》

64开，正文96页，竖排铅印。封面为黄底、暗红色字，左侧竖向印有伪装题名《秦庭泪痕》，右下方分3行横向印有"著者：稷门孤愤楼主""出版：上海启明书局""1943.11.15"。题名页印有真实题名《谁给冀南制造下了灾荒？》。正文包括《百年来空前未有的奇灾》等4个部分的内容。

（四十五）伪装题名：《新式标点处世指南》 真实题名：不详

小32开，正文32页，竖排铅印。封面为白底绿字，居中竖向印有伪装题名《新式标点处世指南》。封面右上印有"焦甫著"，左下印有"天津大华书店出版"。正文收录《苏联国防委员会主席斯大林于十一月六日在莫斯科劳动人民代表苏维埃及党与公共团体庆祝会上的报告》等4篇文献。

（四十六）伪装题名：《新式标点真伪辨》 真实题名：不详

邢肇棠等著，新中国书店1943年出版。64开，正文58页。封面为黄底黑字。正文收录《真伪辨》（邢肇棠）、《感言》（续范亭）、《谁是"武装间谍团"？——给日本特务兼CC特务赵尺子的一封公开信》（金肇野）3篇文章。

（四十七）伪装题名：《他山石》 真实题名：不详

王仁勉编，时代出版社1943年出版。32开，正文31页。正文收录《关于中国问题的警告》（S.赛珍珠）、《论中国在联合战争中的地位》（T.A.贝荪）、《中国印象记》（罗果夫）3篇外国人士时评。

（四十八）伪装题名：《三国新志》 真实题名：《莫斯科三国会议的伟大成功》

64开，正文30页。封面为绿底黑字，印有伪装题名《三国新志》，右端上半部印有关羽画像，下半部印有"新中国书局印行"。题名页印有真实题名《莫斯科三国会议的伟大成功》，其后为目录页和正文。正文收录《毛泽东在庆祝十月革命节干部晚会上的讲演》等7篇文章。

（四十九）伪装题名：《战国策注解》 真实题名：不详

64开，正文28页，竖排铅印。封面为蓝底黑字，自右向左横排印有伪装题名《战国策注解》。正文收录《中共中央关于抗日根据地土地政策的决定》等5篇文件。

（五十）伪装题名：《中国内幕》　真实题名：不详

64 开，正文 28 页，竖排铅印。封面为红白相间，印有伪装题名《中国内幕》，题名之下有"袖珍本"3 个字，下端印有"新中国报社出版"。题名页也做了伪装，文字与封面相同。正文收录《中共中央关于抗日根据地土地政策的决定》等 5 篇文件。

（五十一）伪装题名：《新山海经》　真实题名：《中国共产党对中华民族的贡献》

"江山风雨楼丛书"系列伪装本的第二种。32 开，正文 112 页，竖排铅印。封面为白底红字，中间竖向印有伪装题名《新山海经》，左下角有"江山风雨楼丛书之二"和"崇文斋藏版"。封三印有"江山风雨楼丛书"系列伪装本初编 6 种的书目："一、《赤胆忠心录》；二、《新山海经》；三、《救世箴言》；四、《华夏春秋》；五、《海外嘉言钞》；六、《土皇帝传》。"正文收录《八路军新四军的抗战成绩与敌后抗日根据地的概况》等中共时评文章 7 篇。

（五十二）伪装题名：《救世箴言》　真实题名：不详

"江山风雨楼丛书"系列伪装本的第三种。32 开，正文 139 页，竖排铅印。封面为白底红字，中间竖向印有伪装题名《救世箴言》，左下角有"江山风雨楼丛书之三"和"崇文斋藏版"。正文收录《中国共产党创立二十三周年》等中共时评文章 23 篇。

（五十三）伪装题名：《华夏春秋续编》　真实题名：不详

"江山风雨楼丛书"续编系列伪装本的一种。32 开，正文 126 页，竖排铅印。封面为白底红字，中间竖向印有伪装题名《华夏春秋续编》，左下有"江山风雨楼丛书之八"和"崇文斋藏版"。正文包括 4 个部分，收录《林祖涵同志在参政会上关于国共谈判报告》等时评文章 42 篇。

（五十四）伪装题名：《红楼梦考证拾遗》　真实题名：《毛泽东选集》卷四

晋察冀日报社 1944 年出版的《毛泽东选集》平装本卷四。32 开，221 页。封面为蓝色，除了印有伪装题名，还印有"刘大白著"。书前有毛泽东头像。版权页上印有"毛泽东选集卷四""晋察冀日报社编印""民国三十三年五月出版"等。正文收录《经济问题与财政问题》《论合作社》《组织起来》3 篇毛泽东著作。

（五十五）伪装题名：《教育学提纲》　真实题名：不详

32开，正文34叶，筒子页装，竖排油印。封面竖印伪装题名《教育学提纲》和"昌潍县政府翻印"。首18叶和尾5叶皆谈教育问题，中间11叶收录抨击国民党政府不抵抗政策的文章，以及1944年7月7日《解放日报》社论《在民主与团结的基础上加强抗战，争取最后胜利——纪念抗战七周年》。

（五十六）伪装题名：《弃暗投明记》　真实题名：《反正抗日纪念册》

32开，正文36页，竖排铅印。封面为浅蓝色，左边的题签框内竖向印有伪装题名《弃暗投明记》，右下印有"民国三十三年九月初版"。题名页的红框内竖向印有真实题名《反正抗日纪念册》，题名左下方印有"八路军山东军区独立旅政治部汇编"。正文收录山东伪"灭共建国军"第八团司令王道率部起义反正的相关资料。

（五十七）伪装题名：《光荣壮举》　真实题名：不详

32开，正文12页，毛边本，竖排铅印。封面居左以蓝色字体印有伪装题名《光荣壮举》；右边为蓝底白字，印有"短篇小说"和"济南朝阳书社印"。正文收录抗战时期莫正民率部起义相关资料。

（五十八）伪装题名：《国民必读》　真实题名：不详

32开，正文76页，竖排石印。封面为白色，居中竖题伪装题名《国民必读》，右上印"民国三十三年"，左下署"新华堂印"。正文分《谈天说地》《前朝后代》《国泰民安》3个部分，结合历史、地理和当时的形势，介绍了中国的抗战，特别详细介绍了中国共产党领导的八路军、新四军及敌后抗日根据地。

（五十九）伪装题名：《文史通义》（内篇之一）　真实题名：《论持久战》

毛泽东著。小32开，正文40叶，仿古线装，竖排铅印。封面为白底黑字，封面左边印有长方形的仿古题签，竖向印有伪装题名《文史通义》，题名右下印有"上海广益书局印行"，字体较小。题名叶居中竖向印有伪装题名，右上角竖向印有"甲申年重梓"，左下角竖向印有"古愚署耑"。题名叶的背面有"山阴旧史氏"所撰题记。正文为筒子页装，半叶16行，每行43个字。版心为黑口，黑鱼尾，印有"文史通义""内篇之一""上海广益书局印行"等。第1叶印有真实题名《论持久战》和作者"毛泽东"，旁印"论抗日战争为什么是持久战与最后胜利为什么是中国的，及怎样进行持久战与怎样争取最后胜利　一九三八年七月"。

（六十）伪装题名：《文史通义》（内篇之二）　真实题名：《论新阶段》

毛泽东著。小32开，正文48叶。该书与《文史通义》（内篇之一）的伪装特征一致。版心印有"文史通义""内篇之二""上海广益书局印行"等字。第1叶印有真实题名《论新阶段》和作者"毛泽东"，旁印"抗日民族战争与抗日民族统一战线发展的新阶段——在中共扩大的六中全会的报告　一九三八年十月十二日至十四日"。

（六十一）伪装题名：《文史通义》（内篇之三）　真实题名：《新民主主义论》

毛泽东著。小32开，正文25叶。该书与《文史通义》（内篇之一）的伪装特征一致。版心印有"文史通义""内篇之三""上海广益书局印行"等字。第1叶印有真实题名《新民主主义论》和作者"毛泽东"，旁印"为《中国文化》杂志而作，原名《新民主主义的政治与新民主主义的文化》　一九三八年七月"。

（六十二）伪装题名：《大东亚战争下的国际情势——加藤华北军报道部长讲演词》　真实题名：不详

32开，正文72页，土纸筒子页装，竖排铅印。封面为白底黑字，居中竖向印有伪装题名《大东亚战争下的国际情势》和副题名《加藤华北军报道部长讲演词》。封面右上角和左下角分别印有"大东亚战争一周年纪念"和"中华民国新民会印行"。正文收录《中国共产党抗日救国十大纲领》等文献12篇。

（六十三）伪装题名：《燕赵实录》　真实题名：不详

64开，正文54页。封面为白色，印有伪装题名，无出版者和出版时间。封面之后为目录页。正文收录《八路军新四军的英雄主义》等4篇文章。

（六十四）伪装题名：《最新修订中国分省图》　真实题名：不详

32开，正文109页。封面为土黄色，除了印有伪装题名和"北平兴亚舆地社"。正文收录《敌后战场伟大胜利的一年》《敌后抗日根据地概况》及抗日根据地地图10幅。

（六十五）伪装题名：《新金刚经》　真实题名：《一九四五年的任务——毛泽东同志十二月十五日在陕甘宁边区参议会的演说》

毛泽东著。32开，正文8页，折页装订，竖排铅印。封面为蓝色，封底为白色。封面左侧上方竖向印有伪装题名《新金刚经》，右侧下方印有"开封三教圣会出版"。

（六十六）伪装题名：《攻错集》 真实题名：不详

32开，正文50页。封面为白色，左上印有红色伪装题名《攻错集》，右下印有执笔者名单。封二为目录页，印有"一九四五年一月二十日出版"。前言仅有"他山之石可以攻错"8个字。正文收录史沫特莱、盖勃尔、荷莱士、安萨克、柏利甘、伦德尔、爱生金等外国记者时评14篇。

（六十七）伪装题名：《纪念孙中山》 真实题名：《纪念孙中山　批判蒋介石》

32开，正文22页，竖排铅印。封面为白底，除了印有伪装题名，还印有"时事资料丛书之一"和"时事研究会编刊"，皆为红色印刷字体。封三为版权页，编辑者、出版者和发行者皆署"时事研究会"。正文收录《蒋介石双十节演说具有危险性》等4篇文章。

（六十八）伪装题名：《大陆作战之新认识》 真实题名：《论解放区战场》

朱德著。32开，正文42页，竖排铅印。封面为白色，居中自上而下以大号红字印有伪装题名《大陆作战之新认识》，右侧居中以小号红字印有出版时间"民国三十四年二月"，左下角以红色小号字印有"青少年半月刊社编"和"北京西长安街二号"。

（六十九）伪装题名：《胜利的指南》 真实题名：《论联合政府》

毛泽东著。32开，正文81页，竖排铅印。封面为水红色底色，用红字横向印有伪装题名《胜利的指南》。以《解放日报》社论《中国人民胜利的指南——读毛泽东同志的〈论联合政府〉》作为序言。

（七十）伪装题名：《中日事变解决的根本途径》 真实题名：《论联合政府》

毛泽东著。32开，正文61页，竖排铅印。封面为白底红字，左半部竖向印有伪装题名《中日事变解决的根本途径》，中间上半部印"中国公论丛书之一"，右下角印"中国公论社发行"。题名页的伪装题名、丛书名和发行单位均与封面相同，右上角印有出版时间"民国三十一年十月"。

（七十一）伪装题名：《美军登陆与中国前途》 真实题名：《论联合政府》

毛泽东著。32开，正文62页，竖排铅印。封面为白底黑字，下半部压印类似地图的浅影，竖向印有伪装题名《美军登陆与中国前途》和"大众周刊丛书之一"。题名页印有"大众周刊丛书之一""美军登陆与中国前途""大众周刊社出版""民国三十四年七月"。版权页印有"大众周刊丛书之一""美军登陆与中国前途""中华民国三十四年七月初版""编辑者 大众周刊社（南京天津路二号）""发行者 大众周刊社（南京天津路二号）""经售处 南京合记派报所 上海一新商店"等信息。

（七十二）伪装题名：《婴儿保育法》 真实题名：不详

毛泽东、朱德著，《论联合政府》和《论解放区战场》合订本。晋察冀日报社二厂1945年7月印刷。64开。

（七十三）伪装题名：《古今小说醒世恒言》 真实题名：《论联合政府》

32开，正文100页，竖排铅印，线装。封面及封底呈暗黄色，封面自上而下印有伪装题名《古今小说醒世恒言》和"仿刻金阊叶本"。题名页印有真实题名《论联合政府——一九四五年四月二十四日毛泽东同志在中国共产党第七次全国代表大会上的报告》。

（七十四）伪装题名：《文史通义》 真实题名：《论联合政府》

毛泽东著。伪托译报局1939年1月出版。

（七十五）伪装题名：《对敌秘密》 真实题名：《论联合政府》

毛泽东著。救国报滦东分社印。油印本。

（七十六）伪装题名：《婴儿保育法》 真实题名：不详

64开，正文112页，竖排铅印。封面黑色的大线框内从左至右竖排印有"卫生常识小丛书之一""婴儿保育法""医药卫生研究会编印"。正文收录《毛泽东同志关于目前国际形势与中国抗战的谈话》等15篇中共时评文件。

（七十七）伪装题名：《婴儿保育法》 真实题名：不详

64开，页数不详，竖排铅印。封面黑色的大线框内从右至左竖排印有"卫生常识小丛书之一""婴儿保育法""医药卫生研究会编印"。封三为版权页，出版时间署"中华民国三十三年八月出版"，著者署"王金栋、李若道大夫"。正文收录《评国民党第六次全国代表大会》等中共时评文件。

（七十八）伪装题名：《虞初新志》 真实题名：《新民主主义论》

毛泽东著。据高文明回忆，该书为整风运动后，华北新华书店在沦陷区伪装发行的图书。①

（七十九）伪装题名：《老残游记》　真实题名：《论联合政府》
毛泽东著。

（八十）伪装题名：《公民（伦理之部）》　真实题名：《中国共产党党章》
封面除了印有伪装题名，还印有"中等学校用"和"香港扶风出版社"。封底印有"定价港币四角"。正文为中共七大通过的《中国共产党党章》。

（八十一）伪装题名：《三字经》　真实题名：《1945年敌后的任务》
毛泽东著，1945年出版。

（八十二）伪装题名：《中国之命运》　真实题名：《整风文献》
延安整风运动期间所印《整风文献》的伪装本。

（八十三）伪装题名：《三国演义》　真实题名：《整风文献》
延安整风运动期间所印《整风文献》的伪装本。

（八十四）伪装题名：《九更天》　真实题名：《醒世剧本》
内容不详。

（八十五）伪装题名：《探阴山》　真实题名：《质问中国国民党》
1943年7月12日毛泽东为《解放日报》撰写的社论。

（八十六）伪装题名：《新刊忠孝贤》　真实题名：《醒世戏曲》
封面印有伪装题名和"西安德华书局发行"。内容为批判评《中国之命运》的文字。

二、报刊

（一）伪装题名：《齐鲁文化》　真实题名：不详
中共山东省委编印的秘密刊物，1937年9月创办，又名《团结》。油印本。

（二）伪装题名：《社会常识读本》第二册　真实题名：《真理》第二期
中共江苏省委出版的党内秘密刊物，沙文汉主编，1937年12月9日创刊，1938年7月15日停刊，共出16期。

---

① 参见高文明：《书刊印刷见闻片断——回忆华北〈新华日报〉、华北新华书店书刊印刷厂和永兴印刷局片断情况》，载太行革命根据地史总编委会编《太行革命根据地史料丛书之八：文化事业》，太原：山西人民出版社，1989年，第268页。

（三）伪装题名：《社会常识读本》第四册　真实题名：《真理》第四期

中共江苏省委宣传部主办。油印本。封面除了印有伪装题名，还印有"1938.1.5"和"第四册"。①

（四）伪装题名：STARS　真实题名：《布尔塞维克》创刊号

32开，正文44页，竖排油印。封面除了印有伪装题名，还印有"August"和"1942"。封面粘有一签条，用钢笔书有"Stars""布尔塞维克①""1942.8.25"等。正文收录《为布尔塞维克化而斗争（代发刊词）》等10篇文章。

（五）伪装题名：《国民政府还都》《华北政务委员会成立三周年纪念特刊》　真实题名：《祖国呼声》第二期

1944年4月16日出版。封面为白底黑字，除了印有伪装题名，还印有"中华民国三十二年三月三十日"和"华北政务委员会政务厅情报局"。

（六）伪装题名：《防空常识》　真实题名：《祖国呼声》第七期

约1944年7月出版。

（七）伪装题名：《新民会分会员必携》　真实题名：《祖国呼声》第二十四期

32开，正文48页，竖排铅印。封面上除了印有伪装题名，还印有"民国三十二年一月"和"新民会雁门道总会"。目录页右侧印有真实题名《祖国呼声半月刊》，左侧印有"第廿四期目录　民国三十四年四月十六日"。

（八）伪装题名：《美国人眼中之重庆》　真实题名：《祖国呼声》第三十期

封面上印有伪装题名和"民国三十三年十月"。题名页印有"祖国呼声""第三十期""祖国呼声社出版""民国三十四年七月十五日"等。②

（九）伪装题名：《食粮增产问题研究》　真实题名：《自由祖国》第五期

自由祖国社1945年5月16日出版。32开，正文67页，竖排铅印。封面为白底黑字，黑色线框靠上位置自右向左印有伪装题名《食粮增产问题研究》，

---

① 《真理》还出版过《故事新编》《翻新时行小调》《绝妙选钞》等题名的伪装本。
② 据记载，《祖国呼声》还出版过题名为《建设大东亚读本》的伪装本。

题名之下竖排要目，要目之下印有"'天津特别市政府宣传处'编印"。封面后的一页为简短的序。接下来的 1—3 页和最后两页都是 1944 年 4 月 28 日伪天津特别市政府宣传处组织召开的食粮增产座谈会会议记录。

（十）伪装题名：《食粮增产问题研究》 真实题名：《自由祖国》第六期

自由祖国社 1945 年 6 月 1 日出版。32 开，正文 61 页，竖排铅印。伪装特征同第五期。

（十一）伪装题名：《食粮增产问题研究》 真实题名：《自由祖国》第七期

自由祖国社 1945 年 6 月 16 日出版。32 开，正文 55 页，竖排铅印。伪装特征同第五期。

（十二）伪装题名：《食粮增产问题研究》 真实题名：《自由祖国》第八期

自由祖国社 1945 年 6 月出版。32 开，正文 71 页，竖排铅印。伪装特征同第五期。

第四节　全国解放战争时期的革命文献伪装本
（1945年8月—1949年9月）

一、图书

（一）伪装题名：《盟国宪章研究材料》　真实题名：不详

32开，正文页码不连贯，合计92页。封面为白底红字，除了印有伪装题名，还印有"烟台市政府教育科翻印"和"一九四五、九"。正文收录延安新华社、解放社、莫斯科真理社等关于二战期间同盟国反法西斯国际会议相关文件的电讯和评论12篇。

（二）伪装题名：《东周列国志》　真实题名：《高树勋将军邯郸起义特辑》

32开，正文57页，竖排铅印。封面为黄色，左半部竖向印有伪装题名《东周列国志》。题名页也进行了伪装。正文分4辑，收录高树勋将军邯郸起义的相关资料。

（三）伪装题名：《孙中山先生论地方自治》　真实题名：不详

32开，正文97页，毛装，竖排铅印。封面为浅黄色，居中竖向印有伪装题名《孙中山先生论地方自治》，左下角印有"正申书局"。封面之后是目次。正文收录《解放日报》《晋察冀日报》时评及新华社电讯稿等24篇。

（四）伪装题名：《新式标点袁项城传》　真实题名：《介绍窃国大盗袁世凯》

陈伯达著。32开，正文66页。封面为白底黑字，印有伪装题名《新式标点袁项城传》和"上海自治书局印行"。题名页署"陈伯达著"。卷首印有真实题名《介绍窃国大盗袁世凯》。

（五）伪装题名：《中国之前途》　真实题名：不详

32开，正文71页，折页装订，竖排石印。封面为白底黑字，居中竖向印有伪装题名《中国之前途》，左下印有"北方书局出版"。题名页黑红框内居中印有伪装题名，左下印有"一九四六·一·"。题名页背面为目次和"纠正"信息。正文包括《究竟谁是内战的制造者》等4个部分的内容。

（六）伪装题名：《盟国对华政策》 真实题名：不详

32开，正文21页。封面为白底黄字，伪装题名之下有中国地图，还印有"民国三十五年一月"。正文收录《美国国务卿贝纳斯声明美国对华政策》等解放日报社、新华社等时评文献8篇。

（七）伪装题名：《三国外长会议与中国》 真实题名：不详

32开，正文19页。封面上半部为绿底黑字，下半部印有苏、美、英三国旗帜和"时事丛刊社出版"。正文收录《中共中央发言人关于三国外长会议的谈话》等莫斯科三国外长会议有关中国问题决议的电讯和评论6篇。

（八）伪装题名：《赤胆忠心录》 真实题名：不详

32开，正文57页，竖排铅印。封面为白色，中间有一幅红色的心形图案，竖排印有伪装题名《赤胆忠心录》，左下方印有"时事研究会编刊"。版权页印有"赤胆忠心录""定价六元""出版者 时事研究会""印刷者 启华印书局（大连市加贺町六）""发行者 大连新文化书店（大连市浪速町一三八）""经售处 各书店""民国卅五年二月十日初版 一一一〇、〇〇〇"等信息。正文收录《中共抗战一般情况的介绍》等3篇文章。

（九）伪装题名：《辩证法唯物论》 真实题名：《辩证法唯物论》

毛泽东著。32开，正文38页，竖排铅印。封面为白底红字，居中横向印有伪装题名《辩证法唯物论》，题名下面印有"丘引社版"，底端印有"上海中国出版社印行"。

（十）伪装题名：《辩证法唯物论》 真实题名：不详

丘引社编纂，世界文化出版社出版。32开，正文95页。正文收录《毛泽东同志的青少年时代》等宣传、介绍革命导师和中共领袖的文章7篇。

（十一）伪装题名：《蒋委员长日记》 真实题名：不详

小32开，正文21页，竖排铅印。封面为白底蓝字，右半部分印有伪装题名《蒋委员长日记》，右上角印有"丛书第三种"，左下印有"中华民国三十五年三月十六日印"；左半部分印有蒋介石的木刻头像。正文收录《驳蒋介石》等《解放日报》社论3篇。

（十二）伪装题名：《二中全会》 真实题名：不详

32开，正文44页，竖排铅印。封面绘有着火的建筑物，飘出的黑色浓烟中自右向左印有伪装题名《二中全会》，右下角印有"上海大华书店出版"。正文收录《评国民党二中全会》等批判国民党六届二中全会的中共时评文献12篇。

（十三）伪装题名：《戴笠将军及其事业》 真实题名：《特务批判——中国法西斯特务往那里去？》

32开，正文95页，竖排铅印。封面为白底黑字，左侧的题签框内竖向印有伪装题名《戴笠将军及其事业》，右上角印有"扫荡丛刊1"，底端印有"南京扫荡丛刊社出版"。题名页上印有"戴笠将军及其事业""南京扫荡丛刊社出版""黄楳清陈公恕罗仪等著"。正文收录《〈特务批判〉序》等4篇文章。

（十四）伪装题名：《论思想》 真实题名：不详

毛泽东等著。中国灯塔出版社出版。64开，正文26页。封面为红底镂空、白色花纹，除了印有伪装题名，余无文字。正文为《中央关于调查研究的决定》等中共文献汇编。

（十五）伪装题名：《论思想》 真实题名：不详

群众书店1946年6月发行。32开，正文108页。封面为红底镂空、白色花纹，除了印有伪装题名，余无文字。正文依次收录毛泽东、刘少奇、谭政、吴芝甫、朱德、张如心、谭政、刘子久、饶漱石、黄克诚等人的文章。

（十六）伪装题名：《军人乐》 真实题名：不详

32开，正文33页，竖排铅印。封面为黄色，居中竖向印有伪装题名《军人乐》，左下印有"中国出版社印"。正文收录《高树勋将军起义邯郸起义》等国民党军队起义相关报道、国民党将领反内战通电、中国共产党领导人函电等文章19篇。

（十七）伪装题名：《挽救祖国的危机》 真实题名：不详

64开，正文18页。封面为白底黑字，有红色山水插图，四周为粗黑边框。正文收录《中国共产党中央委员会为"七七"九周年纪念宣言》和《爱国与卖国》。

（十八）伪装题名：《指南针使用法》 真实题名：《中国共产党中央委员会为"七七"九周年纪念宣言》

大64开，正文14页，毛装，竖排铅印。封面为白底黑字，中间偏上的位置自右向左横向印有伪装题名《指南针使用法》，作者署"芳心圆主著"，出版者署"方本斋印刷所出版"。正文为中国共产党中央委员会发布的《中国共产党中央委员会为"七七"九周年纪念宣言》。

（十九）伪装题名：《钢铁的炼成》 真实题名：不详

32开，正文71页，竖排铅印。封面左侧和底端为绿底白字，右上部为黄底配图，左边竖向印有伪装题名《钢铁的炼成》，右边底端自右至左印有"扬子出版社印行"。题名页及其背面的版权页显示编辑者和出版者为"苏北出版社"，出版时间为1946年7月。正文包括《自传与全面反省》等5个部分的内容。

（二十）伪装题名：《新老残游记》　真实题名：不详

32开，正文16页，竖排铅印。封面为白底黑字，上半部分自右向左印有伪装题名《新老残游记》，左下印有"大众书店印"，中间印有一荷锄老农形象的插图。正文收录《民盟疾呼挽救时局　保护老百姓性命安全》等晋冀鲁豫《人民日报》反内战报道相关文章12篇。

（二十一）伪装题名：《苦海明灯》　真实题名：不详

32开，正文11页，竖排铅印。封面为白底黑字，居中竖向印有伪装题名《苦海明灯》，右上角印有"陈维藩编"，左下角印有"上海广益书局出版"。正文收录《为美国对蒋军事援助事毛主席发表声明》等3篇中国共产党的时评和文件。

（二十二）伪装题名：《光明大路》　真实题名：不详

32开，正文8页，石印。封面为白色，除了印有伪装题名，还印有灯光、红旗图案及"解放军政治部印"。正文内容为1946年8月10日蒋介石亲卫纵队第十五纵队队长王一凡于山东南泉举义的经过。

（二十三）伪装题名：《七个月总结》　真实题名：不详

32开，正文9页，竖排铅印。封面中间偏右的位置竖向印有伪装题名《七个月总结》，左下方印有"时事研究社编"。正文收录《七个月总结——评马、司联合声明》《全解放区人民动员起来粉碎蒋介石的进攻》两篇《解放日报》社论。

（二十四）伪装题名：《虞初近志》　真实题名：《中国四大家族》

陈伯达著。32开，正文158页，竖排铅印。封面为白底黑字，左半部竖向印有隶书风格的伪装题名《虞初近志》，右侧印有装饰图案，右下方印有"大达图书供应社刊行"。书脊上印有"新式标点：虞初近志"和"大达图书供应社刊行"。封底中部印有"大达"字样。卷首有《题记》，卷尾有《书后》。

（二十五）伪装题名：《大拍卖》　真实题名：《蒋介石通美卖国》

32开，正文24页，竖排铅印。封面靠上的题签框内为黑底白字，自右向左印有伪装题名《大拍卖》，底端自右向左印有"民国三十五年十二月"。题名页文字与封面相同。题名页背面为目录页，印有真实题名《蒋介石通美卖国》

及目录。

（二十六）伪装题名：《总灾》　真实题名：《蒋"总灾"万"税"》

32开，正文38页，竖排铅印。封面上半部分的题签框为绿底白字，自右向左印有隶书风格的伪装题名《总灾》，下端以绿色字体印有"民国三十五年十二月"。题名页的文字与封面相同。题名页背面的目录页印有真实题名《蒋"总灾"万"税"》，以"蒋总裁"的谐音"蒋'总灾'"、"万岁"的谐音"万'税'"作为真实题名。正文包括《只要内战军粮，不管百姓死活》等6个部分的内容。

（二十七）伪装题名：《中央军作战史录》　真实题名：《国民党军队为什么吃败仗》

32开，正文45页，竖排铅印。封面为白底黑字，上方自右向左印有伪装题名《中央军作战史录》，题名下印有"时论选辑之五"，下面印有讽刺漫画一幅，底端印有"牡丹江书店翻版"。题名页印有真实题名《国民党军队为什么吃败仗》。正文包括《国民党当局把军队弄成什么样子了》等13个方面的内容。

（二十八）伪装题名：《灯塔小丛书·1》　真实题名：《改造我们的学习》

64开。正文为毛泽东著《改造我们的学习》。

（二十九）伪装题名：《灯塔小丛书·2》　真实题名：《整顿"学风""党风""文风"》

64开，正文37页。封面图文整体呈深蓝色。正文为毛泽东著《整顿"学风""党风""文风"》。末附《康生传达"整顿三风"报告》《中央宣传部关于在延安讨论中央决议及毛泽东同志整顿三风报告的决定》。

（三十）伪装题名：《灯塔小丛书·3》　真实题名：《反对党八股》

64开。正文为毛泽东著《反对党八股》。末附《康生传达整顿文风报告》《中央军委与政治部关于军队中的整风学习与检查工作的指示》。

（三十一）伪装题名：《灯塔小丛书·4》　真实题名：不详

64开，正文32页。封面图文整体呈蓝绿色。封三印有朱德《论解放区战场》一书的出版信息。正文收录《怎样做一个共产党员》（陈云）、《论反对自由主义》（毛泽东）、《中央关于增强党性的决定——中共二十周年纪念日中央政治局通过》3篇文献。

（三十二）伪装题名：《灯塔小丛书·5》　真实题名：不详

64开，正文26页。封面图文整体呈枣红色。封三印有朱德《论解放区战场》

一书的出版信息。正文收录《中央关于调查研究的决定——中华民国三十年八月一日中央政治局通过》等5篇文献。

（三十三）伪装题名：《灯塔小丛书·6》　真实题名：《论共产党员的修养》

64开，正文57页。封面图文整体呈红色。正文为刘少奇著《论共产党员的修养》。

（三十四）伪装题名：《灯塔小丛书·7》　真实题名：《论毛泽东思想》

64开，正文44页。封面图文整体呈绿色。正文汇录朱德、刘少奇、曼努意斯基、冈野进、徐特立、王稼祥、陈毅、陆定一、彭德怀、范文澜、邓发、周恩来、康生、博古、陈伯达、艾思奇、李富春、罗荣桓等18人论述毛泽东思想的篇章片段。

（三十五）伪装题名：《灯塔小丛书·8》　真实题名：《中国共产党党章》

64开，正文27页。封面图文整体呈红色。正文为1945年6月11日中国共产党第七次全国代表大会通过的《中国共产党党章》。最后一页登有《新民主主义论》《论联合政府》《为和平而奋斗》《文艺问题》《论解放区战场》及《灯塔小丛书》第一种到第七种的发售广告。

（三十六）伪装题名：《灯塔小丛书·9》　真实题名：《中国革命与中国共产党》

64开，正文51页。正文为毛泽东著《中国革命与中国共产党》。

（三十七）伪装题名：《灯塔小丛书·10》　真实题名：《论党内斗争》

64开，正文61页。正文为刘少奇著《论党内斗争》。

（三十八）伪装题名：《灯塔小丛书·11》　真实题名：不详

64开，正文41页，封面图文整体呈黄色。正文收录《清算党内的孟塞维主义》（刘少奇）、《斯大林论自我批评》、《列宁斯大林等论党的纪律与党的民主》3篇文献。

（三十九）伪装题名：《模范日语读本》卷一　真实题名：《毛泽东选集》第二卷

晋察冀中央局初版《毛泽东选集》第二卷（有关政治著作卷）的伪装本。

（四十）伪装题名：《蒋主席元旦献辞》　真实题名：不详

香港中国出版社出版。

（四十一）伪装题名：《社会贤达考》 真实题名：《自由文丛》第一期

32开，正文52页。封面除了印有伪装题名，还印有"自由文丛之一"和部分要目。第4页为目录页。正文收录《人与人间基本关系的彻底瘫痪》等时评文章15篇。

（四十二）伪装题名：《沧南行》 真实题名：《自由文丛》第二期

32开，正文62页。封面印有伪装题名和"自由文丛之二"。封二印有闻一多先生遗像两幅。之后为目录页，下端印有"自由文丛社发行"，地址为"香港天后庙道金龙台三号"。正文收录《社会学与政治》等文章16篇。

（四十三）伪装题名：《论南北朝》 真实题名：《自由文丛》第三期

32开，正文49页。封面除了印有伪装题名，还印有"自由文丛之三"和部分要目。第2页为目录页，下端印有"自由文丛社发行"，地址为"香港天后庙道金龙台三号"。正文收录《论南北朝》等有关时局及美国对华政策的文章12篇。

（四十四）伪装题名：《朱柏庐先生治家格言》 真实题名：《一年来的一笔总账》

64开，正文26页，竖排。封面为白底黑字，左侧仿古题签框内竖向印有隶书风格的伪装题名《朱柏庐先生治家格言》，左下角印有"上海山东路文昌书局印"；右半部印有朱柏庐坐像。该书前14页格言部分改编自《朱柏庐先生治家格言》，开篇文字与原作一致，从第3页开始内容开始触及当时的形势和宣传党的方针政策；后12页为《一年来的一笔总账》，内容包括《全年主要战绩统计》《歼敌分区统计》《歼敌分期统计》《城市得失统计及去年停战令迄今解放区的变化》等内容。

（四十五）伪装题名：《论田赋法案》 真实题名：《中国土地法大纲》

小64开，正文13页，竖排铅印。封面四周为紫红色粗线框，靠上的题签框为蓝底白字，印有伪装题名《论田赋法案》，题名下有"北平地政学会编"；线框下端印有"北平崇文书局印行"。题名页的伪装题名、编者、出版者与封面相同，在出版者下方印有出版时间"一九四七年十月"。正文为收录《中国共产党中央委员会关于公布中国土地法大纲的决议》和《中国土地法大纲》全文。

（四十六）伪装题名：《总动员与总崩溃》 真实题名：《蒋贼的总动员就是蒋贼的总崩溃》

64 开，正文 12 页，竖排铅印。封面靠左竖向印有伪装题名《总动员与总崩溃》，下端印有"上海益世书店出版"。翻开封面可见卷首的真实题名《蒋贼的总动员就是蒋贼的总崩溃》和正文。正文为新华社 1947 年 7 月 14 日社论《总动员与总崩溃》一文。

（四十七）伪装题名：《复兴宣言》 真实题名：《中国人民解放军宣言》

64 开，正文 14 页，竖排铅印。封面为白色，居中的紫红色长方框中竖向印有伪装题名《复兴宣言》，右下角以小号浅蓝色字体竖向印有"北平时事研究会编"和"北平崇文书局印行"。题名页也印有伪装题名。正文为 1947 年 10 月 10 日中国人民解放军总部发布的《中国人民解放军宣言》。

（四十八）伪装题名：《歧路灯》 真实题名：《目前形势与我们的任务》

毛泽东著。64 开，正文 28 页，竖排铅印。封面上半部印有伪装题名《歧路灯》，底端印有"上海救世书局印行"和"民国三十六年十二月二十五日"。

（四十九）伪装题名：《一九四七·十二·廿五报告》 真实题名：《目前形势和我们的任务》

毛泽东著。32 开，正文 17 页，竖排铅印。封面居中的黑色题签框内竖向印有伪装题名《一九四七·十二·廿五报告》，未印作者和出版者。正文不标注页码。

（五十）伪装题名：《悟性修道须知》 真实题名：《目前形势和我们的任务》

毛泽东著。32 开，正文 15 页，竖排铅印。封面为白底红字，左侧靠上的题签框内竖向印有伪装题名《悟性修道须知》，右上分两行竖向印有"学而时习　开卷有益"，右下角印有"（非卖品）"，中间靠下部位分两行竖向印有"轮流公看　功德无量　倘不敬重　罪莫大焉"。封三为版权页，左上印有伪装题名，下面印有"发行者　何文学　新京市和顺区临河街四三""编辑者　刘纶熙　新京市东三马路奂清里""印刷者　王元庆　新京市西五马路四一／九""印刷所　成文印书局庆记　新京市西五马路四一／九""发行所　和顺区临河街四三"等，右上角印有"康德十一年六月十日印刷"和"康德十一年六月二十日发行"。

（五十一）伪装题名：《珠帘寨》 真实题名：《目前形势和我们的任务》

毛泽东著。小64开，25页，竖排。封面为白底黑字，印有伪装题名和"上海戏剧学社"，绘有《珠帘寨》剧中人物图像。正文前方印有真实题名《目前形势和我们的任务》，旁印"一九四七年十二月二十五日在中共中央会议上的报告"。

（五十二）伪装题名：《时事评论》 真实题名：《目前形势和我们的任务》

毛泽东著。小64开，正文30页，竖排铅印。封面为白色，上半部题签框内自右向左以紫色字体印有伪装题名《时事评论》，题名下印有"北平时事研究会编"。封面中部有蓝色车轮状图案，最下方印有"北平崇文书局印行"。题名页自右向左竖向印有伪托的编者、出版者和伪装题名。

（五十三）伪装题名：《和平奋斗救中国！》 真实题名：《目前形势和我们的任务》

毛泽东著。1948年初中共湖南省工委地下印刷所金国印书馆印的伪装本，印数5000册。

（五十四）伪装题名：《丁亥词集》 真实题名：不详

约1947年出版。高13厘米，宽9.2厘米，对开1张。封面除了印有伪装题名，还印有"北平正气山房出版"和"梦里不知心是客，身隔江南万重山"，并且绘有国画一幅。该书实系抨击国民党发动内战的宣传品。

（五十五）伪装题名：《读报手册》 真实题名：不详

西安、立劳编，邯郸裕民印刷厂1947年出版。32开，正文115页。该书汇集各地报纸杂志上的资料，内容分为《中国人民的领导者》《中国各党派介绍》《官肥民瘦的蒋管区》《世界共产党现势》《国际知识》《小常识》《地理小字典》等8章。

（五十六）伪装题名：《恭贺新禧》 真实题名：不详

约1948年出版。64开，每页16行，每行40字，正文30页，竖排。封面为白底红字，除了印有伪装题名，还印有"1948年元旦"和"大众公司敬贺"。无版权页。正文收录《人民解放军大举反攻》《中国人民解放军宣言》等6个方面的内容。末附《迎接大反攻》（方方）。

（五十七）伪装题名：《足本七剑十三侠》 真实题名：《人民公敌蒋介石》

陈伯达著。32开，正文226页，竖排铅印。封面为白底黑字，左半部竖向

（四十六）伪装题名：《总动员与总崩溃》 真实题名：《蒋贼的总动员就是蒋贼的总崩溃》

64开，正文12页，竖排铅印。封面靠左竖向印有伪装题名《总动员与总崩溃》，下端印有"上海益世书店出版"。翻开封面可见卷首的真实题名《蒋贼的总动员就是蒋贼的总崩溃》和正文。正文为新华社1947年7月14日社论《总动员与总崩溃》一文。

（四十七）伪装题名：《复兴宣言》 真实题名：《中国人民解放军宣言》

64开，正文14页，竖排铅印。封面为白色，居中的紫红色长方框中竖向印有伪装题名《复兴宣言》，右下角以小号浅蓝色字体竖向印有"北平时事研究会编"和"北平崇文书局印行"。题名页也印有伪装题名。正文为1947年10月10日中国人民解放军总部发布的《中国人民解放军宣言》。

（四十八）伪装题名：《歧路灯》 真实题名：《目前形势与我们的任务》

毛泽东著。64开，正文28页，竖排铅印。封面上半部印有伪装题名《歧路灯》，底端印有"上海救世书局印行"和"民国三十六年十二月二十五日"。

（四十九）伪装题名：《一九四七·十二·廿五报告》 真实题名：《目前形势和我们的任务》

毛泽东著。32开，正文17页，竖排铅印。封面居中的黑色题签框内竖向印有伪装题名《一九四七·十二·廿五报告》，未印作者和出版者。正文不标注页码。

（五十）伪装题名：《悟性修道须知》 真实题名：《目前形势和我们的任务》

毛泽东著。32开，正文15页，竖排铅印。封面为白底红字，左侧靠上的题签框内竖向印有伪装题名《悟性修道须知》，右上分两行竖向印有"学而时习 开卷有益"，右下角印有"（非卖品）"，中间靠下部位分两行竖向印有"轮流公看 功德无量 倘不敬重 罪莫大焉"。封三为版权页，左上印有伪装题名，下面印有"发行者 何文学 新京市和顺区临河街四三""编辑者 刘纶熙 新京市东三马路奂清里""印刷者 王元庆 新京市西五马路四一ノ九""印刷所 成文印书局庆记 新京市西五马路四一ノ九""发行所 和顺区临河街四三"等，右上角印有"康德十一年六月十日印刷"和"康德十一年六月二十日发行"。

（五十一）伪装题名：《珠帘寨》　真实题名：《目前形势和我们的任务》

毛泽东著。小64开，25页，竖排。封面为白底黑字，印有伪装题名和"上海戏剧学社"，绘有《珠帘寨》剧中人物图像。正文前方印有真实题名《目前形势和我们的任务》，旁印"一九四七年十二月二十五日在中共中央会议上的报告"。

（五十二）伪装题名：《时事评论》　真实题名：《目前形势和我们的任务》

毛泽东著。小64开，正文30页，竖排铅印。封面为白色，上半部题签框内自右向左以紫色字体印有伪装题名《时事评论》，题名下印有"北平时事研究会编"。封面中部有蓝色车轮状图案，最下方印有"北平崇文书局印行"。题名页自右向左竖向印有伪托的编者、出版者和伪装题名。

（五十三）伪装题名：《和平奋斗救中国！》　真实题名：《目前形势和我们的任务》

毛泽东著。1948年初中共湖南省工委地下印刷所金国印书馆印的伪装本，印数5000册。

（五十四）伪装题名：《丁亥词集》　真实题名：不详

约1947年出版。高13厘米，宽9.2厘米，对开1张。封面除了印有伪装题名，还印有"北平正气山房出版"和"梦里不知心是客，身隔江南万重山"，并且绘有国画一幅。该书实系抨击国民党发动内战的宣传品。

（五十五）伪装题名：《读报手册》　真实题名：不详

西安、立劳编，邯郸裕民印刷厂1947年出版。32开，正文115页。该书汇集各地报纸杂志上的资料，内容分为《中国人民的领导者》《中国各党派介绍》《官肥民瘦的蒋管区》《世界共产党现势》《国际知识》《小常识》《地理小字典》等8章。

（五十六）伪装题名：《恭贺新禧》　真实题名：不详

约1948年出版。64开，每页16行，每行40字，正文30页，竖排。封面为白底红字，除了印有伪装题名，还印有"1948年元旦"和"大众公司敬贺"。无版权页。正文收录《人民解放军大举反攻》《中国人民解放军宣言》等6个方面的内容。末附《迎接大反攻》（方方）。

（五十七）伪装题名：《足本七剑十三侠》　真实题名：《人民公敌蒋介石》

陈伯达著。32开，正文226页，竖排铅印。封面为白底黑字，左半部竖向印有伪装题名《足本七剑十三侠》，右半部为一武者持剑飞檐走壁的白描画。书脊上半部同样印有伪装题名《足本七剑十三侠》。题名页除了印有真实题名《人民公敌蒋介石》，还印有"陈伯达著""晋察冀新华书店印行""一九四八年二月"。

（五十八）伪装题名：《救国之路》　真实题名：《中共中央纪念"五一"劳动节口号》

64开，正文6页，竖排铅印。封面为白底红字，居中竖向印有伪装题名《救国之路》，右上竖向印有"军人必读"。正文用红字印刷。

（五十九）伪装题名：《天空的秘密》　真实题名：不详

根据1948年5月19日国民党北平市警察局发出的《本市各书店发现伪装中共宣传书籍饬属详查具申报核办》的训令称，该书"最前页为科学或其他引人悦读之书名目录，实际系完全宣传中共文字"。

（六十）伪装题名：《中国往那里去？》　真实题名：不详

32开，正文38页，竖排铅印。封面为浅绿底色、绿色字，上端自右向左印有伪装题名《中国往那里去》，中间印有一个大大的问号，下端印有"上海中国书店印行"。题名页印有伪装题名和"中华民国三十七年九月"。无目录。卷首有《前言》，卷末有《编后感》。正文收录《目前形势和我们的任务》等5篇文章。

（六十一）伪装题名：《华北真相》　真实题名：不详

32开，正文44页。封面除了印有伪装题名，还印有"时论丛刊之三""十月号""民国三十七年十月一日出版""上海时论出版社编印"，并有名为"光明来自北方"的木刻插图。正文收录关于华北、东北解放区的时事评论、通讯、报告等24篇。

（六十二）伪装题名：《原本精校老残游记》　真实题名：《庆祝济南解放特刊》

32开，正文60页，竖排铅印。封面为白底黑字，左侧竖向用大字印有伪装题名《原本精校老残游记》，右半部为大明湖图片。封底中部用艺术字标注"益智"二字。书中保留了《老残游记》的原书目录，正文第1—8页是《老残游记》原书第一章全文，其后才是《庆祝济南解放特刊》的目录和正文。正文收录有关济南解放的文章、文告、歌曲等19篇。

（六十三）伪装题名：《绥靖资料》第一、二号　真实题名：不详

1948年出版。封面印有伪装题名和"第一绥靖区司令部印发"，实乃中共苏中区党委秘密发行。正文以国民党官方口吻宣传中共土地改革政策。

（六十四）伪装题名：《人民文丛①》　真实题名：不详

32开，正文22页，竖排铅印。封面为白底黑字，黑色的粗线框上端自右向左分两行印有伪装题名《人民文丛①》，底端印有"香港灯塔社出版"。正文收录《中共中央委员会发布"五一"劳动节宣传口号》等5篇文章。

（六十五）伪装题名：《婴儿保护法》　真实题名：《论联合政府》

毛泽东著。北平中外出版社1948年出版。

（六十六）伪装题名：《秉烛后谈》　真实题名：不详

32开，正文69页，竖排铅印。封面为白底黑字，文字皆自右向左印于绿色的双边线框之中：第一行印"周作人著"，第二行印伪装题名《秉烛后谈》，第三行印"艺文丛书六"。书脊上亦有相同的文字。书前有伪装目录，19个篇目中，前15个出自周作人的《秉烛后谈》。正文的每一篇文章均用周作人文章的原名做标题，实际内容是中共领导人的讲话、报告和著作，以及中国共产党发布的各类文件、新华社社论等。

（六十七）伪装题名：《大江流日夜》　真实题名：不详

作者化名"以空"，伪托"香港真知书店"出版。题名页印有"大江流日夜，中国人民的血日夜在流"。题名语出南齐谢朓《暂使下都夜发新林至京邑赠西府同僚》。该书实际是从事地下工作的北京大学学生王孝庭在正定采访华北大学后写的解放区见闻。

（六十八）伪装题名：《严冬的末梢》　真实题名：不详

大32开，正文24页，竖排油印。封面左上印有伪装题名《严冬的末梢》，右侧印有"创作小丛之"，均为镂空的行书字体。因为封面已残，丛书项的文字不全。正文每一页的页眉处都印有"号角"二字。正文收录《漫漫长夜已近破晓——加紧努力·迎接胜利》等8篇文章。

（六十九）伪装题名：《不夜集》　真实题名：不详

小32开，正文42页，竖排铅印。封面为白底红字，蓝色的花边长方框内居中竖向印有伪装题名《不夜集》，题名之下以小号字印有作者名字"老舍"。封面右上印有"幽默文学"，左下印有"上海毅力书局印行"。书前有伪装目录，

正文标题也进行了伪装。正文收录《揭露人民公敌蒋介石"和平"文告的阴谋》等 7 篇中共时评文章。

（七十）伪装题名：《怎样在改革》　真实题名：不详

32 开，正文 75 页，竖排铅印。封面为浅绿底色，带有暗纹，右上印有"土地工商"4 个小字，上半部居中自右向左印有伪装题名《怎样在改革》，左下印有"春风社出版"，均为红色字体。正文后是版权页，黑色方框内自右向左竖向印有"怎样在改革""春风社编印""经售处　各大书局""中正南路二九一弄五号""中华民国卅八年三月"。该书收录中国共产党有关土地政策、劳动和税收政策、工商业政策、知识分子问题等方面的政策法令和相关文章。

（七十一）伪装题名：《和平奋斗救中国！》　真实题名：《论联合政府》

毛泽东著。32 开，正文 68 页，竖排铅印。封面右上印有"香港时代出版社时论丛书之一"，居中竖向印有伪装题名《和平奋斗救中国！》，左下印有"文风印刷所印行"和"荷里活道一三八号二楼"。

（七十二）伪装题名：《中国往何处去？》　真实题名：《新民主主义论》

毛泽东著。32 开，正文 32 页。封面右上竖向用小字印有"香港时代出版社时论丛刊之二"，居中用大字竖向印有伪装题名《中国往何处去？》，右下分两行竖向印有"文风印刷所印行"和"荷里活道一三八号二楼"。题名页印有真实题名《新民主主义论》和作者"毛泽东著"，出版者为"人民出版社"，出版时间为"1949"。该伪装本有铅印本和石印本之别，除了印刷方式不同，两者的内容、排版、页数等均相同。

（七十三）伪装题名：《中国往何处去？》　真实题名：《新民主主义论》

毛泽东著。32 开，正文 32 页。封面除了印有伪装题名，还印有"钢铁出版社发行"和"新知识丛刊第四期"。

（七十四）伪装题名：《中国工业化及有关诸问题》　真实题名：《论人民民主专政》

毛泽东著，香港新科学印书馆 1949 年出版。32 开，正文 16 页。

二、报刊

（一）伪装题名：《论喝倒彩》　真实题名：《文萃丛刊》第一辑

32 开，正文 51 页。封面右侧题签框为红底白字，印有伪装题名《论喝倒彩》。封面左侧上面分两行印有"文萃丛刊"和"1"。封面底端印有"民国三十六年三月二十日出版"。目录排于封面。版权信息和订阅办法印在第 43 页，印有"文萃丛刊""第一辑""第二年第二十三期""总第七十三期"等，编辑者和出版者均为"文萃社"，地址为"上海福州路八十九号三九室"。正文收录《论战局》《莫斯科会议与中国问题》等 9 篇文章。

（二）伪装题名：《台湾真相》　真实题名：《文萃丛刊》第二辑

32 开，正文 79 页。封面右侧为蓝底白字，印有伪装题名《台湾真相》。封面底端印有"民国三十六年四月五日出版"，未印"文萃丛刊"四字，仅剩一个蓝色的"2"。目录排于封面。版权信息印在第 78 页，印有"文萃丛刊""第二辑""第二年第二十四期""总第七十四期"等，编辑者和出版者均为"文萃社"，已无地址和电话。正文收录《救死与求生》《美金公债库券不是生意经》等 12 篇文章。

（三）伪装题名：《人权之歌》　真实题名：《文萃丛刊》第三辑

32 开，正文 51 页。封面中上位置的题签框为绿底白字，印有伪装题名《人权之歌》。封面底端印有"中华民国三十六年四月二十日出版"。封面和封底均找不到"文萃"二字，仅在封面用黑色字体印了一个大大的"3"。封面左上位置印有一位战士以笔为枪，扛在肩上迈步前行的形象。目录排于封面。书中无版权信息。正文每页的页眉处印有"第二年　第二十五期"字样。正文收录《转折点近了》《政府改组的把戏》等 14 篇文章。

（四）伪装题名：《新畜生颂》　真实题名：《文萃丛刊》第四辑

32 开，正文 51 页。封面中上位置以红字印有伪装题名《新畜生颂》。封面底端印有"中华民国三十六年五月五日出版"，封面右侧中间位置印有黑色的阿拉伯数字"4"。目录排于封面。正文每页页眉处印有"第二年　第二十六期"字样。版权信息印在第 49 页，丛书名变更为"文丛出版社丛书第四集"，编辑者和出版者均为"文丛出版社"，编辑部地址为"香港坚道二十号楼下"。正文收录《花雨吊战场》《上台便是垮台时》等 12 篇文章。

（五）伪装题名：《五月的随想》　真实题名：《文萃丛刊》第五辑

32开，正文51页。封面居中以红字印有伪装题名《五月的随想》，题名上方绘有一束鲜花。封面右下角有醒目的阿拉伯数字"5"。未印出版时间。目录排于封面。目录左侧印有扛笔的战士图案标记。页眉处的期数消失。版权信息印在第32页，基本信息与第四辑类同，只是多了"第二年　第二十七期"。正文收录《自由的鲜花快结实了》《争取新的和平·展开新的斗争》等12篇文章。

（六）伪装题名：《论纸老虎》　真实题名：《文萃丛刊》第六辑

32开，正文52页。封面上方为棕底白字，印有伪装题名《论纸老虎》。题名左下方印有扛笔的战士图案标记。封面右下角有醒目的黑色阿拉伯数字"6"，底端印有"中华民国三十六年五月三十日出版"。目录排于封面。版权信息印在第33页。正文收录《和平的关键在那里？》《学潮问答》等11篇文章。

（七）伪装题名：《烽火东北》　真实题名：《文萃丛刊》第七辑

32开，正文51页。封面左侧为白底蓝字，印有伪装题名《烽火东北》，题名取自本辑张沛所撰反映东北局势的文章；右侧为浅蓝色底、深蓝色字，上方印有扛笔的战士图案标记，中间偏下位置印有醒目的阿拉伯数字"7"，下端印有"中华民国三十六年六月五日出版"。目录印于第3页。版权信息印在第42页。正文收录《起来！争取和平！》《"和平问题征答"总结》等12篇文章。

（八）伪装题名：《臧大咬子伸冤记》　真实题名：《文萃丛刊》第八辑

32开，正文51页。封面居中白色线框内为黄底白字，除了印有伪装题名《臧大咬子伸冤记》，没有印其他文字。封面除了在右下印有以肩扛笔的战士图记，又在左上角印了一只握着钢笔的手形图案，为下一期改换图案做了暗示。目录在第3页。版权信息印在第21页，丛书名变更为"华萃丛书第八种"，出版者改称"华萃出版社"，地址为"香港坚道二十号地下"。版权信息中还有"15.6.1947.–2.30"字样，表明该辑出版时间为1947年6月15日，为第二年第三十期。正文收录《黔驴技穷的反人民攻势》《杀鸡吃鸡的财产税》等13篇文章。

（九）伪装题名：《论世界矛盾》　真实题名：《文萃丛刊》第九辑

32开，正文52页。封面整体为绿、白两色，以艺术字体印有伪装题名《论世界矛盾》和主要著作者"乔木"。封面右下位置印有手握钢笔的图案。目录在第3页。版权信息印在第44页，丛书名为"华萃出版社丛书第九种"；著作者为"乔木等"；出版者为"华萃出版社"；地址为"香港坚道二十号地下"；

出版时间和卷期标注为"25.6.1947.–2.31",即出版于1947年6月25日,系第二年第三十一期。正文收录《注视豪门新阴谋》《孙太子的嘴脸》《论世界矛盾》等9篇文章。

(十)伪装题名:《孙哲生传》 真实题名:《文萃丛刊》第九辑

《文萃丛刊》第九辑的另外一种伪装本。封面除了印有伪装题名《孙哲生传》,还印有"苏平宁著"和"南京独立书店印行",右上方为孙科像。

(十一)伪装题名:《茶亭杂话》(34) 真实题名:《群众》周刊香港版第一卷第三十四期

1947年9月18日出版。16开,正文连封面共24页,竖排铅印。封面为白底红字,有古元所刻《运草》木刻图案,除了印有伪装题名,还印有"民国三十六年九月十八日"和"34"。封底有"督印兼发行:章瀚""地址:皇后大道中三十三号二楼十室(Room 10,Let Fl. 33 Queen's Road c.)""承印:有利印务公司""定价:港币八毫"等字。无目录页和版权页。

(十二)伪装题名:《茶亭杂话》(35) 真实题名:《群众》周刊香港版第一卷第三十五期

1947年9月25日出版。16开,正文连封面共24页,竖排铅印。封面和封底样式与第三十四期相同。封面有图案,除了印有伪装题名,还印有"中华民国卅六年九月二十五日出版"和"35"。无目录页和版权页。

(十三)伪装题名:《茶亭杂话》(36) 真实题名:《群众》周刊香港版第一卷第三十六期

1947年10月2日出版。16开,正文连封面共24页,竖排铅印。封面和封底样式与第三十四期相同。封面有图案,除了印有伪装题名,还印有"中华民国卅六年十月二日出版"和"36"。无目录页和版权页。

(十四)伪装题名:《走向光明》(37) 真实题名:《群众》周刊香港版第一卷第三十七期

1947年10月9日出版。16开,正文连封面共24页,竖排铅印。封面和封底样式与第三十四期相同。封面为白底蓝字,有图案,除了印有伪装题名,还印有"中华民国卅六年十月九日出版"和"37"。无目录页和版权页。

（十五）伪装题名：《历史的惩罪》（38） 真实题名：《群众》周刊香港版第一卷第三十八期

1947年10月16日出版。16开，正文连封面共24页，竖排铅印。封面和封底样式与第三十四期相同。封面为白底红字，有图案，除了印有伪装题名，还印有"中华民国卅六年十月十六日出版"和"38"。无目录页和版权页。

（十六）伪装题名：《骑马者和拉缰者》（39） 真实题名：《群众》周刊香港版第一卷第三十九期

1947年10月23日出版。16开，正文连封面共24页，竖排铅印。封面和封底样式与第三十四期相同。封面为白底紫字，有图案，除了印有伪装题名，还印有"中华民国卅六年十月二十三日出版"和"39"。无目录页和版权页。

（十七）伪装题名：《没有用了》（40） 真实题名：《群众》周刊香港版第一卷第四十期

1947年10月30日出版。16开，正文连封面共24页，竖排铅印。封面和封底样式与第三十四期相同。封面为白底蓝字，有图案，除了印有伪装题名，还印有"中华民国卅六年十月三十日出版"和"40"。

（十八）伪装题名：《活不下去了》（41） 真实题名：《群众》周刊香港版第一卷第四十一期

1947年11月6日出版。16开，正文连封面共24页，竖排铅印。封面和封底样式与第三十四期相同。封面为白底红字，有图案，除了印有伪装题名，还印有"中华民国卅六年十一月六日出版"和"41"。

（十九）伪装题名：《燎原》（42） 真实题名：《群众》周刊香港版第一卷第四十二期

1947年11月13日出版。16开，正文连封面共24页，竖排铅印。封面和封底样式与第三十四期相同。封面为白底黄字，除了印有伪装题名，还印有"中华民国三十六年十一月十三日出版"和"42"。无目录页和版权页。

（二十）伪装题名：《问题就在此》（43） 真实题名：《群众》周刊香港版第一卷第四十三期

1947年11月20日出版。16开，正文连封面共24页，竖排铅印。

（二十一）伪装题名：《紫金山上看暮秋》（44）　真实题名：《群众》周刊香港版第一卷第四十四期

1947年11月27日出版。16开，正文连封面共24页，竖排铅印。

（二十二）伪装题名：《野火烧不尽》（45）　真实题名：《群众》周刊香港版第一卷第四十五期

1947年12月4日出版。16开，正文连封面共24页，竖排铅印。

（二十三）伪装题名：《诗人与诗片断》（46）　真实题名：《群众》周刊香港版第一卷第四十六期

1947年12月11日出版。16开，正文连封面共24页，竖排铅印。封面和封底样式与第三十四期相同。封面为白底蓝字，有图案，除了印有伪装题名，还印有"中华民国三十六年十二月十一日出版"等。无目录页和版权页。

（二十四）伪装题名：《严重的冬季》（47）　真实题名：《群众》周刊香港版第一卷第四十七期

1947年12月18日出版。16开，正文连封面共24页，竖排铅印。封面和封底样式与第三十四期相同。封面为白底绿字，有图案，除了印有伪装题名，还印有"第四十七辑""民国卅六年十二月十八日"等。无目录页和版权页。

（二十五）伪装题名：《夹缝中的人》（48）　真实题名：《群众》周刊香港版第一卷第四十八期

1947年12月25日出版。16开，正文连封面共24页，竖排铅印。封面为白底红字，除了印有伪装题名，还印有"第四十八辑""民国三十六年十二月廿五日"等。无目录页和版权页。

（二十六）伪装题名：《迎接新年》（49）　真实题名：《群众》周刊香港版第一卷第四十九期

1948年1月1日出版。16开，正文连封面共24页，竖排铅印。封面和封底样式与第三十四期相同。封面为白底红字，有图案，除了印有伪装题名，还印有"民国三十七年一月一日出版"等。无目录页和版权页。

（二十七）伪装题名：《欧游漫记》（50）　真实题名：《群众》周刊香港版第一卷第五十期

1948年1月8日出版。16开，正文连封面共24页，竖排铅印。封面和封底样式与第三十四期相同。封面为白底紫字，有图案，除了印有伪装题名，还印有"中华民国三十七年一月八日出版"等。无目录页和版权页。

（二十八）伪装题名：《血不是水》（51）　真实题名：《群众》周刊香港版第二卷第一期（总第五十一期）

1948年1月15日出版。16开，正文24页。封面和封底样式与第三十四期相同。封面为白底绿字，有图案，除了印有伪装题名，还印有"民国三十七年一月十五日出版"等。无目录页和版权页。

（二十九）伪装题名：《七十一个老板的商店》（52）　真实题名：《群众》周刊香港版第二卷第二期（总第五十二期）

1948年1月22日出版。16开，正文24页。封面和封底样式与第三十四期相同。封面为白底红字，有图案，除了印有伪装题名，还印有"民国三十七年一月廿二日出版"等。无目录页和版权页。

（三十）伪装题名：《迎接批评时代的一个基本问题》（53）　真实题名：《群众》周刊香港版第二卷第三期（总第五十三期）

1948年1月29日出版。16开，正文连封面共24页。封面和封底样式与第三十四期相同。封面为白底红字，有图案，除了印有伪装题名，还印有"民国三十七年一月廿九日出版"等。封二、封三、封底附照片数幅。无目录页和版权页。

（三十一）伪装题名：《我们要过年》（54）　真实题名：《群众》周刊香港版第二卷第四期（总第五十四期）

1948年2月5日出版。16开，正文连封面共24页。封面和封底样式与第三十四期相同。封面为白底红字，有图案，除了印有伪装题名，还印有"第五十四辑"等。无目录页和版权页。

（三十二）伪装题名：《老巴夺》（55）　真实题名：《群众》周刊香港版第二卷第五期（总第五十五期）

1948年2月12日出版。16开，正文连封面共22页，竖排铅印。封面为白底棕字。

（三十三）伪装题名：《要书读》（56）　真实题名：《群众》周刊香港版第二卷第六期（总第五十六期）

1948年2月19日出版。16开，正文连封面共24页，竖排铅印。封面为白底红字。

（三十四）伪装题名：《二月花》（57） 真实题名：《群众》周刊香港版第二卷第七期（总第五十七期）

1948年2月26日出版。16开，正文连封面共24页，竖排铅印。封面为白底棕字。

（三十五）伪装题名：《脱胎换骨》（58） 真实题名：《群众》周刊香港版第二卷第八期（总第五十八期）

1948年3月4日出版。16开，正文连封面共24页，竖排铅印。

（三十六）伪装题名：《虎患》（59） 真实题名：《群众》周刊香港版第二卷第九期（总第五十九期）

1948年3月11日出版。16开，正文连封面共24页，竖排铅印。封面为白底绿字，有图案。

（三十七）伪装题名：《回乡杂记》（60） 真实题名：《群众》周刊香港版第二卷第十期（总第六十期）

1948年3月18日出版。16开，正文连封面共24页，竖排铅印。封面为白底蓝字，有图案。

（三十八）伪装题名：《灿烂的春季》（61） 真实题名：《群众》周刊香港版第二卷第十一期（总第六十一期）

1948年3月25日出版。16开，正文连封面共24页，竖排铅印。封面为白底紫字。

（三十九）伪装题名：《打翻了粪缸》（67） 真实题名：《群众》周刊香港版第二卷第十七期（总第六十七期）

1948年5月6日出版。16开，正文连封面共24页，竖排铅印。

（四十）伪装题名：《日货卷土重来》（68） 真实题名：《群众》周刊香港版第二卷第十八期（总第六十八期）

1948年5月13日出版。16开，正文连封面共24页，竖排铅印。封面为白底蓝字。

（四十一）伪装题名：《武汉散记》（77） 真实题名：《群众》周刊香港版第二卷第二十七期（总第七十七期）

1948年7月15日出版。16开，正文连封面共24页，竖排铅印。

（四十二）伪装题名：《永生的坚强》（89）　真实题名：《群众》周刊香港版第二卷第三十九期（总第八十九期）

1948年10月7日出版。16开，正文连封面共24页，竖排铅印。

（四十三）伪装题名：《分野》（98）　真实题名：《群众》周刊香港版第二卷第四十八期（总第九十八期）

1948年12月9日出版。16开，正文连封面共24页，竖排铅印。

（四十四）伪装题名：《岁暮杂话》（101）　真实题名：《群众》周刊香港版第三卷第一期（总第一〇一期）

1948年12月30日出版。16开，正文连封面共24页，竖排铅印。

（四十五）伪装题名：《谈婚姻论道德》（102）　真实题名：《群众》周刊香港版第三卷第二期（总第一〇二期）

1949年1月6日出版。16开，正文连封面共24页，竖排铅印。

（四十六）伪装题名：《论品质》（107）　真实题名：《群众》周刊香港版第三卷第七期（总第一〇七期）

1949年2月10日出版。16开，正文连封面共24页，竖排铅印。

（四十七）伪装题名：《向太阳》（108）　真实题名：《群众》周刊香港版第三卷第八期（总第一〇八期）

1949年2月17日出版。16开，正文连封面共24页，竖排铅印。

（四十八）伪装题名：《奇迹》（118）　真实题名：《群众》周刊香港版第三卷第十八期（总第一一八期）

1949年4月28日出版。16开，正文连封面24页，竖排铅印。

附录　革命文献伪装本揭载和研究论著索引

1. 吴贵芳：《第二次国内革命战争时期上海革命报刊伪装名目摭谈》，载张静庐辑注《中国现代出版史料·丁编》上卷，北京：中华书局，1959年。

2. 唐弢：《书话·书刊的伪装》，北京：北京出版社，1962年。

3. 上海古旧书店编：《革命书刊伪装本目录》，上海：上海古旧书店，1963年。

4. 毛大风：《从〈正义报〉到〈祖国呼声〉》，载中国人民政治协商会议山西省委员会文史资料研究委员会编《山西文史资料（第十八辑）》，太原：中国人民政治协商会议山西省委员会文史资料研究委员会，1981年。

5. 张克明：《第二次国内革命战争时期革命书刊的伪装》，载中国社会科学院新闻研究所《新闻研究资料》编辑室编《新闻研究资料（总第十四辑）》，北京：中国展望出版社，1982年。

6. 李龙如：《革命书刊的伪装》，载中国近代现代出版史编纂组编《新民主主义革命时期出版史学术讨论会文集》，北京：中国书籍出版社，1993年。

7. 施金炎主编：《毛泽东著作版本述录与考订·毛泽东著作版本综述》，海口：海南国际新闻出版中心，1995年。

8. 孙春华：《国统区的革命书刊伪装出版拾零》，载《北京出版史志》编辑部编《北京出版史志（第八辑）》，北京：北京出版社，1996年。

9. 潘庆海：《"国统区"革命书刊的伪装三例》，载《北京出版史志》编辑部编《北京出版史志（第八辑）》，北京：北京出版社，1996年。

10. 梁明：《德共出版的〈共产党宣言〉的伪装本》，载马克思恩格斯列宁斯大林研究编辑部编《马克思恩格斯列宁斯大林研究（总第4辑）》，北京：中共中央马恩列斯著作编译局，1997年。

11. 王美娣：《〈列宁青年〉期刊介绍及目录索引》，载中共一大会址纪念馆、上海革命历史博物馆筹备处编《上海革命史资料与研究（第3辑）》，上海：上海古籍出版社，2003年。

12. 乐丰：《〈布尔塞维克〉目录》，载中共"一大"会址纪念馆，上海革命历史博物馆筹备处编《上海革命史资料与研究（第14辑）》，上海：上海古籍出版社，2006年。

13. 王慧青：《上海市档案馆珍藏的伪装封面的红色刊物简介》，载上海市档案馆编《上海档案史料研究（第八辑）》，上海：上海三联书店，2010年。

14. 王慧青：《伪装封面的红色"禁书"》，载上海市档案馆编《上海档案史料研究（第十辑）》，上海：上海三联书店，2011年。

15. 王紫根编纂：《毛泽东书典》第一部分《毛泽东著作》第七节《托名本（伪装本）》，武汉：湖北人民出版社，2011年。

16. 《〈革命军〉版本叙录及各期版本》，载周勇主编《纪念辛亥革命100周年·重庆丛书·邹容集》，重庆：重庆出版社，2011年。

17. 张曼玲编著：《毛泽东早期著作版本精品图录》第三部分《毛泽东早期著作版本精品述录·毛泽东著作伪装本》，长沙：湖南人民出版社，2011年。

18. 黄霞、吴密：《国家图书馆2007—2012年入藏新善本述要》，载《文津学志》编委会编《文津学志（第六辑）》，北京：国家图书馆出版社，2013年。

19. 吴密、黄霞：《国家图书馆近三年来入藏新善本述略》，载《文津学志》编委会编《文津学志（第九辑）》，北京：国家图书馆出版社，2016年。

20. 陈巧孙：《谈谈革命书刊的伪装》，《古旧书讯》1980年第2期。

21. 卢正言：《伪装本和盗版书》，《书林》1983年第4期。

22. 肖功璞、向佑文：《坚持地下斗争的印刷厂：金国印书馆纪实》，《长沙党史通讯》1986年第1期。

23. 蔡成瑛：《伪书、伪本和伪装书漫谈》，《青海图书馆》1986年第3期。

24. 张克明：《革命书刊化名录（1927—1949）》，《文教资料》1986年第3期。

25. 张克明：《激动与兴奋——搜集〈革命书刊化名录〉的体会》，《文教资料》1986年第3期。

26. 张克明：《二战时期以伪装面目在上海流传的革命书刊》，《革命史资料》1987年第8期。

27. 《德国共产党反法西斯抵抗斗争的伪装书》，《世界图书》1987年第11期。

28. 张鹏：《三本毛泽东著作的伪装本简介》，《党的文献》1988年第4期。

29. 唐正芒：《〈红旗周报〉的封面伪装》，《新闻研究资料》1990年第2期。

30. 周铭：《两本党的文件集伪装本的来历》，《党的文献》1990年第4期。

31. 《两本党的文件集伪装本照片两幅》，《党的文献》1990年第4期。

32. 张玉麟：《关于以〈文史通义〉伪装的毛主席著作的一些回忆》，《党的文献》1992年第1期。

33. 周明、邢显廷、曹国辉：《印行毛泽东著作伪装本的回忆》，《党的文献》1992年第1期。

34. 黄霞：《国家图书馆藏革命历史文献中的伪装本集录》，《文津流觞（善本工作与研究专辑）》2003年第2期（总第10期）。

35. 黄霞：《简述国家图书馆藏革命历史文献中的伪装本》，《文献》2003年第4期。

36. 张兴吉：《伪装本〈秉烛后谈〉补说》，《文献》2004年第1期。

37. 奚景鹏：《关于以〈文史通义〉伪装的三本毛泽东著作的考证》，《党的文献》2004年第4期。

38. 宋庆森：《从禁书到伪装书》，《书摘》2004年第8期。

39. 张国柱：《我收藏的伪装书》，《收藏界》2004年第4期。

40. 闻立树：《伪装封面版本的中共七大文献浅析》，《中共党史研究》2004年第5期。

41. 张国柱：《新发现的毛泽东〈论新阶段〉伪装书》，《收藏》2006年第4期。

42. 赵长海：《论"伪装本"》，《大学图书馆学报》2007年第2期。

43. 张其武：《〈新民主主义论〉的又一伪装本》，《中国边防警察》2007年第9期。

44. 李龙如：《湖南图书馆收藏的伪装本书刊》，《图书馆》2008年第6期。

45. 佚名：《贴着"黄色"封面的〈新民主主义论〉》，《中国老区建设》2008年第3期。

46. 奚景鹏：《对八本伪装书刊的考证》，《北京党史》2008年第4期。

47. 李龙如：《形形色色的毛泽东著作伪装本》，《文史博览》2009年第2期。

48. 陈小枚：《特殊时期的密写文件和伪装刊物》，《中国档案》2009年第2期。

49. 黄霞：《国家图书馆新购毛泽东著作早期版本述录》，《文津流觞》2009年第3期（总第27期）。

50. 刘钢：《此书是不是伪装本》，《中国收藏》2009年第6期。

51. 胡晓青：《再说"伪装本"》，《中国收藏》2009年第7期。

52. 李龙如：《〈新民主主义论〉的伪装本》，《湘潮》2009年第9期。

53．杨秋燕、陈希亮：《南京图书馆藏三种革命文献伪装本述略》，《档案与建设》2010 年第 4 期。

54．苏维、陈希亮：《〈中国苏维埃〉伪装本〈民权初步〉解析》，《档案与建设》2011 年第 11 期。

55．张兴吉：《伪装书〈秉烛后谈〉的故事》，《兰台世界》2012 年第 34 期。

56．李龙如：《〈论共产党员的修养〉的伪装本》，《湘潮》2013 年第 2 期。

57．王兆辉、王祝康：《晚清时期邹容〈革命军〉版本叙考录》，《湖南广播电视大学学报》2013 年第 3 期。

58．宋庆森：《巧妙对敌伪装书》，《特别健康》2014 年第 2 期。

59．施文岚：《毛泽东著作托名本版本汇订》，《文史博览（理论）》2014 年第 6 期。

60．刘庆礼：《革命文献伪装本撷萃》，《当代人》2015 年第 2 期。

61．吴密：《2013 年以来新善采访藏品介绍》，《文津流觞》2015 年第 3 期（总第 51 期）。

62．吉岭：《红色"禁书"的伪装术》，《档案春秋》2015 年第 9 期。

63．上海市档案馆：《暗夜星辰：珍贵的伪装本〈中国苏维埃〉》，《档案春秋》2016 年第 7 期。

64．武红：《浅谈抗战文献伪装本——以〈祖国呼声〉为例》，《晋图学刊》2016 年第 6 期。

65．陈红娟：《版本源流与底本甄别：陈望道〈共产党宣言〉文本考辨》，《中共党史研究》2016 年第 3 期。

66．黄霞：《新入藏革命文献伪装本介绍》，《文津流觞》2016 年第 3 期（总第 55 期）。

67．上海市档案馆：《特殊的伪装本》，《档案春秋》2017 年第 5 期。

68．杨志伟：《中国共产党伪装书研究》，《中国国家博物馆馆刊》2017 年第 9 期。

69．郑凤、杨志伟：《毛泽东、朱德在中共七大上的报告曾被伪装成〈婴儿保育法〉在敌占区发行》，《党史博览》2018 年第 7 期。

70．《〈新民主主义论〉的伪装本〈文史通义〉》，《新湘评论》2019 年第 17 期。

71. 严敏斐：《早期共产党组织生活一览——从上海市历史博物馆藏伪装本说起》，《都会遗踪》2020年第1期。

72. 韶山毛泽东图书馆：《韶山毛泽东图书馆馆藏珍品推介（九）——〈论联合政府〉的伪装本〈美军登陆与中国前途〉》，《毛泽东研究》2020年第5期。

73. 刘洁：《伪装本，特殊的中国近代革命文献》，《收藏》2021年第7期。

74. 马乃廷：《我家有册红色著作的伪装本》，《邯郸晚报》2003年10月17日第9版。

75. 董婷婷、邢建榕：《伪装封面的红色"禁书"》，《新民晚报》2011年6月6日第B5版。

76. 蒙志军：《长沙发现〈新民主主义论〉珍贵伪装本》，《湖南日报》2011年6月18日第4版。

77. 金涛：《"伪装书"：党在特殊年代的斗争智慧》，《中国艺术报》2011年7月1日第6版。

78. 黄霞：《革命历史文献中的伪装本》，《光明日报》2011年7月11日第9版。

79. 吴晓铃：《伪装书见证峥嵘岁月》，《四川日报》2016年12月9日第14版。

80. 吴密：《革命文献见证人民军队光辉历程》，《中国文化报》2017年8月15日第7版。

81. 金涛：《伪装书：党在特殊年代的斗争智慧》，《文萃报》2020年12月29日第3版。

82. 施晨露：《一本革命刊物有九个伪装封面》，《解放日报》2021年6月2日第7版。

83. 邹卫韶：《伪装本〈新民主主义论〉》，《藏书报》2021年10月11日第5版。

后　记

　　2011年7月，我从中国人民大学毕业，进入国家图书馆古籍馆，从事新善本特藏的基础业务工作，从此一下子扎进茫茫书海，查书、选书、买书、编目等成为我的工作日常。也就是从那时开始，我接触到伪装本这一类书籍，深感其特殊的文献价值、版本价值和文物价值，对其有了别样的关注。

　　伪装本是国家图书馆新善本特藏中极具代表性的一类文献，主要形成于两个时期：一是20世纪50年代新善本特藏库建立后，从本馆书库中提善入藏的伪装本，如《国民政府建国大纲》《大乘起信论》《虞初近志》《东周列国志》《新山海经》《中日事变解决的根本途径》等大都是早期征集入藏的精品；二是近十几年来通过各种渠道从馆外征集入藏的伪装本，如《悟性修道须知》、《战国策注解》、《救世箴言》、《指南针使用法》、《和平奋斗救中国！》、《婴儿保育法》、《原本精校老残游记》、《文史通义》（内篇之三）等数十种即属晚近征集入藏的珍品，我有幸参与其中。为了方便版本鉴别和文献征集，工作之余我做了大量的调研工作，开展了"民国时期禁书目录整理与研究"的课题研究，从各类目录、档案和资料中辑录伪装本存目，并且适时地向外界披露和揭示新征集的藏品。

　　2017年，国家图书馆牵头实施"国家传统文化典籍整理工程"，本馆研究院策划了"全国图书馆藏新民主主义革命时期中共党史文献整理与研究"专题典籍整理项目，伪装本是其中的一个选题。这个选题颇具雄心，打算将全国各图书馆的伪装本搜集起来，扫描每种文献的封面、目录、正文等反映版本信息、展现其历史与文献价值的页面，同时撰写提要，予以揭示。这个选题本身非常好，但是执行起来难度很大，究其原因，在于伪装本星散于全国各地，已经公布的伪装本东鳞西爪，数量亦不多，在没有进行全面摸排和普查的情况下，要想完整和系统地整理伪装本谈何容易？后来因为新冠疫情，即使是将已经披露的伪装本搜集起来也面临很大的难度，因此馆外伪装本的整理项目只好作罢。不过因为这样一个契机，促使笔者开始撰写馆藏伪装本提要。2019年9月，笔者受研究院委托，承担了"国家图书馆藏新民主主义革命时期党史文献伪装本叙录"

项目的撰写工作。这项工作开展得很顺利，一是因为这类藏书主要集中于新善本特藏库，工作起来比较方便；二是因为先期有了大量的积累。就这样零零碎碎前后花了差不多两年的时间，完成了书稿，也就是这部《革命文献伪装本图录题解》的雏形。

本书分为3章：第一章《革命文献伪装本概述》对伪装本历年来的揭载与研究进行了回顾，对其概念、版本、类型和价值进行了论述；第二章《国家图书馆藏革命文献伪装本叙录》，包括近150种馆藏伪装本叙录，主要考察各伪装本版本特征，详述伪装特点，揭示内容主旨、文献价值和传播情况，并配以相关书影；第三章《革命文献伪装本知见录》系历年辑存和新发现的500余种伪装本书目。

从征集文献到搜集材料，从挑选插图到撰述文字，个中甘苦和不易，也许只有从事这项工作的人才能有深刻的体会。在这里我要由衷地感谢黄霞老师，我们一起工作了7个年头，她精通业务，为人亲和，于伪装本的研究和揭示深有心得，引起业界同人的注意，让我受益匪浅。这本书最终得以顺利出版，还要感谢古籍馆领导和同事的关心、支持和帮助，特别要感谢陈红彦主任和徐蜀先生的推荐。广西师范大学出版社北京文献出版中心的陈显英女士、刘洪洋先生等为本书的出版付出了辛勤的劳动，在此表示诚挚的谢意。

在文献学和版本学领域，伪装本较少被讨论到，因为一般的读者难以见到实物，所以带有一定的神秘色彩。希望本书的出版能让读者对伪装本有一个基础的认识和直观的感受。如果本书能够进一步推动这类特殊文献的研究和保护工作，那更是一件幸事。囿于学识和见闻，本书错漏之处一定很多，真诚欢迎读者诸君指出其中的不足；如果有新的发现，也欢迎提供线索，惠赐资料，以便今后进一步完善。

吴密
2023年仲夏